변화는
어떻게
촉발되는가

변화는 어떻게 촉발되는가

미투 운동부터 정책 설계까지, 세상을 바꾸는 힘에 관하여

캐스 R. 선스타인 지음 박세연 옮김

일러두기
• 본문 뒤에 실린 미주는 원주이고, 각주는 모두 옮긴이주이다.

이 책은 실로 꿰매어 제본하는 정통적인 사철 방식으로 만들어졌습니다.
사철 방식으로 제본된 책은 오랫동안 보관해도 손상되지 않습니다.

반대? 어떻게 알 수 있을까? 누가 무엇에 반대하는지, 혹은 반대하지 않는지 어떻게 알 수 있단 말인가? 누군가 반대한다거나 반대하지 않는다고 말하는 것은 구체적 상황, 즉 언제, 어디서, 누구에게, 어떻게 말하는지에 달렸다. 그래도 왜 그 얘기를 하는지에 대해서는 여전히 추측할 수밖에 없다. 행동 역시 마찬가지다.

　　　　　　　　　　　　　—칼 클링겔호퍼, 전 나치주의자[1]

내 행동의 결과로 하나밖에 없는 식당이 문을 열지 않을 것이라는 사실을 알았더라도, 나는 다르게 행동할 수 없었을 것이다. 폭력이 일어날 줄 알았더라도, 다르게 할 수 없었을 것이다. 결정을 행동으로 옮김으로써 이념을 현실로 만들어 줄 기회를 내게 준 것에 대해 여러분께 감사드린다. 인생이란 바로 그런 것이다.

　　　　　　　　　　　　　　　　　　—샌드라 카슨[2]

우리 모두는 때로 표현주의자다. 우리는 종종 부조리를 향해 소리치고, 일어나 맞서 싸운다. 그것은 숭고한 동기에서다. 그러나 진정한 혁명가라면 자신을 드러냄으로써 얻는 즐거움을 절제할 줄 알아야 한다. 오로지 조직에 미칠 최종 영향을 기준으로 행동을 결정해야 한다.

　　　　　　　　　　　　　　　　　　—허버트 사이먼[3]

차례

들어가며

몇 십 년 전 나는 클린턴 행정부가 추진한 〈묻지도, 말하지도 말라〉라는 정책과 관련해 미국 의회에서 증언을 하게 되었다. 이 정책의 골자는 성 정체성을 드러내지 않는다는 조건으로 동성애자의 군대 복무를 허용하는 것이었다. 막 증언을 마치고 내려오는데 한 의원이 다가와 향수에 젖은 표정을 지으며 말했다. 「우리 때만 해도 동성애자가 없었어요.」 그러고는 잠시 뜸을 들이더니 이렇게 덧붙였다. 「사실은 한 사람이 있었죠. 하지만 산속에서 혼자 살았어요.」

사회 변화는 어떻게 시작되는 것일까? 이 질문에 대한 답을 우리는 사회 규범의 기능에서 찾을 수 있다. 사회 규범은 사람들의 행동에 큰 영향을 미친다는 점에서 강력하면서, 동시에 순식간에 허물어질 수 있다는 점에서 허약하다. 규범이 대중의 입을 틀어막을 때, 현재 상태는 계속된다. 일부 혹은 많은 사람이 현재 상태를 싫어하거나, 그 상태를 지지하는 사람도 사실은 무관심하다고 해도 말이다. 그런데 어느 날 누군가 규범에 도전한다. 꼬마가 임금님이 벌거벗었다고 외친다. 혹은 산속 외톨이가 외친다. 그런 일이 일어날 때, 상황은 걷잡을 수 없이 커지기도 한다.

사람들은 대부분 적어도 일정 기간 동안은 끔찍이 싫어하는 규범에 맞춰 살아간다. 마치 그 규범이 생활의 일부인 것처럼 행동한다. 그렇지만 마음 깊은 곳에서는 그 규범을 혐오한다. 문제는 누구도 혼자서는 규범을 바꾸지 못한다는 것이다. 물론 규범에 〈저항〉할 수는 있다. 하지만 저항에는 대가가 따르기 마련이다. 게다가 저항으로 인해 규범의 성벽이 오히려 더 단단해지기도 한다. 이런 상황에서 중요한 것은 규범을 인정하지 않는 사람들이 행동을 시작하고, 전환점에 이를 때까지 저항을 계속 이어 나가는 것이다. 전환점을 넘기고 나면 저항은 사회적으로 비용 대신 이익을 창출한다. 그때는 너도 나도 이렇게 외친다. 「미투Me Too!」

실제로 많은 국가에서 성 정체성을 둘러싸고 이러한 움직임이 일어나고 있다. 우리는 이러한 움직임의 본질을 파악함으로써 가톨릭주의, 프랑스 혁명, 이스라엘 건국, 세계 인권 선언, 소련 붕괴, 장애인 차별, 나이 차별, 동물의 권리, 오바마와 트럼프의 당선, 브렉시트, 민족주의, 백인 우월주의, 노예제 폐지 등 다양한 사회 현상을 이해할 수 있다. 물론 이러한 사회 현상은 중요한 면에서 다르다. 어떤 것은 명백한 가치가 있고, 다른 것은 다소 애매모호하다. 또 어떤 것은 심각한 폐해를 가져다준다. 이 과정 어딘가에서 그동안 억압되어 왔던 분노와 믿음, 가치가 고개를 들기 시작한다. 그리고 일단 불이 붙으면 변화는 필연적 귀결이 된다.

그러나 변화를 예측하기란 쉽지 않다. 주된 이유는 〈사람들은 자신의 생각을 솔직하게 드러내지 않으며, 또한 동료 시민이 정말로 어떻게 생각하는지 잘 모르기 때문이다.〉 그럼에도 사회 변화는 일어난다. 다만 서로 솔직한 생각을 말하지 않기 때문에, 대부분 변화를 알아채지 못할 따름이다.

변화를 예측하기 힘든 두 번째 이유는 사회 교류가 중요한 역할을 차지하기 때문이다. 변화가 일어나기 위해서는 적절한 시점에 적절한 장소에서 기존 규범이 허물어지고 있다는 인식이 사회 교류를 통해 점차 확산되어야 한다. 하지만 그런 일은 일어날 수도, 일어나지 않을 수도 있다. 여기서 운이 작용한다. 누가 누구에게, 그리고 언제 이야기를 전하는가? 어떤 신문이 기사를 보도하는가? 요컨대 누가, 무엇을, 정확하게 언제 전달하는가가 중요하다.

공상과학 작가들은 〈대체 역사counterfactual history〉를 종종 작품의 소재로 삼는다. 그들은 묻는다. 남북전쟁에서 남부가 이겼다면, 히틀러가 평생 그림만 그렸다면, 케네디 대통령이 암살당하지 않았다면, 트럼프가 대선에 출마하지 않고 부동산 사업에 집중했다면? 그중에서 가장 흥미진진한 것은 사소한 시도(혹은 넛지)가 엄청난 변화를 초래하는 시나리오다. 작가들은 종종 사소한 사건이 나라 전체를 완전히 뒤집어 놓을 수도 있다는 사실을 그럴듯하게 그려 낸다.

물론 역사를 바꿀 수는 없기 때문에 그러한 일이 정말로 가능했는지 확인할 방도는 없다. 그래도 우리는 때로 중대한 변화가 순식간에 일어나는 경우를 목격한다. 그러한 변화가 어떻게 시작되었는지 이해한다면, 우리가 지금 당연하게 받아들이는 일이 벌어지지 않을 수도 있었다는 사실을, 그리고 적절한 시점에 적절한 자극이 가해지면 향후 수십 년이 크게 달라질 수 있다는 사실을 새로운 시각으로 바라볼 수 있다(이 주장은 다소 논란의 여지가 있다. 이에 대해서는 뒤에서 자세히 살펴볼 것이다).

이 책은 총 6장으로 구성되어 있다. 나는 각 장에서 서로 다른 주제를 다루기보다, 행동과학 분야의 연구 결과를 법률 및 정책과 관련해 계속해서 제기되는 사안과 연결함으로써, 그리고 사소하게 보이는 혼란이 때로 거대한 변화를 일으킬 수 있다는 사실을 보여 줌으로써 각 장을 서로 얽어 놓았다. 1~3장에서는 사회 규범의 힘과 사회적 폭포 현상social cascade의 의미, 그리고 집단 극화 현상과 법률의 표현적 기능에 대해 살펴본다. 여기서 나는 많은 경우에 사람들은 속박에서 풀려나게 되고, 또한 다른 경우에는 아주 생소한 사건이 일어나 사람들이 지금껏 받아들이지 않았던 새로운 견해를 인정하게 된다는 사실을 집중적으로 다룬다. 특히 내가 초점을 맞추는 부분은 말로 설명할 수 없는 것, 혹은 생각할 수조차 없는 것이 일반 통념으로 받아들여지는(혹은 그 반대) 변화의 과정이다.

다음으로 4~11장에서는 변화의 도구로서 〈넛지nudge〉의 가능성과 한계를 다룬다. 여기서 중요한 질문은 공공 및 민간 영역이 어떻게 간단한 단계를 통해 기존 행동을 바꾸고, 때로는 특정 행동을 촉발할 수 있는가이다.

행동과학의 관점에서 볼 때, 넛지는 선택권을 해치지 않고 개입함으로써 사람들의 행동에 실질적인 영향을 미친다. 넛지에 관해서는 모든 것이 밝혀져 있다. 「창세기」 속 신은 이렇게 넛지했다. 〈정원의 모든 열매를 마음대로 먹을 수 있지만, 선과 악을 깨닫게 하는 지혜의 나무에 달린 열매는 취하지 말지어다. 그 열매를 먹는 날에는 사망에 이르게 될지니.〉 뱀도 이렇게 넛지했다. 〈너희가 그것을 먹을 때 눈이 열리고, 신과 같은 존재가 되어 선악을 구분하게 될 것이라는 사실을 신은 알고 있다.〉 신과 뱀은 협박과 약속, 그리고 서로 다른 표현으로 선택의 자유를 남겨 놓았다.

최근 공무원들은 넛지 프로젝트를 주제로 다양한 교육을 받고 있으며, 실제로 행동과학 분야에서 최근에 발표된 연구 결과를 활용하고 있다. 때로는 단순한 넛지를 넘어 명령과 금지(혹은 탄산음료나 술, 담배에 부과하는 세금)의 정당성을 제시하기 위해 〈현재 편향〉이나 비현실적 낙관주의와 같은 인간의 오류를 다룬 연구 결과에 주목한다. 이와 관련해서 나는 최근 당면 과제를 중심으로 살펴본다. 그 과제는 법률, 경제, 정치철학 등 다양한 분야에 심오한 질문을 던진다. 예를 들어 (1) 넛지를 평가하는 기준은 무엇인가? (2) 어떤 방식으로 넛지를 실행해야 하는가? (3) 넛지는 언제 실패하는가? (4) 넛지가 실패할 때, 어떤 대안을 마련해야 하는가? (5) 넛지는 윤리적인 도구인가? (6) 운명을 스스로 결정하려는 인간의 욕망은 어찌해야 하는가?

나는 이 질문의 답을 찾는 과정에서 서로 대립하는 두 가지 개념에 주목한다. 첫 번째는 행위자의 중요성에 관한 것이다. 사람들은 말한다. 「내게 해서는 안 되는 것을 말하지 마라!」 이러한 호소 혹은 영혼의 울부짖음은 인간이 자기 삶에 대한 통제력을 무엇보다 중요하게 생각한다는 사실을 말해 준다. 우리는 이러한 외침을 이해하고 인정하고 존중해야 한다.

두 번째는 강압을 적절하게 활용하는 것이다. 인간의 행복을 증진시킬 수 있다면 명령과 금지의 정당성을 쉽게 입증할 수 있다. 가령 트랜스 지방 규제, 사회 보장 사업, 에너지 효율 기준, 담배세가 그렇다. 지난 10년 동안 넛지는 행동과학 분야의 공식 논의에서 핵심적인 주제였다. 자유와 행위자의 중요성에 집중할 때, 그것은 어느 정도 바람직한 현상이라 하겠다. 최근 우리는 좀 더 적극적인 방안에 대해 신중하게 접근하고 있다. 또한 인간의 행복(논쟁의 소지가 있는 이 개념에 대해서는 뒤에서 살펴보기로 한다)에 실질적으로 관심을 기울임으로써 긍정적인 결과를 이끌어 낸 사례들을 확인하는 연구를 시작하고 있다.

12~16장에서는 공공 정책과 행동과학, 정치철학이 만나는 지점에서 발생하는 사안을 다룬다. 여기서 나는 무엇보다 투명성을 중요한 가치로 꼽는다. 투명성이 담보되어야 책임을 강화하고, 삶을 개선해 줄 정보를 대중에게 제공할 수 있기 때문이다. 투명성이야말로 훌륭한 넛지이며, 때로 변화의 원동력으로 작용한다.

나는 많은 국가에서 널리 알려진 사전예방 원칙Precautionary Principle이 일종의 개념 혼란이라고 생각한다. 사전예방 원칙은 그 원칙이 요구하는 바로 그 조치들을 가로막기 때문이다. 또한 나는 그 원칙의 인기, 그리고 혼란스러움의 명백한 결여를 행동과학을 통해 가장 잘 이해할 수 있다고 생각한다. 논란의 소지는 다분하지만, 그래도 나는 인권에 대한 우리의 인식은 〈도덕적 휴리스틱moral heuristic〉*의 결과물로 가장 잘 이해할 수 있다고 생각한다. 도덕적 휴리스틱이란 단순한 경험 법칙으로서, 일반적으로 현명하면서 동

* 엄격한 분석보다 제한된 정보를 가지고 직관적으로 판단하는 의사 결정 방식.

시에 인간의 행복이라고 하는 가장 중요한 주제에 도달하는 직접적인 방법이다.

마지막으로 결론에서는 미국 사회에서 나타나고 있는 〈당파주의〉에 대해 살펴본다. 당파주의는 다양한 방식으로 사회 변화를 가로막고 있으며, 특히 입법 과정에서 그 위력을 발휘한다. 나중에 살펴보겠지만, 우리는 이러한 상황을 타개할 새로운 길을 충분히 발견할 수 있다.

1부

규범과 가치

1장
해방

컬럼비아 로스쿨 객원교수로 있던 1980년대 말, 내 사무실 근처 복도를 걸어가는데 한 로스쿨 학생(여성)이 나이 많은 교수(남성)와 이야기를 나누는 모습이 눈에 들어왔다. 그런데 충격적이게도 그 교수는 여학생의 머리카락을 쓰다듬고 있었다. 언뜻 보기에 학생은 불쾌한 표정을 짓고 있는 듯했다. 아주 순식간에 벌어진 일이었다. 교수가 자리를 떠나고 나는 학생에게 이렇게 말했다. 「아주 잘못된 행동이었어요. 그래선 안 되죠.」 그러나 학생은 아무렇지 않다는 듯 대꾸했다. 「괜찮아요. 옛날 분이시잖아요. 별문제 아녜요.」

30분 후 누가 내 사무실 문을 두드렸다. 그 학생이었다. 학생은 눈물을 글썽이며 이렇게 말했다. 「그 교수님은 매번 그래요. 끔찍해요. 남자 친구는 공식적으로 항의하라고 하지만, 그러고 싶지는 않아요. 소란을 일으키고 싶지 않거든요. 그러니 그 교수님은 물론 어느 누구에게도 이 이야기를 하지 말아 주세요.」 (나는 그 학생에게 그와 비슷한 사례를 들려주었다.)

이 사례에서 그 학생이 항의하거나 행동하지 못하도록 가로막은 것은 다름 아닌 사회 규범이었다. 학생은 교수의 행동을 싫어했고 불쾌하게 느꼈다. 내가 그에 대해 몇 마디 하자 학생은 솔직한 생각을 털어놓았다. 그럼에도 어떤 말이나 행동을 하려고 들지 않았다.

여기서 나는 두 가지 생각에 주목한다. 첫째, 규범이 무너지기 시작할 때 사람들은 속박에서 해방된다. 다시 말해 〈사람들은 자신의 생각과 믿음을 자유롭게 드러내면서 개인의 경험을 공유하고, 하고 싶은 말을 하고 행동하기 시작한다.〉(이 상황에서 구경꾼의 존재는 중요하다.) 사람들을 지켜 주고 힘을 실어 주는 새로운 규범이나 법이 등장할 때, 그들은 기존의 믿음과 생각, 가치를 발견하게 된다. 이러한 발견은 대단히 중요하다. 다양한 시대와 장소에서 벌어진 여성 운동이 좋은 사례다. 1960년대 인권 운동과 성 소수자 운동, 장애자 운동 역시 마찬가지다. 낙태 반대 운동도 그렇다.

둘째, 규범의 변화는 새로운 생각과 가치를 만들어 낸다. 새로운 규범이 등장해서 사람들을 지켜 주고 힘을 실어 줄 때, 예전에 없던 생각과 믿음, 가치가 모습을 드러낸다. 여기서 사람들은 해방되는 것이 아니라 변화한다. 금연 운동, 안전벨트 착용 의무화, 나치주의 등장이 여기에 해당한다.

우선 해방이라고 하는 현상에 대해 생각해 보자. 규범이 위력을 발휘할 때 사람들은 자신의 생각을 솔직하게 드러내지 않거나 속여서 말한다. 그래서 친구나 가족조차 진정한 생각을 알지 못한다.[1] 여기서 특정한 정치적·종교적 확신을 지닌 사람은 입을 다무는 방식으로 대응한다. 그러나 규범이 바뀔 때, 사람들은 그동안 억눌렸던 믿음과 가치를 표출하기 시작한다. 그들은 말하지 못했던 것을 말하고, 행동하지 못했던 것을 행한다.

성희롱의 경우도 여기에 해당한다. 여성은 성희롱을 혐오한다. 그러나 여성이 그러한 생각과 느낌을 표출하기 위해서는 기존 규범이 바뀌어야 한다(이에 관한 부연 설명은 다음에 하기로 한다).[2] 나중에 살펴보겠지만, 법은 기존 규범을 강화하거나 변화시키는 과정에서 대단히 중요한 역할을 한다.[3] 성희롱을 금지하는 법적 판단이 중요한 이유는 그것이 규범을 변화시키기 때문이다.[4] 새 지도자의 선출과 새 법안의 통과[5]는 중요하면서도 혁신적인 상징 효과를 드러냄으로써 대중에게 다른 사람들이 어떻게 생각하는지를 말해 준다. 사람들이 그러한 소식을 접할 때, 규범은 바뀐다. 그 이유는 우리 모두는 다른 사람들이 어떻게 생각하는지에 많은 영향을 받기 때문이다.[6]

하지만 규범이나 규범 변화를 촉진하는 법이 바뀐다고 해서 사람들이 해방되는 것은 아니다. 규범이 변화할 때, 사람들은 다만 예전에 없던 새로운 믿음과 가치관에 따라 생각하고 행동할 뿐이다. 규범의 변화와 그에 따른 법 개정은 억압된 욕망을 분출시키지 않는다. 단지 새로운 규범과 법률에 부합하는 생각과 행동을 만들어 낼 뿐이다.

정치적 올바름

〈정치적 올바름political correctness〉의 측면에서 한번 생각해 보자.

정치적 올바름은 일반적으로 진보적인 사회 규범이나 중도좌파의 신념을 거부하는 견해의 표현을 금지함으로써 사람들을 침묵하게 한다. 또한 정치적 올바름은 사람들이 자신의 진짜 생각을 말할 수 없고, 일종의 벽장에 갇혀 있다는 것을 의미하기도 한다(우리는 정치적 올바름을 기존 규범에 맞서 싸우는 도전으로 볼 필요가 있다. 그 용어에 담긴 한 가지 기발함은 힘들게 얻어 낸 원칙을 지키려는 사람이 아니라, 특정 견해를 따르는 사람을 겁먹은 순응주의자로 묘사한다는 점이다[7]). 이런 현상은 종종 일어난다. 많은 대학에서 중도 우파에 속한 사람은 침묵하는 법을 배운다. 여기서 끔찍한 사실은 그들이 속박되어 있다는 것이다. 하지만 규범이 다른 상황에서 그들은 자신의 생각을 말한다. 그들의 말은 때로 친구와 지인을 놀라게 하거나 충격을 주기까지 한다. 「그가 정말로 그렇게 생각한다고?」

교육적인 상황에서 한 가지 문제는 중도좌파에 속한 학생들이 공동체 내에서 다른 견해가 확산되는 사실을 알지 못한다는 점이다. 그들은 모두가 자신처럼 생각한다고 믿는다. 또 다른 문제는 사람들이 서로에게서 배우지 못한다는 점이다. 그러나 사람들이 솔직한 생각을 드러낼 때, 전면적인 변화가 일어날 수 있다. 내가 시카고 로스쿨에서 학생들을 가르쳤던 1980년대 초, 몇몇 학생이 모여 〈연방주의자 모임〉을 결성했다. 그들은 이 모임을 통해 미국 법률 체계에 대한 보수적인 주장을 모색하고 옹호했다. 연방주의자 모임은 학생들이 솔직하게 자기 생각을 말할 수 있는 포럼과 같은 공간을 마련함으로써 학생들의 정치적·법률적 삶에 광범위한 영향을 미쳤다.

좌든 우든 간에 정치적 올바름은 개인의 생각을 억압하는 것 이상을 의미한다. 정치적 올바름은 또한 생각과 가치를 재구성하고 특정한 견해(좋든 나쁘든 간에)를 생각할 수 없는 것으로 만들어 버린다. 어떤 견해가 정치적 올바름의 범주에서 벗어날 때, 그 사람은 자기 입장을 드러내지 않을 것이다. 결국 생각할 수 없는 것은 고려의 대상이 아니다. 섬뜩한 느낌이 드는가? 물론 상황은 제각각 다르다. 아무도 나치주의를 지지하지 않는다면, 끔찍할 일도 없다.

정치적 올바름의 위력에 대한 놀라운 연구는 사우디아라비아에서 이뤄졌다.[8] 그 나라에는 아직까지 〈보호자 임무〉라는 관습이 남아 있다. 그 관습에 따라 남편은 아내가 집밖에서 일을 하는 것에 대해 최종 결정권을 행사한다. 젊은 남편의 압도적 대다수가 아내가 일을 하기를 원한다. 그러나 이러한 생각을 드러낼 경우, 사회 규범과 맞서게 된다. 그들은 다른 남편들은 모두 아내가 일하는 것을 원치 않는다고 생각한다. 그러나 연구원들이 다른 남편들의 생각에 대한 그들의 오해를 바로잡아 주었을 때, 그들은 더욱 강력하게 아내가 일을 나가기를 원했다. 그리고 이는 여성의 행동에 실질적인 영향을 미쳤다. 연구원의 개입 후 꼬박 4개월의 시간이 흘러, 실험에 참여한 남성들의 아내는 일자리를 구하기 위해 더 적극적으로 지원하고 면접을 봤다.

이 연구 결과에 대해, 사우디아라비아 남성들은 사회 규범에 얽매여 있었고, 그 결과로 그들의 아내 역시 얽매여 있었다고 이해할 수 있다. 젊은 남편 대부분 여성이 일하는 것을 내심 지지했지만, 그런 생각을 드러낸 것은 다른 젊은 남편들 역시 그렇게 생각한다는 사실을 알고 나서였다. 연구원들이 젊은 남편들의 실제 생각을 알려 줬을 때, 남성과 여성 모두 더 자유로워졌다.

그래서 어떻다는 것인가

규범 변화가 사람들이 자신의 생각을 자유롭게 말하도록 해방시켜
주는지, 아니면 새로운 믿음과 가치를 구축하는지는 중요한 문제일
까? 사회 현상을 이해하기 위해서라면 이는 마땅히 중요한 문제다.
믿음과 가치가 드러나지 않을 때에도 급격한 사회 변화가 일어날 수
있지만, 그런 변화를 예측하기란 불가능에 가깝다.[9] 사람들이 자신의
믿음과 가치관에 대해 침묵하거나 거짓을 말할 때, 그러한 믿음과
가치가 무엇인지 이해하기란 너무나도 힘든 일이다. 사람들이 생각
을 감출 때, 외부인은 알아챌 도리가 없다. 사람들이 불만을 품고 있
지만 드러내지 않을 때, 혹은 본심과 다르게 말하고 행동할 때, 규범
은 도전에 직면하고 이윽고 사람들의 행동에서 전반적인 변화가 나
타나기 시작한다. 그러나 아무도 그 변화를 예측할 수 없다.[10]

성차별과 성희롱을 금하는 규범의 등장이 좋은 사례다(두 가지 모
두 완전히 사라졌다고는 말할 수 없지만). 성 전환자에 대한 차별을
정당화하고 강화하는 규범이 부분적으로 허물어진 현상 역시 비슷한
관점에서 볼 수 있다. 그 효과는 많은 성 전환자가 침묵을 깨고 자신의
생각을 솔직하게 말하는 것으로 나타났다. 우리는 종교의 등장[11]과
공산주의 몰락,[12] 아랍의 봄,[13] 트럼프 당선[14]에 대해서도 비슷한 이
야기를 할 수 있다.

규범이 바뀌면서 새로운 생각과 믿음이 모습을 드러낼 때에도 급

격한 변화는 가능하다. 그러나 그 방식은 사뭇 다르다. 변화를 주도하는 자들은 단순히 기존의 생각과 믿음, 가치관을 바꾸려고 하지 않는다. 규범이 변한다고 해서 사람들이 자유로워지는 것은 아니기 때문이다. 그들은 새롭게 모습을 드러낸 규범으로부터 영향을 받고 정보를 얻으면서 새로운 생각이나 감정을 품거나 혹은 적어도 그런 것처럼 행동한다.[15] 나치주의의 등장은 대단히 복잡하고 많은 논란을 불러일으켰지만, 바로 이러한 관점에서 이해할 수 있다.[16] 물론 나치주의의 등장은 오랫동안 지속된 유대인에 대한 고립과 억압된 증오의 분출과 깊은 관련이 있다. 〈악마는 고립 속에 잠들어 있었고, 원동력은 히틀러가 태어나기 전에 이미 존재했다.〉[17] 그러나 다른 관점에서 히틀러가 기존에 없던 새로운 증오를 만들어 냈다고도 볼 수 있다. 예전에 나치주의자였던 한 사람은 〈반유대인 선전을 듣고 나서야〉 유대인을 차별하기 시작했다고 털어놓았다.[18]

중간에 해당하는 사례도 있다. 여기서 사람들은 엄밀하게 말해 규범이 억압한 기존의 믿음을 갖고 있지는 않았지만, 〈왜 굳이 거기에 귀를 기울여야 해?〉라고 생각하며 지금껏 무시했던 집요하고도 불편한 목소리를 듣기 시작한다. 그리고 규범이 변화하면서 이러한 생각이 떠오른다. 「이 목소리가 어쩌면 대단히 중요하면서도 내 진정한 감정과 믿음을 드러내는 뭔가를 말해 주는 것일지 몰라.」 이는 일종의 내면적 임계점으로서, 이 단계에서 생각은 더욱 뚜렷해지고 말과 행동이 변하기 시작한다.

내가 제시하는 사례는 주로 차별과 관련된 것이지만, 그 핵심은 광범위하게 적용될 수 있다. 예를 들어 흡연, 안전벨트 착용, 음주,

녹색 에너지 사용, 유기농 식품 구매 숙고,[19] 채식주의, 새로운 언어의 사용,[20] 폴리아모리polyamory,* 종교적 믿음과 실천,[21] 약물 사용, 범죄에 대해 생각해 보자. 이 모든 경우에서 규범은 기존 생각을 속박하는 기능을 한다. 그리고 새로운 규범이 등장해서 기존 생각을 자유롭게 하거나 새로운 생각을 창조한다. 적어도 새로운 생각의 등장에 기여한다. 이러한 모든 경우에서 규범 변화는 전면적인 변화를 순식간에 촉발할 수 있다. 여기서 규범 변화를 강화하는 법 개정이 중요한 역할을 한다.

성향의 속임과 규범 선도자

노르웨이의 정치철학자 욘 엘스터Jon Elster가 내놓은 직관적인 설명을 먼저 살펴보도록 하자. 그의 주장에 따르면, 사회 규범은 〈사람들에게 공유되며, 부분적으로 그들의 승인 혹은 반대에 의해 유지된다. 또한 규범을 어긴 사람이 직면하게 되는 당혹감과 불안, 죄책감, 수치의 감정에 의해 유지된다.〉[22] 엘스터가 언급한 네 가지 감정은 주목할 만한 가치가 있다. 당혹감, 불안, 죄책감, 수치는 서로 다른 감정이다. 컬럼비아 로스쿨의 여학생은 네 가지 감정 모두를 느꼈다. 이는 성희롱 사례에서 드물지 않게 나타난다.

사회 규범을 위반할 때, 사람들은 부정적인 감정을 느끼게 된다. 이러한 측면에서 규범은 세금과 같은 방식으로 작동하며,[23] 그 비용은 높을 수도 낮을 수도 있다. 그런데 중요한 사실은 일부는 태어날

* 여러 사람과 동시에 애정 관계를 맺는 것.

때부터, 혹은 상황에 따른 저항자라는 점이다. 저항자는 규범에 대한 도전을 비용이 아니라 이익으로 받아들인다. 저항자의 역할에 대해서는 나중에 다시 살펴보도록 하자.

가장 단순하고 보편적인 사례에서 차별받는 대상은 기존 성향을 갖고 있으며, 규범은 그 대상이 규범에 대해 목소리를 내거나 대응하도록 허락하지 않는다. 그래서 사람들은 자신의 생각을 솔직하게 말하지 않는다. 로스쿨 여학생이 처음에 교수의 행동에 신경 쓰지 않는다고 말했던 것처럼 말이다. 이러한 측면에서 차별받는 사람은 연극 무대의 배우와 같다. 그들은 대본에 따라 연기한다. 우리는 성차별과 인종 차별 사례에서 이러한 모습을 쉽게 발견한다. 그러나 기존 성향이 정당화될 때, 사람들은 마음속에 숨겨 놓았던 생각을 끄집어낸다. 가령 아내가 일하는 것을 반대하지 않았던 사우디아라비아 젊은 남편의 경우가 그렇다.

이러한 상황에서 전면적인 변화가 가능하다. 예를 들어 인구 대다수가 차별에 반대하지만, 기존 규범 때문에 입을 다물고 있거나 행동을 취하지 못하고 있다고 해보자. 차별에 반대하는 사람은 저마다 서로 다른 임계점을 갖고 있다. 한 사람이 규범에 도전하거나 반대할 때, 몇몇 사람이 그의 뒤를 따를 것이다. 몇몇 사람이 규범에 도전할 때, 더 많은 사람이 뒤를 따를 것이다. 뒤이어 더 많은 사람이 그렇게 할 때, 훨씬 더 많은 인구가 여기에 참여할 것이다. 상황은 그렇게 흘러간다. 적절한 조건이 갖춰지고 점점 더 많은 사람이 임계점을 넘어서면서 작은 불꽃이 큰 불로 번져 나가고, 마침내 규범은 허물어진다.[24]

그 과정에서 〈규범 선도자norm entrepreneur〉[25]가 중요한 역할을 담당한다. 규범 선도자란 민간 및 공공 분야에서 기존 규범에 반대하고 규범을 변화시키기 위해 노력하는 사람을 말한다. 그들은 대중이 기존 규범의 부조리함과 억지스러움, 강제성, 추함을 목도하도록 만든다. 규범 선도자는 이미 많은 사람이 마음속으론 규범에 반대한다는 것을 알림으로써 다원적 무지pluralistic ignorance, 즉 다른 사람들의 실제 생각에 대한 무지를 해결한다.[26] 규범 선도자는 자신의 경험을 소개한다. 기존 규범을 무시하고 규범에 따라 말하고 행동하기를 거부하는 규범 파괴자가 반드시 규범 선도자인 것은 아니다. 둘의 차이는 사회 변화를 추구하는지, 아니면 그저 자신이 하고 싶은 대로 하는지에 달렸다.

규범 선도자는 바로 다음에 논의할 사회 동역학social dynamics이 그들에게 유리하게 작용할 때 막강한 영향력을 발휘한다. 규범 선도자는 규범에 대해 개인적인 차원에서 반대한다는 사실뿐 아니라, 광범위한(그러나 드러나지 않은) 반대가 이미 존재한다는 사실을 보여 준다. 〈침묵하는 다수〉라는 표현은 이러한 반대의 조짐을 정확하게 드러낸다. 규범 선도자는 규범 준수에 담긴 사회적 의미를 바꿔 놓는다. 이러한 일이 벌어질 때 규범 준수는 자립성이 부족하고 다소 측은해 보이는 인상을 드러내는 반면, 규범 위반은 용감하고 솔직하고 강인한 인상을 드러낸다.

무슨 일이 벌어지는가

출발점과 관성, 저항, 혹은 중요한 시점에서의 참여에서 나타나는 사소한 차이에 따라 사회 변화는 일어날 수도, 일어나지 않을 수도 있다. 가령 한 공동체가 성 정체성에 따른 차별을 인정하는 규범을 오랫동안 유지해 왔다고 해보자. 그런데 공동체 중 일부는 그 규범을 혐오하고, 다른 일부는 마음에 들어 하지 않으며, 또 다른 일부는 별로 신경 쓰지 않는다. 또한 많은 이들이 그 규범을 어느 정도 지지하거나, 혹은 그 가치를 강력하게 신봉한다. 그런데 어느 날 규범 선도자가 대중 집회를 열어 그 규범을 반대하는 입장을 표명하고, 이러한 시도가 반대에 대한 임계점이 상대적으로 낮은 이들을 자극한다면, 반대의 물결은 즉각적으로 확산될 것이다. 그리고 점점 힘을 얻는 저항이 상대적으로 임계점이 높은 이들까지 자극한다면, 그 규범은 급속하게 허물어질 것이다. 그러나 초기 대중의 반대가 분명하게 드러나지 않거나 임계점이 상대적으로 높은 사람들에게만 닿는다면, 저항은 실패로 돌아갈 것이며 규범은 꿈쩍도 하지 않을 것이다.

이는 두 가지 극단적인 경우다. 우리는 규범이 서서히 점진적으로 힘을 잃어 가거나 혹은 조금씩 타격을 입지만 그럼에도 명맥을 유지하는 중간 경우를 쉽게 떠올릴 수 있다. 견해가 다른 두 공동체는 비슷한 처지에 놓여 있기 때문에 서로 다른 균형점을 유지할 수 있으며, 우리는 이를 아주 다른 규범이 동등하게 지배하는 대단히 안정적인 상태로 이해할 수 있다. 어떤 공동체에서 사람들은 재활용을 하지만 다른 공동체는 그렇지 않다. 어떤 공동체에서 사람들은 과음을 하지만 다른 공동체는 그렇지 않다.

이러한 사실을 놓고 볼 때, 우리는 규범이 서로 다르기 때문에 공동체 역시 서로 다르며, 공동체 사이에 근본적인 문화적 차이가 존재한다고 생각하게 된다. 하지만 이러한 생각은 사소한 사회적 영향이나 충격, 혹은 우연한 사건이 한 공동체에서는 규범의 존속을, 다른 공동체에서는 규범의 해체를 야기한다는 사실을 이해하지 못해서 생기는 착각의 결과물일 수 있다. 역사는 농간을 부리지만 한 번으로 끝나기 때문에 우리는 그 속임수를 보지 못한다.

폭포 효과

사회적 영향에 관한 흥미로운 연구는 정보와 평판의 〈폭포 효과 cascade effect〉를 주제로 다룬다. 이들 연구는 규범의 수정과 그에 따른 법률 개정과 관련해 중요한 의미를 담고 있다.[27]

정보의 폭포 효과에서 출발점은 개인 구성원이 충분한 정보를 갖고 있지 않을 때(때로는 정보를 갖고 있을 때조차), 그들은 다른 이의 주장과 행동이 제공하는 정보에 주목한다는 것이다. 가령 A가 유전자 조작이 심각한 문제인지 알지 못할 때, B가 그러한 식품에 대한 경고를 인정하는 것처럼 보인다면, A는 아마도 그 경고를 받아들일 것이다. 그리고 A와 B 모두 그 경고를 받아들인다면, C는 이에 반대되는 독립적인 정보를 갖고 있지 않은 한 마찬가지로 그렇게 생각할 것이다. 다음으로 A, B, C 모두 유전자 조작이 심각한 문제라고 생각할 때, D는 강력한 확신이 없는 한 그들이 공유한 결론을 무시하지 못할 것이다. 이러한 일련의 과정은 결국 폭포 효과로 이어진다. 다시 말해 다른 사람이 어떤 생각을 믿는다는 이유만으로 많은 사람이 그 생각을 받아들이게 된다. 이러한 폭포 효과는 나타날 수도, 그렇지 않을 수도 있다. 그것은 초기 단계에서 생각의 확산, 사람들이 생각을 드러내는 순서, 다른 사람의 견해를 인정하기 위해 자신의 믿음을 저버리는 사람들의 임계점과 같은 비교적 사소한 요인에 달렸다.

사회적 폭포 효과는 사실 판단과 관련해 폭넓게 논의되었으며, 그 동일한 과정이 규범에 대해서도 작동한다. 우리는 정보에 따른 규범의 폭포 효과를 쉽게 떠올려 볼 수 있다. 규범의 폭포 효과가 일어나면 법의 개정으로까지 이어질 수 있다.[28] 어떤 폭포 효과는 정보의 산물이며, 다른 효과는 가치와 관련 있다. 사람들은 확신이 부족한 경우에는 남들이 믿는 것을 쉽게 수용한다. 흡연, 음주, 기후 변화, 재활용, 성희롱 등에 대한 사회적 태도 변화도 이와 비슷하다. 또한 여기서도 마찬가지로 초기 조건, 평판 압력 때문에 개인의 믿음을 저버리는 임계점, 그리고 누가, 언제, 무슨 이야기를 듣는지와 관련하여 사소한 차이가 결과를 크게 바꿔 놓는다.

가용성

이 책에서 종종 살펴보게 될 가용성 휴리스틱availability heuristic[29]이라는 개념은 규범의 폭포 효과에서 중요한 역할을 한다.[30] 가용성 휴리스틱의 기본 개념은 관련된 예를 얼마나 쉽게 떠올릴 수 있는지에 따라 개연성에 관한 판단을 내릴 수 있다는 것이다. 예를 들어 심각한 차별에 관한 특정 사례가 대중의 관심을 사로잡을 때, 사람들은 그러한 차별이 만연하다고 생각하게 된다. 가용성 휴리스틱의 한 변형에서, 어떤 사건이 대중의 관심을 증폭시키면서 개연성에 대한 판단은 물론 도덕성과 규범에 관한 판단에 영향을 미칠 수 있다. 예를 들어 1991년 변호사 애니타 힐Anita Hill이 자신의 예전 상사이자 대법관 후보인 클래런스 토머스Clarence Thomas의 성추행 사실을 공식 석상에서 폭로한 사건은 1980년대 성추행에 대한 대중의 인식에 중대한 영향을 미쳤다. 2017년에 시작된 미투 운동 역시 마찬가지다. 앨리사 밀라노, 애슐리 쥬드, 우마 서먼 같은 유명 인사들이 많은 여성이 직면하는 성추행과 성폭력에 대한 사회적 관심을 고조시켰고, 이는 광범위한 폭포 효과를 촉발했다.

애니타 힐을 포함해 미투 운동에 동참했던 일부 여성은 〈가용성 선도자availability entrepreneur〉*의 역할을 했다. 그들은 사실과 규범에 관한 가용성 폭포 효과를 만들어 내기 위해 특정 사건을 강조했다. (규범이나 법률에 대한) 시민 불복종의 영향력은 많은 경우에 공식적인 목표물이 지나치게 공격적으로 대응함으로써 더욱 강화되었다. 지나치게 강경한 대응은 불복종에 참여한 시민이 옳았을 수도 있다는 신호를 보냈다. 가령 시민권 운동 당시 주 및 지방 정부 관료들이 보였던 공격적인 반응에 대해 생각해 보자. 마틴 루서 킹은 그들의 과도한 반응이 시민권 운동에 도움이 된다는 점을 이해했다.

* 특정 사건이 광범위하게 일어나는 사건임을 대중에게 인식시키기 위해 노력하는 사람.

지금까지의 논의는 정보의 압력과 그 폭포 효과에만 집중했다. 사람들은 어떻게 생각해야 할지 잘 모를 때 다른 사람의 생각에 관심을 기울이고, 무엇이 올바른 생각인지 알기 위해 다른 사람의 주장에 의존한다. 그러나 규범과 관련해서 평판의 압력과 폭포 효과도 존재한다. 사람들은 부분적으로 자신의 평판을 유지하기 위해 말을 하거나 침묵을 지키며, 이를 위해 자신의 진정한 생각을 숨긴다. 예를 들어 A가 기후 변화는 심각한 환경 문제라고 믿는다고 해보자. 반면 B는 이러한 믿음에 회의적이다. 하지만 B는 침묵을 지키거나 A의 생각에 동의하거나, 혹은 A의 생각이 훌륭한 의견이라고 인정한다. 여기서 C는 A가 기후 변화는 심각한 문제라고 믿고, B는 A의 생각에 동의한다고 인식한다. 그래서 C는 그러한 믿음에 회의적이거나 반대하는 입장임에도 동의를 표한다.

우리는 이러한 상황이 어떻게 정치적 환경에서 벌어지는지 어렵지 않게 이해할 수 있다. 예를 들어 정치인은 총기 소지·사형·이민 반대, 동성 결혼·성 전환자 차별 금지에 대해 개인적으로는 미심쩍게 생각하면서도 강한 지지를 드러낸다. 그리고 많은 이들은 다른 사람들이 그렇게 하기 때문에(적어도 그렇게 하는 것처럼 보이기 때문에) 특정 행동을 지지하고, 그럴 때 폭포 효과(사회 운동이 특정 방향으로 흘러가는)가 일어난다.

내려다보기

차별을 당하는 대상은 침묵을 지킨다. 이러한 경우는 드물지 않다. 차별이 만연하고 규범이 이를 뒷받침할 때, 차별을 당하는 사람은 차별을 삶의 일부로 인식한다. 일부 사례에서 그들은 심지어 자신의 성향과 가치가 억압을 받고 있다고 느끼지 못한다. 순응하는 성향은 이미 존재하는 부조리의 산물이기도 하다. 가령 성추행 피해자가 정말로 〈별일 아닌 것〉이라고 받아들인다면, 그것은 그렇게 생각하는 편이 가장 쉽고 편하기 때문이다.

독립전쟁 이전의 미국 사회에 대해 역사학자 고든 우드Gordon Wood가 내놓은 설명을 생각해 보자. 당시 〈평민〉은 귀족에게 복종해야 한다고 생각했고, 〈자신의 처지를 알고 귀족이 말을 탈 때 기꺼이 걸었으며, 신분을 바꾸려는 뜨거운 열망을 좀처럼 드러내지 않았다.〉[31] 우드의 주장에 따르면, 우리가 〈전근대 사회의 특성을 이해하기 위해서는 많은 평민이 《자신의 초라함을 기꺼이 받아들이고자 했던》 태도를 이해해야 한다.〉[32]

우드는 공화주의자가 득세하면서 규범이 바뀌었고, 사람들은 더 이상 자신의 초라함을 받아들이지 않게 되었다고 주장했다. 그가 제시한 것은 규범의 폭포 효과지만, 그것은 기존의 억압된 성향을 드러낸 결과물이 아니다. 여기서는 뭔가 다른 일이 벌어졌다. 즉 사람들이 바뀌었다. 미국의 2대 대통령 존 애덤스는 놀랍게도 이렇게 썼다. 〈군주에 대한 숭배와 귀족의 자부심에 대한 충성이 그렇게 많은 사람들의 머릿속에서, 그토록 짧은 시간에 뿌리째 뽑힌 적은 없었다.)[33] 초창기 미국 역사가 데이비드 램지David Ramsay(남북전쟁 당시 영국군에게 붙잡힌)는 미국인들이 〈신하에서 시민〉으로 바뀌었다는 사실에 놀랐다. 시민이 〈주권을 갖게 되었다〉는 점에서 이는 〈어마어마한〉 변화다. 〈신하는 주인을 경외하지만 시민은 평등한 존재이므로 어느 누구도 다른 사람보다 본질적으로 우월한 권리를 갖지 못한다.)[34] 미국의 작가 토머스 페인Thomas Paine은 이렇게 표현했다. 〈우리는 국가의 정치적 혁명보다 더 엄청난 사고의 혁명을 겪었다. 이제 우리는 예전과 다른 눈으로 보고, 다른 귀로 듣고, 다른 머리로 생각한다.)[35]

애덤스, 램지, 페인은 억압된 성향이나 믿음, 가치가 아니라 전혀 새로운 기호와 믿음, 가치에 대해 말했다. 어떻게 이런 일이 벌어지는지 우리는 아직 완전하게 이해하지 못한다. 성향의 속임이라는 개념만으로는 내가 살펴보는 영역의 많은 부분을 설명할 수는 없지만, 그래도 순응하는 성향이 새로운 혹은 수정된 규범에 따라 변화할 수 있다는 사실을 제시함으로써 설명을 보완할 수 있겠다.

부분적으로 순응하는 성향

여기서도 〈부분적으로 순응하는 성향〉이 모습을 드러내는 중간 단계의 사례가 있다. 이러한 사례는 일반적일 뿐 아니라 신속한 변화 가능성이 높은 상황을 구축한다는 점에서 특히 흥미롭다.

차별을 당하거나 불공평이나 박탈로부터 어려움을 겪는 사람들은 차별과 불평등, 박탈을 완전히 수용하지는 않을 것이다. 그들은 차별과 불평등, 박탈과 더불어 살아가며, 어느 정도 체념하면서 자신이 할 수 있는 일이 없다고 생각한다. 벽에 머리를 찧는 것은 결코 유쾌한 경험이 아니다. 부분적으로 순응하는 성향의 사례에서, 차별을 당하는 대상은 연극 무대의 배우와는 다르다. 그들은 자신의 성향을 속이지 않는다. 그러나 뭔가 잘못되었다는 것을 알고 있다. 그리고 내면에서 울려 퍼지는 작은 목소리를 듣는다. 여기서 중요한 질문은 그 목소리를 묵살할 것인가, 아니면 무슨 이야기를 하는지 귀를 기울일 것인가이다.

규범이 바뀔 때, 억압을 받고 있던, 혹은 내면의 약한 목소리로 존재하던 불완전한 믿음과 가치가 활성화된다. 이 경우는 자신의 생각에 대해 분명히 알고 있던 컬럼비아 로스쿨 여학생의 사례처럼 단순하지 않다. 부분적으로 순응하는 성향은 널리 알려진 것이다. 여기서 규범 선도자의 임무는 그러한 성향을 벽장에서 끄집어내는 일이다.

차별자

지금까지 차별을 당하는 대상에 대해 살펴보았다. 그러나 사우디아라비아의 젊은 남편들의 사례가 말해 주듯이, 차별을 하는 주체역시 사회 규범으로부터 영향을 받는다. 성과 인종 등 다양한 특성을 기준으로 차별하는 이들과 관련해, 우리는 네 가지 유형을 생각해 볼 수 있다.

1. 차별하는 자가 차별을 원하고, 규범이 이를 허용하는 경우
2. 차별하는 자가 차별을 원하지만, 규범이 이를 제어하거나 금하는 경우
3. 차별하는 자가 차별을 원치 않고, 규범이 차별을 허용하지 않는 경우
4. 차별하는 자가 차별을 원치 않고, 규범이 차별을 부추기고 강제하는 경우

1번과 3번의 경우에는 성향과 규범 사이에 갈등이 없다. 2번은 흔히 있는 경우다. 여기서 규범은 강제와 억압으로 작용한다. 규범이 위력을 발휘하고 있는 한 차별은 표면적으로 드러나지 않는다. 차별자는 자신의 성향을 거짓으로 말하거나 숨긴다. 그들은 실제로 차별을 하면서도 차별을 원치 않는 것처럼 행동한다. 동시에 공동체 내에서 규범을 바꾸고 싶어 한다. 여기서 중요한 것은 그러한 시도의 성공 여부다. 차별자는 규범을 바꾸기 위해 집단적으로 행동해야 한다. 이러한 시도가 공식적으로 이뤄진다면 성공 가능성은 더 높아진다(틀림없이 차별자 중 일부는 규범을 거부할 것이다).

4번은 가장 흥미로운 경우다. 여기서도 많은 차별자가 자신의 성향을 거짓으로 말한다. 사우디아라비아의 젊은 남편들처럼, 그들은 실제로 성차별주의자가 아니면서도 그런 것처럼 행동한다(인류 역사에서 그런 일이 종종 일어난다). 명백한 갈등 상황에 직면할 때, 차별자는 규범을 거부하는 것 말고 무엇을 할 수 있을까?

여기서도 규범 선도자는 중요한 역할을 한다. 그들은 입법을 요구

하거나 법안을 설계할 수 있다. 한 가지 흥미로운 사실에 대해 생각해 보자. 규제 대상인 레스토랑과 호텔 일부는 〈1964년 시민권법 입법을 위해 적극적으로 로비를 벌였다.〉[36] 그런데 이들은 왜 인종 차별을 금하는 법을 그토록 원했던 것일까? 정말로 인종 차별을 원치 않는다면 얼마든지 그렇게 행동할 수 있었을 텐데 왜 굳이 차별 금지법을 요구했던 것일까?

우리는 규범을 통해 그 상황을 이해할 수 있다. 레스토랑과 호텔은 기존 선호도를 갖고 있었다. 즉 그들은 돈을 벌기를 원했다. 돈을 버는 최고의 방법은 돈을 지불하려는 모든 사람에게 서비스를 제공하는 것이다. 그렇기 때문에 그들은 차별을 원치 않았다. 그리고 실제로 차별하지 않기를 원했다. 차별은 그들에게 막대한 손해를 의미하기 때문이다. 하지만 지배적인 규범에 비춰 볼 때, 차별을 하지 않으려면 막대한 사회적 비용을 치러야 했다. 공동체 내에서 적대적인 반응을 자극할 것이기 때문이다. 하버드 로스쿨 교수 로런스 레시그Lawrence Lessig는 이렇게 썼다. 〈백인이 흑인을 손님으로 받아들이거나 흑인을 고용한다는 것은 돈을 지나치게 밝힌다거나 흑인에게 특별한 애정을 갖고 있음을 인정하는 것이다.〉[37] 이러한 상황에서는 차별 금지의 사회적 의미를 바꾸기 위한 입법이 필요하다. 1964년 시민권법이 통과되자 차별 금지는 의무적으로 따라야 할 규정이 되었다. 이제 이익을 추구하는 레스토랑과 호텔은 과거의 속박으로부터 자유로워졌다.

우리는 수정된 규범이나 새로운 법이 차별을 반대하는 방향으로 작용했던 현상을 다른 분야에서도 확인할 수 있다. 성차별적 행동을 한 많은 남성이 그들이 지지하지 않는 규범에 따라 행동했다는 점에서 실제로 그들은 차별을 원치 않았다. 규범 선도자가 활동을 시작하면서 규범은 변화하기 시작했고, 법이 성차별적 행동을 금지하면서 규범 선도자는 목표를 달성했다. 물론 이는 새로운 차별 금지 규범의 결과로 기대한 완전한 그림과는 거리가 멀지만, 그래도 일부를 설명해 준다.

이러한 현상은 광범위하게 나타난다. 많은 이들은 부분적으로 법이 약물 거부를 보다 쉽게 만들어 놓았기 때문에 약물을 금하는 법을 지지한다. 많은 이들은 부분적으로 음주 운전을 더 쉽게 거부하도록 해주기 때문에 음주 운전 금지법을 지지한다. 새로운 규범과 규범 수정, 그리고 이를 성문화한 법은 사전조치 전략으로서 작용한다. 규범과 법률은 사람들이 원하는 것을 하도록 도움을 준다. 반면에 이전 규범은 그러지 못하도록 가로막았다.

해방의 원천

어떤 규범은 차별을 줄이지만, 다른 규범은 차별을 강화한다. 사회 구성원들이 서로 적대감을 갖고 있다고 해보자. 그런데 여기서 사회 규범은 적대감을 드러내는 방식으로 말하거나 행동하지 못하도록 억압하고 있다. 이는 〈정치적 올바름〉의 긍정적인 측면이다. 사람들이 비도덕적인 충동을 드러내지 못하도록 제어하기 때문이다. 그러나 성차별주의와 인종주의를 제어하는 규범은 일부 시대와 장소에서 더욱 강했다. 이러한 규범은 느슨해지거나 완전히 사라질 수 있다. 트럼프 당선 이후 많은 이들이 그러한 일이 벌어진 현실에 대해 걱정했다(이 글을 쓰는 지금도 사람들은 계속 앞날을 걱정한다). 그들이 우려하는 바는 트럼프 대통령이 규범 선도자 역할을 하고 있다는 사실이다. 그는 제어 효과를 약화하거나 제거하는 방향으로 규범을 이동시키고 있다. 이러한 주장을 엄격한 방식으로 검증하기는 어렵지만, 많은 이야기를 들려주는 실험을 통해 이해할 수 있다.

시카고 대학의 리어나도 버스틴Leonardo Bursztyn, 노스웨스턴 대학의 그레고리 에고로프Georgy Egorov, 로스앤젤레스에 위치한 캘리포니아 대학의 스테파노 피오린Stefano Fiorin은 트럼프 당선이 외국인을 혐오하는 기관을 공식적으로 지지하려는 미국인의 의지에 영향을 미쳤는지 확인해 보고자 했다.[38] 2016년 선거를 2주 앞두고 버스틴은 동료 연구원과 함께 프레딕트와이즈PredictWise라는 사이트에서 트럼프의 압승을 예측했던 여덟 개 주(앨라배마, 아칸소, 아이다호, 네브래스카, 오클라호마, 미시시피, 웨스트버지니아, 와이오밍)에서 458명을 모집했다. 그러고는 이들 중 절반에게 트럼프가 이길 것이라고 말했다. 나머지 절반에게는 트럼프의 승리 예상에 대해 아무런 정보도 주지 않았다.

다음으로 모든 실험 참가자에게 여러 가지 질문을 던졌다. 거기에는 연구원이 미 연방이민개혁위원회에 1달러를 기부하도록 허락할 것인가와 같은 질문이 포함되어 있었다. 연방이민개혁위원회는 이민에 반대하는 기관으로서, 그 설립자는 이렇게 말한 바 있다. 〈유럽계 미국 사회와 문화가 존속하기 위해서는 유럽계 미국인이 다수를 차지해야 하며, 이는 자명한 사실이다.〉[39] 또한 연구원들은 기부에 동의할 경우에 1달러를 추가로 지급할 것이라고 실험 참가자에게 알렸다. 그리고 실험 참가자 절반에게는 기부 결정이 익명으로 이뤄질 것이라고 알려 주었다. 반면 나머지 절반에게는 연구원이 따로 연락을 취할 것이며, 기부 결정이 공개될 수 있다고 설명했다.

자신이 사는 주에서 트럼프의 승리 예상에 대해 아무런 정보도 듣지 못한 실험 참가자의 경우, 이민에 반대하는 연방이민개혁위원회에 대한 기부는 익명이 보장되었을 때 훨씬 더 매력적인 것으로 드러났다. 익명인 경우 54퍼센트가 기부를 허용한 반면, 익명이 아닌 경우 34퍼센트만이 허용했다. 그러나 트럼프의 승리가 예측된다는 정보를 제공한 경우, 익명성은 아무런 차이를 만들어 내지 못했다. 익명 여부와 상관없이 실험 참가자의 절반이 기부를 허용했다. 이 실험 결과의 핵심은 트럼프의 승리 예측 정보가 사회 규범을 바꿨으며, 많은 사람이 훨씬 더 공개적으로 기부하도록 만들고 익명성에 대한 상대적인 성향을 제거했다는 사실이다.

추가 실험으로서 버스틴과 동료들은 2016년 트럼프 당선 후 첫 일주일 동안 같은 주에서 같은 실험을 반복했다. 이번에도 트럼프의 승리가 익명성의 효과를 마찬가지로 제거했다는 사실을 확인했다. 실험 참가자 절반이 익명성과 무관하게 기부를 허용했던 것이다. 결론적으로 말해서, 트럼프가 대선에서 승리할 것으로 보이지 않았다면 많은 미국인은 익명성이 보장되지 않는 한 연방이민개혁위원회에 기부를 허용하지 않았을 것이다. 그러나 트럼프가 승리할 것으로 보였을 때, 사람들은 해방감을 느꼈다. 그들에게 익명성은 더 이상 중요하지 않았다. 그것은 분명하게도 트럼프의 당선이 이민에 반대하는 조직을 지지해서는 안 된다는 사회 규범을 약화시켰기 때문이다. 이제 〈유럽계 미국 사회와 문화가 존속하기 위해서는 유럽계 미국인이 다수를 차지해야 하며, 이는 자명한 사실이다〉라는 주장에 공개적으로 동의하는 것이 전보다 수용 가능한 일이 되었다.

우리는 이 실험 결과를 로스쿨 학생과 교수 사례의 거울 이미지로 볼 수 있다. 일부 사람들에게 이민에 반대하는 기관에 대한 적대감은 개인적인 문제다. 그들은 적대감을 공개적으로 드러내려 하지 않는다. 그러나 규범이 약화되거나 변화하기 시작할 때, 그들은 자신의 믿음을 기꺼이 드러내려 한다. 사우디아라비아 남편의 사례 또한 본질적으로 동일하다.

이 실험 결과와 관련해 우리는 훨씬 더 추한 형태를 쉽게 떠올려 볼 수 있다. 경찰의 폭력이 증가할 때, 혐오 발언과 행동이 특정 종교 집단의 구성원을 향할 때, 백인 우월주의 행진이 시작될 때, 인종 간 폭력 사태가 발생할 때, 대규모 폭력 행위가 자행될 때, 대량 학살의 위협이 가해질 때가 그렇다. 그 한 가지 원인은 예전에는 그러한 행동을 한다는 것은 생각조차 하지 못하게 막았던 사회 규범이 약화되거나 허물어졌기 때문이다.[40] 어떤 경우에는 세금과 같은 것이 완전히 사라진다. 다른 경우에는 세금이 보조금 형태로 변형된다. 보조금은 파괴적인 행동을 자극하는 데 필요하지만, 일부 구성원에게는 세금의 제거만으로도 충분하다.

내면화된 규범

지금까지는 사람들이 기존 성향과 가치를 이미 갖고 있는 상황에 대해 살펴보았다. 규범 변화는 사람들을 자유롭게 해방시킴으로써 생각대로 말하고 행동하도록 한다. 성적 욕망은 가장 분명한 사례다. 여기서 사람들은 자신이 좋아하는 것을 발견하고 깜짝 놀랄지도 모른다. 비록 성향의 발견과 구축 사이에는 복잡한 상호작용이 존재하지만 말이다(2017년에 나온 넷플릭스 시리즈 「집시Gypsy」는 이 주제를 잘 다뤘다). 성적 욕망의 경우, 규범 약화는 사람들이 자유롭게 다른 사람에게 알리고 표현하는 과정에서 감춰 왔던 성향을 표출시킨다. 때로 사람들은 그러한 성향을 스스로도 인정하지 않으며, 이를 표출하기 위해서는 말과 이미지, 혹은 파트너가 필요하다.

또한 나는 일부 규범은 내면화되어 있으며, 그래서 사람들은 규범에 구속받고 있다고 전혀 느끼지 못한다는 사실을 언급했다. 규범이 변화할 때, 사람들은 다르게 말하고 행동한다. 그것은 새로운 규범에 따라 말하고 행동하도록 압력을 받기 때문일 수도, 혹은 자신의 성향과 가치가 바뀌었기 때문일 수도 있다. 오웰의 『1984』는 이를 무시무시한 분위기로 묘사한다. 마지막 대사는 섬뜩하다. 〈그러나 모든 것이 좋았다. 아무런 문제도 없었다. 싸움은 끝난 것이다. 그는 자신에게 승리를 거뒀다. 그는 빅브라더를 사랑했다.〉[41]

이는 어두운 측면이다. 성추행의 경우로 돌아가 보자. 많은 남성은 성추행이라는 말만 들어도 오싹함을 느낀다. 남성에게 성추행을 금지하는 규범과 법은 절도나 폭행을 금하는 규범이나 법과 마찬가지다. 하지만 나이 많은 남성의 경우, 아마도 살아오는 동안 큰 변화를 경험했을 것이다. 반면 젊은 남성이라면 누군가를 성추행하는 것이 재미있거나 긍정적인 경험이 되는 상황을 감히 상상할 수조차 없을 것이다.

그런 남성에게서 우리는 성향을 속이는 사례를 발견하지 못한다. 일부 남성에 대해, 순응하는 성향에 관한 이야기는 유용하고 상황을 분명하게 정리해 줄 것이다. 하지만 관련된 사람들이 원칙적으로 그 규범에 깊숙이 얽매여 있어서, 이를 거부하는 것은 단지 비용이 드는 정도가 아니라 상상할 수도 없는 일이라고 말하는 편이 더 낫겠다.

사회 규범에 복종하는 다양한 행동에 대해서도 비슷한 이야기를 할 수 있다. 대부분의 사람들은 결투를 금지하는 사회 규범 때문에 고통을 겪지 않는다. 많은 이들은 안전벨트 착용이나 재활용 분리가 비용이라고 생각하지 않는다. 그것은 습관의 문제다. 안전벨트를 매거나 재활용 분리를 실천하는 사람에게 그 행동은 이익으로 느껴진다. 동정심이 사회 규범일 때, 동정심이 많은 사람은 자신이 억압받고 있다고 느끼지 않는다. 그들은 관대해지기를 원한다. 그럴 때, 상황은 안정적일 것이다. 규범 선도자는 만연하지만 드러나지 않은, 규범에 대한 불만을 거론하지는 못한다. 그러나 규범이 내면화된 상황과 규범이 단지 존재하는 상황을 구분하는 것은 내부자와 외부자 모두에게 힘든 일이다. 그래서 충격적인 놀라움이 필연적으로 나타나게 되는 것이다.

2장
집단 극화의 법칙

다음에 대해 생각해 보자.

• 한 시민 집단이 이민자 문제를 걱정하고 있다. 그들은 불법 이민
자가 중범죄를 저지른다고 믿는다. 또한 합법 이민자 역시 〈도를 넘
어서 그들의 일자리를 빼앗고 있다〉고 걱정한다. 그 집단은 2주에
한 번씩 모여 공통 사안에 대해 집중적으로 논의하기로 했다. 앞으
로 1년 뒤, 집단 구성원들의 전반적인 생각을 어떻게 예측할 수 있
을까?

• 한 고등학교에서 벌어진 총격 사건이 전국을 떠들썩하게 한 후,
공동체의 한 집단(대부분 잠정적으로 총기 규제 강화에 찬성하는)
은 새로운 총기 규제 방안 마련에 대해 논의했다. 그 결과는 개별 구
성원의 생각에 어떤 영향을 미칠까?

• 텍사스주에서는 차별 금지 조처가 비난을 받고 있다. 그러나 텍
사스 소재 대학의 교수들 대부분 차별 금지 조처를 지지하고 있으

며, 모여서 의견을 나누고, 필요한 경우에 향후 계획을 논의하기로 했다. 이들 교수의 생각과 행동은 모임 후 어떻게 바뀔 것인가?

이 장의 핵심 목표는 놀라운 통계적 규칙성(집단 극화)을 들여다보고, 이러한 현상과 관련해 다원적 민주주의라는 〈공공 영역〉에서 논의의 역할에 대해 근본적인 질문을 던져 보는 것이다. 간략하게 말해서, 집단 극화group polarization란 논의 집단이 그 구성원의 기존 성향을 더욱더 극단적으로 몰고 가는 현상을 말한다. 〈분자가 극성을 띠는 것처럼, 집단 구성원은 그들이 이미 향해 있던 방향을 따라 더욱더 일사불란하게 정렬된다.〉[1] 이러한 생각에 따르면, 첫 번째 시민 집단은 이민에 대해 더욱 적대적인 입장을 취하게 될 것이다. 두 번째 집단은 총기 규제를 더욱 확고하게 지지할 것이다. 세 번째 집단은 차별 금지 입장을 더욱 확고하게 정립할 것이다.

특히 극단적인 성향을 지닌 개인들로 구성된 집단은 더욱 분명하고 더욱 멀리 이동할 것이다. 뚜렷한 정체성을 공유하는 집단에 대해서도 똑같은 이야기를 할 수 있다(보수주의자, 사회주의자, 가톨릭 신자, 유대교 신자, 변호사 집단 등. 반면 배심원이나 연구에 참여한 피실험자 집단은 그렇지 않을 것이다). 생각이 비슷한 사람들이 〈반복적인 극화 게임〉에 참여할 때(즉 다른 의견을 접하지 않는 상태로 정기적으로 만날 때), 극단적인 이동 가능성은 더욱 높아진다.

집단 극화 현상 뒤에는 세 가지 요소가 자리 잡고 있다. 첫 번째는 정보의 역할에 관한 것이다(특히 집단 내 제한적인 〈논의 참여〉와 제한적인 참여가 구성원을 한 방향으로 몰아가는 것). 두 번째는 행동에 대한 사회적 영향, 그리고 특히 개인의 평판과 이미지를 유지하고자 하는 구성원의 욕망을 말한다. 마지막으로 세 번째는 확신과 확증, 극단성 사이의 관계와 관련된 것이다. 그 기본 개념은 개인의 주장이 다른 구성원에 의해 확증될 때 사람들은 확신을 갖게 되고, 이로 인해 더 극단적인 방향으로 나아가게 된다는 것이다. 바로 이러한 방식으로 움직임이 가속화된다.

이 세 가지 요소를 이해함으로써 사회 변화와 민주주의 제도를 깊이 들여다볼 수 있다. 그리고 정당과 의회 및 다수의 판사로 이뤄진 법원(그리고 민족 및 종교 집단, 극단주의 조직, 테러리스트, 범죄 공모, 학생회, 교수진, 〈영역 다툼〉을 벌이는 기관, 직장, 가정은 물론이거니와) 내부에서 진행되는 과정에 대해 많은 것을 설명할 수 있다.

여기서 주요 목표 중 하나는 〈고립된 논의enclave deliberation〉의 사회적 역할을 평가하는 것이다. 고립된 논의란 생각이 비슷한 사람들로 구성된 작은, 혹은 그리 작지 않은 집단 내에서 이뤄지는 논의를 말한다. 나는 고립된 논의가 사회 안정성을 해치는 잠재적 위협과 사회 분열의 원천, 그리고 사회 부조리와 불합리를 예방하는 보호막이라고 생각한다. 앞으로 살펴보겠지만, 우리는 집단 극화의 개념을 통해 많은 국가가 헌법으로 보장하는 뚜렷한 기반과 더불어, 사회적 동질성이 생산적인 논의에 치명적인 피해를 입히는 현상에 대한 기존 주장을 이해할 수 있다. 즉 집단 극화 개념을 통해 우리는 생각이 비슷한 사람들로 제한된 논의의 위험성을 완화하도록 설계된 사회 메커니즘을 이해할 수 있다.

어떻게, 그리고 왜 집단은 극화하는가

집단 극화는 논의 집단에서 발견할 수 있는 가장 뚜렷한 패턴 중 하나다. 또한 다양한 연구 사례에서도 발견된다. 집단 극화의 결과, 집단은 집단 내 일반적인 개인(여기서 〈극단〉은 집단의 초기 성향에 따라 오로지 내부적으로 정의된다)보다 훨씬 더 극단적인 의사 결정을 종종 내린다. 집단 극화와 폭포 효과 사이에는 뚜렷한 상관관계가 존재한다. 나중에 살펴보겠지만, 집단 극화는 폭포 효과와 마찬가지로 정보 및 평판 영향과 모두 깊은 관련이 있다. 중요한 차이는 집단 극화에는 논의의 효과가 수반된다는 점이다.

집단 극화는 심리학 분야에서 자주 쓰이는 용어이지만 다소 오해의 소지가 있다. 이는 집단 구성원이 양쪽으로 갈라져서 이동한다는 의미가 아니다. 특정한 상황이나 문제에 대해 논의하는 집단 내부에서 일어나는 예측 가능한 움직임을 말한다. 이동이 나타날 때, 집단과 집단 구성원은 기존 성향의 한가운데가 아니라 기존 성향이 가리키는 방향에서 더 극단적인 지점으로 이동한다. 논의 효과는 개인별 격차를 좁히면서 집단 구성원 사이의 편차를 줄임으로써 논의 전보다 더 극단적인 지점으로 수렴하는 형태로 나타난다.

열두 개 이상의 국가에서 드러나는 기본적인 현상에 관한 몇 가지 사례를 생각해 보자.[2]

1. 온건한 정도로 페미니즘을 지지하는 여성들의 집단은 논의 후 더 강력하게 페미니즘을 지지하게 된다[3](이러한 현상은 미투 운동

의 메커니즘과 밀접한 관련이 있다).

2. 논의 후 프랑스 시민들은 미국의 경제 원조에 깔린 정치적 속셈에 대해 더욱 비판적인 시각을 갖게 되었다[4](이 현상은 여러 나라에서 나타나는 미국에 대한 냉소주의와 밀접한 관련이 있다).

3. 논의 후 인종 편견을 드러냈던 백인들은 미국 사회에서 흑인들이 직면한 상황이 인종 차별 때문이라는 주장에 대해 더욱 부정적인 반응을 보였다[5](이 현상은 인종 적대주의 심화와 깊은 관련이 있다).

4. 논의 후 인종 편견을 드러내지 않았던 백인들은 위와 동일한 주장에 대해 더욱 긍정적인 반응을 보였다[6](민족 및 인종 분열의 약화와 밀접한 관련이 있다).

다음과 같은 현상이 일종의 통계적 규칙성으로서 나타나게 된다. 현재 진행 중인 전쟁에 비교적 비판적인 사람들은 논의 후 더욱 비판적이 될 것이다. 기후 변화가 심각한 문제라고 생각하는 사람들은 논의 후 그러한 믿음에 대해 강한 확신을 갖게 될 것이다. 특정 인종 집단이 열등하다고 믿는 사람들은 논의 후 그러한 믿음이 더욱 굳어질 것이다.

집단 극화 현상은 소셜 미디어 및 커뮤니케이션 시장(특정한 견해와 정체성을 지닌 집단은 종종 내부 논의를 벌인다), 그리고 의회, 위원회, 법원, 배심 등 법적·정치적으로 중요한 많은 논의 기관의 활동과 뚜렷한 관련이 있다. 이 문제에 대해서는 조금 뒤에 다시 살펴볼 것이다. 지금은 몇 가지 분명한 가능성에만 주목하자. 대중이 분열될 때, 그리고 각 집단이 저마다 선호하는 의사소통 채널을 만들 때, 각각의 집단 구성원은 그들의 초기 성향을 따라 극단으로 이동하면서 사회 분열을 더욱 심화할 것이다. 생각이 비슷한 사람들끼리 모인 다양한 논의 집단은 서로 점점 더 멀어질 것이다. 논의가 각각의 집단 내에서만 진행되기 때문이다.

비슷한 맥락에서, 정당 혹은 주요 정당의 구성원 역시 내부 논의 결과로 극단화될 수 있다. 당의 정책에 따른 투표는 부분적으로 집단 극화 현상으로 설명이 가능하다. 극단주의 집단은 점점 더 극단화되는 경향이 있다. 비슷한 성향을 지닌 3인 체제의 판사는 각자 혼자서 판결을 내릴 때보다 더 극단적인 판결을 내리게 된다. 나중에 살펴보겠지만, 가장 거대한 집단 극화 현상은 일반적으로 이미 극단적으로 기울어진 개별 구성원과 함께 나타난다.

위험한 이동과 신중한 이동

집단 극화 현상은 위험 수용에 관한 여러 가지 실험에서 처음으로 발견되었다. 1961년 이전만 해도 의사 결정을 내리는 집단(가령 위원회나 이사회)은 개인과는 달리 타협을 선호하기 때문에 위험을 낮출 수 있다는 것이 일반적인 생각이었다. 정치학자 제임스 스토너James Stoner의 연구는 그렇지 않다는 사실을 보여 주었다. 그의 실험 결과는 나중에 〈모험 이행risky shift〉[7]이라고 알려진 개념을 확인시켜 주었다. 논의는 집단 구성원을 더욱 위험을 수용하는 방향으로 이동시켰고, 만장일치 판결을 내려야 하는 논의 집단은 전반적으로 구성원 개인의 평균적인 성향에 비해 위험 선호적인(때로는 극단적인) 방향으로 이동한 것으로 나타났다.

법과 정책의 차원에서 중요한 이 발견의 의미를 두 가지로 구분해서 살펴보자. 첫째, 의사 결정이 필요한 상황에서 논의 집단은 극단적인 지점을 향해 이동한다. 이를 〈선택 이행choice shift〉이라 부른다. 집단적 의사 결정이 필요할 때, 논의 집단은 구성원이 전반적으로 갖고 있던 견해보다 더 극단적인 지점을 향해 나아간다는 뜻이다. 다시 말해 집단은 구성원 평균보다 더욱 극단적이 된다. 여기서 집단의 의사 결정 규칙은 중요한 역할을 한다. 가령 다수결 원칙은 만장일치 원칙과는 다른 결과를 만들어 낼 것이다. 가장 극단적인 견해를 가진 구성원들이 확신에 차 있을 때, 만장일치 원칙은 조직을 가장 극단적인 지점으로 밀어붙일 것이다.

둘째, 집단적 의사 결정은 구성원 개인의 (사적인) 판단을 이동시킨다. 이것이 바로 〈집단 극화〉의 일반적 의미다. 구성원 개인의 사적인 판단이 논의에 의해 이동함에 따라, 개인의 견해는 기존 방향을 따라 더욱 멀리 나아가게 된다. 일반적으로 한 가지 형태의 이동은 다른 형태의 이동과 함께 나타나기는 하지만, 오직 한 가지 형태의 이동만이 나타나는 경우도 있다.

스토너의 초기 연구에 대한 한 가지 가능한 (그리고 현대적인) 해석은 집단 역동성이 일반적으로 사람들을, 즉 집단과 구성원 모두를 더 큰 위험을 수용하는 방향으로 몰아간다는 것이다. 그러나 이는 지나치게 단순한 결론일 수 있다. 이후 연구는 특정한 조건에서는 〈보수 이행cautious shift〉을 더욱 쉽게 이끌어 낼 수 있다는 사실을 보여 주었다. 실제로 특정한 문제에서 보수 이행을 일관적으로 확인할 수 있었다.[8] 예컨대 결혼을 할 것인지, 또는 치료가 필요한 극심한 복통에도 비행기에 탑승할 것인지 하는 의사 결정에 관한 것이었다. 이 경우에 논의 집단은 개별 구성원과 마찬가지로 신중한 판단 쪽으로 이동했다. 실제로 강도들 역시 함께 일을 벌일 때 더 큰 위험을 수용하려는 성향을 드러내지만, 논의 단계에서는 보수 이행을 보였다.[9]

이후 연구원들은 스토너의 원래 데이터 속에서 가장 큰 위험 이행은 집단 구성원이 〈극단적으로 위험한 초기 성향〉을 갖고 있을 때, 다시 말해 논의 전 투표가 극단적인 위험 쪽으로 치우쳐 있을 때 나타난다는 사실을 확인했다. 반면에 〈약간 이동하거나 혹은 전혀 이동하지 않은 항목은 측정치의 중간 부근에서 시작했다.〉[10] 그러므로 이동 방향은 원래 성향의 위치에, 이동 규모는 원래 성향의 극단성에 달려 있는 것으로 보인다. 신중한 개인들로 구성된 집단은 더 높은 주의(보수) 쪽으로 멀리 이동할 것이다. 반면 위험을 선호하는 개인들로 구성된 집단은 더 큰 위험을 수용하는 쪽으로 멀리 이동할 것이다. 그리고 중간에 위치한 개인들로 구성된 집단은 원래 성향의 방향으로 조금만 이동할 것이다.

법이나 민주주의에 관련된 다양한 상황에서도 동일한 결과가 나타났다. 예를 들어 경제 원조, 건축, 정치 지도자, 인종, 페미니즘, 유무죄 판결에 관한 질문의 사례가 그랬다. 또한 애매모호한 사실(가령 소돔은 사해 바닷속 얼마나 깊은 곳에 묻혀 있는가)에 관한 질문은 물론, 정치적·법적 사안과 슬라이드에 나온 사람의 매력도 등 가치 평가적인 질문에서도 마찬가지로 나타났다.

분노 휴리스틱

몇 년 전 나는 분노와 처벌 의지, 금전적 처벌에 관한 일련의 연구에 참여했다. 여기서 발견한 사실은 일반적으로 얼마나 강력한 처벌을 부과할지 결정할 때, 사람들은 주로 〈분노 휴리스틱outrage heuristic〉[11]을 활용한다는 것이었다. 다시 말해 사람들은 특정 행동이 얼마나 분노를 일으키는지 먼저 결정하고, 그에 따라 처벌에 관한 판단을 내린다. 우리 연구원들은 수치로 확인한 사람들의 분노를 기준으로 거의 정확하게 처벌 의지를 예측할 수 있었다. 이 말은 사람들이 〈직관적 형벌주의자〉라는 뜻이다. 그들은 공동체의 분노를 자극한 만큼 처벌을 받아야 한다고 믿었다. 그리고 따로 요구하지 않는 한 사람들은 최적 억제 효과optimal deterrence*는 고려하지 않았다(심지어 요구했을 때에도 마찬가지였다).

우리는 연구를 통해 처벌 의지와 금전적 판결에 대한 논의의 효과를 검증해 보기로 했다.[12] 이 연구는 배심원 자격을 갖춘 3천 명의 시민을 대상으로 했으며, 주요 목적은 다른 사람의 처벌 의지를 확인하고 이에 대해 논의하는 경험이 개인에게 어떤 영향을 미치는지 보는 것이었다. 또한 사회적 상호작용이 어떻게 분노를 강화하는지 알아보고자 했다.

우리는 먼저 실험 참가자들에게 개인의 판단을 수치로 적어 달라고 요청했다. 그런 다음 여섯 명씩 집단을 이루어 만장일치로 〈처벌 판결〉을 내리도록 했다. 논의에 앞서 실험 참가자는 0부터 8까지 개

* 향후 동일한 범죄를 예방하는 데 처벌이 미치는 효과.

인의 〈처벌 판단〉을 적는다. 0은 피고를 처벌해선 안 된다는 것을 뜻하고, 8은 중형을 선고해야 한다는 것을 의미한다(분노에 대한 판단이 처벌에 대한 판단에 고스란히 반영되었다는 점에서 우리는 실질적으로 분노를 측정한 셈이다). 실험 참가자들은 개별적으로 점수를 적은 후, 집단 논의를 통해 만장일치로 처벌 판결을 내리기로 했다. 여기서 배심원 집단의 판결이 개별 배심원들의 처벌 판결의 평균으로 나타날 것이라고 예측했다면, 아마도 합리적인 예상일 것이다. 그러나 예상은 완전히 빗나갔다.

여기서 내가 주목한 결과는 논의 전 개별 배심원의 평균 점수와 비교할 때, 논의 후 낮은 처벌 점수는 〈하락〉한 반면, 높은 처벌 점수는 〈상승〉했다는 것이다. 개별 배심원이 낮은 처벌을 선호했을 때, 집단은 〈관용 이행〉을 보여 주었다. 다시 말해 개별 구성원의 논의 전 평균 점수보다 일관적으로 더 낮은 점수를 보였다. 이는 사람들이 낮은 분노 수위로 시작했을 때, 논의 후 분노 수위가 더욱 낮아졌다는 것을 의미한다. 그러나 개별 배심원이 강한 처벌을 선호할 때, 그들 집단의 판단은 〈중형 이행〉을 보여 주었다. 즉 논의 후 점수는 개별 구성원의 논의 전 평균보다 일관적으로 높게 나타났다. 집단을 이룰 때 분노는 상승한다. 이 실험 결과는 집단 극화가 실질적으로 작동한다는 사실을 잘 보여 준다.

메커니즘

우리는 집단 극화 현상을 세 가지로 설명할 수 있다.[13] 이 세 가지 방법 모두 많은 지지를 받고 있다.

정보

첫 번째 설명은 정보의 중요성을 강조한 것으로서, 다음과 같은 단순한 주장으로 시작한다. 개인의 입장은 어떤 정보를 듣는지, 그리고 어떤 주장이 집단 내에서 가장 설득력 있는지에 영향을 받는다. 다시 말해 개인의 입장은 집단 전체가 내부적으로 공유하는 정보 및 주장과 조화를 이루는 방향으로 움직인다. 구성원들이 이미 특정 방향으로 기울어진 집단 내부에는 그 방향을 지지하는 주장이 넘쳐날 것이기 때문에(이것이 핵심이다), 논의 결과는 개별 구성원을 초기 방향에서 더 극단적으로 나아가게 만든다.

여기서 중요한 점은 정보와 주장의 범위가 제한되어 있으며, 그마저도 특정 방향으로 편향되어 있다는 사실이다. 많은 집단은 그들의 원래 성향을 정당화하는 주장의 일부(그러나 전부는 아닌)에 대해 생각한다. 논의 과정에서 다양한 사람이 의견을 개진하지만, 전체 논의 범위는 한두 방향으로 기울어져 있으며, 이는 집단 구성원의 성향에 달렸다. 바로 그렇게 기존 편향에 따른 이동이 나타난다.

사회적 비교

두 번째 설명은 사람들은 집단 내 다른 구성원으로부터 호의적으로 받아들여지고 스스로를 긍정적으로 인식하길 바란다는 주장으로 시작한다. 다른 동료의 생각을 알게 될 때, 사람들은 지배적인 입장의 방향으로 자신의 견해를 수정한다. 예를 들어 그들은 용감하다거나 도전적이라는 이미지를 드러내길 원한다. 그러한 자질을 높이 평가하는 기업가 집단에서 특히 뚜렷하게 나타난다. 그래서 기업가는 일반적으로 집단의 다른 구성원과 비교해서 겁 많고 소심한 이미지로 비치지 않도록 개인의 태도를 수정한다.

위험을 감수하는 활동과 관련해서, 사람들은 남들과 비교해 특정한 입장을 차지하고자 한다. 남의 생각을 듣기 전에, 사람들은 이미 자신이 특정한 입장을 점유했다고 생각할 수 있다. 그러나 주변 사람의 입장이 다르다는 것을 발견하게 되면 그에 따라 자신의 입장을 이동시킨다. 그 결과 집단의 견해는 한두 가지 극단적인 방향으로 흘러가고, 개별 구성원은 그에 따라 이동한다.

우리는 비슷한 현상을 다양한 상황에서 확인할 수 있다. 예를 들어 사람들은 차별 금지나 페미니즘, 혹은 방위비 증가에 대해 지나치게 열정적이거나 지나치게 무관심하게 보이지 않기를 원한다. 그래서 다른 사람의 생각을 확인하고 나서 자신의 입장을 수정한다. 그 결과는 선택 이동과 집단 극화로 나타난다. 개인은 다른 사람에게 비치거나 스스로 생각하는 자신의 이미지를 유지하기 위해 기존의 판단을 수정한다. 여기서 중요한 점은 다른 사람의 실제 입장에 관한 정보만으로도(아무런 논의 없이) 이동이 일어난다는 것이다. 연구 결과는 이러한 사실을 확인해 준다. 단순한 노출만으로도 상당한 위험 이행이 나타난다(비록 논의 후보다는 절반 정도로 약하지만).[14] 신중함을 향한 이동(〈보수 이행〉)도 마찬가지로 설명할 수 있다.

확증과 확신

집단 극화에 대한 세 번째 설명은 확증과 확신, 극단주의 사이의 관계에 주목한다.[15] 확신이 없고 어떻게 생각해야 할지 잘 모르는 사람들은 자신의 입장을 조정하려는 경향이 강하다. 이러한 이유로 무엇을 해야 할지 알지 못하는 신중한 사람은 양극단 사이의 중간 지점을 선택하려 든다. 그러나 다른 사람이 자신의 입장에 동의할 때, 그들은 자신의 견해가 옳다고 확신하게 된다. 그래서 더 극단적인 방향으로 이동한다.

심화

이제 좀 더 깊이 있게 들여다보도록 하자. 이러한 시도는 집단 극화에 대한 기본적인 설명을 좀 더 복잡하게 만든다. 집단 극화 현상과 조직, 민주주의 사이의 관계를 이해하기 위해, 우리는 두 가지 핵심에 주목할 필요가 있다. 첫째, 사람들이 스스로를 다른 사람과 동일한 사회적 집단의 일원으로 인식하는지가 중요한 역할을 한다. 공유된 정체성에 대한 인식은 이동을 강화하고, 반대로 정체성에 대한 인식 결핍은 이동을 약화하거나 아예 중단시킬 수 있다. 둘째, 논의 집단이 의견을 달리하는 평등한 하위 집단으로 구성되고, 구성원들이 어떤 입장에 대해 어느 정도 유연성을 보일 때 극단적인 이동이 완화되는 경향이 있다.

통계적 규칙성

물론 모든 집단이 극화하는 것은 아니다. 일부 집단은 중간을 유지하면서 양극단으로 이동하지 않는다. 스토너 실험에서 열두 개 논의 집단 중 하나는 집단 극화 현상을 전혀 드러내지 않았다. 그 이유를 이해하는 것은 그다지 어렵지 않다. 기존 성향을 옹호하는 사람들의 주장이 설득력을 잃을 때, 집단 극화는 일어나기 어렵다. 예외적인 사람의 주장이 설득력을 얻을 때, 집단은 원래 성향과 멀어지기도 하며 몇몇 혹은 한 사람이 주장하는 방향으로 이동하기도 한다(영화 「12인의 성난 사람들12 Angry Men」은 이러한 가능성을 생생하게 보여 준다).

더 나아가 외적 제약이나 외부 〈충격〉이 때로 집단 극화를 막거나 완화하기도 한다. 특정 사안(가령 총기 규제, 정교 분리, 외국에 대한 개입)에 대해 뚜렷한 견해를 지닌 집단 구성원들은 극화하기 쉽지만, 정치적 영향력(그리고 기본적인 신뢰성)을 유지하기 위해 그들은 때로 공식적으로, 혹은 개인적으로 비교적 온건한 입장을 취하기도 한다. 극단적인 방향으로 이동하기 시작한 집단은 그들의 정당성을 강화하기 위해, 혹은 이러저러한 새로운 발견 때문에 평균을 향해 이동하기도 한다.

감정적 요인

감정적 요인은 집단 의사 결정에서 중요한 역할을 한다. 감정적 요인을 효과적으로 활용할 때, 극화를 강화하거나 완화할 수 있다. 집단 구성원이 감정적으로 긴밀하게 연결되어 있을 때(서로를 잘 알고 호감을 갖고 있을 때), 반대 의견은 좀처럼 나오지 않는다. 이로 인해 이견은 줄어들고, 선택에 대한 사회적 영향력은 높아진다. 친하지 않은 구성원의 주장 쪽으로 이동하는 경우는 드물다. 이동 가능성과 그 정도는 주장을 내세우는 사람을 친근하고 우호적이고 자신과 비슷한 존재로 인식할 때 높아진다.[16] 운명 공동체와 내적 유사성에 대한 인식은 경쟁하는 외부 집단의 등장과 더불어 집단 극화를 가속화하는 역할을 한다.[17]

특정 구성원의 강한 확신 역시 중요하다. 실제로 하위 집단이 다루기 힘들고 고집스러운 극단적인 입장을 취할 때, 집단 극화가 일어나기도 한다. 이러한 사실은 정보와 설득력 있는 주장에 근거한 설명을 보완해 준다. 당연한 말이지만 타당한 근거를 제시할 때는 물론, 강한 자신감을 드러낼 때 주장의 설득력은 더욱 높아진다(배심원과 여러 명의 판사로 구성된 법정을 떠올려 보자). 또한 주류에 반대하는 구성원이 〈이탈〉할 때에도 집단 극화는 가속화된다. 이탈하는 사람이 급속도로 늘어날 때, 집단의 극단적 성향은 크게 증가한다.

정체성과 연대감

정치와 일상생활의 중요성을 깊이 들여다볼 때, 우리는 구성원이 느끼는 연대감 역시 집단 극화에서 중요한 역할을 한다는 사실을 이해할 수 있다. 구성원이 스스로를 집단 일원으로 인식할 때, 집단 극화의 가능성은 커지고 흐름은 더 극단적인 형태로 전개된다.[18] 그렇기 때문에 논의를 추진하는 사회 집단이 개인의 소속감을 강조할 때, 집단 극화는 강화된다.

이러한 발견은 집단 구성원의 강한 연대감이 반대 의견을 억누를 때, 의사 결정의 수준이 떨어지게 되는 일반적인 현상과 맥락을 같이한다.[19] 이는 결코 놀라운 현상이 아니다. 집단 극화가 사회적 영향력과 제한된 논의 범주의 결과물이라는 점에서, 집단 구성원이 서로를 비슷한 존재로 생각할 때, 또는 외적 요인(정치나 지형, 인종, 성)이 구성원을 하나로 결집할 때, 집단 극화는 강화된다.

탈극화와 이동 없는 논의

탈극화depolarize하는, 즉 극단이 아닌 중간을 향하는, 혹은 구성원의 입장이 전혀 이동하지 않는 집단이 존재할 수 있을까? 아마도 가능할 것이다. 구성원들이 초기에 선호했던 방향과 반대되는 설득력 있는 새로운 주장이 제기될 때, 탈극화가 일어난다. 또한 집단 탈극화는 집단이 양극단에 있는 개인들로 구성될 때에도 나타난다.[20] 예를 들어 신중함을 주장하는 사람들이 과감함을 주장하는 사람들과 함께할 때, 집단의 판단은 중간을 향해 나아가게 된다.

양극단에 있는 구성원은 논의나 중도적 입장으로부터 좀처럼 영향을 받지 않는다. 양쪽 끝에 자리 잡은 두 하위 집단(각각 세 명)으로 구성된 총 여섯 명의 집단에 대한 실험을 살펴보자.[21] 이 실험에서 논의 결과는 중도로의 이동으로 나타났다. 한 가지 이유는 두 하위 집단이 설득력 있는 주장에 부분적으로 공감했기 때문이다.[22] 이 실험에서 특히 흥미로운 점은 애매모호한 사실(가령 1900년 당시 미국 인구)에 대한 질문이 주어졌을 때 탈극화가 가장 뚜렷하게 드러났다는 것이다. 반면 명백한 공적 질문(사형 제도는 정당한가)이 주어졌을 때에는 탈극화가 가장 약하게 드러났다. 그리고 개인적인 성향(종교나 축구에 대한 선호, 혹은 방에 칠하고 싶은 페인트 색상)에 관한 질문이 주어졌을 때에는 탈극화 현상이 중간 정도로 나타났다.[23]

이 실험 결과는 정보와 설득력 있는 주장에 기반을 둔 집단 극화에 대한 설명과도 조화를 이룬다. 뚜렷한 공적 사안에 대해 특정한 입장을 취할 때, 사람들은 다양한 쪽에서 광범위한 주장을 듣지만 기존의 입장을 바꾸지는 않는다. 다시 말해 익숙한 사안과 관련해서는 좀처럼 이동하려 들지 않는다. 반면 소수 구성원이 사실에 관한 질문에 대해 정답을 알고 있을 때, 집단은 정확성의 방향으로 이동한다. 즉 〈유레카〉 문제의 경우(올바른 답이 깨달음의 순간을 만들어 내는 경우), 집단 극화는 나타나지 않는다. 그렇기 때문에 집단은 십자낱말풀이에 능한 것이다.

집단 극화의 규칙

이러한 설명은 논의가 어떻게, 언제 집단의 의사 결정을 바꿀 수 있는지에 대해 단순한 결론을 제시한다. 오랜 숙고 끝에 형성된 견해는 좀처럼 바뀌지 않는다. 평등한 하위 집단이 서로 반대 방향에 포진해 있을 때, 탈극화 현상이 일어난다. 소수가 정답을 알고 있을 때, 집단은 일반적으로 정확한 판단으로 이동한다. 초기 성향이 확고하지 않을 때 집단 극화는 쉽게 발생한다. 그리고 논의 효과는 구성원이 자신이 속한 집단을 어떻게 바라보는가에 좌우된다. 또한 집단이 〈공화당 지지자〉나 〈총기 소지 지지자〉, 혹은 〈미국의 제국주의 정책에 반대하는 사람〉으로 구성되었을 때보다, 일반적인 〈사람〉으로 구성되었을 때 극화 현상은 약하게 나타난다.

다음으로 집단 탈극화 현상은 평등한 하위 집단이 상호 반대되는 지점을 차지하고 있을 때 나타난다. 하지만 (1) 하위 집단 구성원의 입장이 확고하고, (2) 그들이 특정 집단의 일원이며, 상대방 역시 특정 집단의 일원이라고 생각한다면, 탈극화 가능성은 낮고 그 정도도 미미하다.

실제 극화 게임

지금까지 일회성 실험을 통한 집단 극화 현상을 살펴보았다. 이번에는 현실 세상에서 나타나는 집단 극화 현상을 살펴보고자 한다. 그에 앞서 관련된 실험의 흥미진진한 결과를 먼저 살펴보기로 하자. 그리고 이를 통해 정기적으로 진행되는 민주적인 논의의 중요성을 확인해 보도록 하자.

실험 참가자들이 논의에 반복적으로 참여할 때(가령 매달 만나서 의견을 나누고 투표를 실시할 때), 특정 지점을 향한 이동 혹은 그 지점을 넘어서는 이동이 반복적으로 일어난다. 예를 들어 한 시민 집단이 유전자 조작 식품, 최저임금, 이슬람 테러를 주제로 논의할 때, 그 결과는 시간이 흐르면서 극단적인 방향으로 흘러가게 된다. 반복적인 〈극화 게임polarization game〉에서 집단 구성원은 장기간에 걸친 논의를 통해 원래 입장보다 더욱 극단적인 입장을 취하게 된다. 실제로 반복적인 극화 게임은 일회성 실험에서 나타나는 결과보다 훨씬 더 현실을 반영한 개념으로 보인다.

반복적인 극화 게임에 대한 연구는 아직 이뤄지지 않았지만, 가설로 세운 결과는 다소 현실적인 것으로 보인다. 앞서 소개한 배심원 사례에서, 배심원 집단은 종종 논의 전 개별 구성원과 비교해서 비슷하거나 더 높은 처벌 점수를 논의 후에 내놓았다. 여기서 우리는 이들 배심원들이 장기간에 걸쳐 논의를 진행할 때, 그 결과는 아마도 초기에 개별 구성원이 받아들이지 않았을 입장으로 이동했을 것이라고 충분히 생각해 볼 수 있다. 실제로 반복적인 극화 게임은 현실 세상의 중요한 특징이다.

그런데 여기서 두 가지 의문이 떠오른다. (1) 집단은 왜, 그리고 언제 극화를 중단하는가? (2) 그들은 왜, 언제 특정 지점에서 멈추고, 더 이상 이동하지 않거나 오히려 반대 방향으로 이동하는가? 집단 극화를 주제로 한 논문에서 이에 대한 답을 발견할 수는 없지만, 그럼에도 우리는 극화가 종종 어떤 〈외부 충격〉에 의해 중단되거나 반대 방향으로 흘러가는 경우를 충분히 생각해 볼 수 있다. 예를 들어 새로운 구성원이 새로운 주장을 추가적으로 제시할 때, 혹은 정치 지도자가 이기심으로 사람들을 몰아갈 때, 아니면 새로운 사실과 가치가 집단 구성원의 생각과 동기를 바꿔 놓을 때, 그러한 현상이 나타날 수 있다. 외부 충격은 사회적 폭포 효과의 방향을 바꿔 놓는다. 예를 들어 새로운 정보가 나타날 때, 극화 과정은 중단되거나 혹은 반대 방향으로 전개된다.

집단 극화를 자극하는 사건

집단 극화는 많은 논의 집단과 기관에 중대한 영향을 미친다. 예를 들어 종교 단체의 정치적·사회적 영향력에 대해 생각해 보자. 종교 단체는 집단 구성원의 확신을 강화하는 경향이 있다. 생각이 비슷한 사람끼리 이야기를 주고받기 때문이다.[24] 종교 단체는 종교적 충동을 강화하며, 이는 특히 집단 구성원이 다른 집단으로부터 격리될 때 더욱 뚜렷하게 나타난다. 그 결과 구성원 전체가 대단히 이상한 방향으로 이동하기도 한다. 종교 단체 구성원의 정치적 행동은 당연하게도 폭포 효과와 집단 극화 현상으로부터 영향을 받는다. 비슷한 맥락에서, 설문조사 결과는 마틴 루서 킹 암살과 시민권 침해와 같은 극적인 사건은 사람들의 태도를 극화시키면서 사회적으로 긍정적인 태도와 부정적인 태도를 모두 강화한다는 사실을 보여 준다.[25] 일반적으로 논의는 외부자와 사회 변화에 대한 태도를 강화한다. 예를 들어 〈출소자를 위한 사회 복귀 시설이나 교정 시설 건립의 제안은 일반적으로 사람들의 불안을 자극하고, 이러한 불안은 논의 후 뚜렷한 편집증과 적대감으로 극화한다.〉[26]

우리는 〈전문 극화자professional polarizer〉, 혹은 〈극화 선도자 polarization entrepreneur〉의 사례를 어렵지 않게 찾아볼 수 있다. 한 가지 목표를 중심으로 생각이 비슷한 사람들이 뚜렷한 주장을 가진 사람의 견해를 듣고 실질적으로 혹은 대리를 통해서 특정 견해를 옹호하고 강화하는 논의에 참여하도록 공간을 마련하는 정치 활동가가 그러한 사례에 해당한다. 사회 개혁을 추구하는 사람의 경우, 유망

한 전략은 사회 개혁에 찬성하는 사람들을 중심으로 토론 공간을 마련하는 것이다. 이를 통해 근본적인 확신과 관심을 강화할 수 있다. 수십 년 전 로이스 마리 깁스Lois Marie Gibbs가 거둔 놀라운 성과를 생각해 보자. 깁스는 뉴욕주 러브운하 인근에 살던 주민으로, 위험한 폐기물에 대한 전국적 관심을 불러일으켜 주목을 받았다.[27] 깁스는 자신과 생각이 비슷한 사람들을 모아 토론을 벌임으로써 그 사안을 중심으로 많은 시민을 결집했다. 논의는 처음에 소규모로 시작했다가 점차 커졌다. 이처럼 환경 보호와 시민권 분야에서는 폭포 효과와 집단 극화를 이용하려는 정치 리더로 가득하다.

집단 극화는 또한 전반적으로 관련된 청중 집단이 공유하는 특별한 입장을 대변하는 언론이나 프로그램 진행자에 의해 일어나기도 한다. 그들은 견해가 비슷한 사람들끼리 논의할 수 있는 기회를 마련함으로써 개별 참여자의 확신을 강화하고, 그들을 더 극단적인 입장으로 이동시킨다. 어느 사회든 잠재적 개혁가는 개인적으로든 방송이나 인터넷을 통해서든 혹은 인쇄물을 통해서든 논의 공간을 만들어 내는 일에 익숙하다. 이러한 공간에서는 성향이 비슷한 사람끼리 이야기를 주고받고, 공통된 정체성에 대한 인식이 형성된다.

외집단

단절된 외집단out-group의 경우, 집단 극화는 특히 중요한 의미를 갖는다. 정치 단체나 민족 집단, 혹은 다양한 기준으로 정의 가능한 모든 집단이 외집단이 될 수 있다. 집단 구성원이 뚜렷한 기준에 따라 자신을 정의할 때, 집단이 다른 집단과 대비해 스스로를 정의할 때, 집단 극화는 뚜렷하게 나타난다. 외집단은 그 정의상 다른 집단과의 차별화에 기반을 둔다. 자발적으로 혹은 강제적으로 다른 집단과의 논의에서 배제된 외집단은 집단 극화를 통해 더욱 극단적인 방향으로 나아갈 수 있다. 예를 들어 공산주의 정권하에서 숨어서 활동하는 반공주의자 집단은 극화되기 쉽다. 극화는 때로 긍정적인 방향으로, 혹은 부정적인 방향으로 이뤄진다. 외집단이 격리될 때, 구성원은 종종 공통된 정체성과 모욕감을 느낀다. 이로 인해 외집단에서 극단주의(가령 테러리스트의 살인과 자살 공격)가 드물지 않게 모습을 드러낸다. 특히 극단적인 집단이 상대적으로 더욱 뚜렷한 극화를 보여 준다는 점에서 그렇다.

우리는 외집단의 극화 성향을 통해 혐오 발언에 대한 사회적 우려를 설명할 수 있다. 혐오 발언과 그 결과를 걱정해야 할 중요한 이유가 있다. 집단 극화는 이를 설명해 준다. 집단 극화는 특정 집단의 논의가 〈의식화〉를 양산한다는 주장에 대해 몇 가지 질문을 던진다. 논의 결과는 적어도 의식화(그 자체로 애매모호한 개념인)를 양산할 뿐 아니라, 하나 혹은 여러 방향으로 집단 극화를 자극한다. 그리고 동시에 새롭게 모습을 드러낸 입장에 대한 확신을 강화한다. 여러 입장이 강화된다는 말은 의식화가 절대 이뤄지지 않는다는 뜻이 아니다. 분명하게도 집단 논의는 예전에 억압되었던, 혹은 사회적인 문제라기보다 개인적인 문제(1장 참조)라고 여겨졌던 문제들을 돌아보게 하고 관심을 갖게 만든다. 그러나 입장이 변화하고 통합되고, 논의 후 강력한 확신과 더불어 유지되었다는 사실만으로 그렇게 되는 것은 아니다.

우리는 또한 집단 극화의 개념을 통해 범죄 공모에 대한 책임 부과를 이해할 수 있다. 대부분의 지역에서 공모는 독립적인 범죄에 가중해서 처벌된다. 이러한 형태의 〈가중 처벌〉이 지나치게 가혹하다고 생각할 수 있다. 그러나 범죄 행위에 대해 중간 정도의 성향을 지닌 사람들이 공모를 통해 극단적인 방향으로 나아가게 되었다면, 공모를 이유로 가중 처벌을 부과하는 것은 합리적인 처사라 하겠다. 일부 법원은 공모에 따른 가중 처벌과 관련해 이 점을 충분히 인식하고 있다.[28]

갈등과 싸움

집단 극화는 모든 형태의 갈등에서 모습을 드러낸다. 서로 반목하는 집단은 구성원들끼리만 이야기를 나누고, 그들의 분노를 강화하고 확대하며, 특정 사건에 대한 인식을 응집시키는 경향이 있다. 정보 및 평판 위력은 여기서 큰 힘을 발휘하며, 일반적으로 폭포 효과로 이어진다. 그리고 집단 극화는 구성원들을 점차 극단적인 입장으로 몰아간다.

이러한 현상은 때로 민족 집단이나 심지어 다원주의 문화가 강한 국가 내부에서도 발생한다. 가령 미국의 백인과 흑인 간 갈등을 집단 극화의 개념으로 설명할 수 있다. 사람들은 주로 생각이 비슷한 이들과 이야기를 나눈다. 인종이나 민족 간의 갈등, 혹은 〈다문화 사회〉에서 형성된 적대감 역시 그들로부터 많은 영향을 받는다.

경제학자 티무르 쿠란Timur Kuran은 〈민족화ethnification〉라고 하는 국제적 현상을 연구했다.[29] 쿠란의 기본적인 생각은 터키와 과거 유고슬라비아를 포함한 많은 나라에서 벌어지는 민족 갈등은 오래 억눌려 있던 분노가 터진 게 아니라, 평판 폭포 효과의 산물이라는 것이다. 폭포 효과가 나타날 때, 민족적 차원에서 바람직한 활동에 참여하지 않을 경우 평판 처벌을 받게 된다. 그리고 점점 더 많은 사람이 폭포에 뛰어들면서 처벌 수위는 더욱 높아진다. 가령 사람들은 처음에 특정 민족임을 드러내는 방식으로 옷을 입도록 요구받는다. 또한 민족 정체성을 공유한 사람들로부터 특정 행사나 모임에 참석하라는 요구를 받는다. 고립된 삶을 살아가도록 요구를 받기도 한다. 이러한 측면에서 〈민족적 활동에 따른 두려움과 반감은 근본 원인이 아니라 민족화의 결과물일 수 있다.〉[30]

쿠란은 집단 극화의 개념을 직접적으로 언급하지는 않았다. 그러나 그는 극화 현상에 대한 이해를 바탕으로, 집단 내 논의가 어떻게 민족 집단과 그 구성원이 중도파 구성원들보다 훨씬 더 강력한 민족적 정체성을 갖게 하는지 보여 줌으로써 자신의 주장을 뒷받침했다. 정보 및 평판의 압력은 당연하게도 중동 지역에서 큰 영향을 미쳤다. 극단적인 경우에 전쟁으로 이어지기도 했다. 전쟁 상황에서 집단 극화는 적의와 반감을 지속적으로 강화하는 역할을 했다.

고립된 논의와 억압된 목소리

나는 앞서 다원주의의 잠재적 악덕과, 생각이 비슷한 사람들끼리 논의하는 〈고립된enclave 영역〉의 잠재적인 긍정적 효과에 대해서 소개했다. 하지만 이에 대해 본격적으로 살펴보지는 않았다. 고립된 논의 집단은 다원주의 사회에서 대단히 중요하다. 그것은 적어도 일부 집단의 구성원이 광범위한 논의 집단에 참여할 때 침묵을 지키는 경향이 강하기 때문이다. 〈고립된 논의〉의 특별한 장점은 전반적인 논의에서 주목받지 못하고, 침묵을 지키고, 혹은 억압당하는 소수의 목소리를 강화한다는 것이다.

이러한 사실은 다양한 상황에서 놀라운 장점으로 작용한다. 실제로 많은 사회적 변화가 그렇게 해서 이뤄졌다. 가령 페미니즘, 시민권 운동, 레이건주의, 환경 운동, 성 소수자 권리 운동을 생각해 보자. 외부자를 배제하려는 비주류 집단의 노력이나 당원에게만 예비 선거를 허락하는 정당의 내규 역시 비슷한 관점에서 이해할 수 있다. 집단 극화가 작동한다고 해도, 혹은 집단 극화가 작동하기 때문에 고립된 영역은 광범위한 사회적 혜택을 제공할 수 있다. 그것은 특히 사회적 〈논의 범주〉를 보다 풍성하게 만들어 주기 때문이다.

여기서 중요한 점은 논의 집단 내 유명 인사는 다른 이들보다 더 많이 의사소통을 하고, 그들의 견해는 더 강력한 영향을 미친다는 사실이다. 그 부분적인 이유는 인지도가 낮은 일반적인 구성원은 자신의 역량에 대해 확신이 부족하거나 혹은 보복을 두려워하기 때문이다.[31] 예를 들어 여성들의 생각은 종종 영향력이 적으며, 때로 〈혼성 집단에서는 완전히 억압〉되기도 한다.[32] 또한 문화적 소수자는 일반적으로 다문화 사회 내부의 의사 결정에서 영향력을 행사하지 못한다.[33] 다양한 집단의 구성원들이 내부적으로 이야기를 나누고,

각자의 의견을 개진할 수 있는 논의 공간을 마련하는 시도는 바람직하다. 이러한 노력은 다문화 사회를 구성하는 데 대단히 중요하다.

　그러나 고립된 논의에는 심각한 위험이 따르기도 한다. 여기서 말하는 위험이란 사회적 영향과 설득력 있는 주장의 메커니즘 때문에 구성원들이 고립된 논의에 따른 예측 가능한 입장으로 이동할 가능성을 말한다. 극단적인 경우에 고립된 논의는 자칫 사회 안정성을 해칠 수 있다(긍정적 혹은 부정적 차원에서). 또한 스스로를 고립된 집단의 일원이라고 인식하는 사람들이 사회 전반을 위해 혹은 해당 집단의 구성원들을 위해 바람직한 방향으로 이동할 것이라 장담할 수 없다. 그 반대 경우에 대해서는 쉽게 생각할 수 있다. 가령 나치주의의 등장, 혐오 집단, 혹은 다양한 형태의 수많은 〈종교 집단〉이 그렇다.

　고립된 논의에 따른 위험성을 해결할 간단한 방법은 없다. 사회 안정성에 대한 위협은 때로 바람직한 기능을 한다. 토머스 제퍼슨 Thomas Jefferson의 설명에 따르면, 혼란은 〈이익을 가져다줄 수 있다. 정부의 부패를 방지하고 (……) 공적 사안에 대한 대중의 관심을 자극한다. 내가 생각하기에 (……) 지금의 작은 혼란이 나중에 큰 도움이 될 수 있다.〉[34] 혼란을 제쳐두고서, 고립적 논의를 평가하기 위해서는 근본적 실체에 대한 이해, 다시 말해 고립된 영역을 사회 나머지로부터 구분하는 기준에 대한 이해가 반드시 필요하다. 제도적 설계의 관점에서 볼 때, 문제는 고립적 논의를 강화하기 위한 모든 노력은 다양한 범주의 집단들 사이에 극화를 촉발한다는 것이다. 여기서 일부 집단은 사회 정의에 도움이 되지만, 다른 집단은 사회 부조리를 조장하고, 또 다른 집단은 잠재적으로 대단히 위험할 수 있다.

이러한 관점에서 우리는 영국의 보수주의 정치가 에드먼드 버크 Edmund Burke가 언급한 대의representation의 개념(〈지역의 목적〉과 〈지역의 편견〉을 거부하고 〈사회 전체의 보편적 이성〉[35]을 추구하는)이 우연히 나온 것이 아니라, 〈본질적으로〉 보수적이라는(기존 관습의 보호막으로서) 사실을 분명하게 이해할 수 있다. 그 이유는 〈지역의 목적〉과 〈지역의 편견〉이 다원적 〈논의 기구〉[36] 속에서 사라지면서 내부 논의가 강한 극화를 촉발하는 집단(특히 인지도가 낮거나 주류에서 벗어난 집단)의 영향력이 필연적으로 약화될 것이기 때문이다.

제임스 매디슨James Madison은 (〈화폐, 부채 탕감, 부의 평등한 분배, 그밖에 부적절하거나 사악한 다양한 프로젝트에 대한 분노〉[37]를 촉발하는 대중의 열정에 대한 두려움과 더불어) 원래 버크주의가 말하는 대의의 개념에 매력을 느꼈고, 극화의 위험에 맞서기 위해 대형 선거구제와 오랜 재임 기간을 지지했다. 반대로 〈불안정〉이 본질적으로 좋은 것이라고, 혹은 다양한 집단에서 극화 현상을 자극하는 위험을 감내하는 것이 가치 있는 일이라고 생각하는 이들은 고립된 영역 내부에서 고립된 논의를 강화하는 시스템을 지지했을 것이다.

국가가 광범위한 부조리나 다양한 형태의 잘못을 저지르는 경우, 고립된 논의는 투명성이나 정의에 대한 인식을 적어도 어느 정도 높일 수 있는 유일한 길이다. 고립된 논의는 고립된 집단의 내부 구성원에게 실질적인 도움을 준다. 그것은 투명성과 정의에 대한 인식을 심어 주기 때문이다. 고립된 집단은 외부 집단과 다른 규범을 갖고 있으며, 그 구성원은 종종 긍정적 차원에서 구속감을 느낀다. 시민권 운동 역시 고립된 집단을 필요로 했다. 고립된 집단은 내부 구성원 사이의 다양성을 약화시키지만, 반면에 사회 전체의 다양성을 높인다(적어도 고립된 집단이 다수 존재할 경우). 다양한 고립된 집단의 장점은 잠재적으로 전체를 위해 〈이차 다양성〉(즉 사회 전반에 걸친 다양성)을 만들어 낼 수 있다는 것이다.[38]

그러나 그러한 국가에서도 고립된 논의는 그 구성원들이 다른 이들과 접촉하지 않는 한 변화를 이끌어 내지는 못한다. 입헌 민주주의 사회에서 최적의 상황은 모든 고립된 집단이 서로 다른 견해로부터 격리되어 있지 않고, 특정 지점에서 고립된 집단 구성원과 의견을 달리하는 이들 사이에 의견 교환이 활발하게 이뤄지는 것이다. 가장 심각한 위험은 고립된 논의가 아니라 전적인 혹은 거의 전적인 자기 단절이다(운이 좋지 않은 경우, 혹은 치명적인 경우 극단주의와 만나게 된다).

집단 극화를 통해 우리는 왜 입헌 민주주의가 고립된 논의를 보호하고, 고립된 집단 구성원이 다른 의견에 귀를 기울이도록 하고, 또한 이들 집단의 구성원이 들려주는 이야기에 외부인이 관심을 기울이도록 만들어야 하는지 이해할 수 있다. 무엇보다 사람들이 자기 목소리의 메아리만 듣는 상황을 피하는 것이 중요하다. 다양한 사회에서 자기 단절은 상호 몰이해의 방식으로, 혹은 그보다 더 나쁜 방식으로 심각한 문제를 야기할 수 있다. 사회 분열의 원천과는 거리가 먼 다원주의는 창조적 원동력으로 작용하면서 문제를 발견하고 해결책을 도출하는 데 기여한다.

3장
법의 표현적 기능

모든 행동은 〈표현적〉이다. 다시 말해 메시지를 전달한다. 지극히
일상적인 일에서 매우 중요한 일에 이르기까지 거의 모든 행동이 표
현적이다. 변호사가 화려한 넥타이를 매고 법정에 출석할 때, 이는
자기 자신을 바라보고 남들을 대하는 시선에서 뭔가 특별한 신호를
전달하기 위함이다. 청바지 차림의 교수나 정장 차림으로 강의실에
들어온 학생 역시 마찬가지다. 이처럼 비언어적 행위는 물론 순수하
게 언어적인 행위 역시 마찬가지로 표현적이다. 〈미스〉나 〈미스터〉
라는 호칭을 사용하거나 흑인을 〈니그로〉라고 부르는 은행장은 성
과 인종에 대한 태도와 관련해 많은 메시지를 전달한다.

여러 다양한 경우에서 화자가 전달하거나 의미하는 바는 진정한
의도와 깊은 관련이 있을 수도 있고, 그렇지 않을 수도 있다. 이러한
점에서 행위 주체는 행위에 따른 의미를 완전히 통제하지 못한다.
실제로 행위에 따른 의미를 전혀 인식하지 못할 수도 있다. 가령 특
정 행동에 담긴 사회적 의미를 망각해서 이방인임을 드러내는 경우

를 떠올려 보자. 여기서 행위의 의미는 주체의 의도와 완전히 다른 것일 수 있다.

행위의 사회적 의미는 기존 사회 규범의 함수로 나타난다. 가령 사회 규범이 사람들에게 공공장소에서 흡연을 하지 말라고 말할 때, 흡연의 사회적 의미는 무심함이나 무례함, 혹은 더 나쁜 것일 수 있다. 사회 규범이 사람들에게 식사 때 편안한 옷차림을 권고할 때, 공식적인 옷차림은 우월감이나 융통성이 부족한 태도를 드러내는 부정적인 메시지를 전한다. 사회 규범이 변할 때, 사회적 의미도 마찬가지로 변한다. 그렇기 때문에 흡연이나 성추행, 혹은 콘돔 사용과 육식 거부에 담긴 오늘날의 사회적 의미는 1961년과는 크게 다르다. 근본적인 규범이 바뀌었기 때문이다.

이러한 설명은 행동뿐 아니라 법률에도 그대로 해당한다. 많은 이는 법에 담긴 의미 때문에 법을 지지한다. 그리고 법에 대한 논쟁은 종종 그 결과가 아니라, 법의 표현적 내용물을 둘러싸고 이뤄진다. 가령 학교에서 인종 분리법에 대한 논쟁은 주로 구분을 요구하는 법의 의미에 대한 것이었다. 〈플레시 대 퍼거슨Plessy v. Ferguson〉 판결은 인종 분리가 흑인의 열등함을 의미하는 것은 아니라고 말했다.[1] 그러나 1954년 미국 연방대법원은 반대 경우를 보여 주는 경험적 연구들을 기반으로, 〈브라운 대 교육위원회Brown v. Board of Education〉[2] 판결에서 공립학교의 흑백 분리가 부당하다며 기존의 판결을 뒤집었다.

이민 논쟁 역시 경제 성장과 고용에 관한 것만은 아니다. 이 논쟁은 거대한 표현적 차원을 기반으로 한다. 이민을 막아야 한다고 생각하는 사람들은 이렇게 주장한다. 〈여기는 당신네 나라가 아니라 우리 나라다.〉 반면 이민에 찬성하는 사람들은 이렇게 외친다. 〈우리의 문은 열려 있다.〉 물론 양측은 결과에 대해서도 주목하지만, 이민 정책에 담긴 표현적 내용 역시 중요한 역할을 한다.

1980년대 성조기를 불태우는 행위가 헌법에 저촉되는지를 놓고 오랫동안 이어진 열띤 논쟁에서도 이러한 표현적 측면을 찾아볼 수 있다. 국기를 불태우는 행위를 위법이라고 생각하는 사람은 애국심에 주목한다. 그 논쟁이 그러한 행위를 막을 최선의 방법을 모색하기 위한 것이라고만 생각한다면, 우리는 그 논쟁을 제대로 이해할 수 없다. 1980년대에 성조기를 불태운 사람은 그리 많지 않았다. 그리고 그러한 행위를 법적으로 금지하는 헌법 수정안이 오히려 그 행위를 크게 증가시킬 것이라는 예상은 합리적인 우려였다. 실제로 헌법 수정안을 채택했더라면 성조기를 불태우는 행위를 크게 부추겼을 것이다. 많은 이들은 자신이 그 수정안에 반대한다는 것을 드러내기 위해 성조기를 불태웠을 것이다!

이러한 상황에서 헌법 수정안을 지지했던 사람은 결과보다 표현적인 측면에 집중했을 것이다. 그들은 성조기를 태우는 행위의 무절제함을 고발하고자 했다. 그들은 아마도 법을 통해 사회 규범에 영향을 주고자 했다. 그러한 주장이 본질적으로 좋은 것이라고 생각했기 때문이다. 국가가 흘러나올 때 무릎 꿇는 것을 거부한 선수를 NFL이 징계하도록 했던 트럼프의 사례를 생각해 보자. 물론 트럼프는 무릎 꿇는 것을 거부한 행동을 범죄로 봐야 한다고 주장하지는 않았다. 그럼에도 선수의 처벌을 원했다. 이를 둘러싼 논쟁은 명백하게도 표현적이다. 무릎 꿇는 것을 거부한 것은 국가에 대한 존경심을 거부한 행위인가? 아니면 부당함에 맞선 수긍할 만한 행위인가?

많은 국가에서 나타나고 있는 혐오 발언에 대한 규제를 둘러싼 논쟁 역시 비슷한 양상을 보인다. 이 논쟁은 그러한 규제의 사회적 의미를 훌쩍 넘어선다. 혐오 발언에 대한 규제는 피해자가 특별한 개입주의*적 보호를 필요로 하고, 약하고, 비판에 민감하며 스스로를 지킬 능력이 없다는 사실을 〈의미〉하는가? 아니면 자유주의 사회는 결국 극단적인 편견을 수용할 수 없다는 것을 〈의미〉하는가? 이러한 질문에 대한 논쟁은 결과에 초점을 맞추는 것이 아니다. 그 이유는 일반적으로 논쟁의 이익이 미미하며(어쨌든 행동을 다루는 게 아니다), 따라서 그 사안에 투자한 많은 시간과 에너지를 정당화할 수 없기 때문이다. 이러한 측면에서 혐오 발언을 둘러싼 논쟁과 국기를 불태우는 행위에 대한 논쟁 사이에는 많은 공통점이 있다. 본질적으로 이들 논쟁은 표현적인 것이다.

법과는 거리가 멀지만, 민주주의에서 법의 기능과 직접적 연관이 있는 주제인 위험 규제에 대해서도 한번 생각해 보자. 환경 보호와 관련된 공적 논의는 주로 법의 사회적 의미에 초점을 맞춘다. 가령 멸종 위기 종 보호법은 인간과 환경의 관계에 대한 개념적 상징으로서 특별한 의미가 있다. 이 법을 〈무력화〉하려는 시도는 멸종 위기 종들에 대해 중요할 수도, 그렇지 않을 수도 있다. 그러나 이러한 시

---

* paternalism. 〈넛지〉의 핵심 개념 중 하나로 부권적 개입주의 또는 온정주의를 의미한다. 아버지가 자식에게 진로에 대해 조언해 주는 것처럼, 다른 사람의 사적인 행동에 방향을 제시하는 것을 가리킨다.

도에 반대하는 사람들은 특정한 가치를 주장한다. 같은 차원에서 의무적 재활용(도로변에 내놓은 쓰레기를 수거하는 방식에 비해 경제적 관점에서 훨씬 더 나아 보이는)은 표현적인 차원에서 대중의 지지를 더 많이 받을 수 있다. 법률 분야의 경우 의무적 무료 변론(그러한 활동을 거부하는 변호사들이 말하는 강제적 재능 기부와 반대된)에 대해서도 같은 말을 할 수 있다.

이 장에서 나는 행동을 직접적으로 통제하는 것과 상반된 의미로서 법의 표현적 기능을 살펴본다. 제재가 따르지 않을 때, 표현은 넛지로 볼 수 있다(2부 참조). 여기서 나는 사회 규범을 바꾸기 위해 법적 〈표현〉을 어떻게 설계해야 하는지에 초점을 맞춘다. 그리고 법적 표현을 통해 규범을 수정하려는 다양한(그리고 내가 보기에 적절한) 시도를 소개한다. 또한 법의 표현적 기능을 규범을 바꾸려는 시도와의 관계에서 이해할 수 있으며, 법적 표현이 아무리 합리적이고 고상해 보인다고 해도 부정적인 결과를 초래할 경우 실행에 옮겨서는 안 된다는 주장을 제시한다.

표현

우리는 법의 표현적 기능을 두 가지 방식으로 이해할 수 있다. 첫 번째이자 직접적인 형태로, 가령 운전 중 휴대전화 사용의 위험성을 알리는 법적 〈표현〉은 사회 규범에 영향을 미치고, 궁극적으로 사람들의 판단과 행동에 영향을 미치도록 설계할 수 있다. 이러한 관점에서 법의 표현적 접근 방식에 대한 평가는 사회적 결과에 달렸다.

특정한 표현은 궁극적으로 긍정적인 결과를 가져올 것으로 예상되기 때문에 선호할 수 있다.

그 시나리오는 이렇게 전개된다. 적절하게 표현된 법은 사회 규범에 영향을 미치고, 규범을 올바른 방향으로 유도한다. 가령 법이 재활용을 의무화할 때, 아마도 환경에 관한 사회 규범에 바람직한 방식으로 영향을 미칠 것이다. 혹은 법이 뭔가(가령 성)를 교환 가능한 상품으로 규정할 때, 이는 사회 규범에 부정적인 방식으로 영향을 미칠 것이다. 예를 들어 사람들은 성을 비하하고 폄하하는 방식으로 바라보기 시작할 것이다. 성매매의 합법화는 일상생활 속으로 흘러들 것이다(파괴적인 방식으로).

법은 때로 규범에 영향을 미친다. 성향이나 믿음 같은 근본적인 규범은 우리가 갖고 태어나는 것이 아니라, 법을 포함한 일련의 다양한 사회적 요소의 산물이다. 여기서 나는 규범을 바꾸기 위해 설계된 법에 주목한다. 그러나 일반적으로 사람들은 규범에 미치는 영향 때문이 아니라, 특정한 〈표현〉을 구체화하는 것이 본질적으로 가치 있다고 생각하기 때문에 법을 지지한다. 법이 사회 규범에 거의, 혹은 전혀 영향을 미치지 못하는 경우도 있다.

법의 표현적 기능에 대한 두 번째 이해는 규범에 미치는 영향과 직접적 연관은 없다. 대신에 도덕성에 대한 개인적인 관심과 관련되어 있다. 영국 철학자 버나드 윌리엄스Bernard Williams는 짧지만 의미 있는 논의에서 사람들은 비록 결과가 더 나빠진다고 해도 공격적이거나 문제가 될 만한 행동을 하지 않으려는 경향이 있다고 지적했다.[3] 그의 주장에 따르면, 사람들은 단지 결과가 아니라 개인의 도덕성, 의무감, 삶의 일관성, 행동에 담긴 개인적·사회적 의미를 따져서 판단한다. 이때 행동의 표현적 측면이 중요한 기준이 된다. 이와 관련해 윌리엄스는 적절한 사례를 제시했다. 어떤 이는 더 많은 사람을 죽음으로 몰아넣는다고 해도 테러리스트의 요구에 따라 무고한 사람을 죽이는 행위를 거부할 것이다. 혹은 양심적 병역 기피자는 군수 산업에 취직하려고 하지 않을 것이다. 비록 그러한 행동이 군수 산업 그 자체에 아무런 영향을 미치지 못한다고 해도 말이다.

법의 표현적 기능을 외면하고서는 이들 사례에서 사람들의 반응을 제대로 이해할 수 없다. 윌리엄스는 이들의 반응이 타당하다고 생각했다. 분명하게도 무고한 사람을 죽이라는 명령을 거부한 것은 결과적으로 정당화될 수 있다. 부도덕한 행위를 거부한 사람은 가치를 극대화하는 행동의 기반이 되는 태도를 강화할 것이기 때문이다. 그러나 그건 간단한 문제가 아니다. 또한 윌리엄스가 말하는 핵심이 아니며, 표현적인 차원에서 법을 지지하는 사람의 견해도 아니다.

내 생각에 윌리엄스의 주장은 설득력이 없다. 그는 행복에 대해 도덕적 휴리스틱을 활용했다(자세한 내용은 14장, 15장 참조). 여기서 내가 말하고자 하는 바는 인간은 때로 표현적 숙고를 통해 행동을 결정한다는 것이다. 우리는 결과가 중요하며 광신도가 되어서는 안 된다고 생각하면서도, 동시에 이러한 주장을 받아들일 수 있다.

사회적 차원과 법적 차원에는 유사성이 존재한다. 사회는 지켜야 할 규범을 확인하고, 또한 결과를 예측하기 힘들다고 해도 법을 통해 규범을 뒷받침한다. 비록 소수 집단 구성원에게 실제로 도움을 줄 수 없다고 해도, 인종 차별을 반대하는 헌법적 권리나 시민권법을 표현적 차원에서 주장한다. 사회는 다른 사람의 생명을 빼앗는 행위에 대한 적절한 처벌을 바라보는 특정한 관점을 표현하기 위해 사형 제도를 지지하거나 반대한다. 같은 이유로 동물 복지를 옹호할 수 있다.

핵심은 법의 문화적 역할, 판결, 대법원 판결과 관련 있다. 대법원 판결의 실제 효과는 뜨거운 논쟁거리다. 대법원이 인종 차별이 위법이고, 혐오 발언에 대한 규제는 수정 헌법 1조를 위반하는 것이며, 혹은 학교 내에서 학생들에게 기도를 강요할 수 없다고 판결을 내릴 때, 그 판결이 미치는 현실적인 영향력은 우리가 생각하는 것보다 훨씬 적을 수 있다. 그러나 대법원 판결에 대한 미국 사회의 뜨거운 관심은 판결의 표현적 혹은 상징적 특성과 관련 있다. 법원이 판결을 내릴 때, 사람들은 이를 국가의 기본적인 원칙과 의무를 대변한 것으로 받아들인다. 법원 판결에 표현적 기능이 들어 있다는 생각을 바탕으로 현안을 이해할 수 있다.

나는 지금까지 살펴본 법의 표현적 기능이 결정적인 것이라고, 혹은 일반적인 나쁜 결과를 보여 줌으로써 반박할 수 없다고 생각하지는 않는다. 나는 이 책의 맨 앞에서 허버트 사이먼이 했던 말의 타당성을 입증하기 위해 노력할 것이다. 그의 말을 떠올려 보자. 〈우리는 종종 부조리를 향해 소리치고, 일어나 맞서고자 한다. 그것은 숭고한 동기다. 그러나 진지한 혁명가라면 자기를 표현함으로써 얻는 즐거움을 절제할 줄 알아야 한다. 오로지 제도에 미칠 최종적인 영향을 염두에 두고 자신의 행동을 결정해야 한다.〉[4] 내 핵심 목표는 단지 〈말하는〉 법이 아니라, 규범을 바꾸기 위해 설계된 법을 옹호하는 것이다. 당연하게도 표현적 기능은 법적 논쟁의 주요한 부분을 차지한다. 우리는 법의 표현적 기능을 이해하지 못한다면 시민권, 언론의 자유, 행복 추구권, 성매매, 환경, 이민, 멸종 위기 종, 사형 제도, 낙태 등의 사안에 대한 대중의 견해를 깊이 있게 다룰 수 없다.

집단행동 문제

많은 사회 규범은 집단행동 문제를 해결한다.[5] 이러한 문제의 일부는 협력과 관련되어 있고, 다른 일부는 〈죄수의 딜레마〉와 관련된 것이다. 규범은 이탈자에게 사회적 제재를 부과하는 방식으로 문제를 해결한다. 규범을 위반한 이탈자는 죄책감과 수치심을 느끼게 되고, 이는 중요한 동기로 작용한다. 그리고 공동체는 비공식적인 처벌을 통해 규범을 실행에 옮긴다. 가장 극단적인 처벌은 배척이다. 그러나 규범이 실질적으로 영향력을 행사하는 시점은 위반 행위가 이뤄지기 이전이다. 죄책감과 수치심에 대한 예상은 일종의 사회적 〈세금〉으로 때로 대단히 높으며, 일반적으로 복종을 이끌어 내기에 충분히 강력하다.

협력을 장려하는 규범이 존재할 때, 사람들은 상호 이익이 되는 방식으로 교류한다. 가령 교수들은 기꺼이 추천서를 쓰고, 쉽게 거부할 수 있는 잡다한 행정 업무를 맡는다. 제도적 규범 위반에 따른 감정적 대가인 죄책감과 수치심을 느끼지 않기 위해서다. 혹은 쓰레기를 함부로 버리지 못하게 하는 규범이 공동체 내에 강력하게 자리 잡고 있다고 해보자. 이 규범이 광범위하게 확산되어 있다면, 환경

보호 문제는 법의 개입 없이도 해결 가능하다. 이러한 규범은 법이 아주 큰 비용을 들여야 할 수 있는 일을 해낸다. 또한 예의와 배려에 관한 규범은 낯선 사람이나 친구와의 관계에서, 혹은 가족 내에서 부드러운 상호작용을 뒷받침하는 기반이 된다.[6]

그러나 좋은 규범 대신 나쁜 규범이 존재하는 경우도 있다(여기서는 집단행동 문제를 해결하는가를 기준으로 〈좋은〉 규범과 〈나쁜〉 규범을 구분한다). 예를 들어 쓰레기 무단 투기를 금지하는 규범 대신, 무단 투기를 허용하는 규범이 있다고 상상해 보자. 쓰레기를 버리는 행위의 사회적 의미는 자립과 용기가 된다. 반대로 청소를 하거나 쓰레기를 버리지 않는 행위의 사회적 의미는 까다로움이나 두려움 혹은 신경증이 된다. 이러한 상황이라면 우리는 규범을 다시 한번 검토하고 새롭게 구축해야 할 것이다. 이는 자발적 노력을 통해 가능하다.

앞서 민간 영역에서는 규범 선도자가 나쁜 결과를 확인하고 죄책감과 수치심, 자부심의 근간을 바꿈으로써 규범을 변화시킨다는 사실을 살펴봤다. 많은 규범 선도자는 집단행동 문제에 주목한다. 환경 문제와 관련해 공익 단체는 주로 환경에 바람직한 방향으로 민간의 실행을 유도함으로써, 혹은 때로 자부심(일종의 비공식적 사회 보조금)이나 죄책감, 수치심(일종의 비공식적 사회적 세금)을 자극하는 새로운 기반을 마련함으로써 같은 역할을 수행한다.

그러나 민간 분야의 노력은 때로 실패로 돌아간다. 그러면 법이 구제 수단으로 등장한다. 실제로 법의 표현적 기능을 활용함으로써 일부 집단행동 문제를 해결할 수 있다. 여기서 목표는 기존 규범을 재구성하고, 무엇이 적절한 행동인지 알려 주는 법적 표현을 통해 행동의 사회적 의미를 바꾸는 것이다. 이는 규제 법률을 통해 집단 행동 문제를 해결하고자 할 때 일반적으로 쓰이는 방식이다. 특히 환경 문제는 물론 자동차 안전, 고용 안정, 건강 등의 다양한 문제에 대해서도 마찬가지다. 법을 적절한 사회 규범을 만들어 내기 위한 시도로 바라보는 것은 아마도 일반적인 생각은 아닐 것이다. 법은 규범의 역할을 하거나 혹은 기존 규범에 직접적으로 대응함으로써 규범을 새로운 방향으로 이동시키기 위해 설계된다. 후자는 법이 도덕적 의미를 지니고 있으며, 그래서 기존 규범이 나쁘고 새로운 규범으로 대체되어야 한다고 사람들을 설득할 수 있다는 생각에서 출발한다.

법적 명령은 때로 중요한 집행 활동에 수반되는 법적 요건을 통해 특정 행동을 요구함으로써 좋은 규범을 대체한다. 예를 들어 환경 관련법은 산업 오염을 통제하기 위한 법적 명령을 내린다. 여기에는 막대한 집행 자원이 추가된다.

그러나 법의 표현적 기능을 보여 주는 미묘하면서도 흥미로운 많은 사례가 있다. 관련된 법이 실제로 집행되는 경우는 드물지만 사회 규범의 변화를 유도하는 사례를 확인할 수 있다. 예를 들어 공공 장소에서 흡연을 금지하고, 쓰레기 무단 투기를 금지하고, 반려동물의 배설물을 치우도록 규정하는 법에 대해 생각해 보자. 많은 지역에서 그러한 법이 실질적으로 집행되는 경우는 많지 않지만, 무엇이 올바른 행동인지 알리고 사회적 불명예 및 죄책감과 수치심에 대한 인식을 전달하는 중요한 기능을 한다.

실제로 집행되건 안 되건 간에, 법은 규범과 행동의 사회적 의미를 새롭게 정의하는 데 기여한다. 가령 반려견의 배설물을 치우지 않는 행위는 다른 이들에 대한 경멸과 모욕을 나타내는 것이 된다. 대다수 혹은 모두가 그렇게 생각할 때, 행동에서 전반적인 변화가 일어나기 시작한다. 결국 평판 동기가 행동의 의미를 새로운 방향으로 이동시키면서 규범의 폭포 효과가 일어난다. 많은 장소에서 사람들은 반려동물의 배설물을 치우는 일이 귀찮고 법이 집행되는 경우는 거의 없음에도 기꺼이 치운다.

법이 유도한 규범 변화가 집단행동 문제를 해결할 때, 이를 반대하는 사람은 아무도 없을 것이다. 또한 법의 표현적 기능에 대한 논란도 크지 않을 것이다.

위험

법의 표현적 기능은 종종 위험한 행동과 관련 있다. 오직 혹은 주로 자기 자신에게 위험한 행동도 포함해서다. 물론 운전을 하거나 도심을 거닐고, 혹은 군대에 지원하는 것 등 모든 행동에는 위험이 따른다. 정부가 위험을 감수하는 행동에 〈일종의 보조금을 지급하는〉 규범을 바꾸고자 할 때, 그것은 변화를 통해 전반적인 행복 수준을 향상시킬 수 있다는 판단에 따른 것이다. 이러한 판단은 행위의 내적 효용이 상대적으로 낮고, 평판 동기가 행동의 실질적 원천이라는 이해에 기반을 두고 있다. 지금부터는 사회 규범 때문에 위험을 감수하는 행동이 그대로 유지되는 사례를 살펴보자.

여기에는 많은 사례가 있다. 사회학자 일라이자 앤더슨Elijah Anderson이 빈민가에서 살아가는 미국 흑인의 삶을 사회학적 차원에서 생생하게 분석한 연구 결과는 사회 규범이 어떻게 다양한 위험을 창출하는지 보여 준다.[7] 강력한 규범은 오히려 사람들에게 약물을 복용하고 판매하도록 동기를 부여한다. 또한 10대들이 임신으로 이어질 위험이 있는 성행위를 하도록 부추긴다. 앤더슨은 약물과 임신, 총기 소지와 관련해서 많은 행동이 평판 효과에 따라 이뤄진다는 사실을 보여 주었다. 특히 젊은이들이 위험을 무릅쓰고 하는 많은 행동의 경우 사회 규범이 중요한 요인으로 작용한다. 예를 들어 흡연, 음주, 불법 약물, 다이어트와 운동, 운전 중 문자 보내기, 총기 소지 및 사용과 관련된 강력한 규범에 대해 생각해 보자. 여기서 우리는 흡연이나 안전벨트를 매지 않는 행동은 그 행동의 내재적 효용이 아니라, 대부분 평판 효과의 작용에 따른 것이라고 쉽게 추측해 볼 수 있다.

여기서 민간 분야의 규범 선도자는 중요한 역할을 한다. 예를 들어 1990년대 초 미국에서 젊은 흑인들의 흡연율이 크게 감소했다. 이는 분명하게도 규범 선도자의 활동으로 사회 규범이 변화하면서 시작되었다.[8] 흡연의 사회적 의미가 매력, 독립성, 저항이 아니라 더러움과 어리석음으로 바뀌었기 때문이다. 더 광범위한 차원에서 종교 지도자는 문란한 행위와 같은 위험한 행동과 관련된 사회 규범을 바꾸기 위해 애쓴다.

다른 분야와 마찬가지로 여기서도 민간의 시도는 실패로 돌아가기 쉽다. 그러나 법은 행위에 대한 판단을 표현함으로써 사회 규범을 바꿀 수 있다. 규범을 선택에 따른 세금이나 보조금으로 이해한다면, 법은 보조금을 세금으로, 혹은 세금을 보조금으로 바꾸는 기능을 한다. 이는 사실 위험을 규제하는 많은 정책 뒤에 숨어 있는, 암묵적이면서도 핵심적인 목표다. 가령 교육 캠페인은 종종 위험을 감수하는 행동의 사회적 의미를 바꾸는 것을 목표로 삼는다. 정보 제공과 넛지를 넘어서, 우리는 강압을 특정 행동에 대한 사회적 제재를 강화하는 방법으로 옹호할 수 있다. 예를 들어 법은 시간과 장소, 방식의 제한이나 전면 금지를 통해서 흡연이나 약물 복용, 위험한 성행위와 같은 행동을 어리석음과 유약함의 표식으로 규정할 수 있다.

그런데 이러한 시도는 자유를 제한하거나 받아들이기 힘들 정도로 개입주의적인 것일까? 상상 가능한 가정하에서 우리는 그렇게 간주해서는 안 될 것이다. 선택은 개별 행위자가 책임지지 않는, 그리고 많은 혹은 대부분의 행위자가 지지하지 않는 규범의 결과물이다. 흡연이나 약물, 위험한 성행위 및 총기 소지 등 위험을 수반하는 행동과 관련해서는 더욱 그렇다. 사람들은 법률이 개인의 〈성향〉이나 〈선택〉을 존중해야 하는지에 대한 다양한 논의를 사회 규범의 문제에 대한 침묵의 미덕과 종종 혼동한다. 그들은 규범을 비판하면서도 규범을 따른다.

사회 규범이 종종 기존 정보의 결과물이라는 사실은 중요하다. 많은 이들이 흡연은 자신과 타인에게 위험한 행동이라고 생각할 때, 사회 규범이 흡연을 제지할 가능성이 높아진다. 분명하게도 지난 50년 동안 흡연과 관련해서 거대한 규범 폭포 효과가 이어졌다. 그 효과는 주로 흡연이 건강에 미치는 부정적인 영향에 대한 판단에 기반을 둔다. 행동을 유도하는 규범의 변화는 위험에 관한 새로운 정보에 의해 시작된다(물론 규범은 다른 방향으로 이동할 수도 있다. 위험하다는 인식이 오히려 특정 행동의 매력을 높이기 때문이다). 우리는 다이어트, 설탕 섭취, 운동, 위험한 성관계와 관련해서도 이와 마찬가지로 정보로부터 시작된 규범의 폭포 효과를 떠올려 볼 수 있다.

일종의 넛지라 할 수 있는 정보 제공은 가장 덜 개입하는 규제 전략이기에 많은 이들이 선호한다. 다른 넛지 또한 도움이 될 것이다. 보다 공격적인 전략이 효과가 있을지는 비용과 편익에 달렸다(2부 참조).

돈

복잡하게 얽힌 사회 규범은 바람직한 돈의 사용을 규정한다. 두 가지 측면에서 그렇다. 첫째, 일부 사회 규범은 돈을 행동의 동기로 삼는 것에 대해 제재를 부과한다. 특정 행위를 하는 이유가 금전적인 이득일 때, 사람들은 그러한 행위에 관여해서는 안 된다. 둘째, 일부 사회 규범은 다른 종류의 돈을 서로 대체 불가능하게 만든다. 다시 말해 전반적인 규범은 다른 형태의 돈을 각각의 목적에 따라 사용해야 한다고 말한다.[9] 이러한 일련의 규범 때문에 상황은 더욱 복잡해진다. 이들 규범은 또한 법의 표현적 기능과도 얽혀 있다. 마지막으로 그 규범들은 특정한 선택으로부터 일반적인 가치 평가를 이끌어 내는 것은 때로 부적절하다고 말한다. 선택은 그것이 이뤄진 상황에 한정된 규범의 결과물이기 때문이다.

먼저 돈을 편익의 이유로서 쓰는 것을 억제하는 규범에 대해 살펴보자. 경제학자 조엘 월드포겔Joel Waldfogel은 「크리스마스의 사중 손실」[10]이라는 논문에서 이 점을 잘 설명하고 있다. 월드포겔은 사람들이 크리스마스에 현금이 아니라 선물을 함으로써 연간 400만 달러 이상의 사중 손실deadweight loss*이 발생한다고 주장한다. 그의 분석은 간단하다. 선물을 사는 것은 현금으로 줄 때보다 비용이 항상 더 높기 마련이다. 선물을 하는 비용에는 돈의 지출뿐만 아니라 선물을 고르는 데 들어가는 시간과 노력까지 포함되기 때문이다. 그리고 선물은 현금보다 일반적으로 편익이 낮다. 많은 경우에 사람들은 선물을 마음에 들어 하지 않으며, 설령 좋아한다고 해도 완전히 만족하기는 어렵다. 대신 현금으로 받으면 더 만족할 것이다. 현금으로 자신이 정말로 원하는 것을 살 수 있기 때문이다. 마찬가지로 푸드 스탬프**의 실제 가치는 항상 액면가보다 낮다. 푸드 스탬프는 현금과 달리 식료품을 구입하는 데만 사용할 수 있다. 월드포겔의 400만 달러 〈쓰레기〉는 바로 이러한 생각에서 나온 것이다.

월드포겔의 연구 결과는 흥미롭다. 하지만 그는 사회 규범의 역할을 간과했다. 많은 상황에서 규범은 넥타이나 책 혹은 스웨터가 아니라 현금을 선물하는 것을 억제한다. 기존 규범에서 현금 선물(가

* 재화나 서비스의 균형이 파레토 최적이 아닐 때 발생하는 경제적 효용의 순손실을 의미하는 경제학 용어.
** 미국 정부가 저소득층에 지급하는 식료품 할인 구매권.

령 남편이 아내에게, 혹은 아버지가 아들에게 주는)은 자칫 무시나 무관심으로 해석될 수 있다. 심지어 조롱처럼 보이기도 한다. 현금은 비인격적이고 대체 가능한 것이기 때문이다. 반면 넥타이나 책(비록 썩 마음에 들지는 않는다고 해도)은 어느 정도의 개인적 관심을 요구하는 사회 규범과 잘 들어맞는다. 윌드포겔은 크리스마스와 관련된 다양한 규범과 선물에 담긴 다양한 사회적 의미에 충분한 관심을 기울이지 않았다.

우리는 같은 이야기를 돈이 행동의 부적절한 기반이 되는 다양한 사회적 상황에 대해서도 할 수 있다. 가령 이웃에게 돈을 주면서 땅을 파달라거나 잔디를 깎아 달라고 부탁한다면, 이웃은 모욕감을 느낄 것이다. 그 요청이 이웃에 대한 부적절한 가치 평가에 기반을 뒀기 때문이다. 그 요청은 기존 규범에서 부적절하게 평가된 이웃 관계에 대한 인식을 만들어 낸다. 이웃은 하인이 아니다. 그 요청을 받아들이는 것이 이웃에게 이익이 된다고 해도 마찬가지다.

마음에 상처를 주거나 실망을 시켰기 때문에, 혹은 과제를 부탁하거나 호의를 표하기 위해 친구에게 돈을 주는 행동 역시 적절치 않다. 친구에게 잘못을 했다면 사과가 적절하다. 돈을 주는 것은 그렇지 않다. 사회 규범이 이러한 화폐 교환을 허용하지 않는 경우의 범주는 대단히 넓지만, 잘 드러나지 않는다. 그것은 사람들이 당연하게 여기기 때문이다. 이웃에게서 부모가 세상을 떠났다는 말을 듣고 돈을 건넨다거나, 동료에게 사무실 청소를 하면 250달러를 주겠다고 제안하는 것은 대단히 부적절한 행동이다. 아무리 호의에서 한 행동이라고 해도, 그리고 친구나 이웃, 배우자 간에 암묵적인 거래가 성립된다고 해도 마찬가지다.

거래를 가로막는 규범과 평등한 시민권 사이에는 연관성이 존재한다. 사회 규범은 거래를 가로막을 수 있다. 부의 불평등이 분명히 존재한다고 해도, 평등이 사회 규범이자 목표인 사회적 삶의 영역을 침범해서는 안 된다는 인식 때문이다. 투표 담합*이 한 예다. 다른 사람에게서 특정한 서비스나 재화를 얻기 위해(가령 장기 기증) 부를 활용하는 것에 대한 사회적 금기 역시 마찬가지다(그러한 금기가 좋은 것인지는 별개의 문제다). 친구나 낯선 사람과의 돈 거래와 관련된 규범의 복잡한 그물망의 일부는 시민 평등의 원칙과 연결되어 있다. 경제적 교환은 특정 영역에서 부적절한 불평등의 형태를 반영한다.

〈상품화commodification〉[11]에 대한 널리 알려진 반대는 돈의 사용을 금하는 사회 규범의 일부다. 사회 규범은 성이나 생식 능력을 거래해서는 안 된다고 주장한다. 이러한 〈것들〉에 대한 시장 교환은 적절한 가치 평가를 정의하는 사회 규범과 조화를 이루지 않기 때문이다. 이 말은 시장이 성의 가치를 〈너무 높게〉 혹은 〈너무 낮게〉 평가한다는 뜻이 아니다. 대신 시장이 잘못된 방식으로 그 가치를 평가한다는 뜻이다. 기존 관행에서 사회 규범은 아이의 입양에 영향을 미치고, 아이를 (말 그대로) 판매하려는 모든 시도에 중대한 제재를 가한다. 설령 거래 상대가 사랑과 의지가 있는 부부라고 해도 마찬가지다. 입양 시장에 암묵적인 형태의 〈판매〉 보호막이 존재한다는 사실은 관련된 규범이 존재한다는 것을 입증하는 것이다.

* 찬성표에 대한 대가로 혜택을 제공하는 거래.

이는 법과도 깊은 관련이 있다. 법은 다양한 방식으로 돈의 사용을 규제하는 규범을 강화해 새로운 사회적 관행이 이러한 규범을 허물지 못하도록 막는다. 이는 법의 표현적 기능을 활용하고자 할 때 중요한 부분이다. 또한 독립적인 사회 영역을 창조하는 노력과도 연결되어 있다. 그러한 영역의 일부에서 돈은 행동의 적절한 기반이며, 다른 일부에서는 그렇지 않다. 그러므로 법은 폭넓은 돈의 활용을 금한다. 가령 투표는 현금 거래 대상이 아니다. 장기 기증 역시 마찬가지다. 많은 지역에서 성매매는 불법이다. 또한 대리모에 대해서는 뜨거운 사회적 논쟁이 이어지고 있다. 그리고 법적 금지를 모색하는 이들은 표현적 차원에서 고려하고 있다. 그중 한 가지는 성을 교환의 영역에서 배제하는 기존의 사회 규범을 강화하는 것이다. 이러한 접근 방식은 어쩌면 실질적인 도움이 되지 않을 수도 있다. 이는 다만 사회 규범에 영향을 미치려는 시도 없이 성에 관한 〈표현〉만을 만들어 내려는 것이다.

평등

불공평[12]에 관한 규범은 사회적 불평등에서 중요한 부분을 차지한다. 사회 규범은 여성이 대부분의 가사 노동을 맡기를 요구한다. 일부 지역에서 이를 거부하는 여성은 사회적 제재를 받거나 죄책감과 수치심을 느끼기도 한다. 가사 노동 거부의 사회적 의미는 적절한 성 역할에 대한 저항이며, 사람들은 이를 바람직하지 않은 특성의 신호로 해석한다. 다른 경우와 마찬가지로 여기서도 기존 규범을 바꾸기 위해서는 집단행동이 필요하다.

민간 분야의 규범 선도자는 많은 것을 성취할 수 있다. 남성과 여성 사이 가사 노동의 분담과 관련해, 규범 유지를 위한 민간의 노력은 중요한 역할을 했다. 특정한 표현적인 개인 행동(세탁이나 식사 준비를 거부하는)은 현대 페미니즘의 중요한 일부다. 그러나 여기서 법의 표현적 기능은 특히 중요하며, 공적 논의의 장에 대두되고 있다. 차별하는 행동이 기존 규범과 일치할 때, 그러한 행동은 더 증가한다. 반대로 차별을 하는 이들이 스스로 부끄럽게 여길 때, 그러한 행동은 줄어들 것이다. 법이 중요한 이유는 사회 규범과 사회적 의미(1장 참조)를 변화시키기 때문이다.

많은 레스토랑과 호텔 경영자가 차별을 금지하는 1964년 시민권법을 지지했다는 사실을 떠올려 보자. 왜 그들은 굳이 정부가 나서서 차별을 금지해 주길 원했던 것일까? 그 답은 시민권법이 차별 금지에 대한 사회 규범과 사회적 의미를 바꾸는 데 기여했다는 사실에서 찾을 수 있다. 차별 금지는 예전에 인종 중립적으로 행동하려는 의지를 드러낸 것이라면, 이제는 법을 준수하겠다는 의지를 드러낸 것이었다. 예전에는 차별 금지에 반대하며 인종 차별을 요구하는 사회 규범을 촉구하는 일이 벌어졌지만, 이제는 그럴 수 없는 상황이 되었다.

사회 규범은 질적으로 다른 형태의 광범위한 가치 평가를 드러내게 하며, 다양한 가치 평가는 행동과 그것의 사회적 의미에 큰 영향을 미친다. 이러한 규범은 보편적으로 존재하며, 일반적으로 사람들은 그 규범을 당연하게 받아들인다. 예를 들어 대부분의 사람이 자녀를 소중하게 여기는 것처럼 제인은 식물을 소중하게 여긴다고 상상해 보자. 혹은 대부분의 사람이 예술과 문학을 소중하게 여기는 것처럼 샌디는 자신의 차를 아낀다고 상상해 보자. 차별 금지법은 인간을 존엄과 존중으로 대하도록 규범을 바꾸기 위해 설계되었다.

이 이야기는 인종과 성 평등에 국한되지 않는다. 흥미로운 사례로 동물 복지와 동물권 운동을 생각해 보자. 일부 사람은 동물을 존엄한 존재로 대해야 하며, 인간의 소비, 놀이, 사용의 대상으로 여겨서는 안 된다고 주장한다. 이러한 입장은 바로 사회 규범에 관한 것이다. 이는 동물의 생명이 무한히 소중하다는 추가적인 주장을 필요로 하지 않는다. 새로운 규범이 인간 행동에 따른 좋은 결과를 만들어 낼 것이라는 판단과 함께, 우리는 이러한 주장을 동물에 대한 대우와 관련된 규범의 변화를 위한 권고로 이해할 수 있다. 이 같은 권고는 우리가 동물을 (더 폭넓게 자연을) 그런 시선으로 바라본다면, 인류가 직면하는 집단행동 문제를 해결할 수 있을 것이라는 주장에 기반을 둔다. 궁극적인 목표는 모든 생명체를 사물이 아니라 존중과 관용으로 대하도록 하는 것이다. 법의 표현적 기능은 이 과정에서 중요한 역할을 한다.

자격 부여

많은 분야에서 법은 주로 사회 규범을 유지하기 위해 표현적인 방식으로 활용되고 있다. 형법은 법의 표현적 기능이 가장 잘 드러나는 주요 무대다. 앞서 살펴봤듯이 국기를 불태우는 행위에 대한 논의는 법이 만든 표현과 밀접한 관련이 있다. 지금까지의 논의가 법을 통한 광범위한 〈표현〉 범위를 보여 주고, 사회 규범을 유지하기 위해 어떻게 법을 활용할 수 있는지 이해하는 데 충분한 설명이 되었기를 바란다.

여기서 나는 기본적인 주장에 두 가지 조건을 덧붙이고자 한다. 첫 번째 조건은 까다로운 질문으로부터 비롯된다. 표현은 올바르게 보이지만 그 결과가 불행하다면? 그리고 두 번째 조건은 법의 표현적 기능에 제한을 둘 필요성으로부터 나온다.

결과

나는 일부 표현주의자가 규범 유지에 관심을 기울이는 반면, 다른 일부는 법이 결과와 전혀 무관하게 만들어 내는 〈표현〉에 관심을 기울인다고 주장했다. 표현주의자는 열정적이면서 동시에 무능할 수 있다. 이는 가장 불행한 조합이다.

법의 표현적 기능을 지지하는 사람의 입장에서 가장 중요한 시험 사례는 (a) 사람들이 그러한 법이 만든 표현 때문에 법을 지지하지만, (b) 그 법의 효력이 그 지지자가 품고 있는 가치를 참조하더라도 부정적이거나 애매모호할 때 나타난다. 이러한 사례를 어떻게 이해해야 할까? 내 기본적인 주장은 법을 통한 〈표현〉에 대한 모든 지지는 사회 규범에 미치는 영향력에 대한 적절한 판단, 그리고 결과에 관한 〈전반적인〉 판단에 기반을 둬야 한다는 것이다. 여기서 우리는 훌륭한 표현주의자는 곧 결과주의자라는 사실을 보여 줌으로써 결과주의자와 표현주의자 사이의 간극을 메울 수 있다. 표현주의자는 단지 말을 하려는 것이 아니라, 정말로 세상을 더 좋은 곳으로 만들기를 원한다. 무언가를 말할 때 세상이 더 좋아진다면, 말을 해야 한다. 말을 하지 않으면 변하지 않는다.

예를 들어 환경법과 관련해 〈배출권 거래제〉에 대한 논의를 생각해 보자. 이 시스템이 도입되면 오염 유발자는 배출권을 사고팔 수 있다. 그 목표는 오염을 적절한 수준과 적절한 비용으로 감소시키는 것이다. 배출권 거래제에 대한 가장 일반적인 반론은 본질적으로 표현적이다.[13] 많은 비평가는 배출권 거래제가 환경의 쾌적함을 마치 상품처럼, 즉 시장 시스템에 의해 가격이 결정되는 재화처럼 보이게 함으로써 사회 규범에 치명적인 피해를 입힌다고 주장한다. 또한 사람들이 환경을 이의를 제기할 수 없는, 그리고 대중의 보호에 대해 특별한 반론을 제기할 수 없는 대상으로 바라보게 함으로써 사회 규범에 치명적인 영향을 미친다고 말한다. 어느 정도 선에서 우리는 그 주장을 경험적 예측으로 받아들이고 평가할 수 있다. 배출권 거래제는 환경과 관련된 사회 규범에 실질적인 영향을 미칠 것인가?

이 사안에서 우리는 충분히 개선을 이뤄 낼 수 있다. 우리에게는 원칙적으로 경험적 해법을 요구하는 경험적 질문이 있다. 배출권 거래제가 사회 규범에 부정적인 영향을 미칠 수 있다면, 이 제도는 많은 장점에도 불구하고 거부해야 할 것이다. 배출권 거래제의 전반적인 효과는 부정적으로 드러날 것이다(이 문제를 재활용이 필요한지에 관한 질문과 비교해 보자. 의무적 재활용은 아마도 도로변 수거 방식보다 우리 사회에 더 긍정적인 영향을 미칠 것이다). 하지만 배출권 거래제와 관련해 우리는 표현주의자의 우려를 비판적 시각으로 바라볼 필요가 있다. 배출권 거래제가 공기와 물을 깨끗하게 유지하려는 사람들의 의지를 약화시킬 것이라는 증거는 어디에도 없다. 환경에 대한 대중의 태도는 정부가 명령과 통제 시스템을 활용하는지, 아니면 배출권 거래제와 같은 다양한 경제적 인센티브 시스템을 활용하는지에 크게 좌우되지 않는다.

일부는 법을 통해서 쾌적한 환경이 가격을 매길 수 있는 일반적인 상품이라고 〈말하는 것〉 자체로 문제가 된다고 지적한다. 하지만 동일한 효과를 보이는 환경 보호 프로그램보다 수십억 달러를 절약할 수 있다면, 배출권 거래제 반대가 설득력을 얻을 수 있을까? 비용 절감 효과가 있고, 고용 안정성을 높이고, 공기를 더 깨끗하게 유지하고, 사회 규범을 유지하고, 빈곤층이 줄어든다면 반대의 근거를 찾기는 힘들 것이다. 법에 의한 〈표현〉은 어떤 기준에서 우려의 원인으로 봐야 할까?

다음으로 최저임금의 대폭 인상과 관련된 문제를 생각해 보자. 최저임금을 인상해야 한다는 주장은 본질적으로 표현적이다. 많은 사람은 정부가 인간의 노동력이 최소한 시간당 ×달러의 가치가 있다고 선언해야 한다고 생각한다. 그러면 이보다 낮은 임금은 인간 존엄성을 모욕하는 것이 된다. 그러나 최저임금 인상은 오히려 사회 취약계층의 실업률을 높일 위험이 있다. 만약 전반적인 효과가 부정적이라면, 왜 오직 표현에만 신경을 써야 할까? 최저임금의 대폭 인상으로 취약계층 상당수가 일자리를 잃는다면, 왜 인상안을 지지해야 하는지 이해하기 어렵다. 여기서 나는 최저임금의 대폭 인상에 대한 개인적인 입장을 밝히려는 것은 아니다. 그 대답은 구체적인 상황에 달렸다. 다만 핵심은 법에 대한 표현적 접근 방식이 규범에 미치는 효과는 미미하고, 〈표현〉의 결과는 부정적 열광에 불과하다는 것이다.

제한

사회 규범을 유지하려는 정부의 노력에 어떤 장벽이 필요할까? 그 대답은 간단하다. 그밖에 다른 모든 형태의 정부 활동에 적용되는 동일한 장벽이 필요하다.

예를 들어 권리의 개념을 어떻게 이해하는지와 무관하게, 정부가 권리를 침해하도록 허용해서는 안 된다. 정부 활동에 적용되는 권리 제약은 일반적으로 완전히 적용이 가능하다. 가령 정부가 여성이 가사 노동을 전담하도록 만들기 위해 입법을 통해 사회 규범을 바꾸려고 한다면, 이는 평등 조항에 위배된다. 또는 모든 국민이 기독교를 믿도록 만들기 위해 법을 통해 사회 규범을 바꾸고자 한다면, 종교의 자유를 침해하는 것이다. 정부의 행동이 강압적이라면, 적어도 이러한 식의 설명은 타당하다.

권리에 관한 질문과 별개로 규범을 유지하기 위한 시도가 아무런 효과가 없거나, 오히려 역효과를 일으킬 위험은 항상 존재한다. 정부가 사회 규범을 특정 방향으로 이동시키려고 할 때, 결과는 대실패로 끝날 수 있다(9장 참조). 규범을 유지하고자 하는 이는 규범의 영향을 받는 사람으로부터 신뢰를 얻어 내야 한다. 그렇기 때문에 정부는 관련 공동체 내에서 인지도가 높은 인물이 그 과정에 참여하도록 해야 한다.

일부는 여기서 한 걸음 더 나아간다. 그들은 규범을 유지하기 위한 모든 노력은 부적절하다고 주장한다. 정부가 손대서는 안 될 프로젝트라고 말한다. 하지만 이러한 주장에서 설득력 있는 근거를 발견하기는 힘들다. 정부가 사회 규범에 미치는 영향은 쉽게 피할 수 없다. 정부의 모든 시스템은 계약과 불법 행위, 재산에 관한 기본적인 시스템 구축을 통해 규범에 영향을 미친다. 여기서 우리는 말로 설명하기 힘든 남용을 떠올릴 수 있다. 그러나 권리에 기반을 두고 광범위한 제한을 주장한다면 법을 통해 사회 규범을 유지하려는 시도는 적절하다고 받아들여질 것이다.

모든 법률 시스템은 규범을 관리하는 기능을 수행한다. 시장조차 (법이 많은 부분을 구축한) 규범을 유지하는 역할을 한다. 정부는 실용적인 관점에서 어떤 규범이 사회 발전을 가로막는지 확인하고, 효과적으로 교정할 수 있을 때 법을 활용하는 방안을 모색해야 한다.

2부

넛지의 활용과 한계

4장
넛지: 간단한 지침

　일부 정책은 〈명령〉과 〈금지〉의 형태를 취한다. 예를 들어 형법은 절도와 폭행을 금한다. 다른 정책은 〈경제적 동기〉의 형태를 취한다(동기를 떨어뜨리는 방법까지 포함해서). 가령 재생 에너지에 대한 보조금, 특정 활동에 매기는 수수료, 휘발유와 담배에 붙는 세금 등이 그렇다. 또 다른 정책은 〈넛지〉 형태를 취한다. 이는 사람들을 특정한 방향으로 유도하지만, 동시에 스스로 결정하도록 허용함으로써 선택권을 보존하는 접근 방식이다. 최근 민간 및 공공 분야의 많은 기관이 넛지 활용에 뜨거운 관심을 보이고 있다. 그 이유는 비용이 적게 들고, 경제를 포함해 여러 다양한 목표(가령 공중 보건)를 달성하는 데 크게 기여할 수 있기 때문이다.

　일상생활 속에서 GPS 장비는 넛지의 한 사례다. 어제 칼로리를 얼마나 섭취했는지 알려 주는 앱도 그렇다. 청구일이 다가오고 있다거나 진료 예약이 내일로 잡혔다는 소식을 알려 주는 문자 메시지 또한 마찬가지다. 알람시계, 연금보험 자동 가입, 컴퓨터와 휴대전화 기본 설정, 신용카드와 대출금 자동 상환 시스템 역시 넛지의 사례다. 정부 분야에서 넛지 사례를 꼽자면, 담뱃갑에 인쇄된 경고 사진, 에너지 효율 및 연비를 표시하는 스티커, 식품 〈영양 분석표〉, 건강한 식습관을 위한 지침을 제공하는 마이플레이트(choosemyplate.gov 참조), 공공 지원 사업을 위한 기본 규칙(무상 급식을 위한 저소득층 아동의 자격에 대한 〈직접 증명 방식〉처럼), data.gov이나 data.gov.uk 같은 웹사이트(대중이 접근할 수 있는 거대한 데이터베이스를 구축하는), 정부 웹사이트의 디자인(특정 항목을 먼저, 혹은 큰 글씨로 나오게 하는) 등이 있다.

선택의 자유

넛지의 목표는 사람들이 일상생활 속 문제를 더 간단하고 안전하고 쉽게 해결할 수 있도록 도움을 주는 것이다. 도로 표지판, 과속 방지턱, 건강 및 금융 관련 정보 공개, 교육 캠페인, 서류 작업 줄이기, 대중에 대한 경고의 사례를 생각해 보자. 공무원이 서류 작업 요건을 줄이거나 없앨 때, 그리고 단순성과 투명성을 강화할 때, 그들은 사람들의 부담을 덜어 주고 있는 것이다. 일부 제품(휴대전화, 태블릿 같은)은 직관적이고 직접적인 방식으로 사용할 수 있다. 이와 마찬가지로 많은 넛지는 사람들이 정부와 교류하거나 개인적인 목표를 달성하고자 할 때 어려움을 겪지 않도록 도움을 준다.

일부 넛지는 〈부드러운 개입주의soft paternalism〉로 이해할 수 있다. 그 이유는 사람들을 특정 방향으로 유도하기 때문이다. 그러나 그럴 때라도 넛지는 완전한 선택의 자유를 보전하도록 설계된다. 가령 GPS 장비는 운전자가 특정한 경로로 가도록 도움을 주지만, 그럼에도 운전자는 자기 마음대로 경로를 선택할 수 있다. 그리고 개인의 선택에 영향을 미치는 일부 사회적 환경(혹은 〈선택 설계choice architecture〉)의 형태는 유지하는 것이 중요하다. 넛지는 인류 역사만큼 오래되었다. 일반적으로 새로운 넛지는 기존 넛지를 대체하는 것이지, 넛지가 아예 존재하지 않았던 영역에 새롭게 등장하지는 않는다.

투명성과 효율성

공식적인 넛지는 투명하고 공개적이어야 한다. 투명성은 기본적인 실행에서 핵심 요소다. 가령 정부나 기업이 퇴직연금에 자동적으로 가입하게 하는 프로그램을 채택했다고 해보자. 혹은 대규모 조직(가령 여러 매장을 운영하는 기업이나 관공서 내에서 카페테리아를 운영하는 기업)에서 직원이 보다 쉽게 건강식품을 선택할 수 있도록 도움을 주기로 했다고 해보자. 이 경우에 실행은 투명하게 이뤄져야 한다. 특히 정부 기관의 결정은 대중의 감시와 검토에 열려 있어야 한다. 명령이나 금지와 상반된 넛지의 장점은 강압을 피할 수 있다는 것이다. 그렇다고 해도 넛지는 교묘한 계략이나 악용의 형태를 취해서는 안 된다. 대중은 정부의 모든 다른 활동과 마찬가지로 넛지도 감시하고 검토할 수 있어야 한다.

전 세계적으로 많은 정부가 넛지에 뜨거운 관심을 보이고 있다. 두 가지 사례만 살펴보기로 하자. 우선 영국 정부는 행동분석 팀

(Behavioral Insights Team, BIT, 때로 〈넛지 유닛〉이라 불리는)이
라는 조직을 운영하고 있으며, 미국은 백악관 사회 및 행동과학 팀
(White house Social and Behavioral Sciences Team, WSBST, 지
금은 〈평가부Office of Evaluation〉라고 불리는)이라는 조직을 꾸리고
있다. 넛지에 대한 뜨거운 관심은 신비로운 현상이 아니다. 일반적
으로 넛지는 비용이 적게 들고, 때로 경제적 차원에서 상당한 절약
효과를 포함해 즉각적인 효과를 나타낸다. 그리고 선택권을 그대로
유지하면서도 대단히 효율적이다. 어떤 경우에는 많은 예산이 투입
되는 강압적인 방식보다 더 강력한 영향을 미치기도 한다. 예를 들
어 디폴트 룰default rule이나 단순화, 혹은 사회 규범을 활용한 넛지
는 강력한 경제적 인센티브보다 더 뚜렷한 효과를 나타낸다.

　퇴직연금 사례에서 자동 가입 시스템은 연금 프로그램을 홍보하
고 강화하는 데 대단히 효과적인 것으로 드러나고 있다. 소비자 행
동과 관련해 공시 의무disclosure requirement와 디폴트 룰은 사람들이
아무런 행동도 취하지 않을 때 기본적으로 주어지는 상태를 정의함
으로써 소비자가 심각한 경제적 피해를 입지 않도록 보호하고, 수백
만 달러의 돈을 절약하고 있다. 학자금 대출 신청 양식을 단순화함
으로써 대학 진학률을 높이는 사례의 경우, 학생 1인당 수천 달러의
추가 지원과 맞먹는 효과를 거두고 있다. 또한 가구의 전기 사용량
과 함께 이웃과 비교한 데이터를 제공함으로써 전기료를 대폭 인상
하는 정책과 맞먹는 절약 효과를 거두고 있다. 공시 의무는 적절하
게 설계되기만 한다면 예산을 절약하면서 동시에 많은 생명을 구할
수 있다. 또한 정부는 정보와 실적을 공개함으로써 비효율성과 부패

문제를 해결할 수 있다.

실험

넛지를 포함한 모든 정책의 경우 직관이나 경험, 혹은 소망이나 독단이 아니라 객관적인 증거에 기반을 두는 노력이 무엇보다 중요하다. 효과적인 넛지는 행동과학(행동경제학을 포함해)의 연구 성과에 기반을 두며, 그렇기 때문에 사람들이 정부 사업에 반응하는 방식에 대한 현실적인 이해를 반영한다. 그러나 넛지를 포함한 일부 정책은 이론적으로는 실현 가능성이 높아 보임에도 현실에서 실패하는 경우가 있다. 의도하지 않은 역효과 등 예상치 못한 결과가 얼마든지 나올 수 있기 때문에 무작위 대조 실험을 포함한 객관적인 실험이 반드시 필요하다. 합리적인 정책 결정자라면 그러한 결과를 미리 예상하고, 실제로 그런 일이 벌어졌을 때 즉각 수정해야 한다. 객관적인 실험은 때로 개선 계획이 실제로 효과가 있음을 보여 준다. 약간의 변화와 수정을 추가함으로써 그 효과를 더욱 높일 수 있다.

치밀하게 통제된 실험은 넛지 운영의 주요 목표다. 다행스럽게도 우리는 다양한 넛지 유형의 실험을 저비용으로 신속하게, 그리고 지속적인 측정과 개선을 통해 추진할 수 있다. 그러한 실험을 통해 때로 기존 프로그램에 대한 작은 변화를 촉발할 수 있으며, 상대적으로 적은 비용과 노력으로 그러한 변화를 기존 정책에 통합할 수 있기 때문이다. 예를 들어 정부가 세금을 연체한 사람에게 독촉장을 발송하는 경우, 기존 양식을 수정함으로써 그 효과를 확인해 볼 수 있다.

열 가지 중요한 넛지

넛지는 그 적용 범위를 크게 넓혀 가고 있으며, 사례와 유형의 차원에서 지속적으로 증가하고 있다. 여기서는 중요한 열 가지 넛지를 소개하고, 각각의 사례를 간략하게 설명하고자 한다.

1. 디폴트 룰

(예. 교육이나 건강 및 연금 관련 프로그램에 대한 자동 가입)

디폴트 룰은 아마도 가장 효과적인 넛지일 것이다. 국민의 건강 개선을 위해 설계된 의료보험에 대한 자동 가입은 실질적인 효과를 보이고 있다. 다양한 형태의 디폴트 룰(가령 양면 인쇄)은 환경 보호에 기여한다. 〈적극적 선택〉이 반드시 필요한 사안이 아니라면 일부 형태의 디폴트 룰은 본질적으로 불가피하다. 따라서 디폴트 룰을 무조건 반대하는 것은 올바른 접근 방식이 아니다. 디폴트 룰에 의존하지 말고 적극적으로 선택하도록 촉구하는 것은 합리적인 접근 방식일 수 있지만 많은 경우에 디폴트 룰은 반드시 필요하다. 적극적 선택은 종종 귀찮고 시간이 많이 들어서 일일이 요구하기에 현실적인 어려움이 따르기 때문이다.

2. 단순화

(기존 프로그램의 범위를 확대하기 위한)

부자 나라든 가난한 나라든 복잡성은 심각한 문제다. 그것은 혼돈(잠재적인 법률 위반)을 일으키고, 중요한 프로그램에 대한 참여를 가로막기 때문이다. 실제로 많은 프로그램이 과도한 복잡성 문제 때문에 실패하거나 충분한 효과를 거두지 못한다. 일반적으로 프로그램은 쉽게 운용이 가능하고, 직관적이어야 한다. 따라서 정부는 형태와 규제의 단순화를 우선과제로 삼아야 한다. 단순화의 효과는 쉽게 확인할 수 있다. 그럼에도 많은 나라에서 다양한 주요 프로그램(교육, 건강, 금융, 빈곤, 고용과 관련된)이 복잡성의 문제로 제대로 기능하지 못하고 있다.

3. 사회 규범의 활용

(대다수가 참여한다는 사실을 강조하기, 예. 〈대부분이 투표를 할 생각〉이라거나 〈대부분이 세금을 제때 납부한다〉, 혹은 〈호텔 투숙객 열 명 중 아홉이 수건을 재사용한다〉)

가장 효과적인 넛지는 사람들 대부분이 특정 행동을 한다는 사실을 알려 주는 것이다. 그러한 정보는 지역적이고 구체적일수록 높은 효과를 발휘한다(〈우리 지역 주민들은 거의 세금을 제때 납부한다〉). 우리는 사회 규범을 활용함으로써 범죄 행위나 범죄 여부를 떠나 피해를 주는 행동(가령 과음, 흡연, 차별)을 줄일 수 있다. 실제로 대부분 혹은 많은 사람이 때로 바람직하지 않은 행동을 한다. 그러한 경우에 사람들의 실제 행동이 아니라, 대다수가 그렇게 해야 한다고 〈생각〉하고 있음을 강조하는 방법이 도움이 된다(가령 〈아일랜드 국민의 90퍼센트가 세금을 제때 납부해야 한다고 생각한다〉).

4. 용이성과 편의성 강조

(예. 저비용 선택권이나 건강식품을 쉽게 찾을 수 있게 하기)

사람들은 종종 쉬운 선택을 한다. 그렇기 때문에 〈쉽게 만들자〉는 바람직한 슬로건이 된다. 목표가 특정 행동을 하지 못하게 막는 것이라면, 다양한 장벽(어떻게 해야 할지 이해하는 데 필요한 시간 등)이 도움이 된다. 변화에 대한 저항은 의견 불일치나 회의주의의 산물이면서, 동시에 인식된 어려움이나 애매모호함의 산물이기도 하다. 반면 선택이 쉬우면서 재미있을 때, 사람들은 더 쉽게 그것을 선택한다.

5. 공개

(예. 에너지 사용과 관련된 경제적·환경적 비용, 혹은 특정 신용카드의 전체 비용)

미국 연방대법원 판사 루이스 브랜다이스Louis Brandeis의 표현에 따르면, 〈햇볕은 최고의 살균제〉이며 공개는 시장과 정부를 훨씬 〈깨끗하게〉 만들어 준다.[1] 정보가 이해하고 접근하기 쉬울 때, 공개 정책은 소비자 입장에서 대단히 효과적이다. 여기서 단순성은 중요하다(더 관심 있는 사람을 위해서는 온라인을 통해 더 세부적이고 완전한 형태로 정보를 공개할 수 있다). 일부 환경에서 공개는 민간 및 공공 분야에서 드러나는 부주의와 무관심, 무능, 오류, 부패에 대한 감시로 기능한다. 현재 수십 개국이 참여하는 〈열린 정부 파트너십〉은 공개성을 실질적인 개혁 도구로 활용하고자 하는 국제적인 노력을 반영한다. 여기서 회원국은 투명성을 높이기 위한 새로운 정책을 포함하는 정부 프로그램을 마련하기 위해 노력해야 한다.

6. 이미지 등을 활용한 경고
(예. 담뱃갑)

심각한 위험이 존재하는 경우, 최고의 넛지는 민간 혹은 공공 분야의 경고다. 크고 굵은 글씨, 밝은 색상은 사람들의 시선을 끈다. 여기서 중요한 점은 사람들의 관심이 희귀한 자원이라는 점을 고려해 경고를 설계해야 한다는 것이다. 경고의 한 가지 장점은 비현실적인 낙관주의로 흘러가는 인간의 본능에 맞서고, 동시에 장기적으로 주의를 기울이게 한다는 것이다. 그럼에도 사람들이 경고를 외면할 위험은 언제나 있다(「난 괜찮을 거야」). 이러한 경우에는 긍정적인 메시지로 실험할 필요가 있다. 예컨대 점수나 축하 메시지를 보여 주는 앱처럼 바람직한 행동에 대해 비금전적 보상을 제공하는 것이다. 연구 결과는 또한 위험을 줄이는 구체적인 단계를 상세하게 설명할 때, 사람들은 경고에 더 많이 관심을 기울인다는 사실을 보여 준다(「이렇게 하면 위험을 줄일 수 있습니다」).

7. 실행 의지를 자극하기
(「투표하실 생각입니까?」)

실행 의지를 자극할 때, 사람들은 특정 행동에 참여할 가능성이 높다. 가령 건강과 관련된 행동을 바꾸고자 할 때 미래의 실행에 관한 간단한 질문(「자녀에게 백신을 접종할 계획입니까?」)을 함으로써 결과에 실질적인 영향을 미칠 수 있다. 개인의 정체성을 강조하는 방법 또한 효과적이다(「과거 행동이 말해 주듯이 여러분은 유권자입니다」).

8. 사전 약속 전략

(특정 행동을 미리 약속하는)

사람들은 때로 목표를 세운다(가령 술이나 담배를 끊겠다거나, 생산적인 활동에 참여하겠다거나, 혹은 저축을 하겠다는). 그러나 실행은 종종 목표에 못 미친다. 이 경우 사람들이 특정 행동에 참여하겠다고 미리 약속하게 하면(금연 프로그램처럼), 목표를 달성할 가능성이 훨씬 높아진다. 특히 미래의 〈특정〉 시점에 특정 행동을 하겠다는 약속은 강력한 동기를 부여함으로써 행동을 뒤로 미루지 않게 예방할 수 있다.

9. 상기시키기

(예. 연체된 고지서, 혹은 다가오는 약속이나 과제를 알리는 이메일이나 문자를 발송해 주는 서비스)

사람들은 특정 행동(가령 고지서 납부, 약 복용, 병원 가기)을 종종 잊어버린다. 그것은 관성이나 미루기, 다른 할 일, 망각의 조합 때문이다. 이 경우 상기시키기가 사람들의 행동에 실질적인 영향을 미칠 수 있다. 여기서는 무엇보다 시점이 중요하다. 즉 종종 잊어버리는 성향에 비춰 볼 때 사람들이 정보에 따라 즉각적으로 행동하게 해야 한다. 이와 관련된 방법으로 〈선택 상기prompted choice〉가 있다. 선택 상기는 선택을 요구하는 것이 아니라, 선택하길 원하는지 물어보는 것이다(가령 청정에너지, 새로운 에너지 사업자, 컴퓨터 개인 정보 설정, 장기 기증과 관련해).

10. 예전 선택의 특성과 결과에 대해 알려 주기

(예. 미국의 경우 〈스마트 공개smart disclosure〉, 영국의 경우 〈마이데이터 프로젝트midata project〉)

민간 및 공공 기관은 사람들의 선택과 관련해 방대한 정보를 확보하고 있다. 가령 의료비나 전기료에 관한 정보가 여기에 해당한다. 그런데 문제는 그러한 정보에 쉽게 접근할 수 없다는 사실이다. 사람들이 정보를 얻을 때, 행동은 쉽게 바뀐다. 예를 들어 시장 기능을 강화하거나 저축을 유도할 수 있다. 작년 전기 사용량을 알려줄 경우, 사람들은 전기료 절약을 위한 대책을 마련한다.

넛지를 제도화하기

넛지를 실행에 옮기기 위한 최고의 방법은 뭘까? 기존 제도를 전적으로 활용할 수도 있겠다. 고위 관료를 포함해 공무원 및 정부 기관이 넛지에 대한 이해를 활용하는 시스템을 상상해 볼 수 있다. 예를 들어 경쟁력, 환경 보호, 공공 안전, 소비자 보호, 경제 성장을 강화하는, 혹은 민간과 공공 분야의 부패, 빈곤, 전염병, 비만을 줄이는 책임을 맡은 이가 관련된 연구 자료를 참조할 수 있다. 이를 통해 담당 공무원은 추상적 이론이 아니라 구체적 문제에 집중할 수 있다.

지식과 실질적 권한을 확보한 경우, 담당 공무원은 중요한 개혁을 시도할 수 있다. 물론 이들은 조사 기관이나 연구소의 일원이 아니다(단 한 사람에게라도 적절한 권한과 사명이 주어질 때, 큰 영향력을 발휘할 수 있다). 그들은 새로운 연구에 관여하지 않거나 적어도 연구의 많은 부분에 관여하지 않는다. 대신 이미 알려진 연구 결과를 기반으로 삼는다(그리고 해당 사안에 대해 연구하는 민간 분야의 전문가들과 공식적·비공식적 협력 관계를 맺는다). 이러한 접근 방식은 가장 단순한 형태다. 새로운 조직이나 상당한 추가 예산을 필요로 하지 않으며, 사안과 해결책에 대한 관심, 그리고 올바른 약속에 대한 집중만 필요하기 때문이다. 미국의 경우 이러한 접근 방식은 다양한 넛지의 채택과 더불어 대단히 성공적인 것으로 드러났다.

반면 BIT 또는 넛지 유닛과 같은 새로운 기관을 설립하는 것은 또 다른 접근 방식이다(영국과 미국, 오스트레일리아, 네덜란드, 아일랜드, 카타르를 비롯해 많은 나라가 그렇게 하고 있다). 이러한 기관은 다양한 형태와 규모로 모습을 드러낸다. 전문 지식을 갖춘 사람들 네다섯 명이 소그룹을 형성해 주요 발견을 소개하고, 자체적으로 연구를 추진하거나 혹은 지원할 수 있다. 보다 야심 찬 사례에서 팀 규모는 서른 명 이상으로 더욱 커질 수 있으며, 광범위한 주요 연구를 직접 주도할 수 있다. 예를 들어 BIT는 정부의 공식적인 조직으로서 실질적인 영향력을 행사할 수 있다. 혹은 순수하게 자문 역할만 맡는 경우도 있다.

이러한 접근 방식의 장점은 열정적이고 전문적인 팀이 참여한다는 것이다. 이들은 관련 연구에 관한 고도의 지식과 전문성, 실험의 설계에 대한 지식을 갖추고 있다. 그 팀이 다른 이들과 협력해 무작위 통제 실험과 같은 연구를 추진할 때, 중요한 성과를 거둘 수 있다(실제로 영국, 오스트레일리아, 아일랜드, 네덜란드, 미국 등이 성과를 거두고 있다). 반면에 그 위험은 이러한 팀이 실질적인 개혁 프로그램을 추진할 권한이 없고 아웃사이더에 불과한 학술적 부속 기관으로만 존재하는 경우다. 실제로 권한은 대단히 중요한 요소다. 영국은 이러한 접근 방식을 바탕으로 대부분의 실험을 추진하고 있으며, 부분적으로 고위 관료의 지지를 얻고 그들의 접근을 허용함으로써 성공을 거두고 있다.

이와 관련해 만병통치약이란 존재하지 않는다. 하지만 점점 더 많은 나라가 전문 팀을 운영하는 접근 방식이 그만한 가치가 있다고 결론을 내리고 있다는 사실에 주목하자. 물론 두 가지 접근 방식이 상호 보완적인 것으로 드러날 수도 있다.

5장
선택을 강요하기

대도시에서 택시를 타고 공항으로 갈 때, 이런 질문을 받게 된다. 「어느 길로 갈까요?」 아마도 당신은 그 질문을 별로 달가워하지 않을 것이다. 어쩌면 끔찍이 싫어할지도 모른다. 어쨌든 공항으로 가는 길을 선택하는 것은 택시 기사의 몫이고, 그들은 대부분 GPS 장비를 사용할 수 있다. 선택을 요구하는 질문은 인지적으로나(생각을 해야 하기 때문에), 감정적으로나(어느 길로 갈까 고민하는 것은 그리 즐거운 일이 아니기에) 일종의 심리적 세금과 같다. 그 세금은 그리 높지는 않지만, 그렇다고 좋아할 만한 것도 아니다.

의사나 변호사가 환자나 고객에게 이것저것 물을 때마다, 돌아오는 반응은 대략 이렇다. 「그 문제에 대해서 저 대신 결정을 내려 주시겠어요?」 감정적 부담이 높고 사안이 까다로울 때, 심리적 세금은 상당히 높다. 정부 기관이 사람들에게 교육이나 혜택을 받으려면 복잡한 서류를 작성해야 한다고 요구할 때, 그 세금은 적어도 일부 사람에게 높은 장벽이 된다. 이로 인해 어떤 이는 아예 지원을 포기하게 된다. 복잡한 서류를 작성하라는 요구는 단지 서류 작업에 국한된 문제만은 아니다. 이러한 요구는 해당 프로그램의 효용을 떨어뜨리고 심지어 실행을 가로막기까지 한다. 이 경우 서류 작업은 중대한 위험이다.

이와 관련해서 세 가지 문제를 고려해 보자.

1. 한 온라인 의류 회사는 두 가지 선택 사이에서 고민하고 있다. (a) 개인 정보 보호를 위한 기본 설정 시스템을 채택할 것인가, 아니면 (b) 처음에 사용자에게 사이트에 접근하기 위한 조건으로서 그들이 원하는 개인 정보 보호 설정을 구체적으로 선택하도록 요구할 것인가.

2. 한 대기업은 세 가지 대안을 놓고 고민하고 있다. (a) 직원들이 자동적으로 의료보험에 가입하도록 하기. (b) 직원들이 직접 선택하도록 하기. (c) 입사 조건으로서 의료보험에 가입할 의사가 있는지 밝히도록 하고, 가입 의사가 있는 경우 구체적인 형태를 물어보기.

3. 한 공공 기업이 더 비싸기는 하지만 환경에 도움이 되는 에너지원을 활용하는 〈그린 디폴트〉 방안을 채택할 것인지, 혹은 값싸지만 환경에 덜 좋은 에너지원을 활용하는 〈그레이 디폴트〉 방안을 선택할 것인지, 아니면 대안으로 고객이 원하는 에너지원을 직접 선택하도록 요구할 것인지를 고민하고 있다.

이 경우에서, 그리고 그밖에 수많은 다른 경우에서 공공 및 민간 분야의 조직과 개인은 다양한 형태의 디폴트 룰을 택할 것인지, 아니면 사람들에게 직접 선택하도록 요구할 것인지 고민한다(〈요구〉의 정확한 의미에 대해서는 나중에 살펴보기로 한다). 개입주의를 거부하고 선택의 자유를 중요하게 생각하는 사람은 적극적 선택에 매력을 느낄 것이다. 그들은 디폴트 룰보다 적극적 선택을 더 바람직한 방식으로 볼 것이다. 적극적 선택은 개별 행위자를 존중하고, 책임을 강조하고, 개인적인 자유의 실천을 요구하며, 인간의 존엄성을 중요하게 생각한다.

그렇다면 우리는 적극적 선택에 가장 주목해야 할 것으로 보인다. 특히 사람들에게 정보를 제공함으로써 역량을 개선하거나 〈강화〉하려는 노력이 필요한 경우에는 더욱 그렇다. 일부 사회과학자는 마음의 자동적이고 직관적인 메커니즘인 시스템 1과 숙고하는 메커니즘인 시스템 2를 구분한다.[1] 가령 숙고 시스템은 비행기가 안전한 운송 수단이라 말하지만, 직관 시스템은 위험하다고 말한다. 위 관점에서 최고의 접근 방식은 시스템 2를 강화하고 적극적 선택을 요구하는 것이다.

최근 들어 선택의 자유, 개입주의, 행동경제학, 개인의 자율성, 디폴트 룰과 선택 설계를 주제로 활발한 논의가 이루어지고 있다. 행동주의 차원에서 발견에 주목하는 일부 학자는 인간은 예측 가능한 방식으로 실수를 저지르고 때로 심각한 문제를 일으키기 때문에 일부 형태의 개입주의를 새롭게 정당화할 수 있다고 주장한다. 특히 〈넛지〉나 〈자유주의적 개입주의〉라는 개념에 담겨 있듯이, 선택의 자유를 보존할 경우는 더욱 그렇다. 반면 다른 이들은 바로 그러한 실수 때문에 사회 복지를 증진하기 위해서는 특정 형태의 강제가 필요하다고 말한다. 또한 그렇기 때문에 선택을 제한하는 주장이나 비자유주의적 개입주의 주장을 정당화할 수 있다고 믿는다.[2]

나는 그들의 주장의 허점을 지적하고, 그것이 환상에 불과하다는 사실을 보여 주고자 한다. 여기서 핵심 사안은 사람들이 종종 선택하지 않기를 〈선택〉하며, 따라서 그들에게 선택을 강요하는 것은 일종의 세금을 부과하는 것과 같다는 점이다. 많은 상황에서 적극적인 선택을 요구하거나 선택을 하도록 강요하는 것은 개입주의에 대한 대안이 아니라, 그 자체로 개입주의다. 상상 가능한 가정하에서 적극적 선택을 요구하는 것은 개입주의에 대한 일반적인 정의에 잘 들어맞고, 개입주의에 대한 가장 전통적인 반론에 위배된다. 많은 사람은 선택을 부담스러워하고 비용으로 느낀다. 그래서 때로는 선택하지 않기를 선택한다(그리고 자신을 대신해 선택해 줄 사람에게 상당한 금액을 지불하기까지 한다). 그들은 선택하지 않기를 적극적으로 선택한다.

사람들은 때로 명백한 선택을 내리지 않으며, 어느 것도 적극적으로 선택하지 않는다. 그들은 특정 상황에서 스스로 선택하지 않기를 원하고, 선택을 요구받았을 때 원치 않는다고 대답할 것이다(택시를 타고 공항에 가는 경우, 혹은 의사나 변호사와 상담하는 경우를 떠올려 보자). 그들은 선택 과정에서 실수를 저지를까 봐 걱정한다. 그들은 바쁘거나 〈정신적 여유〉[3]가 없을 수도 있다. 그럴 때 사람들은 인지 능력에 제약을 받거나 세금 부담을 지고 싶어 하지 않는다. 몇몇 사안에만 집중하고 그밖의 문제에 대해서는 관심을 기울이려 하지 않는다. 오히려 선택을 자유를 앗아가는 것으로 느낀다. 그들은 정보가 부족하고, 자신에게 특정한 행동 편향(가령 비합리적인 낙관주의)이 있다고 걱정하기도 한다. 또한 기본적인 질문에 대해 경험적으로, 혹은 도덕적으로 복잡하고 까다롭고 힘들고 골치 아프다고 느낀다. 그들은 잠재적으로 나쁜 결과에 대해(그리고 다른 사람에 대해서 적어도 간접적으로) 책임을 지고 싶어 하지 않는다.[4] 그래서 후회할 상황을 미리 예상하고 이를 어떻게든 피하려 든다.

사람들이 선택하지 않기를 선호한다고 해도, 민간 및 공공 기관은 자발적인 선택이야말로 바람직한 방식이라는 믿음 아래 적극적 선택을 강화하고자 한다. 그들은 그러한 믿음에 대해 충분한 근거를 갖추고 있다. 적극적 선택은 때로 집단행동 문제를 해결하기 위해 반드시 필요하다(가령 투표권은 위임할 수 없다). 게다가 때로는 〈선택하지 않기로 선택한 사람을 실수로부터 보호하기 위한 수단〉으로 기능한다. 여기서 핵심은 선택하고 싶어 하지 않을 때조차 사람들은 선택을 해야 한다는 것이다. 일부 기관은 선택을 하는 것이 근육을 강화하는 훈련이라고 생각한다. 그들은 사람들이 선택하는 과정에서 많은 것을 배우게 된다고 주장한다. 선택을 하는 것에 대한 기관의 선호가 선택자(선택하지 않는 것을 선호하는)의 선호를 압도할 때, 적극적 선택은 개입주의로 볼 수 있다. 적극적 선택은 무엇이 좋은 것인지, 혹은 무엇이 행복과 자유를 최고로 증진시킬 수 있는지에 대한 사람들의 판단을 압도한다.

선택을 원치 않을 때조차 선택을 해야 할 경우, 적극적 선택은 그들의 선택이 무시되었다는 점에서 일종의 비자유주의적 개입주의로 볼 수 있다. 우리는 많은 경우에 적극적 선택을 선호하는 사람이 선택을 지시하고, 그래서 선택하지 않기로 선택한 사람들의 뜻을 (개입주의적 차원에서) 무시한다는 사실을 알고 있다. 선택하지 않는 것을 선호하는 사람들에게 선택을 요구하는 것은 일종의 강제다. 적극적 선택이 높은 세금을 부과하지 않거나 실수의 가능성과 위험이 높지 않을 때조차, 그리고 사람들 스스로 취향을 배우고 개발하는 것이 중요할 때와 마찬가지로 강제를 정당화할 수 있을 때조차 그러하다.

반면 사람들에게 〈선택을 원하는지〉 물어보고 적극적 선택을 거부할 수 있도록(즉 디폴트 룰을 선택할 수 있도록) 허용할 경우, 적극적 선택은 자유주의적 개입주의로 볼 수 있다. 일부 경우에서 이는 특히 매력적인 접근 방식이다. 예를 들어 기업은 직원에게 컴퓨터 개인 정보 설정을 스스로 하길 원하는지 아니면 디폴트 룰을 원하는지, 혹은 전력 회사를 직접 선택하길 원하는지 아니면 디폴트 룰을 원하는지 물어볼 수 있다.

사람들에게 디폴트 룰과 자신의 선택 사이에서 적극적으로 선택하도록 물어보기 때문에 자유는 온전히 보장된다. 이를 〈단순화된 적극적 선택simplified active choosing〉이라고 부르기로 하자. 단순화된 적극적 선택은 디폴트 룰에서 비롯되는 압력을 피하면서도 사람들이 쉽게 디폴트 룰을 선택하도록 허용하는 장점이 있다. 나는 미래에 민간 및 공공 분야에서 많은 기관이 이러한 접근 방식을 채택하길 원하며, 또한 그렇게 될 것으로 기대한다.

그러나 이러한 접근 방식이 만병통치약은 아니다. 비록 그 부담이 크지 않다고 해도 고유한 세금을 부과하게 된다. 민간 및 공공 기관이 사람들에게 선택을 요구할 때마다 선택하지 않기로 한 그들의 선택을 무시하는 것이며, 이는 결국 선택을 요구하는 개입주의에 의존하는 것이라는 사실을 이해할 필요가 있다. 이러한 사실은 〈사람들에게 스스로 선택하길 원하는지 물어볼 때〉에도 그대로 적용된다(택시 기사가 〈어느 길로 갈지 직접 선택하시겠어요, 아니면 제가 알아서 갈까요?〉라고 물어볼 때에도 승객은 주의를 집중해야 한다). 그들은 아마도 2차 선택을 원하지 않을 것이다(그래서 단순한 디폴트 룰을 선호할 것이다). 이런 경우 선택을 요구하는 모든 질문(직접 대면으로, 이메일로, 일반 우편으로)은 사람들의 소중한 인지적 자원에 부과하는 세금이라는 사실을 명심하자.

그러므로 적극적 선택과 디폴트 룰 사이에서 선택을 요구하는, 그래서 겉으로는 자유를 보존하는 것으로 보이는 접근 방식에도 뚜렷한 비자유주의적 측면이 존재한다고 하겠다. 이러한 주장이 자명하지 않거나 조금 억지스럽게 들린다면, 그것은 적극적 선택이라고 하는 개념이 대단히 익숙하고 매력적이어서 본질과는 다르게 보이기 때문이다. 이는 선택 설계의 한 가지 형태이자, 적어도 익숙하지 않거나 까다로운 상황에서 많은 선택자가 꺼려하는 방식이다.

선택의 다양성

정부는 신뢰하기 힘든 존재인가? 항상 그런가? 적극적 선택을 옹호하는 사람들은 재화와 서비스의 소비자, 그리고 실제로 모든 형태의 선택자가 정부로부터 간섭을 받지 않아야 한다고 생각한다. 물론 그들도 시장에서 생산자가 다양한 형태로 영향을 미친다는 사실을 알고 있지만, 그럼에도 그들은 제3자가 영향을 받지 않는 한, 그리고 무력과 속임수가 동원되지 않는 한, 정부는 중립을 지켜야 한다고 주장한다. 그들은 정부에서 비롯되는 모든 개입주의를 거부한다.

소비자에게 충분한 정보를 제공하기 위해 공공 기관이 정확한 정보 공개를 요구하는 것은 정당한 일이다. 마찬가지로 리마인더 reminder* 역시 정당화될 수 있다. 그러나 일각에서는 정부가 그들이 선호하는 방향으로 사람들을 이동시키고자 한다면(디폴트 룰을 마련하거나 모든 형태의 개입주의를 옹호함으로써), 이는 정당한 범위를 넘어서는 것이라고 주장한다. 그들은 적극적 선택을 선호하고 이를 강화하고자 한다. 비록 그들의 관심은 공공 분야에 집중되어 있지만, 아마도 민간 분야에서도 똑같은 주장을 할 것이다.

그런데 적극적 선택을 위해서 무엇이 필요한가? 사람들이 자신의 성향을 드러내도록 〈요구〉한다는 것은 무슨 의미인가? 이 질문은 생각보다 까다롭다. 디폴트 룰의 불가피성을 주장하는 사람들은 이 질문에 정답이 없다는 생각에 반대할 것이다. 선택 설계자는 적극적 선택을 강화하기 위한 방안을 모색하는 동시에 사람들이 〈선택을 거부〉할 때 벌어질 수 있는 상황도 구체적으로 정의해야 한다. 그렇다면 그 대답은 일종의 디폴트 룰이 아닌가?

좋은 질문이다. 결국 어떤 형태의 디폴트 룰은 반드시 필요하기 때문이다. 선택 설계자는 사람들이 선택하기를 거부할 때 벌어질 일

* 기억을 상기시켜 주는 서비스.

을 정해 놓아야 한다(넛지를 비판하는 사람들이 종종 간과하는 대목). 선택 설계는 반드시 필요하다. 그렇다고 해서 적극적 선택과 디폴트 룰 사이의 경계를 허무는 것으로 받아들여서는 안 된다. 그 이유를 이해하기 위해 다음 세 가지 가능성에 대해 생각해 보자.

1. 적극적 선택을 거부하는 사람에 대한 공식적 혹은 비공식적 처벌

사람들이 선택하지 않을 때 사형이나 구속, 벌금과 같은 방식으로 처벌해야 한다고 주장하는 이는 없을 것이다. 선택을 하지 않은 것에 대한 일반적인 불이익은 특정 재화나 서비스를 받지 못하는 방식으로 주어진다. 하지만 예외가 있다. 오스트레일리아, 벨기에, 네덜란드(1970년 이전)를 비롯한 몇몇 나라에서 시민들은 투표를 하지 않으면 처벌을 받는다. 다시 말해 적극적 선택을 거부한 것으로 처벌받는다. 마찬가지로 지금은 폐지된 미국 건강보험 개혁법의 한 조항은 모든 시민이 의료보험에 가입하도록 요구하고, 그렇게 하지 않을 때 (가산세를 부과하는 방식으로) 처벌을 받도록 규정했다. 의료보험 가입을 선택할 때는 어떤 보험에 가입할 것인지도 함께 선택해야 한다.

위 두 사례는 적극적 선택과 관련해 한 가지 공통점이 있다. 그것은 한편으로는 선택(누구에게 투표할 것인가, 어떤 의료보험에 가입할 것인가)을 강요하지만, 다른 한편으로는 선택(투표를 할 것인가, 의료보험에 가입할 것인가)을 허용하지 않는다. 한 가지 형태의 선택만 요구한다는 점에서, 이를 〈강요된 선택〉이라 부를 수 있겠다. 위 두 사례에서 강요된 선택은 집단행동 문제를 해결

하기 위한 수단으로서 정당화할 수 있다. 많은 유권자가 투표하지 않을 때 민주주의 시스템은 위험에 빠질 것이며, 많은 시민이 가입하지 않을 때 의료보험 시스템은 제 기능을 하지 못한다.

그러나 여기서 우리는 단순한 개입주의를 기반으로 강압의 형태를 옹호하려는 시도를 쉽게 떠올려 볼 수 있다. 예를 들어 사람들은 질병으로부터 스스로를 보호하기 위해 의료보험에 가입해야 하고, 이때 어떤 보험에 가입할지 개인적으로 선택해야 한다(분명하게도, 두 번째 형태의 개입주의는 첫 번째가 보여 주지 못하는 개별 행위자에 대한 존중을 반영한다. 그러나 적절한 가정하에서는 두 형태의 개입주의 모두 정당하며 실질적으로 상충하지 않는다).

비록 몇몇 사례가 현실 세상의 이야기가 아니라 공상과학처럼 들린다고 해도, 선택을 하지 않을 때 처벌에 직면하게 되는 다양한 상황을 떠올려 볼 수 있다. 현실적인 사례로서 장기 기증자가 될 것인지(아니면 형사 처벌을 받을 것인지), 혹은 컴퓨터 개인 정보 보호 설정을 직접 선택할 것인지(아니면 민사상 처벌을 받을 것인지)를 선택하는 경우를 떠올려 보자. 선택하지 않기로 선택한 사람을 처벌하는 경우는 대단히 드물다는 사실은 자유 사회에서 그러한 선택은 일반적으로 수용 가능하고, 소비자의 권리라는 암묵적인 인식을 반영한다. 그 한 가지 이유는 정보와 관련 있다. 사람들은 자신이 무엇을 원하는지 잘 알고 있고, 따라서 선택을 하지 않기로 선택했다고 해도 다른 사람이 그들을 대신해서 선택해서는 안 된다. 나는 개인의 선택을 중요하게 여기는 사람들이 충분히 주의를 기울이지 않았던 이러한 점에 주목하고자 한다.

2. 재화와 서비스(혹은 일자리)를 얻기 위한 조건으로서의 적극적 선택

어떤 측면에서 적극적 선택은 의무적이다. 〈협소하게 정의된 재화나 서비스가, 요구받은 선택의 구체적인 대상은 아니라고 해도 어떤 문제에 대해 적극적 선택을 내리지 않는 한 사람들은 그 재화나 서비스를 얻을 수 없다.〉 우리는 적극적 선택이 요구되는 사안과 이미 선택이 정해진 구체적인 재화 사이를 잇는 연결 고리를 떠올려 볼 수 있다. 예를 들어 자동차 보험에 대한 선호를 정확하게 밝히지 않으면 차를 빌릴 수 없다고 말하는 경우, 선택과 서비스 사이의 연결은 긴밀하다. 비밀번호를 지정하지 않거나 개인 정보 설정에 대한 구체적인 선호를 밝히지 않으면 컴퓨터를 사용할 수 없다고 말하는 경우도 마찬가지다. 이 두 사례는 일반적인 경우에 해당한다. 시장에서 판매자는 때로 제품을 사거나 사용하려면 관련된 사안에 대해 구매자가 적극적으로 선택을 해야 한다고 말한다.

반면 퇴직연금에 대한 개인의 선호를 드러내지 않으면 특정 기업에 입사할 수 없다고 말하는 경우에는 연결이 다소 약하다. 장기 기증에 대한 의사를 밝히지 않으면 운전 면허증을 취득할 수 없다고 말할 때, 연결 고리는 더욱 약해진다. 컴퓨터의 개인 정보 설정을 선택하지 않으면 유권자 등록을 할 수 없다고 말할 때, 관계는 훨씬 더 느슨해진다.

특히 마지막 사례의 경우, 선택을 요구하는 사안과 사람들이 원하는 서비스 사이의 연결성이 대단히 약하다. 어떤 경우에 선택 설계자는 지극히 부수적인 사안에 대해 적극적 선택을 요구한다. 이러한 유형에 해당하는 경우, 적극적 선택에 대한 요구는 해당 재화가 사람들이 쉽게 거부할 수 없는 것(가령 운전 면허증, 일자리, 투표권)일 때 다분히 강압적인 특성을 띠게 된다는 사실에 주목할 필요가 있다. 여기서 선택 설계자는 결국 어떤 사안에 대한 적극적 선택을 강요하기 위해 특정 재화를 활용하는 셈이다.

일반적인 관점에서 볼 때, 우리는 공공 기관과 민간 기관을 구분할 필요가 있다. 시장의 힘에 의해 단련된 민간 기관은 다른 조직과 경쟁하듯이 적극적 선택의 차원에서도 자유롭게 경쟁할 수 있어야 한다. 반면 해당 재화나 서비스와 적극적 선택이 요구되는 사안 사이에 긴밀한 연결 고리가 존재하지 않는 경우, 공공 기관은 적극적 선택을 정말로 요구해야 하는지 면밀히 따져 봐야 할 것이다.

3. 재화나 서비스, 일자리를 얻기 위한 조건으로서 재화나 서비스, 일자리 사이에서 적극적 선택을 하기

소비와 관련된 결정에서는 대부분 광범위한 선택권이 주어진다. 소비자는 그중 하나 혹은 몇 가지를 선택한다. 선택을 하지 않으면 재화나 서비스를 살 수 없다. 가령 탄산음료, 태블릿 PC, 휴대전화, 신발, 낚싯대를 구매할 때, 소비자에게는 한 가지 제품만 주어지지 않는다. 이는 자유 시장의 일반적인 상황이다. 웹사이트

나 레스토랑, 식품점, 가전제품 매장을 방문할 때, 사람들은 일반적으로 적극적 선택을 해야 한다. 여기서 디폴트 룰(아무것도 선택하지 않을 때 주어지는 것)은 아무 제품도 사지 않는 것이다. 사람들은 적극적 선택을 하지 않으면 재화나 서비스를 얻지 못한다. 또한 가만히 있어도 자동으로 취직되는 경우는 없다. 구직자에겐 다양한 선택권이 주어져 있으며, 선택을 하지 않으면 취직하지 못한다. 이처럼 자유 시장은 일반적으로 적극적 선택을 요구한다.

이러한 상황과 관련해 불가피한 것은 없다. 여기서 우리는 판매자가 사람들이 무엇을 원하는지 정확하게 알고 있고, 그래서 소비자가 수동적으로 제품을 구입하고 돈을 지불하는 상황을 떠올려 볼 수 있다. 예를 들어 한 판매자가 존슨이라고 하는 소비자가 할란 코벤이나 리처드 탈러, 조이스 캐럴 오츠의 책을 사길 원하고, 스미스는 특정 태블릿 신제품을 사려고 하고, 라모트는 특정 브랜드의 신발을 사길 원하며, 울만은 특정 반려견 용품을, 윌리엄스는 치약이 다 떨어져서 같은 브랜드의 치약을 원한다는 사실을 알고 있다고 해보자. 그 판매자의 판단이 정확하다면, 그가 이러한 제품을 매장에 진열해 두는 것은 지나친 간섭일까, 아니면 실질적인 도움을 주는 것일까? 오늘날 기술 발전은 점차 이러한 문제를 제기하고 있다.

적극적 선택을 요구하는 가장 강력한 근거는 신뢰할 만한 구매예측 알고리즘이 (아직까지) 존재하지 않고, 따라서 적극적 선택이야말로 잘못된 소비를 방지하기 위한 필수적인 보호막이라는 것이다. 알고리즘 활용은 (아직까지는) 구매자의 관심 사안이 아니다. 이러한 관점에서 적극적 선택을 옹호하는 주장은 이를 통해 실수를 막는다는 생각에 뿌리를 두고 있다. 또한 신뢰할 만한 신기술이 등장할 때 〈수동적 구매〉의 가능성을 열어 놓고 있다. 우리 사회는 그러한 가능성을 향해 나아가고 있으며, 어떤 측면에서는 이미 거기에 도달해 있다. 하지만 그러한 기술이 실질적으로 존재하지 않는 한 수동적 구매는 생각하기 힘들 것이다. 여기서 한 가지 가설을 생각해 볼 수 있다. 신뢰할 만한 알고리즘이 나왔을 때, 우리는 존슨, 스미스, 울만, 윌리엄스의 사례에서처럼 알고리즘 활용을 뒷받침할 수 있는 더 강력한 근거를 발견하게 될 것이다.

선택자는 무엇을 선택하는가

사례가 말해 주듯 민간 및 공공 기관은 아마도 2번이나 3번을 선호할 것이다. 1번을 선택할 수 있는 기관은 오로지 정부뿐이다. 우리는 적극적 선택이 반드시 필요한 것은 아니라는 점을 이해해야 한다. 기관은 적극적 선택을 부과하는 것이 아니라, 특정 형태의 디폴트 룰을 마련함으로써 사람들이 아무것도 선택하지 않을 때 벌어질 상황을 구체적으로 정의해 둘 수 있다. 물론 2번과 3번에서도 디폴트 룰이 존재한다. 즉 적극적 선택을 하지 않을 경우, 사람들은 어떠한 재화나 서비스 혹은 일자리도 얻지 못한다. 하지만 이와 다른 접근 방식도 얼마든지 가능하다.

예를 들어 운전 면허증을 취득한 사람은 자동적으로 장기 기증자가 될 수 있다. 혹은 특정 기업에 취직한 사람은 자동적으로 특정 퇴직연금이나 의료보험에 가입하게 된다. 이러한 사례는 실제로 존재한다. 또한 특정 제품(책이나 혹은 잡지 정기구독)을 구매하기 위해 적극적 선택을 한 소비자는 적극적 선택과 무관하게 비슷한 상품을 정기적으로 받아 보는 프로그램에 자동적으로 가입될 수 있다. 널리 알려진 것처럼 〈이달의 책 클럽Book of the Month Club〉*이 이러한 전략을 활용하고 있다.

제품을 구매하기 위해 적극적 선택을 해야 할 때, 제품과 아무 상관 없는 디폴트 룰을 마련해 둘 수 있다. 예를 들어 어떤 책을 사기 위해 의료보험에 가입해야 하는 경우, 혹은 의료보험에 가입하기 위해 북클럽에 가입해야 하는 경우가 그렇다. 그러나 정보 공개가 불충분할 때, 이러한 접근 방식은 사기가 될 수도 있다. 또한 사람의 선호도를 추적하는 사례도 생각해 볼 수 있다.

예를 들어 민간 기관이 X(가령 특정 장르의 음악)라는 제품을 구매하는 사람은 Y라는 제품(특정한 장르의 도서)도 구매하는 경향이 있다는 사실을 알고 있다고 해보자. 이때 다양한 형태의 디폴트 광고나 정치적 입장에 대한 디폴트 견해, 혹은 디폴트 구매 제안은 환영받을 것이며, 연결 고리가 생소해 보인다고 해도 소비자의 이익에 부합할 수 있다. 예를 들어 웹사이트 판도라Pandora는 사람들의 음악 취향을 추적하고, 이로부터 정치와 같은 다른 영역의 기호와 입장을 추론한다.[5]

우리는 또한 사람들이 선택하길 원하는지 묻는 경우를 상상해 볼

* 회원제를 기반으로 도서를 통신 판매하는 미국의 최대 조직.

수 있다. 가령 소비자에게 이런 질문을 던진다고 해보자. 휴대전화 설정을 직접 하고 싶은가, 아니면 일반적으로 적당하고 대부분이 만족하는 기본 설정을 선택하고 싶은가? 의료보험을 직접 선택할 것인가, 아니면 특정 인구 범주를 위한 최적 상품에 가입할 것인가? 많은 이들은 아마도 디폴트 룰을 선호할 것이며, 직접적인 선택을 거부할 것이다. 2차 선택을 싫어하기 때문이다. 사람들은 자신의 판단을 신뢰하지 않는다. 그리고 학습을 원치 않는다. 그들은 선택에 직면해서 불안을 느낀다. 혹은 그보다 더 중요한 일이 있다.

이러한 점에서 단순화된 적극적 선택(디폴트 룰이 존재하는 적극적 선택)에는 많은 장점과 매력이 있다. 그것은 특히 디폴트 룰의 단점을 피하면서도 사람들에게 디폴트 룰을 허용함으로써 자율성을 존중하기 때문이다. 휴대전화 설정이나 의료보험의 경우, 어떤 사람은 적극적으로 선택할 수 있고, 다른 사람은 (적극적으로) 디폴트를 선택할 수 있다.

그러나 이러한 질문 역시 마찬가지로 강제이며 일종의 세금이라는 사실에 주의하자. 그렇기 때문에 단순화된 적극적 선택도 정말로 선택을 원하지 않는 사람을 위한 완벽한 해결책은 아니다. 어쨌든 선택을 해야 한다(다시 한번, 택시 기사는 이렇게 묻는다. 「공항으로 가는 길을 직접 선택하시겠습니까?」). 적어도 일부는 적극적 선택과 디폴트 룰 사이에서 선택하기를 싫어할 것이다. 그래서 그들은 적극적 선택과 디폴트 룰 사이에서 적극적으로 선택하기보다 디폴트 룰을 선호할 것이다. 적극적 선택에는 시간과 노력, 비용이 들기 때문에 일부 혹은 많은 사람은 굳이 적극적 선택을 하려 들지 않는다. 따라서 적극적 선택과 디폴트 사이에서 적극적 선택을 요구하는 형태의 자유주의적 개입주의는 그 자체로 뚜렷한 비자유주의적 측면을 내포하고 있다고 할 수 있다. 이러한 결론을 염두에 두고 다음 주제로 넘어가 보자.

선택을 강조하는 개입주의

이제 논의의 핵심으로 들어가 보자. 그 개념은 지극히 간단하다. 적극적 선택을 선호하고 사람들이 선택을 하도록 강요하는 이는 일반적으로 개입주의적 차원에서 행동한다. 적어도 사람들이 선택을 원치 않는 상황에서 선택을 요구한다면 그렇다. 이러한 상황은 드물지 않으며, 선택을 요구하는 사람은 개입주의자로 행동하는 것이다. 여기서도 개입주의는 정당화될 수 있다. 그러나 선택을 강요하는 개입주의는 자율성이나 행복, 혹은 그 둘 다에 영향을 미친다. 그렇기 때문에 보다 익숙한 형태의 개입주의와 더불어 똑같은 반박에 맞닥뜨리게 된다. 나중에 다시 살펴보겠지만, 선택을 강조하는 개입주의 역시 나름대로 방어 수단을 마련해 놓고 있다.

개입주의

사람들이 선택을 선호할 때 적극적 선택은 개입주의적인가? 이 질문에 답하려면 먼저 개입주의를 정의해야 한다. 개입주의와 관련해 많은 논문이 나와 있다.[6] 물론 다양한 정의가 나오겠지만, 그럼에도 개입주의 접근 방식의 유일한 주제는 〈민간 및 공공 기관은 사람들의 선택이 그들의 행복을 증진시킬 것이라고 믿지 않으며, 기관 자신의 이익을 위해 사람들의 선택에 영향을 미치거나 바꾸려고 한다〉라는 것이다.

이렇게 정의된 개입주의에 어떤 문제가 있을까? 개입주의를 거부하는 사람은 일반적으로 행복이나 자율성, 혹은 둘 다를 거론한다. 그들은 무엇이 자신의 이익에 부합하며, 무엇이 행복을 증진시키는지에 대한 최고의 재판관은 자기 자신이며, 타인은 중요한 정보를 누락하고 있기 때문에 간섭해서는 안 된다고 생각한다.[7] 존 스튜어트 밀John Stuart Mill 행복의 관점에서 이것이야말로 정부 관료를 포함한 외부인에 관한 핵심 문제임을 강조했다. 밀은 개인은 〈자신의 행복에 가장 관심 있는 사람〉이며, 〈일반적으로 다른 누구보다도 훨씬 많은 정보를 갖고 있다.〉[8] 사회가 개인의 판단을 좌지우지하려 들 때, 〈보편적 추론〉을 기반으로 그렇게 한다. 그러나 보편적 추론은 〈완전히 잘못될 수 있으며, 옳다고 해도 개별 사례에 잘못 적용될 가능성이 높다.〉 밀의 목표는 사람들의 삶이 부드럽게 흘러가도록 하는 것이었고, 이를 위해서 사회가 사람들 스스로 길을 발견해 나가도록 허용해야 한다고 주장했다.

선택을 강요하는 개입주의자

개입주의에 대한 반론이 얼마나 설득력이 있는지를 떠나, 그러한 반론은 많은 상황에서 실질적인 힘을 발휘한다. 그러나 선택하지 않기를 선택한 사람의 판단을 외면할 것인지, 그리고 어떻게 외면할 것인지 하는 질문은 여전히 남는다. 사람들이 선택하길 원하는 이는 아마도 자신이 개입주의적으로 행동하고 있다고 생각하지 않을 것이다. 오히려 자기 결정을 강조하고 사람들에게 뚜렷한 존경심을 보여 준다고 생각할 것이다.

그것이 바로 그들의 믿음이다. 선택을 요구하고, 승객을 짜증나게 하고(「왜 이런 이상한 길로 가는 겁니까?」) 팁을 염두에 두는 택시 기사의 사례를 떠올려 보자. 환자와 고객에게 선택을 요구하는 의사와 변호사 또한 마찬가지다. 그들은 밀의 우려, 혹은 우려에 대한 다른 형태에 주목하면서 개별 행위자를 존중하기 위해서는 두 마디의 말이 필요하다고 주장할 것이다. 「당신이 선택하세요.」 여기에 개입주의적 측면이 있는가?

그런데 생각해 보면 개입주의에 대한 반론은 아주 적절하고, 그래서 선택을 강조하는 개입주의와 선택을 요구하는 개입주의는 결코 모순 어법이 아니다. 외부인이 나타나 사람들에게 반드시 선택하라고 말할 때, 그는 무엇을 해야 할 것인가에 대한 사람들의 인식을 부정하고, 그래서 결국 사람들의 행복을 위험에 빠뜨리고(밀의 가정에 따를 때), 개인의 자율성을 외면하고 있는 것이다. 사람들은 여러 가지 이유로 선택을 거부할 수 있다. 그들의 입장에서 볼 때, 선택하지 않기로 한 그들의 선택은 행복을 증진시키기 위한 최고의 판단이며, 그들은 자신의 선택이 존중받기를 원한다. 사람들은 일종의 직관적 틀을 갖고 있다. 즉 의사 결정과 실수에 따른 비용을 최소화하고 싶어 한다. 선택이 높은 결정 비용(상당한 인지적·감정적 세금)을 부과할 때, 사람들은 그 비용이 실수 비용을 줄여 주지 않는 한 선택을 원하지 않을 것이다. 그리고 누군가(택시 기사, 기업, 공무원) 더 올바른 판단을 내려 줄 것이라고 기대한다면, 실수 비용을 줄이는 가장 좋은 방법은 선택을 하지 않는 것이라고 판단할 것이다. 대신 다른 누군가를 대리인으로 지목할 것이다. 사람들은 스스로를 의뢰인이라 생각하면서 확신과 만족, 즐거움을 기반으로 선택을 대리인에게 위임할 것이다.

구체적으로 말해서, 사람들은 당면 과제와 관련해 정보나 전문 지식이 부족하다고 느낀다. 그래서 실수를 저지를까 봐 걱정한다. 그들은 선택이라는 행위를 결코 즐겁게 여기지 않는다. 이때 누군가 나타나 대신 결정해 준다면 기꺼이 환영할 것이다. 사람들은 때로 너무 바쁘고, 선택의 심리적 비용을 싫어한다. 복잡하고 혼란스러운 사안이라면 더욱 그렇다(가령 장기 기증이나 연명 치료). 그들은 누군가에게 위임할 때 위안과 안도감을 느낀다. 그들은 책임지기를 싫어한다. 자신의 선택에 대한 후회로 심리적 비용을 치르길 원치 않는다. 적극적 선택은 선택자에게 선택에 대한 책임을 부과하며, 이는 선택자의 행복을 위축시킨다.

사람들은 일상생활에서 수많은 문제와 관련해 친구나 가족 등 다른 사람에게 결정을 맡긴다. 그리고 종종 더 좋은 결과를 얻는다. 일반적인 관계에서 디폴트 룰과 같은 것으로부터 이익을 얻는다. 이익 중 일부는 뚜렷하게 드러나고, 다른 일부는 그렇지 않다. 예를 들어 결혼의 경우, 특정한 의사 결정(가령 자금 관리나 여행 계획 세우기)은 남편이나 아내에 의해 디폴트 룰에 따라 이뤄지고, 특정 상황에서 옵트아웃opt out*의 권리가 주어진다. 이는 사람들이 민간 및 공

* 탈퇴 시 적극적인 의사 개진이 필요한 시스템.

공 기관과 교류하면서 선택하지 않기를 선택하는 다양한 상황과 비슷하다. 사람들은 렌터카 회사나 의료보험 회사가 자신을 대신해 선택해 주기를 원한다. 실제로 많은 비용을 지불하고서라도 그렇게 한다. 또한 대리인에 대한 보상이나 권한이 명시적으로 정해지지 않은 경우에도 사람들은 선택의 의무로부터 벗어나길 원한다. 그것이 의사 결정 비용과 실수 비용, 혹은 둘 다를 줄여 주기 때문이다.

예를 들어 존스는 퇴직연금에 관해서 올바른 선택을 내리지 못할까 봐 걱정이다. 그는 선택을 위해 따로 공부하길 원치 않으며, 그래서 해당 분야 전문가가 선택한 디폴트 룰을 따르고자 한다. 그러나 밀의 관점에서 볼 때, 가장 많은 것을 알고 있는 사람은 존스 자신이 아닌가? 당사자는 〈일반적으로 다른 누군가가 갖고 있는 것보다 훨씬 많은 정보를 확보하고 있다.〉[9]

다음으로 스미스는 너무 바빠서 중요한 관심사에만 집중하길 원한다. 올바른 의료보험 프로그램이나 올바른 컴퓨터 개인 정보 설정 문제에 신경 쓰고 싶지 않다. 밀의 주장은 스미스의 선택을 존중하지 않는가? 그 선택이 선택하지 않는 것일 때에도 복지주의자welfarist는 당사자의 선택을 존중해야 한다고 말한다. 사람들이 자신에게 무엇이 최선인지 알고 있다는 가정 아래 선택의 자유를 믿는다면, 사람들이 선택하지 않기를 자유롭게 선택할 때에도 그 판단을 존중해야 할 것이다.

이제 행복에서 자율성과 존엄으로 넘어가 보자. 가령 윈스턴이라는 사람이 의료보험, 에너지 사업자, 개인 정보, 신용카드와 관련된 문제에서 개인의 자율성을 발휘해 의사 결정 권한을 다른 사람에게 양도하려 한다고 해보자. 그런데 민간이나 공공 기관이 그러한 윈스턴의 선택을 무시한다면, 이는 그의 존엄에 대한 모욕인가 아니면 존중인가? 인간의 자율성을 존중하려면 선택을 해야 할지, 그리고 언제 선택해야 할지에 관한 의사 결정을 존중해야 한다고 주장하는 것은 타당해 보인다. 이러한 주장은 사람들이 수많은 의사 결정을 내려야 하는 위치에 있고, 또한 사소하고 지루하고 까다로운 문제가 아니라 자신의 최대 관심사에 집중함으로써 개인의 자율성을 발휘하고자 한다는 점에 비춰 볼 때 특히 타당하다.

그런데 사람들은 디폴트 룰 자체에 신경을 쓸까? 아니면 디폴트 룰이 자신에게 영향을 미치기 위해 만들어졌다는 사실에 신경을 쓸까? 우리는 이 질문에 대한 완전한 답은 갖고 있지 않다. 아마도 구체적인 상황이나 신뢰가 중요할 것이다. 그러나 이러한 관점에서 연명 치료와 관련해 디폴트 룰이 존재하고, 그것이 사람들의 의사 결정에 영향을 미치기 위해 설계되었다는 사실을 명시적으로 알려 주었을 때조차, 사람들의 행동에 실질적인 영향을 미치지 않는다는 경험적인 발견에 주목하자.[10] 이는 선택 설계자가 디폴트 룰을 선택했고, 그 효과성 때문에 설계되었다는 사실을 알게 되었을 때조차, 사람들은 디폴트 룰을 불편해 하지 않는다는 사실을 말해 준다. 디폴트 룰의 투명성이 그 효과를 위축시키지 않는다는 증거가 점점 쏟아져 나오고 있다.[11]

자유와 자유의 양도

선택을 하지 않기로 선택함으로써 자유를 양도하는 경우를 떠올려 볼 수 있다. 가장 극단적인 사례로, 9·11 이후 많은 이들이 그랬던 것처럼 사람들이 자유를 근본적인 방식으로 양도하기로 선택한 경우가 있다. 좀 더 일반적인 사례로, 단지 투표장에 가지 않는 것이 아니라, (공식적으로) 자신의 투표권을 다른 사람에게 양도한다는 뜻으로 투표하지 않기로 선택하는 경우가 있다. 물론 투표권은 양도할 수 없는 권리다. 그것은 투표 시스템의 메커니즘을 허물어뜨릴 뿐 아니라(부분적으로 투표권 매매 금지를 통해 해결할 수 있는 집단 행동 문제를 야기함으로써), 사람들이 개인의 자유를 양도하는 것이기 때문이다.

혹은 종교적 신념이나 미래의 배우자와 관련해서도 선택하지 않기로 선택할 수 있다. 즉 선택을 다른 사람에게 위임할 수 있다. 그러나 인생의 여정을 결정하는 중요한 사례에서 선택의 자유는 양도할 수 없으며, 각자 스스로 결정을 내려야 한다고 주장할 수 있다.

물론 어떤 경우가 그러한 범주에 해당하는지 구체적으로 정의할 수는 없다. 다만 그 범주를 둘러싸고 논의를 진행할 수는 있다. 하지만 그 범주가 대단히 넓다고 해도, 다양한 경우에 자율성의 개념을 기반으로 선택하지 않기로 한 선택을 허용해야 한다는 주장에 대한 〈일반적인〉 반박으로 받아들이기는 힘들다.

비대칭

선택을 강조하는 개입주의는 그 자체로 모순 어법이 아니지만, 고유한 특성을 내포하고 있다. 어떤 측면에서 (1) 선택을 강조하지 않

는 개입주의, (2) 적극적으로 선택을 방해하는 개입주의, (3) 선택을
금지하는 개입주의와는 크게 다르다. 첫 번째 범주에 속하는 흔한
사례로, 디폴트 룰에 대해 생각해 보자. 다음으로 두 번째 범주에 해
당하는 사례로, 사람들이 권한을 양도하고 스스로 선택하지 않도록
설계된 경고 메시지나 리마인더에 대해 생각해 보자. 두 번째 범주
는 드물기는 하지만, 금융이나 의료 분야에서 찾아볼 수 있다. 반면
첫 번째 범주에 해당하는 사례는 쉽게 발견할 수 있다. 세 번째 범주
의 사례 역시 흔하며, 개입주의를 거부하는 사람들의 가장 일반적인
공격 대상이다.

선택을 강조하는 개입주의를 선호하는 사람들은 그 표현의 타당
성은 인정하지만, 논의의 핵심을 다루고 있다고는 생각하지 않을 것
이다. 심지어 말장난으로 치부할지 모른다. 그들은 그들의 동기가
뚜렷하게 매력적이며 선택을 강조하는 한 개입주의에 대한 일반적
인 우려는 약화되거나 심지어 완전히 사라진다고 주장한다. 나는 이
러한 관심이 중요한 역할을 한다고 주장했다. 그러나 적극적 선택을
선호하는 이들은 실제로 그들이 선택자의 의견을 무시하거나, 혹은
어떠한 방식으로든 모욕하려는 것이 아니라고 주장할 것이다. 오히
려 그들은 선택자를 존중한다고 말한다.

게다가 그들의 진정한 관심은 선택자의 행복이라고 덧붙일 것이
다. 그리고 무지하거나 편향된, 혹은 개별적인 상황의 중요성을 무
시하는 선택 설계자가 저지를 수 있는 실수의 위험에 주목하면서,
자신들이야말로 밀의 가장 충실한 추종자라고 주장할 것이다. 그들
은 일부 사람들은 선택하지 않기를 선택한다는 사실을 인정하면서

도 그렇게 말할 것이다. 분명하게도 공항으로 가는 길을 택시 기사에게 위임하기로 한 선택은 실수가 아닐 것이다. 그러나 의료와 금융에 관한 의사 결정은 어떤가?

여기에 몇 가지 핵심이 있다. 선택을 원치 않는 사람은 분명하게도 자신의 욕망에 영향을 미치거나 무시하려는 외부인(혹은 참견인?)에게 반대할 것이다. 그러나 선택을 강조하는 사람은 선택자에 대한 존중과 관련해 고유한 동기를 갖고 있다. 이러한 사실은 정당화에 대한 질문을 제기한다.

개입주의를 정당화할 수 있을까? 행복의 관점

선택자가 선택하지 않기로 자유롭게 선택할 수 있다고 해도, 어떤 선택은 선택자의 이익(선택자가 정의하는)에 부합하지 않을 수 있다는 사실을 이해할 필요가 있다. 그렇기 때문에 선택을 강조하거나 선택을 요구하는 개입주의는 행복의 관점에서 정당화할 수 있다. 선택자는 정보가 부족하다는 이유로 선택하지 않기를 선택할 수 있다. 이는 디폴트 룰이 피해를 입힐 수 있다거나, 혹은 선택 설계자가 무지하고 신뢰하기 어렵다는 사실을 드러낼 수 있다. 선택자는 제한된 합리성으로 인해 어려움을 겪을 수 있다. 행동적 시장 실패(인간의 실수에 따른 비표준적인 시장 실패)는 무엇을 선택해야 할지에 영향을 미치는 것은 물론, 선택하지 않기로 한 선택에도 영향을 미친다.

예를 들어 비선택자는 최근 잘못 선택했던 실수에 대한 과도한 반응 때문에 가용성 편향으로부터 지나치게 많은 영향을 받을 수 있다. 혹은 선택자는 근시안적이거나, 선택의 단기적 비용으로부터 많은 영향을 받을 수 있다. 여기서 그는 학습(투자를 의미하는)을 요구하는, 대단히 중요한 것으로 드러날 수 있는 장기적 이익은 과소평가한다. 〈현재 편향present bias〉*은 선택하지 않기로 한 결정에 영향을 미친다. 사람들은 일종의 내부적인 집단행동 문제에 직면하기도 한다. 그러한 경우에 존스가 시점 1에서 내린 결정은 시점 2, 3, 4, 5에서 그의 행복을 위축시키는 것으로 드러나기도 한다.

그러나 행복의 관점에서 개입주의를 거부하는 사람들의 경우, 이러한 형태의 관심은 선택하지 않기로 한 선택을 포함해 사람들의 선택을 방해하기 위한 것이 아니라, 일반적으로 더 많고 더 나은 정보를 제공하려는 노력에 대한 정당화다. 선택자는 선택하도록 넛지를 받아야 한다. 자유주의적 개입주의의 형태로 선택을 강조하는 개입주의는 선택을 요구하는 개입주의보다 더 많은 지지를 얻을 것이다.

행복의 관점에서 볼 때, 선택을 강조하거나 요구하는 것을 선호하는 입장은 광범위한 차원에서 모든 형태의 행동을 강조하거나 요구하는 입장과 동일하다. 물론 복지주의자도 개입주의를 반대할 수 있다. 우리는 행복의 관점에서 개입주의를 정당화할 수 있는 상황을 쉽게 떠올려 볼 수 있다. 그러나 그들의 반대와 관련해서 질문은 선택하지 않기로 한 선택이 일반적으로 혹은 특정한 상황에서 잘못될 수 있는지, 그리고 추상적인 차원에서 특정 선택이 특히 실수의 가능성이 높다고 생각할 근거가 있는지다. 지나친 확신의 희생양이 되

* 미래보다 현재를 중요시 여기는 성향.

는 사람들의 성향에 비춰 볼 때, 선택하지 않기로 한 선택이 바람직한 결정이 될 수 있고, 이러한 사실은 선택을 요구하는 개입주의에 심각한 문제를 제기한다. 기껏해야 개인의 실수에 대한 관심은 더 공격적인 형태가 아니라, 선택을 강조하는 개입주의를 지지하는 것으로 보인다.

올바른 선택을 하기 위해서는 아주 많은 시간을 투자해야 하고, 이는 결국 행복의 중대한 감소로 이어진다는 주장을 생각해 보자. 사람들은 많은 상황에서 선택의 일시적 비용은 과소평가하고 혜택은 과대평가한다. 그래서 〈선택의 자유가 더 크거나 작을 경우에 각각 과제 수행과 과제의 효과에 어떤 영향을 미치는지를 예측하는 과정에서 실수〉[12]를 한다. 체계에 의해, 사람들은 행복의 관점에서 선택하지 않아야 하는 상황에서도 선택하기로 결정하는 실수를 저지른다. 그 선택이 내재적 가치를 지니고 있다면, 사람들은 적어도 경제적 차원에서 위임을 통해 더 잘할 수 있는 상황에서도 스스로 선택하려고 할 것이다.

내 목표는 행복의 관점에서 개입주의에 대한 반박을 옹호하려는 게 아니다. 다만 근본적인 주장은 선택하지 않기로 한 결정에 간섭하는 개입주의를 포함해 모든 형태의 개입주의에 적용된다고만 말할 수 있을 뿐이다. 복지주의자들 중 일부는 분명하게도 사람들의 선택에 간섭하려 들 것이다. 그들은 자유주의적인 혹은 비자유주의적인 개입주의자다. 분명한 사실은 선택의 자유에 대한 일반적인 복지주의자들의 주장은 선택하지 않기로 (자유롭게) 선택한 사람들에게 해당하는 것이며, 그러한 선택에 간섭하려는 사람은 개입주의자라는 것이다. 행복의 관점에서 그들의 개입주의를 정당화할 수 있을지는 구체적인 상황에 달렸다.

개입주의를 정당화할 수 있을까? 자율성의 관점

자율성의 관점에서 볼 때, 선택하지 않기로 한 선택에 대한 개입은 반박이 가능하다는 점을 살펴봤다. 택시 기사가 승객에게 경로를 선택하라고 할 때, 그는 승객의 자율성을 침해하고 있는 것이다. 승객이 〈알아서 가주세요〉라고 말할 때, 그는 자신의 자율성을 행사하는 것이다. 사람들이 〈원하는〉 주제에 관심을 집중하도록 허용하는 것은 선택자에 대한 존중이자 존엄성을 인정하는 것이다.

앞서 살펴봤듯이 여기서 가장 분명한 예외는 선택이 일종의 자유의 양도로 간주되는 상황이다. 그밖에도 다양한 예외가 있으며, 이는 선택을 강조하거나 요구하는 개입주의를 자율성의 관점에서 정당화할 수 있는지 의문을 제기한다. 기업은 직원들 스스로 의료보험을 선택함으로써 행위자로서의 역량을 발휘하고 강화해야 한다고 생각할 수 있다. 이는 의료보험뿐만이 아니라 기본적인 소양을 요구하는 다양한 선택에 대해서도 마찬가지다. 일반적으로 의료 문제의 경우, 이러한 노력이 사람들의 자율성을 강화할 것이라는 생각에서 간단한 정보를 세공하고, 기본적인 소양을 가르침으로써 그들의 능력을 강화하는 것이 최선일 것이다. 이 같은 입장은 퇴직연금과 관련된 적극적 선택을 지지할 것이다. 우리는 이와 관련해 그밖에 다양한 사례를 떠올릴 수 있다.

이는 목표가 자율성을 존중하고 강조하는 것일 때, 선택을 강조하는 개입주의를 수용해야 하는지 아니면 거부해야 하는지에 대해 항상 분명한 대답을 내놓을 수는 없다는 사실을 말해 준다. 한편에서 사람들은 선택을 할 것인지, 그리고 언제 선택할 것인지를 결정함으로써 개인의 자율성을 행사한다. 사실 그것은 자율성을 행사하는 기본적인 방식이다. 이는 선택을 보존하는 개입주의를 거부해야 할 강력한 근거다. 다른 한편으로, 선택은 근육과 같아서 사용할수록 강화할 수 있다. 선택 설계자의 입장에서 가장 일반적인 주장은 자율성의 기반에서 사람들은 스스로 선택을 하거나 선택을 거부할 수 있어야 하지만, 때로는 자율성을 강조하는 것 자체가 특정한 상황에서 선택을 강조하는 힘과 더불어 선택하지 않기로 한 선택에 영향을 미치거나 무시하는 것을 정당화할 수 있다는 것이다.

6장

행복

일부 넛지는 외부 효과externality를 줄이기 위해 설계된다. 가령 환경에 미치는 영향에 관심을 집중시키는 연비 스티커, 사람들이 자동적으로 친환경 에너지 운동에 등록하도록 만드는 디폴트 룰이 그렇다. 하지만 많은 넛지는 사람들의 선택이 그들 자신의 행복을 증진시키도록 설계된다. 그러한 넛지의 핵심 목표는 〈선택자가《그들이 판단하기에》더 행복해지도록 만드는 것〉이다.[1] 소셜 플래너라고도 하는 선택 설계자는 무엇이 선택자를 행복하게 해주는지에 대해 나름의 기준을 갖고 있다. 그러나 우리가 보기에 그러한 기준은 개인의 판단이 되어야 한다. 구체적으로 말해서 기준은 개인의 행복이 되어야 한다. 여기서 개인의 판단은 넛지가 사람들의 행복을 증진시킬 수 있는지 확인하기 위한 좋은(완벽하지는 않지만) 기준이다.

마지막 문장은 많은 문제를 제기한다. 〈그들 스스로 판단하기에as judged by themselves〉(줄여서 AJBT)라는 기준이 너무 애매모호하다는 것은 분명히 합리적인 생각이다. 넛지 전에 혹은 이후에 선택자의 판단에 초점을 맞춰야 하는가? 넛지가 사람들의 기호(嗜好)를 바꾸는 바람에 그들이 예전에는 추구하지 않았던, 그러나 넛지로 인해 발생한 결과를 좋아하게 된다면? 선택 설계자가 새로운 기호를 창조한다면? 사람들의 생각과 달리 넛지가 그들의 행복을 증진할 것이라는 측면에서, 사람들의 기존 판단이 잘못된 것이라면? 우리는 잠재적으로 충분한 정보가 주어지지 않은, 혹은 행동적인 측면에서 편향된 선택자의 판단에 대해 물어야 하는가? 혹은 선택자가 모든 중요한 정보를 갖고 있고 편향에 의해 영향을 받지 않는지 물어볼 자격이 우리에게 있는가?

여기서 내 목표는 AJBT 기준의 의미를 살펴보고, 몇몇 애매모호한 부분을 정리하는 것이다. 앞으로 살펴보겠지만, 사례를 세 가지 범주로 구분할 필요가 있다. (1) 선택자가 기존에 뚜렷한 기호를 갖고 있으며 넛지가 이러한 기호를 충족시키도록 도움을 주는 경우, (2) 선택자가 자기 통제 문제를 겪고 있으며 넛지가 이 문제를 극복하도록 도움을 주는 경우, (3) 선택자가 두 가지 이상의 넛지에 따른 결과에 만족하는 경우, 혹은 기호가 사후에 형성되거나 넛지에 의해 창조된 경우. 즉 AJBT를 기준으로 어떤 것을 선택할지 구체적으로 제시하지 않은 채, 선택 설계자에게 여러 선택권을 남겼을 때에 해당한다. 범주 (1)에 해당하는 사례는 AJBT 기준을 분명히 충족시킨다. 이러한 사례는 많이 있다. AJBT 기준에서 볼 때, 범주 (2)에 해당하는 사례 또한 반박할 수 없다. 실제로 이 경우는 범주 (1)의 하위 집합처럼 보인다. 이들 사례 역시 많다. 범주 (3)에 해당하는 사례는 특별한 도전을 제기한다. 이들 사례는 우리가 사람들의 행복을 직접적으로 들여다보도록, 혹은 충분한 정보를 가진 적극적 선택자가 일반적으로 선택하는 것을 살펴보도록 한다.

넛지 설계에 대해 비판적인 경제학자 로버트 서든Robert Sugden은 교육적인 논평의 차원에서 간단한 질문을 제시했다.[2] 〈사람들은 건강한 라이프스타일을 위해 정말로 넛지를 원하는가?〉 이는 경험적인 질문이다. 우리는 이와 관련해 상당히 많은 증거를 확보하고 있다. 대답은 〈그렇다〉는 것이다. 적어도 미국, 영국, 독일, 프랑스, 아일랜드, 이탈리아, 오스트레일리아를 포함한 다양한 국가에서 압도적 대다수가 건강한 라이프스타일을 위한 넛지에 찬성한다.[3] 어떤 사람은 넛지에 대한 일반적인 태도가 서든의 질문에 구체적인 답을 하지 않는다는 주장에, 그리고 (1) 사람들이 넛지를 인정하는지 일반적으로 물어보지 않고, 그 대신에 넛지를 원하는지 좀 더 구체적으로 물어보는 것이 최선이라는 주장에 반대할 것이다. 그러나 건강과 관련된 넛지에 대한 일반적인 찬성은 (2)에 대한 질문과 마찬가지로 〈그렇다〉라는 것을 보여 주며, 모든 경우에서 존재하는 증거는 (2)에 대한 대답이 구체적으로 질문했을 때 역시 〈그렇다〉라는 사실을 보여 준다.[4] 이 주제와 관련해서는 앞으로 많은 연구가 필요하다.

이러한 발견은 개념적이고 규범적인 질문에 대해 아무것도 말해 주지 않는다. 사람들이 넛지를 선택하길 원한다는 것은 무슨 의미인가? 사람들의 기호와 상상 가능한 넛지 사이에는 무슨 관계가 있는가? 행동적 발견에 비춰 볼 때, 우리는 사람들의 〈기호〉에 대해 얼마나 자신 있게 말할 수 있는가? 사람들이 넛지를 원한다면, 그들은 왜 지금 넛지에 따라 행동하고 있지 않은가? 이들 모두 중요한 질문이다(그리고 경험적인 측면을 내포하고 있다).

우리는 사례에 대한 참조 없이 AJBT 기준의 적용에 대해 이해할 수 없다. 수많은 사례에서, 사람들의 기존 기호를 감안할 때 넛지는 선택자가 AJBT 기준에 따라 더 행복해지도록 만들 수 있다. 예를 들어보자.

1. 루크는 심장병 때문에 여러 가지 약을 복용한다. 약을 거르지 않고 먹으려 하지만 가끔 잊어버린다. 의사는 루크에게 정기적으로 문자를 보내서 약을 규칙적으로 먹도록 한다. 그는 의사의 문자에 만족한다.

2. 메러디스는 체중 문제로 약간 어려움을 겪고 있다. 그녀 자신도 그 사실을 잘 알고 있다. 그러나 자기 통제 문제는 그리 심각하지 않으며, 좋아하는 음식을 끊을 생각도 없다. 그러면서도 체중을 줄이고자 한다. 메러디스가 사는 도시에서는 레스토랑 메뉴에 칼로리를 표기하도록 하는 정책을 실시하고 있다. 다양한 요소를 추가한 경우에도 칼로리를 정확하게 알려준다. 그 덕분에 메러디스는 종종 칼로리가 낮은 음식을 선택한다. 칼로리 정보가 표기되어 있지 않았다면, 아마도 그 요리를 선택하지 않았을 것이다. 최근 그녀의 체중은 점점 줄고 있다. 그녀는 칼로리 표기 정책에 대단히 만족한다.

3. 에드나는 대학 교수로 재직 중이다. 그 대학은 예전부터 퇴직연금 가입과 관련해서 교직원에게 선택권을 주고 있다. 에드나는 가입할 마음은 있지만 너무 바빠서 짬이 나지 않는다. 그리고 퇴직연

금 선택이 무척 복잡하다고 느낀다. 작년에 대학은 퇴직연금을 자동 가입제로 변경했고, 이로 인해 교직원들은 자동적으로 대학 퇴직연금에 가입하게 되었다. 희망할 경우 가입을 취소할 수 있지만, 에드나는 그러지 않았다. 그녀는 퇴직연금 자동 가입 시스템에 아주 만족한다.

위 사례 모두 일반적인 경우다. 민간 및 공공 분야에서 넛지가 시도되는 현실적인 영역의 상당 부분을 다룬다. 선택자는 하나 혹은 복수의 목표를 갖고 있고, 선택 설계자는 그들이 더 쉽게 혹은 더 어렵게 목표를 달성하도록 만들 수 있다. 사람들의 기존 기호에 따라 AJBT 기준을 이해하는 경우, 그 기준은 충족된다. 그러나 사람들이 스스로 판단하기에 더 불행해졌다고 느껴 넛지가 이 기준을 충족하지 못하는 사례도 쉽게 떠올릴 수 있다는 점에 주목하자.

우리는 루크와 메러디스, 에드나 모두 뚜렷한 기호를 갖고 있었고, 넛지가 이들 모두의 기호를 바꾸었다고 가정함으로써 각각의 사례를 하나로 연결해 볼 수 있다. 예를 들어 조녀선은 운전 중 통화를 좋아한다. 그는 출퇴근길이든 업무 시간이든 친구와 자주 통화를 한다. 그러나 상사에게 경고를 받은 후에는 그런 행동을 하지 않는다. 지금 그는 자신의 변화에 만족한다. 운전 중 통화는 엄두조차 내지 않는다. 그건 너무 위험한 일이다.

루크와 메러디스, 에드나, 조녀선 모두 넛지 후에 더 나아졌다고 느꼈다. 이러한 사례는 AJBT 기준이 사전 기호를 참조하도록 요구하는지, 사후 기호를 참조하도록 요구하는지에 관한 질문을 던진다.

좋은 질문이다. 우리는 사람들의 행복을 직접 들여다봄으로써 이 질문에 대한 답을 확인할 수 있다. 아래 질문에 주목해 보자. 루크와 엘리자베스, 에드나의 사례는 대단히 단순하며 또한 흔하다.

아래 사례는 자기 통제에 대한 질문을 제기한다는 점에서 다르다.

1. 테드는 흡연자다. 담배를 애초에 배우지 않았으면 좋았겠다고 생각하지만, 지금은 도저히 끊을 수 없다. 정부는 최근에 새로운 규제를 내놓았다. 담배 포장지에 폐암 등 심각한 건강 문제로 고통받는 사람의 사진을 싣도록 규정한 것이다. 테드는 담뱃갑 사진을 보고 큰 충격을 받았다. 차마 사진을 쳐다보지도 못한다. 결국 테드는 담배를 끊었고, 지금에 만족한다.

2. 조앤은 대학생이다. 그녀는 술을 즐기면서도 과음 때문에 건강에 문제가 생길까 봐 걱정한다. 술을 가급적 줄이려 하지만 현실적으로 힘들다고 느낀다. 최근 대학은 캠퍼스 내에서 음주를 줄이는 교육 캠페인을 시작했다. 그 프로그램의 설명에 따르면, 다섯 명 중 네 명이 한 달에 2회 이하로 술을 마신다고 한다. 사회 규범에 관한 정보를 얻은 조앤은 마침내 술을 줄여 보기로 결심했다. 그리고 실제로 성공했고, 현재에 만족한다.

이들 사례에서 선택자는 자기 통제 문제를 겪고 있고, 그 사실을 잘 인식하고 있다. 여기서 테드와 조앤은 2차 기호를 지닌 〈계획자 planner〉이자 1차 기호를 가진 〈행위자doer〉로 볼 수 있다. 넛지는 계획자의 영향력을 강화한다. 자기 통제, 그리고 계획자이자 행위자

모형과 관련해서 철학적, 경제학적으로 흥미로운 질문을 제기할 수 있다. 그러나 테드와 조앤이 넛지를 환영하고 사전은 물론 사후의 기호에 따라 행동하는 한, AJBT 기준은 충족된다. 한편으로 자기 통제 문제는 각자의 GPS 장비를 요구하고, 그래서 조종 가능성navigability*을 수반한다고 볼 수 있다. 사람들은 자기 통제력을 원하지만 어떻게 해야 할지 모른다. 이때 넛지가 도움이 된다. 그러나 이러한 문제에 직면한 선택자의 경우, 기본적인 도전 과제는 본질적으로 고유하며 그들은 그 사실을 잘 알고 있다.

위 사례들에서 AJBT 기준은 충족되었다. 그런데 사람들은 자기 통제 문제에서 간섭을 받았다는 사실을 인식하고 있을까? 물론 이는 경험적인 질문이며, 내가 직접 추진한 사전 조사 결과에 따르면, 그 대답은 〈그렇다〉였다. 나는 아마존 미캐니컬 터크Mechanical Turk 사이트를 통해 200명에게 다음과 같이 물었다.

많은 사람이 심각하든 사소하든 자기 통제 문제를 겪고 있다고 느낀다. 가령 폭식이나 흡연이나 과음을 하고 저축을 게을리 한다. 당신도 이러한 자기 통제 문제를 겪고 있다고 느끼는가?

놀랍게도 70퍼센트가 그렇다고 답했다(55퍼센트는 〈약간 동의〉, 15퍼센트는 〈강한 동의〉라고 답했다). 그렇지 않다고 답한 사람은 22퍼센트에 불과했다(8퍼센트는 보통을 선택했다).

* 이 책의 저자인 선스타인 교수가 만든 용어로, 행위자가 목표에 얼마나 쉽게 도달할 수 있는가를 뜻하는 개념이다.

이는 일종의 사전 조사이며, 분명하게도 그 질문 속에는 고유한 넛지를 포함하고 있다(〈많은 사람이 (……) 문제를 겪고 있다고 느낀다〉). 사람들이 담배나 알코올 중독에서 벗어나도록 도움을 주기 위해 설계된 프로그램이 인기를 끌고 있는 상황이 말해 주듯이, 테드와 조앤의 사례는 우리 삶의 많은 부분을 보여 준다. 우리는 그러한 프로그램의 역할을 하는, 혹은 그러한 프로그램에서 사용되는 넛지가 AJBT 기준을 충족시킨다는 점에 동의해야 한다.

더 까다로운 사례도 있다. 일부 사례에서는 사람들이 사전 기호를 갖고 있는지 확실하지 않다. 다른 사례(운전 중 통화를 자주 했던 조너선의 경우처럼)에서 사람들의 사후 기호는 넛지의 결과물이다. 때로 그 두 가지 요소는 결합된다(마케터들이 잘 알고 있듯이). 이와 관련해서 애모스 트버스키Amos Tversky와 리처드 탈러Richard Thaler 는 오래전에 이렇게 지적했다. 〈가치와 기호는 일반적으로 유도 과정에서 형성된다.〉[5] 그렇다면 우리는 AJBT 기준을 어떻게 이해하고 적용해야 할까? 예를 들어보자.

1. 조지는 환경에 관심이 많지만 돈에도 관심이 많다. 최근 석탄을 활용해서 생산한 전기를 사용하고 있다. 물론 석탄이 환경에 좋지 않다는 것은 알고 있다. 그래도 가격이 꽤 저렴해서 조금 더 비싼 풍력 발전으로 굳이 바꾸지 않았다. 현재 상황에 별다른 불만은 없다. 그런데 지난달 정부는 전력 사업자를 대상으로 자동 등록제를 실시했다. 그렇게 되면 사용자는 전환 의사를 밝히지 않는 한 풍력 발전 전기를 사용하고 조금 더 비싼 요금을 지불해야 한다.

조지는 군이 전환하지 않았고, 현재의 자동 등록제에 만족하고 있다. 그는 정부 정책을 지지한다.

2. 메리는 의료보험 상품 중 브론즈 레벨에 자동 가입되어 있다. 브론즈 레벨은 실버나 골드 레벨보다 보험료가 싸지만, 보장 범위가 넓지 않고 공제 한도가 높다. 메리는 브론즈에 만족하기 때문에 전환할 생각이 없다. 그런데 평행 세상에서(지금 세상과 비슷하지만 완전히 똑같지는 않은) 메리는 골드 레벨에 자동 가입되어 있다. 골드 레벨은 실버나 브론즈 레벨보다 비싸지만 보장 범위가 넓고 공제 한도가 낮다. 여기서도 메리는 골드 레벨에 만족하기에 군이 바꿀 의사가 없다.

3. 토머스는 중증 질환을 앓고 있으며 수술을 고민 중이다. 수술에는 잠재적인 장점과 위험이 따른다. 온라인으로 수술에 관한 글을 읽었지만, 도무지 확신이 서지 않는다. 의사는 수술을 권하면서 수술을 받지 않으면 얼마나 많은 것을 잃게 될지 상기시킨다. 그런데 평행 세상에서 의사는 수술을 받지 말 것을 권하면서 수술을 받을 경우 얼마나 많은 것을 포기해야 할지 강조한다. 토머스는 그 조언을 따르기로 결심한다.

2번과 3번의 사례에서 메리와 토머스는 사전 기호가 없는 것으로 보인다. 그들의 기호는 디폴트 룰의 산물이거나(메리의 경우), 혹은 설명의 산물이다(토머스의 경우). 반면 조지는 친환경 에너지를 지지하는 사전 기호를 갖고 있었다. 그래도 우리는 조지의 기호가 메리와 토머스의 경우와 마찬가지로 부분적으로 디폴트 룰의 산물이라는 사실을 쉽게 이해할 수 있다.

여기서 나는 바로 이러한 상황에 주목한다. 사람들은 사전 기호를 갖고 있지 않다. 그들의 기호는 사실 넛지의 산물이다. 넛지 후 그들은 만족한다. 또한 사전 기호가 존재하는 경우에도 넛지가 이를 바꾸어서 앞서 넛지를 원치 않았음에도 만족하도록 만들었다.

이 사례들에서 AJBT 기준의 적용은 간단하지 않다. 선택 설계자는 단지 선택자의 사전 기호를 옹호했다고 주장할 수 없다. 사후 기호에 주목할 때, 사람들은 더 행복하다고 느끼며 따라서 AJBT 기준을 충족했다고 볼 수 있다. AJBT 기준을 적용하기 위한 과제는 이런 것이다. 〈메리와 토머스는 넛지 후에도 더 행복하다는 데 동의할 것이다.〉 내 생각에 메리와 토머스의 경우, 두 세계 사이에서 선택하는 과정에서 적어도 행복을 기준으로 한 분석으로부터 완전히 벗어날 수는 없다. 우리는 어떤 접근 방식이 삶을 더 낫게 해주는지 따져봐야 한다. 이러한 사례에서 어떤 넛지를 선택할 것인지에 관한 중요한 문제가 남아 있다. 어쨌든 AJBT 기준은 그것이 특정한 선택지를 구체적으로 제시하지 않는다고 해도 선택 설계자가 선택지의 범위를 제한한다는 점에서 중요한 역할을 한다(사람들이 뚜렷한 사전 기호를 갖고 있고, 넛지가 그것을 바꾸지 않는 경우에 그런 것처럼).

AJBT 기준은 개입주의에 대한 비난에 맞서기 위해 경험적으로 설계된 것이 아니다. 선택자가 사전 기호를 갖고 있지만(〈잠복〉해 있든 아니든) 정보 부족이나 행동 편향 때문에 스스로의 선택이 충분히 만족스럽지 못할 것이라고 생각하는 것은 타당하다(루크, 메러디스, 에드나의 사례를 떠올려 보자). 분명하게도 어떤 형태의 선택 설계는 충분한 정보를 갖고 있거나 행동 편향이 없는 사람에게 영향을 미칠 것이라고 상상해 볼 수 있다. 가령 합리적인 카페테리아 손님은 아주 바쁘기 때문에, 혹은 어떤 것을 고를지 결정하는 것은 별 의미가 없기 때문에 처음 눈에 들어온 메뉴를 선택할 수 있다. 다음 사례를 생각해 보자.

리건은 회사 내 카페테리아를 좋아한다. 그는 칼로리가 높은 음식을 좋아하며, 자신도 그 사실을 잘 알고 있다. 그런데 최근에 회사는 카페테리아를 리모델링해서 샐러드와 과일을 쉽게 집을 수 있는 자리에 배치했다. 리건은 이제 샐러드와 과일을 즐겨 먹으며, 아주 만족해한다.

위 사례에서 리건은 행동 편향을 겪지 않았지만 넛지에 의해 영향을 받았다. 그러나 많은 (일반적인) 사례에서 행동적으로 편향된, 혹은 정보가 부족한 선택자는 넛지에 의해 많은 영향을 받는 반면, 정보가 충분하고 편향이 적은 선택자는 큰 영향을 받지 않았다. 최근 점점 더 많은 연구 논문은 특정 형태의 AJBT 기준을 철저하게 참조하면서 이들 사례의 진행 과정을 분석하고 있다.[6]

리건의 사례 및 이와 비슷한 모든 사례에서, AJBT 기준은 선택 설계자를 바다에 덩그러니 내버려 두지 않았다. 리건이 샐러드를 좋아하지 않는다면, 그 기준은 충족되지 않은 것이다. 규범의 관점에서 볼 때, 선택 설계자가 넛지를 통해 사람들의 기호를 바꾸는 데 성공했다고 해서 AJBT 기준을 충족시켰다고 쉽게 말할 수는 없다(그것은 노예제로 가는 길인가? 오웰의 『1984』에서 섬뜩한 마지막 문장을 떠올려 보자. 〈그는 자신에게 승리를 거뒀다. 그는 빅브라더를 사랑했다〉). 그러나 우리가 주관적 행복에 관심을 기울이는 한, 선택자가 사전에 넛지가 그들이 받아들일 수 있는 결과를 만들어 낼 것이라고 믿었는가는 대단히 중요한 질문이다.

명백하게도 넛지가 사람들이 원하는 곳으로 가도록 하고, 그래서 그들의 사전 기호를 충족시킬 수 있도록 한다는 점에서 수많은 넛지는 조종 가능성을 높인다. 자기 통제 문제를 극복하도록 도움을 주는 다양한 넛지는 선택자로부터 환영을 받고, 그래서 AJBT 기준과 조화를 이룬다. 많은 사람은 자신이 자기 통제 문제를 겪고 있다는 사실을 잘 알고 있다. 사전 기호가 없거나 확고하지 않을 때, 그리고 넛지가 새로운 기호를 만들거나 바꿀 때, AJBT 기준은 조종 가능성을 더욱 어렵게 만들고, 고유한 해결책을 내놓지 못할 것이다. 그래도 이 기준은 가능한 해결책의 범위를 제한함으로써 선택 설계자가 방향을 잡도록 도움을 준다.

7장

넛지의 실패

어떤 넛지는 효과가 없거나 심지어 부작용을 일으키기도 한다. 이는 부정할 수 없는 사실이다. 예를 들어 정보 공개 제도의 효과가 전혀 없을 수도 있다. 이해하기 힘들 정도로 너무 복잡하다면 더욱 그럴 것이다. 혹은 쉽고 단순하다 해도 마찬가지다. 가령 초코바의 열량을 공개한다고 해도, 소비자는 별 관심을 기울이지 않을 것이다. 혹은 관심을 갖고 확인한다고 해도 큰 영향을 받지 않을 것이다. 또한 리마인더에도 주목하지 않고, 경고 표시도 무시할지 모른다. 오히려 경고 대상이 되는 행동의 매력도를 높일 수 있다. 어떤 경우 동기에 대한 그럴듯한(그리고 대략적으로 옳은) 이해가 특정 상황에서는 잘못된 것으로 드러나기도 한다. 시험 결과, 넛지의 효과가 거의 혹은 전혀 없는 것으로 나타날 수 있다.

앨버트 허시먼Albert Hirschman이 언급했듯이, 넛지는 때로 아무런 효과를 내지 못한다.[1] 혹은 효과가 〈기대에 어긋난〉 방향으로 나타나기도 한다. 원래 의도와는 상반된 결과로 이어지기도 한다. 예를 들어 열량 표기가 오히려 열량 섭취를 늘릴 수 있다. 다음으로, 넛지는 다른 중요한 목표를 〈위험에 빠뜨릴〉 수 있다. 예를 들어 환경오염을 줄이기 위해 설계한 넛지가 소외 계층의 에너지 부담을 가중시킬 수 있다. 허시먼의 의도는 넛지가 효과가 없고 기대에 어긋나고 다른 목표를 위험에 빠뜨리는 것이 불가피하다거나 그럴 가능성이 높다고 주장하려는 것이 아니라, 소위 〈반응의 표현rhetoric of reaction〉을 살펴보는 것이다. 허시먼은 그러한 표현을 예측 가능한 표현적 움직임으로, 혹은 나쁜 의도로 제기된 것으로 이해했다. 그래도 넛지를 비롯해 공공 분야의 개혁은 아무 효과가 없거나, 의도와 반대되는 결과를 낳거나, 혹은 다른 목표를 위험에 빠뜨리는 세 가지 범주 중 하나에 해당한다는 주장은 의심할 여지가 없다. 그 세 가지 범주는 단지 표현이라기보다 현실을 반영한 것으로 보인다.

선택 설계자의 도구함 속에서 가장 많은 주목을 받는 것은 디폴트 룰이다. 분명하게도 디폴트 룰은 가장 많은 논의가 이뤄진 주제다. 그럼에도 때로 효과가 거의 없거나, 기대에 한참 미치지 못하기도 한다.[2] 여기서 내 목표는 이와 관련해 두 가지 이유를 살펴보는 것이다. 첫 번째는 〈선택자 입장에서 명백하게 반대되는 기호〉에 관한 것이다. 이로 인해 사람들은 옵트아웃을 선택한다. 두 번째는 〈경제적 이익이 위기에 처한 사람의 입장에서 보상 행동의 형태로 드러나는 반대 넛지counternudge〉에 관한 것이다. 간략하게 설명하자면, 기관은 자신이 선호하는 방향으로 선택자를 몰아갈 수 있다(행동 통찰력의 도움으로). 앞으로 살펴보겠지만, 이 두 가지 이유를 기반으로 우리는 디폴트 룰뿐 아니라 다른 많은 넛지의 잠재적 비효율성에 대해 설명할 수 있다.

디폴트 룰을 포기할 것인지, 혹은 모든 형태의 넛지를 거부할 것인지 결정하는 과정에서 선택자는 두 가지 요인을 고려한다고 가정하는 것은 아마도 유용한 단순화일 것이다. 두 가지 요인이란 의사결정 비용과 실수 비용을 말한다. 넛지를 거부하기로 한 결정에 많은 비용이 따르지 않을 때, 그리고 넛지를 거부함으로써 중대한 실수 비용을 줄일 수 있다고 확신할 때, 넛지의 효과는 미미할 것이다. 넛지를 무력화하는 이유들에 대해서는 나중에 다시 간략하게 살펴보겠지만, 그래도 그중에서 가장 중요한 이유는 선택 설계가 행동에 영향을 미치는 방식에 관한 그럴듯한(그러나 최종적으로 잘못된) 가설을 선택 설계자가 활용하기 때문이다.

넛지의 효과가 전혀 없다면 무엇을 할 것인가라는 질문이 떠오른다. 그 대답은 규범 기준에 달렸다. 때로 넛지는 아무런 효과가 없거나 혹은 기대에 훨씬 못 미치는 것으로 드러난다. 그러나 그것을 반드시 나쁜 일이라고는 할 수 없다. 우리는 선택 설계자가 명령과 같은 도구 대신에 왜 굳이 넛지를 택했는지 이해할 수 있다. 예를 들어 선택 설계자가 사회 복지에 관심이 있고, 이를 증진시키고자 한다고 해보자. 여기서 복지 강화는 올바른 기준을 제시하지만 효과성은 그렇지 않다. 넛지의 비효과성(혹은 효과성)은 사회 복지에 어떤 변화가 있었는지에 대해 거의 혹은 전혀 말을 해주지 않는다. 관련된 인구 90퍼센트가 디폴트 룰에서 옵트아웃을 선택하고, 그 결과 넛지가 전반적으로 효과가 없는 경우를 생각해 보자. 혹은 10퍼센트가 옵트아웃을 하거나 50퍼센트가 옵트아웃을 선택한 경우를 생각해 보자.

선택 설계자는 이 모든 것을 고려해서 그 결과가 성공인지 실패인지를 판단해야 한다. 이를 위해 선택 설계자는 사회 복지의 결과에 관한 질문을 던져야 한다.

그 한 가지 대답은 넛지가 효과가 없거나 기대에 못 미친다면, 그것은 넛지에 영향을 받는 사람의 입장에서 좋은 아이디어가 아니기 때문이라는 것이다. 선택자가 넛지를 무시하거나 거부한다면 그들이 최선을 알고 있다는 점에서 실패는 교훈적이며 전반적으로 환영해야 한다. 비효과성이 〈진단적diagnostic〉이라면, 무엇이 행복을 증진시킬 것인가에 대한 (정확한) 인식에 따라 사람들이 행동한다는 사실을 보여 준다는 점에서 그 대답은 타당하다. 이러한 결론은 때로 올바르지만, 좋은 행동 근거로서는 때로 그렇지 않다.

두 번째 대답은 다른 유형의 넛지를 시도하는 것이다. 행동적 측면을 고려한 개입을 시험하고, 이로부터 배우는 것은 대단히 중요하다. 이를 통해 다른 넛지의 방향을 확인할 수 있다. 사람들의 선택(예를 들어 경고를 무시하거나 옵트아웃을 하는)이 혼란과 편향, 혹은 오해로 인한 것이고 더 나은 넛지가 이들 중 하나 혹은 모두를 제거할 수 있다면, 두 번째 대답이 최고의 방법일 것이다. 실제로 많은 넛지는 까다로운 규범적 질문을 제기하지 않는다. 넛지는 선택자나 사회 전체에 이익이 되는 행동을 강화할 목적으로 설계된다. 그러한 넛지의 실패는 진단적이지 않다. 이 경우 올바른 대응은 더 나은 넛지일 것이다. 예를 들어 경고가 실패한 경우, 디폴트 룰을 추가하는 것은 좋은 아이디어가 될 수 있다.

세 번째 대답은 넛지를 넘어서 좀 더 공격적인 접근 방식을 택하는 것이다. 가령 경제적 인센티브(보조금이나 세금)나 강압과 같은 방법을 선택하는 것이다. 공격적 접근 방식은 타당하다. 선택 설계자가 선택자가 실수를 저지르고 있다는 사실을 알 때, 혹은 제3자의 이해관계가 얽혀 있을 때, 공격적 접근 방식은 합리적 선택이 될 수 있다. 일부 넛지는 이러한 이해관계를 보호하기 위해 설계된다. 가령 환경 관련 넛지나 범죄를 줄이기 위한 넛지의 경우를 생각해 보자. 이때 선택을 보존하는 접근 방식은 부적절한 것으로, 혹은 적어도 인센티브와 명령, 금지에 대해 보완적인 것으로 드러나게 된다. 이 주제는 10장에서 다시 살펴보도록 하자.

디폴트 룰이 쉽게 사라지지 않는 이유

여기서 디폴트 룰은 내 핵심 주제다. 그렇기 때문에 디폴트 룰이 결과에 중대한 영향을 미치는 이유를 먼저 설명하고 넘어가도록 하자. 방대한 연구 결과는 그 이유를 세 가지로 설명한다.[3] 첫 번째는 관성과 미루기에 관한 것이다(때로 〈노력〉 혹은 〈노력세effort tax〉라고 부른다). 디폴트 룰을 거부하려면 적극적 선택을 해야 한다. 특히 바쁠 때, 혹은 질문이 까다롭거나 전문적인 지식을 요구할 때, 사람들은 의사 결정을 미루거나 아예 내리지 않으려 한다. 관성의 힘과 미루기 성향의 측면에서 볼 때, 사람들은 현재 상태를 그냥 유지하려고 한다. 집중력은 희귀한 자원이며, 이를 실행하는 데는 많은 노력이 필요하다. 노력을 들여 실행할 만한 가치가 없어 보일 때 디폴트 룰은 쉽게 사라지지 않는다.

두 번째 요인은 디폴트 룰이 전하는 정보적 신호라고 사람들이 생각하는 것과 관련 있다. 선택 설계자가 명시적으로 디폴트 룰을 선택한 경우, 많은 사람은 해당 내용을 잘 아는(그리고 공평무사한) 사람으로부터 암묵적인 추천을 받았다고 생각하게 된다. 그럴 때 사람들은 믿을 수 있고 변화를 정당화할 수 있는 개인적인 정보가 없는한, 디폴트 룰을 포기하고 자기만 다른 길로 가서는 안 된다고 느낀다. 자신의 길로 걸어가는 것은 위험하며, 절대적인 확신이 없는 이상 그러한 선택을 원치 않을 것이다.

세 번째 요인은 손실 회피와 관련된 것으로, 이 개념은 행동과학 분야에서 가장 중요하고 획기적인 발견 중 하나다. 사람들은 이익이 주는 기쁨보다 손실로 인한 슬픔을 더 크게 느낀다.[4] 여기서 중요한 사실은 디폴트 룰이 현재 상태를 형성한다는 것이다. 디폴트 룰은 변화를 손실로 인식할 것인지, 아니면 이익으로 인식할 것인지를 결정하는 기준점으로 기능한다. 예를 들어 직원들이 퇴직연금에 자동 가입되지 않을 때, 가입 결정은 월급의 손실로 느껴질 것이다. 반면 자동 가입될 때, 탈퇴하겠다는 선택은 연금의 손실로 느껴질 것이다. 여기서 기준점은 디폴트 룰이 된다.

강력한 사전 기호

디폴트 룰이 비효과적인 이유를 이해하기 위해서 결혼과 성의 사례부터 살펴보자.[5] 미국의 모든 주는 결혼하는 사람에 대해 동일한 디폴트 룰을 적용한다. 남성과 여성 모두 결혼 전 성을 그대로 유지하도록 하는 것이다. 남성의 경우 압도적 대다수가 이 디폴트 룰을 따른다. 결혼 후 성을 바꾸는 남성은 거의 없다. 반면 여성의 압도적 대다수는 성을 바꾼다. 대졸자만 놓고 보더라도 그 비중은 80퍼센트에 이른다.[6] 이 디폴트 룰은 여성들에게 거의 영향을 미치지 못하는 것으로 보인다. 성을 바꾸는 여성의 비중은 오히려 점점 더 높아지고 있다. 미국의 기혼 여성 대부분이 이 디폴트 룰을 거부하고 있는 셈이다.

왜 미국 여성들은 이 디폴트 룰을 따르지 않을까? 네 가지 요인이 작용하는 것으로 보인다. 첫 번째이자 가장 중요한 것으로, 많은 여성은 성을 바꾸고 싶어 한다. 이러한 욕망은 대단히 뚜렷하다. 이는 디폴트 룰이 사람들의 기호를 형성하는, 사람들이 불투명하고 애매모호한 기호를 갖고 있는, 혹은 자신의 기호를 확인하기 위해 노력해야 하는 복잡하고 낯선 영역이 아니다. 많은 여성은 분명하게도 사회 규범으로부터 영향을 받는다. 강력한 규범이 존재할 때 여성들의 기호는 불투명하지 않다. 사회 규범이 디폴트 룰의 힘을 압도한다. 사실 사회 규범은 디폴트 룰과 동일한 기능을 수행할 수 있다. 이는 전반적인 관점에서 중요한 의미가 있다.[7]

둘째, 이런 현상은 기혼 여성에게서 대단히 뚜렷하게 나타난다. 결코 암묵적인 방식이 아니다. 결혼은 특정한 사건이므로 행동이 요구되는 시점은 상대적으로 분명하다. 그렇기 때문에 미루기와 관성의 중요성은 낮고, 노력세는 그만한 가치가 있다.

셋째, 성을 바꾸는 행위는 그렇게 하는 일부 혹은 많은 사람에게 일종의 축하 의식이다. 여성들 대부분 그러한 행위를 책임이라거나 미래의 자신을 돕기 위한 방법이라고 생각하지는 않는다. 사람들이 기꺼이 선택하고자 한다면(선택이 즐겁고 의미 있다면) 디폴트 룰에 따른 노력세는 사라진다. 그 의미는 변한다. 그래서 노력세가 아니라 노력 보조금이 될 수 있다. 그럴 때 선택은 부담이 아니라 혜택이 된다.

넷째, 성을 유지하는 데는 비용이 따른다. 특히 자녀가 있을 때 더욱 그렇다. 아내가 남편의 성을 따르지 않을 때 혹은 그 반대의 경우일 때, 설명을 하거나 혼란을 해결해 줘야 할 필요가 생긴다. 민간이나 공공 기관을 상대할 때, 그것은 대단히 귀찮고 시간을 소모하는 일이다. 일부 여성의 경우, 남편의 성을 따르지 않을 때 일상생활이 복잡해진다. 그렇기 때문에 사회적 관습은 디폴트 룰을 압도하는 강한 인센티브를 만들어 낸다(이러한 관습은 적어도 일부 국가에서 바뀌고 있다). 관련된 조건이 만날 때(뚜렷한 기호, 분명한 시점, 옵트인opt in*에 대한 긍정적인 느낌, 옵트인에 따른 높은 편의성과 단순성) 디폴트 룰의 중요성은 떨어진다.

이 논의에서 핵심은 강한 기호가 디폴트 룰의 효과를 위축시키기에 충분하다는 점이다. 사람들은 디폴트 룰에 반영된 어떠한 제안으로부터 많은 영향을 받지 않을 것이다(결혼과 성의 사례의 경우, 디폴트 룰은 아마도 아무런 제안도 하지 못할 것이다). 여기서 손실 회피는 중요하지 않다. 그 부분적인 이유는 손실을 측정하는 기준점을 정의하는 것은 디폴트 룰이 아니라 뚜렷한 기호와, 이와 관련된 사회 규범이기 때문이다.

* 가입을 위해서 의사를 적극적으로 밝혀야 하는 시스템.

뚜렷한 사전 기호의 중요성을 염두에 두고, 다음 네 가지 사례를 살펴보자.

1. 영국의 한 연구 결과는 디폴트 부담금 기여율contribution rate*이 아주 높을 때(세전 소득의 12퍼센트) 대다수 사람들이 퇴직연금을 탈퇴한다는 사실을 보여 주었다.[8] 1년 후 디폴트 부담금 기여율을 그대로 유지한 직원은 25퍼센트에 불과했고, 60퍼센트는 더 낮은 기여율로 이동했다. 물론 12퍼센트의 부담금 기여율이 전혀 효과가 없었던 것은 아니지만(25퍼센트도 상당한 비율이다), 디폴트 부담금 기여율을 사람들의 선호에 따라 조정했다면 그 효과는 더욱 뚜렷하게 드러났을 것이다.

2. 세금 환급의 상당 부분이 자동적으로 미국 재무부 채권에 투자되도록 디폴트 룰을 설정했을 때, 많은 근로자는 옵트아웃을 선택했다. 그들이 디폴트 룰을 거부한 명백한 이유는 환급금을 지출할 계획을 이미 세워 두고 있었고, 환급금을 채권에 묶어 두는 방식에 별 관심이 없었기 때문이다.[9] 사람들의 기호는 뚜렷했고, 그들은 디폴트 룰을 적용받기 전에 움직였다.

3. 디폴트 룰의 효과에 관한 일반적인 연구 결과와 부합하는 한 사례에서, 온도 조절 장치 설정과 관련해 디폴트 온도의 변화는 OECD 국가의 많은 근로자에게 중대한 영향을 미친 것으로 드러났다.[10] 겨울 동안 디폴트 온도를 1도 낮췄을 때, 사람들이 설정한 온도의 평균이 크게 떨어졌다. 하지만 선택 설계자가 디폴트 온도

* 기준 급여 대비 납입금 비율.

를 2도 낮췄을 때, 〈평균 설정 온도의 하락은 더 미미하게 나타났다〉. 2도를 낮추자 많은 직원이 실내 온도가 너무 낮다고 판단했고, 그래서 그들이 선호하는 온도로 설정을 되돌렸기 때문이다. 뚜렷한 불편함이 관성을 이긴 것이다. 결론적으로 이렇게 말할 수 있겠다. 사람들은 실내 온도가 불편함을 느낄 정도로 춥다고 느낄 때, 디폴트 룰에서 벗어나려는 경향을 보인다. 요컨대 강력한 사회 규범이나 양심의 가책[11]이 디폴트 룰의 효과를 억제할 수 있지만, 그러려면 충분히 강력해야 한다.

4. 많은 연구 결과는 카페테리아와 식료품 가게에서 식품이 진열된 위치가 사람들의 선택에 큰 영향을 미친다는 사실을 보여준다. 하지만 그러한 변화가 선택에 미치는 영향에는 한계가 있다.[12] 르네 드 베이크Rene A. de Wijk와 동료 연구원들은 건강에 좋은 통곡물 빵의 소비량을 늘려 보기로 했다. 그들은 몇 주에 걸쳐 빵 코너 입구(가장 눈에 잘 띄는 장소)에 통곡물 빵을 진열해 놓았다. 그리고 다른 몇 주 동안은 코너의 출구 쪽(가장 눈에 안 띄는 장소)에 진열했다.

여기서 우리는 통곡물 빵을 입구에 진열했을 때 더 많은 사람이 그 빵을 구매했을 것이라고 예상하기 쉽다. 하지만 예상은 빗나갔다. 통곡물 빵의 매출은 전체 빵 매출의 3분의 1정도였고, 위치와 상관없이 일정했다. 이에 대해 연구자들은 사람들은 자신이 무슨 빵을 좋아하는지 분명하게 알고 있고, 진열된 위치와 상관없이 자신이 좋아하는 빵을 고르기 때문이라고 설명했다. 이처럼 강력한 사전 기호는 디폴트 룰 효과를 이긴다. 마찬가지로 학생들이 건강

식품을 선택하도록 넛지를 실행했을 때(디폴트 룰과 같은 것을 통해), 연구자들은 (건강에 해로운) 프렌치프라이에 대한 학생들의 강력한 기호를 이길 수 없다는 사실을 확인했다.[13]

이들 사례에서 선택자들 모두 의사 결정 비용과 실수 비용을 바탕으로 디폴트 룰을 포기할지에 대해 합리적 의사 결정을 내리고 있다고 가정하는 것은 유용하지만 지나친 단순화일 것이다. 기호가 아예 없거나 약할 때, 선택자는 디폴트 룰을 수용하거나 적어도 관심을 기울일 것이다. 앞서 언급했듯이 관심은 한정된 자원이며, 사람들은 특별한 이유가 없을 때 그 자원을 이용하려 들지 않는다. 기호가 없거나 약할 때, 디폴트 룰에 포함된 정보적 신호는 정당한 위력을 발휘한다. 하지만 선택자가 뚜렷한 반대 기호를 갖고 있을 때, 의사 결정 비용은 더 낮고(자신이 무엇을 원하는지 이미 알고 있기 때문에), 디폴트 룰을 받아들이는 비용은 더 높다(자신이 원하지 않는 방향으로 유도할 것이라는 사실을 알기 때문에).

비용과 편익 분석은 종종 신중하고 논리적인 방식이 아니라 직관적이고 자동적인 방식으로 이뤄진다. 또한 휴리스틱과 편향을 포함할 수 있다. 많은 선택자에게 관성은 비용과 편익에 대한 완전히 합리적인 분석을 바탕으로 그래야 하는 것보다 훨씬 더 큰 위력을 발휘한다. 게다가 최근의 경험(가령 소득이 불충분했다거나 특정 식품에 대한 기억이 부정적일 때)은 가용성 휴리스틱을 자극함으로써 사람들이 디폴트 룰이나 모든 형태의 선택 설계를 부당하게 거부하도록 만든다. 여기서 중요한 점은 디폴트 룰을 거부하는 의사 결정이 정확한 분석을 기반으로 이뤄지는 것이 아니라, 넛지를 거부할 것인지에 대해 직관적인(그리고 빠른) 혹은 신중한(그리고 느린) 판단을 내린다는 사실이다.

반대 넛지

한 이기적인 행위자가 사람들(가령 고객)이 옵트인 또는 옵트아웃을 하도록 설득하려는 강한 동기를 갖고 있다고 해보자. 그 행위자는 목표 달성을 위해 효과적인 단계를 밟을 것이다. 가령 사람들이 디폴트 룰을 효과가 없는 것으로 간주해서 이를 포기하고 스스로 선택하도록 만들고자 할 것이다.[14] 다시 말해 반대 넛지를 실행하는 것이다.

2010년 연방준비제도이사회가 은행 고객을 지나치게 높은 당좌대월* 수수료로부터 보호하기 위해 마련한 규제 방안을 생각해 보자.[15] 이를 위해 이사회는 어떤 명령을 부과한 것이 아니라 디폴트 룰을 규제하는 방안을 선택했다. 그들은 은행이 고객을 당좌〈보호〉프로그램에 자동적으로 가입시키지 못하게 했다. 대신 고객이 이 프로그램에 가입하려면 서명을 하도록 했다. 좀 더 구체적으로 말해서, 이사회는 계좌 보유자가 은행의 당좌대월 프로그램에 명시적으로 가입하지 않는 이상 은행이 당좌대월 수수료를 부과하지 못하도록 했다.[16] 이 디폴트 룰의 목표는 고객, 특히 저소득층 고객을 극단

* 은행이 당좌예금의 잔고 이상으로 발행된 수표나 어음에 대해 지불하는 대부 형태.

적으로 이자율이 높은(실제로 7천 퍼센트에 이르는) 대출과 맞먹는 부담으로부터 보호하는 것이었다. 많은 고객이 부주의로 인해 엄청난 수수료를 물고 있었기 때문이다. 그러나 고객이 정말로 원할 때에만 당좌대월 프로그램을 이용하도록 디폴트 룰을 바꾼다면, 고객은 과도한 수수료를 물어야 하는 위험을 피할 수 있다.

원칙적으로 그 규제는 큰 효과를 미쳐야 했다. 실제로 디폴트 룰의 위력에 대한 이해는 그 규제 방안의 발표로 이어졌다. 이사회는 이렇게 언급했다. 〈많은 연구 결과는 소비자들이 기존 디폴트 룰, 즉 아무런 행동을 취하지 않을 때 적용되는 결과를 그대로 따르는 경향이 있음을 말해 준다.〉 이사회는 또한 퇴직연금 가입을 늘리기 위한 자동 가입 제도의 위력에 관한 연구도 언급했다. 그리고 소비자들은 절대 초과 인출을 하지 않을 것이라고 비현실적으로 확신하는 경향이 강하다고 설명했다. 물론 디폴트 룰을 통해 소비자들의 비합리적 낙관주의 문제를 완벽하게 해결할 수는 없다. 하지만 심각한 피해를 예방하는 처방이 될 수는 있다. 적어도 디폴트 룰을 쉽게 거부할 수 없다면 말이다.

로렌 윌리스Lauren Willis가 주요 논문에서 보여 준 것처럼,[17] 규제 효과는 기대했던 것만큼 크지 않았다. 많은 사람들이 디폴트 룰을 포기하고 당좌 보호 프로그램을 선택했기 때문이다. 정확한 수치는 확인되지 않았지만, 프로그램을 선택한 사람은 약 15퍼센트였으며, 일부 은행에서는 60퍼센트까지 육박했다. 가장 놀라운 발견은 한 달에 열 번 넘게 초과 인출을 한 사람들의 경우, 프로그램을 선택한 비중이 50퍼센트가 넘었다는 것이다.

핵심 이유는 많은 은행이 행동적 차원에서 수립한 전략을 바탕으로 옵트인을 활성화함으로써 당좌대월 수수료 수입을 거둘 수 있기를 원했기 때문이다. 옵트인이 대부분의 고객에게 불리한 계약이라고 생각하는 사람의 입장에서 보면, 이는 행동적 발견을 이기적으로 활용한 사례에 해당한다. 윌리스가 보여 줬듯이, 은행들은 옵트인을 최대한 쉽게 만들기 위해 노력했다. 가령 자동 인출기에서 버튼 하나만 누르면 가입이 되도록 해놓았다. 또한 적극적으로 마케팅을 벌였으며, 경제적 인센티브를 제공함으로써 더 많은 사람들이 옵트인을 하도록 유도했다. 은행들은 프로그램에 가입하지 않으면 오히려 손해라는 심리를 교묘하게 활용했다. 예를 들어 〈거절된 수표에 대해 일반적으로 판매자가 부과하는 수수료를 물지 않아도 됩니다〉라거나 〈바운드 당좌대월 프로그램은 고객이 거절된 거래에 따른 비용을 물지 않도록 보호하기 위한 상품입니다〉라고 설명하는 안내 자료를 고객들에게 발송했다. 즉 프로그램에 가입하면 경제적으로 이득이라고 설득했다.

명백하게 손실 회피를 활용한 은행의 마케팅 자료를 살펴보자.

예: 내 계좌를 통해 셰어플러스 ATM과 직불카드 당좌대월 서비스를 사용하기.

아니요: 내 계좌에서 셰어플러스 ATM과 직불카드 당좌대월 서비스를 제거하기.[18]

반면 퇴직연금 사례는 완전히 다르다. 이 경우에 퇴직연금 운용자는 자동 가입을 강력하게 주장했고, 사람들이 옵트아웃을 선택하길 원치 않았다. 그들은 더 많은 사람이 퇴직연금에 가입하길 바랐고, 기업이나 정부와 협력함으로써 가입자 수를 확대하고자 했다. 그러나 연방준비제도이사회는 은행이 싫어하는 디폴트 룰을 요구했고, 이에 은행들은 어느 정도 선에서 복수를 했다. 만약 퇴직연금 사례에서도 운용자가 옵트아웃을 유도하고자 했다면 디폴트 룰은 효과가 없었을 것이다.

이 사례에서 우리는 보편적인 교훈을 이끌어 낼 수 있다. 규제를 받는 기관이 디폴트 룰에 강력하게 반발하고 고객에게 쉽게 접근할 수 있을 때, 그들은 행동 분석에 기반을 둔 전략을 비롯해 다양한 전략을 활용함으로써 자신들이 원하는 방향으로 고객을 유도할 수 있다는 사실이다. 즉 디폴트 룰을 포기하도록 만들 수 있다. 디폴트 룰이 힘을 잃는 것이다. 사람들이 디폴트 룰을 싫어해서가 아니라, 기업이 사람들을 설득해서 디폴트 룰을 거부하도록 하기 때문이다. 여기서도 사람들은 의사 결정 비용과 실수 비용을 따져서 느린 판단 혹은 빠른 판단을 내린다. 그리고 디폴트 룰을 적용받는 대상(대부분의 경우 해당 기업)은 넛지를 비효과적으로 보이도록 만들기 위해 의사 결정 비용을 낮추고 실수 비용을 높이고자 한다.

다음으로 개인 정보 영역을 살펴보자. 대부분의 사람들은 개인 정보를 보호해 주는 디폴트 룰을 선호한다.[19] 반면 기업은 고객이 기꺼이 개인 정보를 넘겨주기를 원한다. 그들은 연방준비제도이사회 사례에서 금융 기관과 유사한 전략, 즉 개인 정보를 양도하지 않으면 서비스를 차단하거나 웹사이트에 접근하지 못하게 하는 전략을

활용한다.[20]

이와 관련해 윌리스는 개인 정보 〈추적 금지〉 디폴트 룰을 실시했던 네덜란드의 사례를 소개했다. 그의 설명에 따르면, 〈실제로 모든 기업(비영리 단체까지 포함해서)은 개인 정보를 수집하지 않겠다는 약속을 철저하게 준수하는 것이 아니라, 기업 웹사이트에 접속하기 위한 조건으로 옵트아웃을 요구하는 방식으로 대응했다〉.[21]

여기서 우리는 다음과 같은 사실을 확인할 수 있다. 이기적인 행위자(가령 담배 회사)가 선호하는 방향으로 소비자들을 몰아가기 위해 반대 넛지를 실행할 동기와 방법을 갖고 있을 때, 디폴트 룰을 비롯한 여러 다양한 형태의 선택 설계가 힘을 잃는다는 것이다.

그렇다면 어떻게 해야 할까

디폴트 룰이 효과가 없을 때, 세 가지 대응이 가능하다. 첫 번째는 자유가 보장되었다는 사실에 그냥 만족하는 것이다. 두 번째는 실패로부터 배우고 다른 형태의 넛지를 시도하면서 실험을 계속 이어 나가는 것이다. 세 번째는 자유로 인해 문제가 발생했다는 판단 아래 반대를 무력화하는 넛지, 혹은 명령이나 금지처럼 더 강력한 방안을 시도하는 것이다.

앞서 살펴봤듯이 이러한 대응에 대한 가치 평가는 규범에 대한 숙고에 달렸다. 넛지의 효과가 없다는 사실 그 자체는 우리에게 어떤 다른 시도를 해야 하는지 말해 주지 않는다. 넛지가 실패로 돌아갔을 때, 우리는 행복의 관점에서 아무런 문제가 없다고 결론을 내릴 수도 있다. 사람들은 자신이 가고 싶은 길을 선택했고, 여기에는 아무런 문제가 없다. 하지만 논란의 여지가 없는 분명한 넛지도 많다. 그러한 넛지는 낮은 비용으로 사람들의 삶을 개선하기 위해 설계되었다. 그럼에도 실패로 돌아갈 때, 우리 삶의 질은 떨어질 것이다. 선택 설계자가 사람들의 선택이 그들의 행복을 증진시키지 못한다고 판단할 근거가 충분할 때, 대안을 고려할 만한 가치가 있다. 게다가 제3자의 이해관계가 달려 있을 때, 넛지가 효과를 내지 못한다면 명령이나 금지까지 고려할 필요가 있다(10장 참조).

더 나아가기에 앞서, 한 가지 분명히 해둘 게 있다. 사람들의 다양한 반응을 미리 고려하는 노력이 중요하다. 전체적인 효과는 어쩌면 우리에게 충분한 정보를 주지 않을 수 있다. 가령 전반적으로 효과가 없는 것으로 보이는 일부 넛지가 하위 집단에 특정 기간 동안 혹은 특정한 차원에서 중대한 영향을 미친 것으로 드러날 수 있다. 열량 표시가 인구 전반에 거의 혹은 아무런 영향을 미치지 못했다고 해보자. 그렇다고 해도 어떤 측면에서는 효과적인 것으로 드러날 수 있다. 특히 심각한 체중 문제를 겪는 이들에게는 중대한 영향을 미칠 수 있다.

혹은 인구의 40퍼센트가 디폴트 룰(퇴직연금이나 복지 프로그램에 가입하도록 요구하는)을 옵트아웃하는 상황을 상상해 보자. 옵트아웃을 선택한 사람은 아마도 개인의 기호와 상황을 고려할 때 그럴 수밖에 없는 이들일 것이다. 예를 들어 돈이 필요한 청년이 연금보험 디폴트 룰에서 옵트아웃을 선택하는 것은 지극히 합리적인 선택이다. 반대로 넛지(가령 경고나 리마인더)로부터 가장 많은 이익을 얻을 수 있는 집단이 그 영향권에서 배제될 때, 전체 규모는 이러한 문제를 드러나지 않게 만들기도 한다.

자유가 힘을 발휘하다

사람들이 선호하지 않아서 디폴트 룰이 거부된 상황을 생각해 보자. 이 경우 디폴트 룰이 명령이 아니라는 사실은 중요하다. 어떤 디폴트 룰이든 잘못 선택된 것일 수 있고, 혹은 구체적인 상황에 들어맞지 않을 수도 있다. 그럴 때 사람들이 디폴트 룰을 거부할 수 있다는 사실은 중요한 방어막이 된다. 특히 부담금 기여율이 지나치게 높을 때, 이러한 주장은 타당해 보인다. 혹은 어떤 기관이 양면 인쇄를 디폴트 룰로 채택했지만, 대다수가 단면 인쇄를 고집하는 경우도 그렇다. 만일 단면 인쇄가 사람들의 업무 환경에 더 적합하다면, 여기에는 아무런 문제가 없다.

디폴트 룰의 부담을 안고 있는 이기적인 기관이 반대 넛지를 활용해서 사람들이 디폴트 룰을 거부하도록 설득하는 상황에 대해서도 우리는 비슷한 이야기를 할 수 있다. 당좌대월 보호 프로그램 사례는 규제 실패, 혹은 적어도 불완전한 성공으로 보인다. 하지만 상황이 그리 분명하지만은 않다. 많은 사람(85퍼센트)이 그 프로그램에 옵트인을 하지 않았다는 사실에 주목하자. 또한 옵트인을 가장 많이 선택한 집단이 수표 발행 한계를 종종 넘어서는 사람들이라는 사실을 상기하자. 그들의 입장에서는 옵트인이 반드시 나쁜 아이디어라고 할 수 없다. 적어도 그들 중 일부 혹은 대다수는 합리적으로 그러한 선택을 내렸을 것이다. 그들은 은행에서 돈을 빌리지 못하면(당좌대월 보호 역시 일종의 대출이다) 다른 누군가에게 돈을 빌려야 한다. 이 일은 대단히 거추장스럽고 자칫 더 높은 이자율을 물어야 할 수도 있다. 즉 이자율이 더 높은 고리대금에 의존해야 한다.

불편함은 실질적인 문제를 안겨다 주고 고리는 큰 부담을 주기 때문에, 당좌대월 프로그램은 옵트인을 선택한 사람들의 이익에 부합한다. 따라서 고리대금업에 대한 정부 차원의 규제 역시 마찬가지로 사람들이 똑같이 값비싼 대부 원천에 의존하도록 만든다는 사실에 주목할 필요가 있다.[22] 사람들이 당좌대월 보호 프로그램을 이용하지 못하게 되면 다른 어딘가를 찾아갈 것이기 때문이다.

이 점을 염두에 둘 때, 우리는 연방준비제도의 정책이 대단한 성공이었다고 평가할 수 있다. 사람들은 더 이상 자동적으로 당좌대월 보호 프로그램에 가입되지 않으며, 대다수의 고객은 더 이상 그 프로그램을 활용하지 않음으로써 돈을 절약한다. 동시에 그 프로그램을 원하거나 필요로 하는 사람들은 가입할 것이다. 이런 상황을 전부 고려해도 성공적인 넛지 사례인 것으로 보인다. 여기에 어떤 문제가 있는가? 사람들이 디폴트 룰에서 옵트아웃을 선택하도록 설득하는 데 성공한 사례에 대해 우리는 이렇게 생각해 볼 수 있다. 이들 기관은 이기적이지만, 그럼에도 상호 도움이 되는 교환을 만들어 낼 수 있다. 이를 판단하기 위해서는 다음 질문을 고민할 필요가 있다. 누가 무엇을 얻는가? 누가 무엇을 잃는가?

사람들이 온라인에서 개인 정보 보호를 뒷받침하는 디폴트 룰을 거부하는 사례에 대해서도 똑같은 이야기를 할 수 있다. 어쩌면 그러한 형태의 개인 정보는 사람들에게 그리 중요한 것이 아닐지 모른다. 그 정보를 포기하고자 하는 사람은 시간을 들일 만한 가치가 있는 일을 하기 위해 뭔가를 제안할 수 있다. 디폴트 룰은 사람들에게 일종의 권리를 부여하고, 그 권리는 특정한 가격을 갖는다. 사람들이 만족스러운 가격으로 기꺼이 그 권리를 양도하고자 한다면, 어떻게 반대할 수 있겠는가? 사람들은 아마도 반대 넛지를 적극 환영할 것이다.

더 나은 넛지

선택 설계자는 넛지(가령 정보 공개)를 통해 사람들의 행동을 바람직한 방향으로 수정할 수 있다는 가설로부터 시작한다. 이 가설은 그럴듯해 보이지만 얼마든지 잘못된 것으로 드러날 수 있다. 가령 더 많은 정보를 제공함에도 불구하고 사람들은 지금까지 해오던 방식을 그대로 고수할지 모른다.

여기서도 다시 한번 가설의 실패는 그 자체로 우리가 다음에 뭘 해야 할지에 대해 아무것도 말해 주지 않는다. 예를 들어 항암제의 위험성을 경고하는 메시지를 전한다고 해보자. 그러나 암 환자는 경고에도 불구하고 기존 약을 계속 복용한다. 물론 그래도 문제는 없다. 이 경우 경고의 목적이 선택의 과정에서 정보를 제공하는 것이지, 선택을 바꾸기 위함이 아니기 때문이다. 특정 행동(가령 축구나 권투)의 위험성에 관한 정보를 제공했음에도 사람들의 행동이 바뀌지 않을 때, 거기에는 아무런 문제가 없다.

하지만 대단히 중요한 문제와 관련해 정보를 제공할 때, 우리는 적어도 일부가 행동을 바꿀 것이라 기대할 수 있다. 그러나 사람들은 종종 분명한 이익도 잘 취하지 않는다. 가령 경제 상황이나 건강을 크게 개선시켜 줄 행동(약 처방이나 진료)을 실행에 옮기지 않는다. 그럴 때 우리는 다른 넛지(더 분명한 경고나 사회 규범의 활용, 혹은 디폴트 룰)를 시도해 볼 수 있다. 물론 정보는 그 자체로 사람들의 관심을 끌지 않는다. 혹은 다른 접근 방식이 더 나을 수도 있다. 만약 디폴트 룰이 실패한다면, 정보나 경고를 함께 활용하는 방법을 시도할 필요가 있을 것이다. 혹은 더 나은 넛지를 발견하기 위한 실험을 계속할 수 있다.

몇 가지 가능성을 고려해 보자. 사람들의 행동을 바꾸고자 할 때, 선택 설계자는 넛지를 〈쉬운 형태〉로 만들어야 한다는 사실을 앞서 살펴봤다. 넛지의 효과가 미미할 때, 이를 더 쉽게 만드는 방법을 고민해야 한다. 가령 정보 공개는 지나치게 복잡할 때 실패하고, 단순할 때 성공한다. 리마인더는 장황하고 애매모호할 때 실패하고, 단순명료할 때 성공한다. 앞서 우리는 사람들의 행동이 사회적 의미에 따라 좌우되며, 사회적 의미는 마치 보조금이나 세금과 같은 기능을 한다는 사실을 확인했다. 넛지가 사회적 의미에 영향을 미친다면, 보조금을 세금으로 혹은 세금을 보조금으로 바꿀 수 있다. 예를 들어 특정 형태의 정보 공개나 경고를 통해 위험을 감수하는 행동을 어리석은 행동으로 보이게끔 만들 수 있다. 즉 넛지를 수정함으로써 특정 행동의 사회적 의미를 바람직한 방향으로 바꿀 수 있다. 사회 규범을 널리 알림으로써 행동을 바꿀 수 있지만, 그것은 규범이 국가 전체가 아니라 특정 공동체 내에서 통용되는 규범일 때 가능하다. 국가적 차원의 규범을 널리 알리려는 노력이 효과를 거두지 못

할 때, 해당 공동체 내에서 중요한 의미를 지닌 규범에 주목해야
한다.

자유가 힘을 발휘하지 못하다

일부 사례에서 자유의 장점은 분명하지 않다. 행동적 측면 혹은
다른 측면을 기반으로 소비자나 직원을 특정 방향으로 유도하는, 그
리고 뜨거운 환영을 받으면서 대단히 효과적인 반대 넛지가 오히려
행복을 위축시키기도 한다. 극단적인 사례에서 반대 넛지는 사람들
의 삶을 곤경에 빠뜨린다. 사람들은 현재 편향이나 낙관적 편향, 혹
은 자기 통제 문제로 많은 어려움을 겪는다. 반대 넛지는 이러한 행
동 편향을 교묘히 이용한다. 여기서 필요한 것은 반대 넛지에 대응
하는 넛지다. 가령 사람들이 자신의 이익에 부합하지 않는 프로그램
을 옵트인하지 못하도록 막는 리마인더나 경고가 그러한 넛지에 해
당한다.

당좌대월 보호 프로그램의 경우, 옵트인을 선택해서 프로그램에
가입한 사람 중 일부는 어쩌면 이로 인해 더 불행해졌을 것이다. 그
들은 아마도 프로그램과 그에 따른 비용을 제대로 이해하지 못했을
것이다. 아니면 행동적 차원의 메시지 캠페인에 속은 것일 수 있다.
그들은 대출이 필요해서가 아니라, 자신의 계좌와 인출 내역에 신경
을 쓰지 않다가 과도한 인출 위험에 처했을 것이다. 혹은 충분한 정
보를 얻지 못했거나 부주의했을 것이다. 이러한 상황을 평가하기 위
해 우리는 어떤 사람들이 옵트인을 선택했는지를 알아야 한다. 그것
이야말로 중요한 핵심 질문이다. 사람들이 옵트인을 선택했다는 사

실 자체는 중요하지 않다.

이 사례는 우리에게 많은 이야기를 들려준다. 사람들을 실수로부터 보호하기 위해 설계된 디폴트 룰이나 여러 다양한 넛지가 힘을 발휘하지 못한다면 결코 유쾌한 일이 아니다. 실패한 이유는 아마도 행동 편향을 교묘하게 이용한 이기적인 행위자 때문일 것이다. 여기서 반대 넛지는 일종의 착취로서, 환영할 일이 아니라 거부해야 할 대상이다. 가령 반대 넛지는 흡연과 과음을 부추길 것이다. 그런 식으로 넛지 효과를 상쇄함으로써 조기 사망률을 높일 것이다.

우리는 하나 혹은 여러 가지 유형의 실수에서 자유롭지 못한 사전 기호에 대해서도 똑같은 이야기를 할 수 있다. GPS 장비는 분명한 넛지다. 그런데 운전자가 길을 잘 안다는 자신감으로 경로 안내를 무시할 때, 잘못된 길로 들어설 위험이 높아진다. 여기서 핵심은 옵트아웃의 결정이 많은 사람에게 중대한 실수를 의미할 때, 더 공격적인 접근 방식에 대한 주장이 고개를 든다는 사실이다. 당좌대월 사례는 디폴트 룰뿐 아니라, 반대의 반대 넛지로 기능하는 두 가지 룰, 즉 대체 룰altering rule과 프레이밍 룰framing rule에도 주목해야 한다는 사실을 말해 준다.[23]

대체 룰은 사람들이 디폴트 룰을 바꾸는 방식을 제공해 준다. 선택 설계자가 사람들의 의사 결정을 단순화하고자 하거나 디폴트 룰이 모두에게 적절한지 확신하지 못할 때, 소비자들이 그저 전화 한 통으로(좋은), 혹은 이메일로 (더 좋은) 옵트인이나 옵트아웃을 선택하도록 만들 수 있다. 반면 디폴트 룰이 대다수에게 적합하다고 확신하는 선택 설계자는 디폴트 룰을 포기할 때 따르는 비용을 높일 수 있다. 예를 들어 복잡한 서류를 작성하도록 요구하거나, 쿨링오프cooling-off* 기간을 설정할 수 있다. 또한 디폴트 룰을 포기해도 특정 기간(가령 1년)이 지나면 다시 디폴트 룰로 돌아갈 것이며, 결국 똑같은 절차를 반복해야 한다고 설명할 수 있다. 혹은 교육이나 훈련을 요구할 수 있다. 가령 디폴트 룰을 포기하려면 시험에 통과해야 한다고 말할 수 있다.

다음으로 프레이밍 룰은 사람들이 옵트인 혹은 옵트아웃을 선택하도록 설득할 때 활용할 수 있는 〈인식 틀〉을 제공한다. 앞서 금융기관이 옵트인을 유도하기 위해 손실 회피를 활용한 사례를 살펴봤다. 행동 차원에서의 전략은 뚜렷한 효과를 나타낼 수 있다. 그러나 잠재적인 문제가 남아 있다. 비록 그러한 전략이 기술적 측면에서 속임수를 쓰는 것은 아니라고 해도, 얼마든지 착취로 볼 여지가 있고, 실제로 피해를 입힐 수 있다. 선택의 자유를 존중하지만 착취나 피해를 경계하는 이들은 그러한 프레임의 허용 가능 범위를 제한하고자 할 것이다. 프레이밍 룰은 이러한 착취의 위험을 줄이기 위해 사용된다.

한 가지 비유를 생각해 보자. 어떤 기업이 제품을 〈90퍼센트 무지방〉이라고 광고하면, 〈10퍼센트 지방〉이라고 광고할 때보다 소비자의 관심을 더 자극할 수 있을 것이다. 사실 둘은 같은 의미다. 그렇다면 90퍼센트 무지방이라는 표현은 일종의 조작이라 볼 수 있다. 2011년 미국 정부는 기업이 〈90퍼센트 무지방〉이라는 표현을 쓸 수

* 판매자 권유로 구매했으나 추후에 취소할 수 있는 기간을 부여하는 제도를 말한다.

있도록 허용하면서, 그 제품이 〈10퍼센트 지방일 때〉라는 단서를 달았다. 우리는 사람들이 디폴트 룰에 대한 옵트아웃을 선택하도록 하기 위해, 오해를 불러일으키거나 조작적인 프레임에 이러한 제약을 부과하는 방안을 생각해 볼 수 있다. 반면 선택 설계자는 행동 차원의 전략을 활용하면서, 효과를 극대화하기 위해 손실 회피나 디폴트 룰로 보충할 수 있다.[24]

선택 설계자가 대체 룰과 프레이밍 룰 사이에서 고민하고 있는 동안, 비록 명령을 부과하지 않는다 해도 디폴트 룰의 힘을 강화하기 위한 조치를 취할 수 있다. 선택 설계자는 명령과 금지가 끔찍한 방안이지만, 그래도 사람들이 디폴트 룰을 쉽게 포기하지 못하게 해야 한다고 결론 내릴 수 있다. 여기서 문제는 선택 설계자가 이러한 방향으로 이동할 때, 디폴트 룰의 장점 중 일부가 사라진다는 것이다. 그 장점이란 적어도 원칙적으로 용이한 가역성reversibility을 말한다. 대체 룰이 충분한 힘을 발휘하지 못할 때, 디폴트 룰은 명령과 크게 다르지 않다.

또 다른 가능성에 대해 생각해 보자. 선택 설계자는 차별화된 접근 방식을 시도할 수 있다. 그들은 어떤 디폴트 룰이 한 집단에 적합하고, 다른 디폴트 룰이 다른 집단에 적합하다는 사실을 배울 수 있다. 또한 다양한 상황에 맞게 디폴트 룰을 수정함으로써 획일적인 디폴트 룰보다 더 분명한 효과를 얻을 수 있다.[25] 혹은 특정 하위 집단이 좋은 이유나 나쁜 이유로 옵트아웃을 선택한다고 해보자(효과에 관한 전체 데이터가 관련된 하위 집단에 미치는 아주 큰 효과나 아주 작은 효과를 가릴 수 있다는 사실을 떠올려 보자). 그 이유가 나쁜 것이라면, 선택 설계자는 일종의 방어막으로서 대체 룰이나 프레이밍 룰을 채택할 수 있다. 혹은 정보나 경고를 고려할 수 있다. 이러한 방법이 제대로 작동한다면, 차별화된 접근 방식은 선택의 자유를 보장하면서 동시에 뚜렷한 효과를 드러낼 수 있다.

그러나 선택의 자유를 보장하는 접근 방식이 반드시 좋다고 할 수는 없다. 실제로 행동적 차원에서, 혹은 여러 다양한 차원에서 명령이나 금지를 정당화할 수 있는 사례를 쉽게 떠올릴 수 있다. 가령 민주주의 국가들은 대부분 사회 보장 제도를 의무적인 방식으로 운영하고 있다. 이는 부분적으로 〈현재 편향〉이 강력한 힘을 발휘하기 때문에 어느 정도 강제적인 저축은 복지 차원에서 정당화될 수 있다는 결론을 기반으로 한다. 또한 식품위생법은 합리적 소비자라면 절대 감수하지 않을 위험을 부과하는 식품의 구매를 금지한다. 이러한 규제는 소비자가 관련된 정보를 충분히 얻지 못하고(정보를 얻기가 힘들거나 비용이 많이 들어서), 혹은 제한된 관심이나 낙관적 편향으로 어려움을 겪는다는 결론을 기반으로 한다. 마찬가지로 일부 약품은 판매가 금지되어 있으며, 다른 일부는 처방전을 요구한다. 그래서 사람들은 마음대로 약을 살 수 없다.

업무상 안전 및 건강 관련 규제는 개입주의 차원에서 정당화할 수 있다. 이는 넛지가 아니라 명령과 금지의 형태를 취한다. 가령 에너지 기업과 그 산업에 대해 생각해 보자. 에너지 산업은 공기 오염이나 온실가스, 에너지 수급 불안정 등의 외부 효과를 완화하고 있다. 하지만 이러한 외부 효과만 고려한다면, 일반적으로 규제에 따른 이익은 그 비용을 넘지 못할 것이다. 이 산업에서 대부분의 경제적 이익은 휘발유 등 에너지 가격 하락의 형태로 소비자에게서 발생하기 때문이다.

일반적인 경제적 관점에서 이러한 이익을 비용과 편익 분석에 포함해서는 안 된다. 소비자는 각자의 자유로운 선택을 통해 재화를 얻기 때문이다. 소비자가 특정 재화를 선택하지 않는다면, 그것은 그 제품(가령 자동차나 냉장고)이 몇 가지 기준에서 떨어지기 때문이다. 미국 정부는 최근 행동적 차원으로 이에 대응하고 있다. 다시 말해 그들은 연료 경제와 에너지 효율 분야에서 소비자는 현재 편향이나 정보 부족으로 인해 다양한 실수를 저지른다고 생각한다. 일각에서는 이를 반박한다. 그러니 이러한 생각이 옳다면, 우리는 일부 형태의 명령을 옹호하는 주장을 복지 차원에서 정당화할 수 있다(이 문제에 대해서는 10장에서 다시 살펴본다).

이러한 분석은 제3자의 이해관계가 달려 있는 경우에도 마찬가지로 유효하다. 일반적으로 디폴트 룰은 선택자를 보호하기 위한 것이지만 제3자의 이해관계가 얽혀 있는 경우가 있다. 예를 들어 환경오염을 막기 위해 설계된 그린 디폴트 룰의 목적은 선택자를 보호하는 게 아니라, 외부 효과를 줄이고 집단행동 문제를 해결하기 위한 것이다. 정보 공개나 디폴트 룰의 형태를 띤 넛지는 환경오염(탄소 배출을 포함해)과 관련해 주목받는 접근 방식이 아니다. 그럼에도 넛지를 활용하는 이유는, 공격적인 접근 방식을 보완하거나 혹은 적극적인 접근 방식이 불가능하기 때문이다(아마도 정치적 이유로). 그러나 앞서 언급한 여러 가지 이유로 디폴트 룰이 효과를 드러내지 못할 때, 경제적 인센티브나 명령 혹은 금지를 옹호하는 주장이 힘을 얻을 것이다.

더 생각해 볼 사안들

일반적으로 디폴트 룰은 가장 효과적인 넛지로 주목받는다. 하지만 두 가지 이유로 인해 기대에 미치지 못하기도 한다. 첫 번째 이유는 강력한 사전 기호에 관련된 것이다. 두 번째는 경제적 혹은 여러 다양한 동기로 선택자를 옵트아웃으로 몰아가는 자들이 활용하는 반대 넛지와 관련 있다.

우리는 이 두 가지 이유를 바탕으로 넛지가 효과를 발휘하지 못하는 다양한 상황을 이해할 수 있다. 예를 들어 사람들이 관련된 행동(흡연, 음주, 운전 중 문자 보내기, 건강에 해로운 식품의 섭취)을 절대 중단하지 않겠다고 결정하는 경우 정보나 경고, 리마인더는 효과가 없을 것이다. 또한 담배나 술을 생산하는 기업이 소비자와 직접 접촉할 기회가 있다면, 그들은 정보나 경고, 리마인더를 약화시키거나 아예 무력화할 수도 있다.

각각의 이유로 넛지가 힘을 발휘하지 못한다는 사실을 이해하는 것은 중요하다. 다음 다섯 가지 경우를 살펴보자.

1. 행동, 혹은 사람들이 반응하는 대상을 정확하게 이해하지 못할 경우 넛지 효과는 기대하기 힘들다. 이는 대단히 중요한 사실이며, 명백하게 합리적인 행동적 가설을 시험해 보려는 노력이 매우 중요하다는 사실을 말해 준다. 예를 들어 우리는 사람들이 손실을

회피하기 때문에 잠재적 손실에 관련된 경고가 그들의 행동을 바꿔 놓을 것이라 기대할 수 있다. 하지만 그 경고가 사람들을 위협하거나 무력감을 느끼게 하거나 혹은 얼어붙게 한다면 변화는 거의 혹은 전혀 기대할 수 없을 것이다. 사람들이 중요한 서비스인데도 불구하고 지나치게 복잡해서 신청하지 않을 때, 단순화를 통해 실질적인 변화를 기대할 수 있다. 그러나 이러한 기대는 얼마든지 빗나갈 수 있다. 회의주의와 두려움, 혹은 관성이 장벽이 될 때, 단순화만으로는 문제를 해결하지 못한다.

혹은 사회 규범을 일깨움으로써 사람들의 행동에 큰 영향을 미칠 것이라고 가설을 세워 볼 수 있다. 하지만 목표 청중이 전반적인 사회 규범에 무관심하거나 이를 아무렇지 않게 어기려고 할 때, 이러한 방법으로는 변화를 이끌어 내지 못한다. 또한 소규모 특수 집단에 큰 영향을 미쳤다는 이유로 일부 넛지가 주목을 받기도 한다. 하지만 다른 집단에 적용했을 때에도 동일한 영향을 미칠 것인지는 검증을 통해 확인해야 한다. 행동적 가설이 실패로 돌아갈 때, 우리는 대안을 마련하거나 가설을 수정해야 한다. 이를 위해 원래 가설에서 고려했던, 혹은 고려하지 못했던 상황에 대한 구체적인 이해가 필요하다.

2. 정보가 애매모호하거나 복잡할 때, 사람들의 행동에 큰 영향을 미칠 수 없다. 최근 정보 공개 전략의 전반적인 효과를 둘러싸고 뜨거운 논쟁이 벌어지고 있다. 일부는 그 효과를 매우 회의적으로 본다. 그래도 분명한 것은 정보 공개 전략의 설계가 대단히 중요하다는 사실이다. 정보 공개 넛지 혹은 전반적인 교육적 넛지는

이론적으로 생각하는 것보다 영향력이 훨씬 미미할 수 있다.[26]

3. 사람들은 일부 넛지에 저항감을 보이면서 공식적인 시도라는 이유로 거부한다. 이러한 저항에 관한 연구 대부분은 사람들이 통제력을 유지하기 위해 어떻게 명령이나 금지에 반발하는지 들여다본다.[27] 그러나 디폴트 룰은 명령이 아니기 때문에, 저항감을 일으키지 않을 것으로 기대할 수 있다. 그러나 명령과 마찬가지로 디폴트 룰도 효과를 드러내지 못할 수 있다. 가령 사람들이 자신이 디폴트 룰의 대상이 되었다는 사실에 불만을 품을 때 그렇다. 사회 규범을 일깨우려는 노력 역시 사람들이 사회 규범에 별 관심이 없거나, 혹은 규범을 아무렇지 않게 어기려 할 때 효과를 기대하기 힘들다. 아직 우리는 저항과 넛지 사이의 관계를 확인하는 초기 단계에 머물러 있다. 그러므로 여기서는 대부분의 경우에 넛지와 관련해서 저항은 크게 문제가 되지 않는다는 점만 언급하고 넘어가기로 하자. 그 이유는 자율성을 보존하기 때문이다. 물론 일부 사례에서 저항은 중요한 사안으로 대두되고 있다(자세한 내용은 9장 참조).

4. 넛지 효과는 단지 일회성으로 끝날 수 있다.[28] 리마인더 메시지가 처음으로 뜰 때, 사람들은 주목한다. 하지만 그것도 오직 한 번뿐이다. 건강 관련 정보를 제공할 때, 사람들은 행동을 바꾸려 한다. 그러나 메시지가 반복될수록 정보는 배경 소음으로 묻히고 만다. 더 이상 관심을 끌거나 의미 있는 정보가 되지 못한다. 시각적 경고 또한 마찬가지다. 반면 디폴트 룰은 지속적인 영향을 미칠 가능성이 높다. 디폴트 룰을 바꾸기 위해서는 노력이 필요하기 때문이다.

물론 시간이 흐르면서 디폴트 룰의 정보적 신호는 약해질 수 있고, 혹은 관성이 사라질 수도 있다. 그렇기 때문에 우리는 넛지 효과가 장기적으로 지속되는 사례들을 계속해서 연구해야 한다.[29]

5. 일부 넛지는 목표 행동에 영향을 미치면서 동시에 다른 행동을 자극함으로써 전반적인 효과를 없애 버리기도 한다. 예를 들어 구내식당의 구조를 바꿈으로써 고등학생들이 점심시간에 건강한 음식을 더 많이 먹도록 유도한다고 해보자. 하지만 학생들이 여전히 간식이나 저녁으로, 혹은 방과 후에 건강에 해로운 음식을 계속해서 먹는다고 해보자. 그럴 때 넛지는 학생들의 건강을 개선하지 못할 것이다. 여기에는 〈반동 효과rebound effect〉라고 하는 일반적인 위험이 존재한다. 가령 연비가 높은 자동차를 구매한 사람들이 더 많이 차량을 운행할 때, 연비 개선을 위해 설계된 개입의 효과는 잠재적으로 위축되거나 완전히 사라질 수 있다. 또한 넛지를 통해 사람들이 지금보다 더 많이 운동하도록 유도할 수 있다. 그러나 사람들은 더 많이 먹는 것으로 반응할지 모른다.

여기서 핵심은 디폴트 룰을 활용하는 방안을 포함해 모든 형태의 선택 설계는 사람들이 목표 행동을 상쇄하는 다른 행동을 발견할 때, 그 효과가 완전히 혹은 대부분 사라진다는 사실이다. 상쇄하는 행동은 강력한 사전 기호라는 전반적인 범주의 하위 집합으로 볼 수도 있다.

다음으로 사람들로부터 환영받지 못하는 분배 효과를 포함해 넛지가 의도하지 않은 부작용을 드러낼 위험을 생각해 보자. 예를 들어 환경 관련 넛지가 수용 능력이 부족한 이들에게 지나친 비용을 부과하는 경우가 여기에 해당한다. 앞서 살펴봤듯이 허시먼 역시 이러한 위험에 대해 언급했다.

여기서 중요한 것은 효과가 아니라 행복이다. 전반적으로 효과가 없는 넛지가 긍정적인 측면에서 행복 효과를 나타낼 수 있다. 반대로 효과적인 넛지가 오히려 행복을 위축시키는 것으로 밝혀질 수 있다. 공격적인 방안과는 차별화된 넛지를 옹호할 수 있는 강력한 근거는 선택의 자유를 보장하고, 이를 통해 사람들이 스스로 결정하도록 허용하는 데 있다. 많은 경우에 이것은 큰 장점이며, 넛지의 효과가 없다고 해도 많은 이들은 아쉬워하지 않을 것이다. 하지만 선택자가 명백한 실수를 저지르거나 제3자가 관련될 때, 넛지 효과가 미미하다면 행복을 기준으로 더 강력한 방안을 마련해야 할 것이다.

8장

윤리

일부 넛지나 선택 설계는 진지한 윤리적 문제를 제기한다. 예를 들어 정부가 넛지를 활용해서 인종이나 성, 종교를 이유로 차별을 강화하려는 경우를 생각해 보자. 그럴 때 객관적인 정보(가령 범죄율에 관한)조차 폭력과 편견의 불길에 기름을 끼얹는 역할을 할 수 있다. 폭력을 일삼는 집단이나 국가 역시 넛지를 활용한다. 비록 그 목표가 부적절한 것이라고 해도, 우리는 넛지를 활용하는 주체가 인간을 존엄한 존재로 대우하는지 따져 볼 수 있다.

넛지와 선택 설계는 네 가지 요소를 기반으로 한다. (1) 행복, (2) 자율성, (3) 존엄성, (4) 자기결정권. 일부 넛지는 이 중 하나 혹은 여러 가지에 위배된다. 사람들이 돈이나 시간을 낭비하도록 유도함으로써 그들의 행복을 저해하는 넛지를 쉽게 확인할 수 있다. 실질적인 도움을 주지 못하는 디폴트 룰이 여기에 해당한다. 지나치게 많은 보험에 가입하도록 하거나, 무모한 투자를 종용하는 교육 캠페인 역시 마찬가지다. 또한 넛지는 환경에 피해를 입힐 수 있으며, 그런 일은 실제로 종종 벌어진다. 실질적인 도움을 주지 않는 선택 설계 때문에 심각한 환경오염이 발생하기도 한다.

이러한 점을 염두에 두고 소설가 데이비드 포스터 월리스David Foster Wallace의 이야기에 주목해 보자. 〈두 어린 물고기가 헤엄을 치다가 어른 물고기를 만난다. 어른 물고기는 아이들에게 이렇게 말한다.《애들아, 안녕! 물은 좀 어떠니?》그러자 두 어린 물고기는 잠시 머뭇거리다가 서로 쳐다보며 말한다.《대체 물이 뭐지?》〉[1] 이 이야기는 선택 설계에 관한 것이다. 우리의 인식과는 별개로 어떤 선택 설계는 불가피하다. 그것은 마치 물과 같다. 날씨 역시 하나의 선택 설계다. 사람들의 결정에 영향을 미치기 때문이다.[2] 우리의 삶은 날씨와 긴밀하게 얽혀 있다. 자연은 그런 식으로 넛지를 한다.

다음과 같이 생각해 보자. 선택 설계는 불가피하지만, 분명하게도 그것은 의식적인 설계나 설계자의 행동에 따른 결과물이라기보다 자연이나 일종의 자생적 질서의 산물이다. 가령 보이지 않는 손 메커니즘도 선택 설계를 만들어 낸다. 또한 선택 설계는 전적으로 무작위한 과정의 산물일 수 있다(선택 설계자가 중립을 지키기 위해 무작위한 과정을 고의적으로 선택할 수 있다).

특정한 가정하에서 목적의식이 뚜렷한 선택 설계는 특히 위험할 수 있다. 그 이유는 명시적이고 의도적으로 특정한 목표를 향해 있기 때문이다. 그런데 여기서 특정한 가정이란 무엇일까? 그 가정은 참일까? 왜, 언제, 자생적 질서가 느슨해지는 것일까(여기서도 일종의 사회적 다원주의가 적용될까)? 무작위의 장점은 무엇일까? 우리는 넛지의 위력을 잘 아는 악의적인 선택 설계자가 엄청난 피해를 입힐 수 있다는 사실을 인정해야 한다. 하지만 가장 심각한 피해는 선택의 자유를 존중하는 넛지가 아니라 명령과 금지, 혹은 강압에서 비롯된다.

자생적 질서와 보이지 않는 손, 그리고 무작위는 정부 입장에서 목적의식이 뚜렷한 넛지에 따른 일부 심각한 위험과 고유한 편향을 피할 수 있다. 사람들은 특히 의도적인 넛지를 못마땅하게 여길 것이다. 무능함이나 나쁜 동기에서 비롯된 공공 분야의 실수를 특히 두려워할 때, 우리는 넛지를 활용해야 할 경우를 가급적 줄이려 할 것이다. 보이지 않는 손이 행복과 자유를 강화한다고 생각할 때, 우리는 넛지가 포함된다고 하더라도 그에 따른 결과물을 가로막지는 않을 것이다. 그러나 공공 분야에서 어느 정도의 넛지는 불가피하다.

이와 관련해서 일곱 가지 핵심 결론을 제시하고자 한다.

1. 선택 설계나 넛지 자체에 반대하는 것은 의미가 없다. 정부와 마찬가지로 민간 분야 역시 필연적으로 넛지를 한다. 물론 우리는 특정 넛지나 특정 선택 설계자의 목표, 혹은 특정 형태의 선택 설계에 반대할 수 있다. 하지만 넛지나 선택 설계 그 자체에 반대할 수는 없다. 인간(개나 고양이, 쥐도 마찬가지다)은 결코 선택 설계를 피할 수 없다. 민간 분야에서도 이미 넛지를 하고 있다(경쟁 시장에서 이기적으로)고 주장함으로써 정부가 시도하는 넛지를 옹호할 수 있다. 특정 상황에서 이러한 주장은 옳다. 하지만 정부는 넛지를 원하지 않을 때조차 넛지를 하고 있다는 점에서 그러한

옹호가 반드시 필요한 것은 아니다.

2. 이러한 차원에서 윤리적 개념(가령 자율성, 존엄, 조작과 관련된)은 심각한 혼란을 낳을 수 있다. 우리는 이 개념을 구체적인 실행과 접목해야 한다. 넛지는 다양한 형태를 취하며, 윤리적 반대의 힘은 구체적인 형태에 달렸다.

3. 행복이 우리의 기준일 때, 윤리적 기반에서 많은 넛지가 요구된다.

4. 자율성이 우리의 기준일 때, 역시 윤리적 기반에서 많은 넛지가 요구된다.

5. 선택 설계는 존엄성이나 자율성을 포기해서는 안 된다. 물론 그 둘을 모두 포기하는 형태의 선택 설계를 떠올려 볼 수는 있다.

6. 선택 설계자의 목적이 부적절할 때, 우리는 넛지에 반대할 수 있다. 목적이 적절하고 대중의 감시에 투명하게 노출되어 있다면, 윤리적 반대는 설득력을 잃을 것이다.

7. 그러나 지극히 조작적인 개입에 사람들이 동의하지 않을 때, 그러한 개입을 반대할 여지는 남아 있다. 우리는 조작이라고 하는 개념에 각별한 주의를 기울여야 한다. 그것은 특히 자율성과 존엄성의 개념과 관련이 있기 때문이다.

추상의 위험

행동과학에서는 인식 작용을 두 가지 범주로 구분한다. 먼저 시스템 1은 빠르고 자동적이고 직관적이다. 시스템 2는 느리고 분석적이고 신중하다.[3] 시스템 2는 때로 오류를 범하며, 시스템 1은 행동 편향으로부터 자유롭지 않다. 일부 넛지는 숙고와 신중한 판단의 역할을 확장함으로써 시스템 2를 강화하고자 한다. 가령 정보 공개 전략이나 사전 서명 방식이 그렇다. 다른 넛지는 시스템 1을 공략하거나 활성화하는 방향으로 설계된다. 가령 건강과 관련된 시각 경고가 여기에 해당한다. 그러한 넛지는 시스템 1이 작동할 때 효과를 드러낸다. 예를 들어 디폴트 룰은 관성의 힘이 작용할 때 효과를 발휘한다.

우리는 행동 편향을 완화해 준다는 점에서 넛지를 정당화할 수 있다. 그러나 행동 편향이 넛지를 정당화하기 위한 필수 요소는 아니다. 가령 정보 공개는 아무런 편향이 없는 상황에서도 도움을 준다. GPS는 현재 편향이나 확률 무시, 혹은 비현실적 낙관주의와 같은 행동 편향 때문에 어려움을 겪지 않는 사람에게도 도움이 된다. 또한 디폴트 룰은 삶을 단순화하고, 그렇기 때문에 특정 행동 편향과 무관하게 효과를 나타낸다.

GPS 사례에서 알 수 있듯이, 많은 넛지는 〈조종 가능성 강화〉를 목표로 삼는다. 다시 말해 사람들이 원하는 장소로 더 쉽게 이동하도록 도움을 주고자 한다. 이러한 넛지는 삶의 여정을 더 쉽게 혹은 어렵게 만들 수 있다는 생각에 기반을 두고 있으며, 선택 설계는 그 여정을 더 단순하게 만들어 준다는 점에서 바람직한 방식으로 볼 수 있다. 그럼에도 우리는 지금까지 조종 가능성과 좋은 넛지의 연관성에 충분히 관심을 기울이지 못했다. 목표가 조종 가능성을 강화하는 것일 때, 윤리적 반대는 힘을 잃는다.

선택 설계는 변경 가능하고, 새로운 넛지를 정당하지 않은 동기로 도입할 수 있다는 사실에 주목할 필요가 있다. 실제로 넛지와, 선택 설계의 변경에 대한 가장 강력한 반발은 근본적인 동기가 타당하지 않다는 판단에 기반을 둔다. 이러한 점에서 반대는 넛지 자체에 대한 것이 아니라, 특정 넛지를 뒷받침하는 기반에 대한 것이다.

예를 들어 많은 유권자가 현직 정치인을 지지할 것이라고 발표함으로써 민주주의 절차를 왜곡하는 디폴트 룰을 생각해 볼 수 있다. 그러한 디폴트 룰은 민주주의 규범에 내포되어 있는 중립성 원칙을 위배한다. 따라서 우리는 그 디폴트 룰을 받아들일 수 없다. 반면 경고는 소수 집단 구성원의 악의적인 계획과 관련해 사람들에게 위협을 가할 수 있다. 또한 사회 규범은 사람들이 건강에 해로운 식품을 구매하도록 자극하기 위해 활용될 수 있다. 극단적인 경우 민간 및 공공 기관은 사람들이 무력을 행사하도록 넛지를 시도할 수 있다.

최고의 선택 설계는 적극적 선택을 요구한다는 점에 주목할 필요가 있다. 올바른 접근 방식은 때로 사람들에게 선택하도록 요구함으로써 그들의 의지가 실제로 드러나도록 하는 것이다. 때로는 아무런 요구 없이 단지 사람들에게 무엇을 원하는지 물어봄으로써 선택을 촉구하는 것이 최고의 방법이다. 촉구는 명백하게도 사람들이 의지를 드러내도록 도움을 주기 위해 설계된 넛지이므로 그들이 선택한 방향이 아닌 다른 방향으로 몰아갈 수 있는 어떠한 시도도 배제될 수 있다.

선택 설계는 투명해야 하고, 공적 감시에 노출되어야 한다. 특히 공무원이 선택 설계를 책임지고 있는 경우라면 더욱 그렇다. 일반적으로 규제는 공적 논의의 대상이 되어야 한다. 공무원이 친환경 에너지나 환경 보호 운동을 강화하기 위해 디폴트 룰을 변경할 때, 자신의 역할을 숨겨서는 안 된다. 자율성은 그 자체로 넛지, 즉 선택 설계자가 만든 선택 구조의 형태에 대한 공적 감시를 요구한다. 공적 감시는 피해를 입힐 넛지를 예방하기 위한 사전 보호막으로 기능한다. 동시에 사후 구제 수단이 된다. 투명성과 공공 감시는 행복을 저해하는 선택 구조, 그리고 자율성과 존엄성을 위협하는 넛지의 위험을 낮출 수 있다. 정부는 시민을 존엄한 존재로 대해야 하며, 공적 감시를 통해 이를 실현해야 한다.

그런데 투명성과 공적 감시만으로 충분할까? 이 질문에 대한 대답은 〈아니요〉다. 우리는 충분히 투명하지만 용인하기 힘든 선택 구조를 떠올려 볼 수 있다. 가령 성을 기준으로 한 차별을 옹호하기 위해 설계된 투명한 선택 설계를 생각해 보자. 여기서도 문제는 해당 넛지의 목적이 적절하지 않다는 사실이다. 다시 살펴보겠지만, 조작의 사례를 떠올려 볼 수 있겠다. 여기서 문제는 목적의 부적절함이 아니라, 투명성이 넛지를 정당화하기에 충분치 않다는 데 있다.

다시 한번 선택 설계는 불가피하다는 사실을 상기하자. 모든 웹사이트는 넛지를 한다. 휴대전화와 컴퓨터도 넛지를 한다. 변호사와 의사도 마찬가지다. 의사는 환자의 자율성을 존중하기 위해 중립적인 방식으로 선택권을 제시할 수 있지만, 그것 역시 하나의 선택 설계다. 정부가 웹사이트, 사무실, 프로그램을 운영할 때 언제나 선택 설계를 만들게 되고, 이는 곧 넛지를 의미한다.

실수에 직면했을 때, 교육은 최고의 대응 방안이 될 수 있다. 일부는 넛지 대신에 교육적 개입을 주장한다. 그러나 한편으로 이러한 주장은 혼란을 야기한다. 적어도 일부 형태의 개입은 넛지 정의에 부합하고, 또한 분명하게도 선택 설계의 한 가지 형태에 해당한다. 교육을 선호할 때, 자연스럽게 떠오르는 질문이 있다. 무엇보다 더 선호하는가?

일부 사례에서 사람들은 교육보다 디폴트 룰을 선호한다. 그 이유는 가령 통계학이나 금융을 주제로 한 강의를 듣도록 요구하지 않으면서도 바람직한 결과를 보존하기 때문이다(다시 한번 선택자 개인의 입장에서).[4] 휴대전화나 태블릿, 컴퓨터를 구매하는 사람을 대상으로 제품의 모든 기능에 대해 적극적 선택을 허용하는 형태의 교육을 주장할 수는 없다. 제품과 활동이 디폴트 룰과 조화를 이루고 있고, 사람들이 제품이나 활동을 선택하기에 앞서 교육을 받을 필요가 없기 때문에 일상에서 많은 다른 활동이 가능해진다. 또한 구체적인 상황에서 교육의 이익이 비용보다 클지도 의문이다. 따라서 디폴트 룰이 가장 좋은 선택이 될 수 있다.

선택 설계와 넛지가 불가피한 것이라고 해도 일부 넛지는 얼마든지 피할 수 있다. 가령 정부는 흡연이나 건강에 해로운 식습관을 억제하기 위한 캠페인을 실시하지 않기로 결정할 수 있다. 또한 특정 투자를 부추기는 넛지를 중단할 수 있다. 우리는 정부가 넛지를 최소화해야 하는지 질문을 던져야 한다. 공무원의 동기를 불신하거나 그들의 판단이 잘못된 것이라고 의심할 때, 우리는 넛지의 최소화를 지지할 것이다. 우리는 선택 설계와 넛지에 대한 윤리적 반박의 일부를 그 제거가 아니라 최소화에 대한 요청으로 이해할 수 있다. 사실 요청이라는 말이 더 정확할 것이다. 적어도 일부 사례에서 정부는 조작적인, 그래서 자율성과 존엄성을 훼손하는 특정한 개입을 피해야 한다는 뜻이다.

일곱 가지 반대

여기서는 넛지를 반대하는 잠재적인 이유를 소개하고자 한다. (1) 넛지는 개입주의적이다. (2) 일부 넛지는 자율성을 침해한다. (3) 일부 넛지는 기술적 차원에서 선택의 자유를 보존한다고 해도 강압적인 측면을 띤다. (4) 일부 넛지는 사람들을 어린애 취급함으로써 인간의 존엄성을 훼손한다. 〈유모 국가〉라는 표현에 이러한 생각이 잘 반영되어 있다. (5) 일부 넛지는 조작으로 볼 수 있다. 따라서 넛지가 항상 투명한 것은 아니라는 인식은 대단히 중요하다. 예를 들어 〈네거티브 옵션 마케팅negative option marketing〉*을 생각해 보자. 여기서 특정 제품을 구매한 소비자는 매달 수수료를 지불해야 하는 프로그램에 가입된다. 이 경우 넛지는 사람들의 등 뒤에서 작동한다고 볼 수 있다. (6) 일부 넛지는 학습을 방해한다. 적어도 강화하지는 않는다. (7) 선택 설계자는 얼마든지 실수를 저지를 수 있다. 그들이 정부에서 일할 때에도 마찬가지다. 그러므로 넛지를 피하는 것이 최선의 선택이다(가능한 선에서).

그러나 이러한 주장들을 선택 설계를 개선하려는 모든 시도에 대

---

* 특정 재화를 구매하지 않은 소비자에게 해당 재화를 먼저 제공하고 추후에 지불을 요구하는 판매 방식. 소비자는 적극적인 방식으로 취소를 해야 돈을 물지 않을 수 있다.

한 전면적인 반대로 인식하지 않는 것이 중요하다. 적극적 선택을 강화하기 위한 프로그램에 적용했을 때, 이 중 어느 것이 타당할까? 소비자에게 식품의 열량 정보를 알려 주거나, 사람들에게 요금 납부일이 다가오고 있다는 것을 상기시켜 주거나, 혹은 퇴직연금에 가입하길 원하는지 물어보기 위한 프로그램에 적용했을 때는? 현실 세상에서 압도적 대다수에 해당하는 넛지에 적용했을 때, 우리는 아마도 이러한 반론에 대해 회의적일 것이다. 그렇다면 반대의 주장을 차례로 살펴보도록 하자.

개입주의

개입주의가 반대할 만한 것이라면, 그것은 근본적인 약속이나 원칙을 위반하기 때문이다. 예를 들어 개입주의는 자율성을 침해할 수 있다. 개입주의라는 표현 자체가 종종 독자적인 반대로 사용되기는 하지만, 실질적인 불만은 개입주의가 보편적으로, 혹은 특정 상황에서 사람들이 마땅히 중요하게 여기는 원칙을 위배한다는 사실에 있다.

선택 설계는 개입주의적일 수도, 그렇지 않을 수도 있다. 하지만 선택 설계를 활용해 선택자가 행복을 증진시키는 방향으로(선택자 개인의 판단에 따라) 나아가도록 한다면, 우리는 그러한 넛지를 〈자유주의적 개입주의〉로 볼 수 있다. 가령 GPS 장비를 그렇게 이해할 수 있다. 또한 리마인더나 경고, 사회 규범의 활용, 디폴트 룰 역시 마찬가지다.

이러한 넛지는 (a) 부드럽고, (b) 도구 중심적이라는 점에서 분명한 개입주의 형태를 취하고 있다. 강압이나 물질적 동기를 활용하지 않는다는 점에서 〈부드럽다〉. 선택의 자유를 온전히 보존한다. 그리고 사람들의 목표를 의심하거나 수정하려 들지 않는다는 점에서 〈도구 중심적〉이다. GPS 장비처럼 넛지는 사람들의 목표를 존중한다. 개입주의를 반대하는 사람들이 가장 관심을 기울이는 것은 강압에 직면했을 때(선택의 자유가 차단된), 그리고 정책 결정자나 선택 설계자가 사람들의 목표를 존중하지 않을 때다. 이러한 측면에서 넛지는 개입주의에 대한 일반적인 윤리적 반박을 피하고자 한다.

그럼에도 일부 회의주의자는 개입주의에 반대한다. 이들 중 상당수는 개인의 행복, 그리고 정책 결정자나 선택 설계자가 행복을 침해할 위험을 지적한다. 자신의 기호와 가치를 감안할 때, 개인은 자신의 목표와, 그 목표를 달성하기 위한 수단에 대한 최고의 재판관이다. 가령 운전자는 경치 좋은 길을 선호하기에 GPS 장비가 제안한 경로를 무시할 수 있다. 이 상황에서 GPS 장비는 운전자의 목표를 쉽게 파악하거나 달성에 기여하지 못한다. 강압적인 GPS 장비는 때로 사람들의 목표 달성을 방해한다.

더 나아가 수단과 목표 사이의 구분이 항상 간단하거나 직접적인 것은 아니다. 여기서 한 가지 질문은 우리가 사람들의 목표를 설명하는 추상의 수준에 대한 것이다. 우리가 사람들의 목표를 대단히 구체적으로 설명한다면(이 브라우니를 먹고, 저 담배를 피우고, 운전 중에 문자를 보내고), 수단은 사실상 목표를 의미한다. 브라우니는 정확하게 사람들이 원하는 것이지 무언가를 달성하기 위한 수단이 아니다(브라우니를 먹는 경험을 제외하고).

사람들의 목표를 지극히 추상적인 차원에서 설명한다면(가령 〈훌륭한 삶을 살기〉) 거의 모든 것이 목표 달성을 위한 수단이 된다. 그렇게 되면 우리는 사람들이 정말로 무엇에 관심을 기울이는지 알 수 없다. 그들이 무엇을 중요하게 여기는지 이해할 수 없다. 이는 수단 중심적인 형태의 개입주의를 선호하는 이들에게 문제를 제기한다. 그들은 사람들의 진정한 관심을 제대로 이해할 수 없을 정도로 추상적으로 목표를 설명하지 않도록 주의를 기울여야 한다.

그러나 GPS 장비를 하나의 은유로 받아들이는 한, 그리고 선택의 자유를 온전히 유지하는 한, 넛지를 반박 가능한 형태의 개입주의로 바라보기는 어렵다. 적어도 일부 넛지는 수단에 초점을 맞춘다. 사람들이 가령 소비재나 투자의 특성에 관한 〈사실을 잘못 이해하는〉 경우를 생각해 보자. 우리가 넛지를 통해 사람들에게 올바른 정보를 전달한다면, 이는 그들의 목표를 존중하는 것이다. 혹은 사람들이 가령 가용성 휴리스틱을 사용하기 때문에, 혹은 비현실적 낙관주의 때문에 행동 편향의 어려움을 겪는다고 해보자. 넛지는 그들의 실수를 바로잡아 줌으로써 목표 달성에 기여할 수 있다.

일부 행동 편향은 분명하게도 이러한 관점에서 분석하기 쉽지 않다. 사람들이 현재 편향으로 어려움을 겪는다면, 넛지는 수단과 관련된 개입주의인가? 예를 들어 사람들은 오늘과 내일만 중요하게 생각하고 내년이나 10년 후를 걱정하지 않기 때문에 열량이 높은 음식을 많이 섭취하거나 과음을 하고, 혹은 운동을 하지 않는다고 해보자. 여기서 우리가 넛지를 통해 사람들이 장기적 관점에서 생각하도록 설득한다면, 개인의 총 행복을 높여 줄 수 있다. 이 경우에도 넛지가 오로지 도구 중심적이라고 말할 수 있을까? 인간을 시간에 따라 확장되는 일련의 자아로 본다면, 그 선택 구조는 앞선 자아에서 이후의 자아에 이르도록 행복을 실질적으로 재분배하는 것이다(행복 극대화의 가설에 따라). 하지만 이때 우리가 이야기하는 것이 과연 도구적 개입주의인지는 분명하지 않다. 그리고 인간을 일련의 자아가 아니라 장기간에 걸친 하나의 연속체로 본다면, 현재 편향에 맞서는 시도는 선택의 순간에 선택자의 목표 달성을 방해하는 것이 된다. 관련된 목표가 선택자가 어떤 시점에서 갖고 있는 목표인지, 아니면 이후 시점에서 가지게 될 목표인지, 혹은 평생에 걸친 자아의 총합에 집중함으로써 선택자의 목표를 정의하는 것이 최선인지(나는 그렇게 생각한다), 아니면 시점에 따른 독립된 자아에 집중함으로써 정의하는 것이 최선인지는 답하기 힘든 질문이다.

　까다로운 사안들을 하나로 묶고, 일부 형태의 선택 설계를 개입주의로 간주할 수 있다고 생각해 보자. 그렇다면 그것은 문제인가? 앞서 살펴본 것처럼, 개입주의를 거부하는 한 가지 근거는 행복과 관련된 것이다. 개인은 자기 자신의 이익 추구에 대한 최고의 재판관이며, 외부인은 실수를 저지를 수 있다(밀의 생각에 따르면). 하이에크는 다음과 같은 놀라운 주장을 했다. 〈[선택자인] 누군가가 알고 있는 것과 관련하여 우리가 어쩔 수 없이 그 대부분을 알지 못한다는 사실은 《자유를 요구하는 주장의 근간》이다.〉[5] 여기서 프리드리히Friedrich Hayek하이에크는 자율성이 아니라 행복에 대해 이야기하고 있다. 그는 선택자인 〈누군가〉는 필연적으로 〈우리〉가 알고 있는 것보다 훨씬 더 많이 알고 있다고 주장했다. 가령 누군가가 점심으로 뭘 먹을지, 어디서 살지, 누구와 데이트할지, 어떤 직장을 구할지 고민하고 있다고 생각해 보자. 자유를 유지하면서 도구에 집중하는 형태의 개입주의는 행복을 기반으로 반박하기가 쉽지 않다. 행동 편향에 대한 이해는 사람들이 도구와 관련해 실수를 저지른다는 사실을 말해 준다. 그러나 선택자의 특별한 지식에 대한 이해는, 우리가 목표에 대한 그들의 판단을 존중해야 한다고 말한다.

이에 대해 우리는 도구 중심적 넛지가 적어도 정부로부터 비롯될 때, 충분한 정보를 확보하기 힘들다고 반박할 수 있다. 공무원이 디폴트 룰을 설계할 때, 그들은 얼마든지 많은 사람을 잘못된 방향으로 몰아갈 수 있다. 그리고 사람들에게 정보를 전달할 때, 그 정보는 잘못된 것이거나 필요 없는 것일 수 있다. 우리가 공무원을 신뢰하지 않고 그들의 능력을 의심한다면, 공공 넛지를 최소화하고 보이지 않는 손과 같은 자생적 질서로부터 비롯되는 선택 설계를 선호할 것이다.

이러한 견해는 추상적 차원에서 배제할 수 없다. 이는 정부 실수의 위험에 관한 특정한 가정에 기반을 둔다. 옳든 그르든 간에 공공 넛지에 대한 반대를 명백한 〈윤리적〉 의미의 반대로 간주해야 할지는 불분명하다. 또한 오해하지 않는다고 해도 그러한 견해를, 조종 가능성을 높이려는 시도에 대한 반대로 간주해야 할지도 불확실하다.

일부 복지주의자는 사실에 대한 무지와 행동 편향에 직면해서 억압적인 개입주의로 눈길을 돌린다.[6] 개입주의가 행복을 높일 때, 그들은 개입주의를 지지한다. 복지주의자 입장에서 볼 때, 개입주의에 반대하는 원칙이나 가정에 대한 체계적인 정당화가 없는 이상 개입주의는 강한 형태든 약한 형태든 구체적인 사례를 가지고 판단해야 한다.

선택자가 선택 설계자보다 더 많은 정보를 확보하고 있다는 믿음은 타당한 근거를 갖고 있다. 하지만 일부 사례에서 그러한 믿음은 틀렸다. 해당 사실에 대해 정확한 정보를 갖고 있는 자가 선택자가 아니라 선택 설계자일 때가 그렇다. 적어도 제3자의 이해관계가 얽혀 있을 때, 이러한 경우를 강압을 주장하기 위한 근거로 활용하는 데에는 심각한 위험이 따른다. 넛지의 장점은 사람들이 자신의 길을 걸어가도록 허용함으로써 이러한 위험을 줄여 준다는 데 있다(10장 논의 참조).

정보가 누락될 때, 넛지를 통해 정확한 정보를 제공할 수 있다. 그러나 일부 경우에 좋은 디폴트 룰(가령 연금 자동 가입제)은 행복의 관점에서 볼 때 거부하기 쉽지 않다. 분명하게도 적극적 선택이 더 낫지만, 꼭 그렇게 행동하는 것은 아니다. 많은 것이 의사 결정 비용과 실수 비용에 달렸다. 복지주의자는 일반적으로 개인이 자신의 상황에 무엇이 적절한지 가장 잘 안다는 생각을 근거로 선택을 보존하는 접근 방식을 선호하는 경향이 있다. 그러나 디폴트 룰 역시 선택을 보존한다. 디폴트 룰에 개입주의적 측면이 포함되어 있다는 사실을 디폴트 룰을 반박하기 위한 결정적인 근거로 삼아서는 안 된다.

개입주의를 반대하는 또 다른 이유는 자율성과 인간에 대한 존중의 개념과 관련 있다. 스티븐 다웰Stephen Darwell은 이렇게 말했다. 〈이러한 형태의 개입주의에 반대하는 것은 우리의 기대와 반대로 이익을 주고자 하는 사람이 우리에게 정말로 이익이 되는 것을 잘못 알고 있다는 사실 때문이 아니다. (……) 그것은 존중의 실패, 즉 사람들이 특정한 한계 내에서 요구해야 하는 권한, 그리고 스스로 선택하기 위해 필요한 권한에 대한 인식의 실패다.〉[7] 이제 다음의 반론으로 넘어가도록 하자.

자율성

넛지는 자율성을 침해하는가? 여기서 다시 한번 넛지가 불가피하다는 사실을 떠올려 보자. 이는 기존 넛지가 자율성을 훼손하지 않으며, 기존 넛지가 존재하지 않는 영역에서 새로운 넛지가 모습을 드러내지는 않는다는 주장을 전제한다. 그러나 그건 착각이다. 여기서 정말로 의미 있는 질문은 특정 넛지가 자율성을 침해하는가이다.

모든 경우에서 자율성을 보장받기 위해서는 충분한 정보가 주어져야 한다. 실제로 많은 넛지는 선택 과정에서 충분한 정보를 제공하도록 설계된다. 정보 부족, 행동 편향, 혹은 체계적 실수(행위자의 판단에 따른)에 직면할 때, 넛지가 자율성을 침해하는지는 불분명하다. 그리고 사회적 상황에서 조종 가능성이 떨어질 때, 넛지는 조종 가능성을 개선함으로써 자율성을 높일 수 있다. 가령 GPS 장비나 사용자 친화적인 컴퓨터, 혹은 대출이나 신용카드 약관을 단순화하는 시도는 자율성의 문제를 일으키지 않는다.

자율성을 보장하기 위해 언제 어디서나 선택을 요구해야 하는 것은 아니라는 사실을 이해할 필요가 있다. 자율성은 모든 상황에서 적극적 선택을 고수해야 한다는 주장을 정당화하지 않는다. 우리가 항상 선택을 해야 한다면, 자율성은 오히려 위축될 것이다. 정작 중요하게 여기는 사안에 충분히 집중할 수 없기 때문이다. 시간 관리와 자율성 사이에는 긴밀한 관계가 있다. 넛지가 시간 관리의 어려움을 덜어 주는 한, 넛지는 자율성을 높이는 데 기여한다.

그럼에도 자율성과 행복의 관점에서 최고의 선택 설계는 종종 적극적 선택을 요구한다는 것 또한 사실이다. 디폴트 룰은 자율성을 침해할 수 있다. 특히 사람들의 (충분한 정보를 고려한) 선택을 추적하지 못할 때에는 더욱 그렇다. 그리고 사람들은 관성의 힘 때문에 자신에게 손해가 되는 디폴트 룰을 거부하지 않는다는 사실도 이해할 필요가 있다. 그럴 때 자율성은 침해를 받는다. 그러한 디폴트 룰은 결국 사람들이 구체적으로 선택하지 않고, 또한 좋아하지도 않을 결과로 이어질 것이기 때문이다.

디폴트 룰에 대한 의존과는 반대로, 자율성을 보장하기 위해서 항상 적극적 선택이 필요한지는 구체적인 상황에 달렸다. 적극적 선택은 종종 최고의 방법이며, 선택 설계를 기반으로 실현되어야 한다. 하지만 자율성 차원에서 디폴트 룰이 적극적 선택보다 더 나은 경우가 있다. 사람들이 선택하지 않기로 선택할 때, 그들에게 선택을 강요하는 것은 자율성에 대한 모독이다. 더 나아가 사람들이 적극적 선택을 선호할 때, 디폴트 룰은 그들에게서 그 가능성을 빼앗지 않는다. 그들은 다만 디폴트 룰을 거부하기만 하면 된다. 많은 이들은 관성에 직면해서도 그렇게 할 것이다. 선택의 자유에 대한 보존은 결국 자율성에 대한 존중으로 이어진다. 이와 관련해서 중요한 문제는 조작 가능성이다. 이 주제는 다음에 다루기로 한다.

강압

선택 설계자가 사람들에게 강요할 때, 그것은 더 이상 넛지가 아니다. 하지만 회의주의자들은 사람들이 관성의 힘 때문에 수동적으로 디폴트 룰을 받아들이고, 해당 사안에 관심을 기울였더라면 얻었을 결과를 얻지 못하게 된다는 점을 다시 한번 강조한다.

우리는 이러한 상황을 강압으로 설명할 수 있을지 고민해 봐야 한다. 누구도 무언가를 하라는 강압을 받지 않았다. 그럼에도 디폴트 룰이 피해를 입힐 위험은 분명히 존재한다. 선택 설계자는 그 위험에 대해 설명해야 한다. 하지만 선택의 자유가 보존되고 그것이 형식적이라기보다 실질적이라면, 강압과는 거리가 멀다.

존엄

강압의 반대는 자유다. 존엄의 반대는 모욕이다. 앞으로 살펴보겠지만, 존엄은 특히 조작과 관련해서 대단히 흥미로운 논의 주제다.

윤리학에서는 존엄의 위상에 대해 많은 질문이 제기되었다. 한편으로 존엄은 행복을 평가할 때 한 부분을 차지한다. 수치심이나 모욕을 느낄 때 사람들은 행복의 상실을 경험한다. 그러한 상실은 행복에 대한 평가에 중대한 영향을 미치므로 충분히 고려해야 한다.

복지주의자는 존엄에 대한 공격이 질적으로 고유하다는 점을 이해해야 한다. 그것은 돈이나 여름휴가를 떠날 기회를 놓치는 것과는 차원이 다르다. 그러나 복지주의자 관점에서 볼 때, 존엄의 상실 역시 다양한 상실 중 하나에 불과하다. 예컨대 사람들이 담배를 끊게 할 정도로 강력한 감정(시스템 1)을 촉발하는 시각적 경고가 존엄에 대한 공격이라고 해보자. 다시 말해 이러한 경고는 흡연자를 존중하지 않는다. 그러나 복지주의자라면 이러한 상실에도 불구하고 많은 사람의 생명을 구할 수 있다는 점에서 그 경고를 지지할 것이다.

다른 관점에서 볼 때, 존엄에 대한 모욕은 단지 복지주의자가 말하는 계산의 일부가 아니다. 그것은 개인의 주관적 느낌에 달려 있지 않으며, 특히 정부로부터 올 때 중대한 영향을 미친다. 그러므로 강력한 정당화가 뒷받침되지 않는 한 허용해서는 안 된다. 우리가 이러한 입장을 지지할 때, 중요한 질문은 넛지도 과연 인간의 존엄을 침해하는가이다.

내가 항상 하는 변명을 다시 활용하자면, 이 질문에 대한 대답 역시 특정한 넛지에 달렸다. GPS 장비는 누구의 존엄도 훼손하지 않는다. 객관적인 정보 공개 또한 그 정보가 유용하고, 잘못된 믿음에서 나온 것이 아니라면 존엄에 대한 공격으로 보기 힘들다. 조종 가능성을 강화하는 넛지는 인간의 존엄을 해치지 않는다.

그러나 정부가 국민들에게 그들이 이미 알고 있는 정보를 계속해서 상기시킨다면, 그것은 존엄에 대한 공격이 될 수 있다. 사람들을 어린애 취급하는 것이기 때문이다. 모든 아이들, 그리고 과거에 아이였던 모든 성인들은 그게 무엇인지 잘 알 것이다. 매일 매시간 똑같은 정보를 계속해서 받는다면, 사람들은 자신이 제대로 존중받지 못하고 있다고 느낄 것이다. 가령 일정에 대한 공지를 계속해서 받을 때, 사람들은 자신이 아이 취급을 받는다고 느낄 것이다.

선택 설계자가 사회 규범을 언급함으로써 대부분의 사람이 어떻게 행동하는지 알도록 할 때, 그것은 어느 누구도 모욕하는 게 아니다. 하지만 일부 사례에서 사회 규범을 반복적으로 언급하는 것은 존엄성에 대한 우려를 자극한다. 경고가 반복적이고 무시하는 태도로, 혹은 사람들의 감정을 건드리는 형태로 전달될 때도 마찬가지다.

여기서도 추상적 차원에서 넛지에 대한 반대는 없지만, 상상 가능한 넛지에 대한 반대는 존재한다. 동시에 환영받지 못하는 많은 리마인더에서 비롯되는 존엄에 대한 공격은 상대적으로 사소한 것이며, 서구 사회의 정치적 전통에서 존엄에 대한 관심을 촉발했던 우리의 관점에서 바라볼 때, 그러한 공격은 하찮은 것에 불과하다는 사실에 주목할 필요가 있다.

그렇다면 존엄은 디폴트 룰과 무슨 관계가 있을까? 가령 어떤 기업이 전 직원을 대상으로 퇴직연금과 의료보험에 가입하도록 할 때, 존엄이 위기에 처했다고 볼 수는 없다. 휴대전화 생산업체가 제품과 계약에 관한 일련의 디폴트 룰을 마련하는 경우 역시 존엄의 차원에서 문제는 없다.

하지만 좀 더 까다로운 사례를 생각해 볼 수 있다. 가령 정부 주도로 레스토랑이 〈디폴트 요리〉를 출시해서 손님이 특별히 다른 요리를 주문하지 않는 한 주어진 건강식을 먹도록 장려한다고 해보자. 그러면 사람들은 이렇게 물을 것이다. 「자신이 먹고 싶은 걸 선택하도록 해야 하지 않을까요? 왜 레스토랑 손님에게 디폴트 룰을 적용하는 거죠?」 다음으로 정부가 성인을 대상으로 〈디폴트 활동 계획〉을 만들어서 명시적으로 옵트아웃을 선택하지 않는 한 특정 활동을 하도록 장려한다고 해보자. 이 경우에도 사람들은 약간의 짜증과 함께 비슷한 반응을 보일 것이다. 보다 온건하면서 현실적인 사례로, 의사가 흡연자를 금연 프로그램에 자동 가입시키는 경우를 생각해 볼 수 있다. 여기서 자동 가입은 사람들의 존엄을 위협하는가?

이러한 유형의 디폴트 룰에 대해서는 복지주의자는 물론 비복지주의자 역시 반론을 제기할 수 있다. 복지주의자는 주관적인 느낌에 주목한다. 자신이 아이 취급을 받고 있다는 생각과 반발은 평가 과정에서 중요하다. 반면 비복지주의자는 그것이 존엄에 대한 공격이라는 주장에 얼마든지 반박할 수 있다고 말할 것이다.

극단적인 상황에서 디폴트 룰은 존엄에 대한 모욕이 될 수 있다. 그럴 때 디폴트 룰에 대한 강한 반발이 고개를 든다. 그러나 극단적 상황이나 상상 가능한 사례를 가지고 디폴트 룰을 전반적으로 반박하는 것은 옳지 않다. 어떤 기관이 양면 인쇄를 디폴트 룰로 선정하거나, 직원들을 건강보험과 퇴직연금에 의무적으로 가입하도록 할 때, 그것은 사람들의 존엄을 위협하지 않는다. 존엄을 기반으로 한 반론은 디폴트 룰이 작동하는 현실에서보다 이론적인 사례에서 더 많은 힘을 발휘한다. 물론 일부 현실 사례에서는 그러한 반론도 진지하게 받아들일 필요는 있을 것이다.

조작

반론에 대응하기 위해 우리는 〈조작manipulation〉이라는 복잡한 개념을 설명해야 한다. 사람들의 행동을 바꾸기 위한 시도라는 이유만으로 어떤 정책을 조작적이라고 단언할 수는 없다. 가령 운전자에게 자칫 도랑으로 굴러 떨어지거나 충돌할 위험이 있다고 경고한다고 해서 이를 조작이라고 볼 수는 없다. 혹은 납부 기한이나 진료 예약 시간을 상기시키는 경우 또한 마찬가지다.

조작의 개념을 간단하게 정의하기는 힘들다. 대신 관련된 행위를 분류하기 위한 하나의 상위 개념으로 보는 게 마땅할 듯하다. 하지만 〈선택 설계자가 신중하게 선택을 하는 사람들의 능력을 존중하지 않을 때, 가령 사람들의 행동을 바꾸기 위해 은밀한 노력을 시도하거나 그들의 약점을 이용하려 들 때〉 조작이 이루어진다고 말함으로써 논의를 시작할 수 있겠다. 누군가 흥미롭기는 하지만 아무 쓸모없는 신기능을 강조함으로써 새로 출시된 값비싼 휴대전화를 사도록 설득할 때, 당신은 조작의 대상이 된다. 혹은 누군가 아무 쓸모없는 운동기구와 비디오를 사라고 설득할 때, 조작을 당하고 있다고 말할 수 있다.

거짓말은 조작의 극단적 사례로 볼 수 있다. 속이는 행동 역시 마찬가지다. 가령 특정 음식이 몸에 좋지 않다고 거짓으로 말할 때, 조작 행위에 관여하고 있는 셈이다.

어떤 행동의 〈투명성이 부족〉할 때, 즉 선택 설계자의 역할이나 동기가 드러나지 않을 때, 이를 조작적이라고 말할 수 있다. 「오즈의 마법사」의 한 장면에서 마법사는 이렇게 말한다. 「커튼 뒤에 숨은 사람을 쳐다보지 마라.」 물론 커튼 뒤에 있는 사람은 위대한 마법사이자 가장한 평범한 인간이다. 선택 설계자가 자신의 역할을 숨길 때, 우리는 그가 조작적인 행동을 하고 있다고 마땅히 비난할 수 있다.

의식적인 선택 능력을 위축시키는 방향으로 사람들을 몰아가고자 할 때, 그것 또한 조작적인 것으로 볼 수 있다. 〈조작이란 도구를 활용해서 사람들이 잘못된 선택을 하도록 의도적, 효과적으로 영향을 미치려는 시도〉[8]라는 주장에 대해 생각해 보자. 우리는 이를 의식적인 숙고를 요구하거나 유도하지 않는 방법을 언급한 것으로 이해할 수 있다. 그럴 때 우리는 조작에 대한 반론을 이렇게 제기할 수 있다. 조작이란 〈의사 결정 능력을 위축시키고 모욕함으로써 사람들의 자율성을 침해하는 행위〉다.[9]

인간의 무의식을 자극하는 광고는 조작적이고 모욕적인 방식으로 볼 수 있다. 그러한 광고는 인간의 의식적 측면에 호소하지 않고 의식의 배후에서 작동한다. 그래서 신중한 숙고를 건너뛰는 방식으로 의사 결정에 영향을 미친다. 이것이 무의식을 활용한 광고의 고유한 문제라면, 우리는 왜 최면을 조작적인 것으로 간주해야 하는지 이해할 수 있다. 그러나 사람들은 대부분 무의식에 호소하는 광고를 선호하지 않으며, 적어도 최면이라는 기술에 호감을 느끼지 않는다. 여기서 우리가 생각해 볼 문제는 무의식을 자극하는 광고를 통해서 광범위한 지지를 얻는 개입의 비밀을 밝혀낼 수 있는가이다.

한편에서 많은 이들은 넛지를 조작적인 행위로 간주한다. 철학과 교수 세라 콘리Sarah Conly는 이렇게 말했다. 넛지가 작동할 때, 〈사람들을 합리적 의사 결정을 내릴 수 있는 존재로 보지 않고, 비합리성에 호소함으로써 신뢰를 이끌어 내는 방식으로 교묘하게 조작한다. 사람들은 혼자 내버려 두면 일반적으로 합리적 판단을 내리지 못한다고 생각하며, 이러한 생각은 인간이 기본적으로 합리적이고 신중한 존재라서 자율적으로 행동할 수 있다는 자유주의의 기본 전제에 위배된다.〉[10] 하지만 콘리의 강력한 반론은 대부분의 넛지에 공평하게 해당되지는 않는다. 가령 정보 공개나 리마인더, 경고, 디폴트 룰, 단순화 등 몇몇 넛지 사례를 떠올려 보자. 일부 선택 설계는 인간이 제한된 합리성으로 인해 어려움을 겪는다는 이해에 기반을 두고 있다. 하지만 그렇다고 해서 〈비합리성〉에 호소하거나, 혹은 〈사람들은 혼자 내버려 두면 합리적 판단을 내리지 못한다〉라는 생각을 전제로 하지는 않는다.

그래도 콘리의 주장이 명백한 오류는 아니라는 사실을 말해 주는 몇 가지 사례를 살펴보자.

1. 선택 설계자는 감정적인 혹은 본능적인 차원의 표현이 큰 효과를 거둘 수 있다는 믿음으로 시각적 건강 경고를 채택한다.
2. 선택 설계자는 프레이밍 효과를 염두에 두고 정보를 제공하고자 한다. 가령 손실 회피를 활용할 경우, 특정 행동을 하면 돈을 주겠다고 제안하기보다 특정 행동을 하지 않으면 돈을 잃을 것이라고 제안한다. 또한 그들은 10퍼센트 지방이라고 광고하는 것보다 90퍼센트 무지방이라고 광고하는 편이 더 효과적이라는 사실을 잘 알고 있다. 이처럼 선택 설계자는 자신이 원하는 효과에 적합한 표현을 채택한다.
3. 선택 설계자는 사회 규범을 제시하는 방법과 관련해 전략적 선택을 한다. 그들은 적절한 표현이 사람들의 행동에 큰 영향을 미칠 수 있다는 사실을 이해한다.
4. 선택 설계자는 사람들이 특정 선택을 하도록 선택권을 구성한다.

위 사례 중 어느 것도 노골적인 형태의 조작을 포함하지 않는다고 말하기는 힘들다. 그런데 여기에 사람들의 의사 결정 능력을 위축시키거나 모욕하려는 시도가 있는가? 앞서 나는 정부 활동에 투명성이 보장되어야 한다고 언급했다. 정부는 그들의 활동과 활동 근거를 감춰서는 안 된다. 그렇다면 투명성으로 조작에 대한 비판에서 벗어날 수 있을까? 이들 사례에서 그 대답은 분명하지 않다.

시각적 건강 경고가 사람들에게 단지 사실을 알려 주는 것이 아니라 그들의 감정에 호소하는 방식으로 설계되었다면, 조작적인 방식으로 볼 수 있다. 하지만 경고를 공식적인 차원에서 설명한다면? 감정에 호소함으로써 생명을 살렸기 때문에 정당화할 수 있다면? 그리고 바로 그 이유로 흡연자 집단으로부터 환영을 받는다면? 우리는 같은 질문을 프레이밍 효과나 사회 규범을 전략적으로 활용한 사례에 대해서도 던질 수 있다. 정치학 교수 마틴 윌킨슨T. Martin Wilkinson은 조작이 자율성을 침해한다는 것은 지나치게 단순한 주장이라고 지적하면서 이렇게 덧붙였다. 〈조작은 동의를 구할 수 있다. 올바른 방식으로 동의를 구할 수 있다면, 조작은 자율성과 조화를 이루고, 심지어 이를 강화하는 것으로 봐야 한다.〉[11]

정부가 프레이밍 효과를 활용하거나 감정에 호소함으로써 사람들의 시스템 1을 공략한다면, 이는 아마도 시스템 1이 이미 목표로 설정되었다는 사실에 대한, 그리고 사람들의 손해에 대한 대응일 수 있다. 예컨대 담배의 경우, 광고와 사회 규범에 개입한 것이 오히려 사람들이 담배를 피우도록 자극했다고 말할 수 있다.

이때 공무원들이 불을 불로써 맞서도록 허용해야 한다고 말할 수 있다. 하지만 일부 사람은 두 번의 잘못으로 상황을 바로잡을 수는 없다고 주장할 것이다. 그들은 흡연자들에게 금연을 촉구하고자 한다면, 정부는 마땅히 그들을 성인으로 대하고 그들의 신중한 의사 결정 능력에 주목해야 한다고 주장할 것이다. 이 논쟁에서 정답은 없다. 일부는 복지주의자의 주장을 지지한다. 그들의 주장은 전반적으로 사회 복지를 극대화하고자 하는 접근 방식으로 이해할 수 있다. 다른 일부는 의무론자의 주장을 지지한다. 그 주장은 사회 복지의 증진과는 무관하게 인간에 대한 존중과 같은 특정 원칙을 중요하게 여기는 접근 방식으로 이해할 수 있다. 복지주의자와 의무론자는 아마도 시스템 1을 목표로 삼거나 사람들을 조작하는 것이 과연 수용 가능한지, 그리고 언제 수용 가능한지에 대해 서로 다른 대답을 내놓을 것이다.

선택 설계자가 감정을 목표로 삼거나, 혹은 사람들의 직관과 자동적인 사고와의 상호작용을 통해 효과를 드러낼 방법을 모색할 때마다 완전히 투명하다고 해도 적어도 어느 정도의 조작이 항상 내포되어 있다고 말할 수 있다. 그러나 어느 정도의 조작이 포함되어 있다고 해도, 거짓말과 매력적인 형태로 대안을 표현하려는 시도 사이에는 중대한 차이가 있다.

일상생활 속에서 특정 활동을 진지하게 고려하고 있다고 말할 때, 친구나 사랑하는 사람이 미소를 짓거나 표정을 찌푸린다고 해서 그들을 조작으로 비난하지는 않는다. 한 가지 접근 방식을 동료 집단 대부분이 선호하는 것으로 규정짓거나 그들이 혐오하는 대안에 따른 손실을 강조하기 위해 조작이라는 용어를 사용한다면, 그것은 아마도 그 용어를 지나치게 확대 해석한 것이다. 조작으로 규정지을 수 있는 행동들은 폭넓은 스펙트럼상에 나열되어 있다. 의사나 변호사가 몸짓을 통해 이러저러한 대안을 지지하거나 반대할 때, 그러한 행동이 환자나 고객의 신중한 사고 과정을 〈뒤집거나〉〈방해하는〉시도라고 이의를 제기하는 것은 지나치게 민감한 반응일 것이다.

우리는 넛지 대부분이 어떤 기준에서도 조작적이지 않다는 주장을 받아들여야 한다. 하지만 일부 넛지를 조작의 범주로 집어넣을 수 있는 한, 반박이나 우려의 가능성은 조작의 정도에 달렸다. 또한 정부는 절대로 거짓말이나 속임수를 써서는 안 된다고 주장할 수 있다. 그러나 분명하게도 감정적 호소와 표현에 대해 좀 더 관대해질 필요가 있다. 여기서 우리가 던질 수 있는 질문은 그러한 접근 방식이 중대한 복지 혜택을 만들어 낼 수 있는가이다. 가령 시각적 건강 경고가 많은 이의 생명을 살릴 수 있다면 수용 가능한가? 만약 그렇다면, 약한 형태의 조작으로 볼 수 있기 때문인가? 복지주의자는 아마도 복지를 기준으로 결과에 대해 모든 사항을 고려한 뒤 최종 판단을 내리고 싶어 할 것이다.

자율성을 독립적인 선으로 간주하는 일부는 조작을 규정하는 사례에 대해 강력하고 결정적인 결론을 제기할 것이다. 하지만 나는 여기서 소개한 온건한 형태의 넛지가 조작의 개념을 확장했다는 사실을 보여 줄 만큼 충분한 설명이 되었기를 바란다.

학습

선택을 하는 능력은 일종의 근육이며, 근육은 훈련을 통해 강화할 수 있다. 만일 넛지가 근육을 위축시킨다면 넛지에 반대하는 주장이 나올 것이다. 여기서도 마찬가지로 구체적인 경우를 따져 보는 수고가 필요하다.

적극적 선택과 요구받은 선택이 학습을 방해하는 경우는 거의 없다. 정보와 리마인더 역시 마찬가지다. 오히려 학습을 강화한다. 여기서 핵심은 간단하다. 이러한 유형의 넛지는 선택을 내리는 근육을 위축시키지 않고 강화한다는 것이다.

학습의 차원에서 볼 때, 문제는 디폴트 룰에서 시작된다. 선택이 학습을 강화한다는 점에서 적극적 선택이 디폴트 룰보다 훨씬 더 낫다고 말할 수 있다. 예를 들어 기업이 직원을 대상으로 퇴직연금에 대해 적극적 선택을 내리도록 해야 할지, 아니면 각자의 상황에 맞는 연금 프로그램에 자동적으로 가입하도록 해야 할지 고민한다고 해보자. 적극적 선택을 하기 위해서는 학습 능력이 필요하다. 그런데 사람들을 디폴트 룰로 몰아간다면 그들은 정보를 축적하지 않을 것이며, 이는 곧 중요한 기회 상실을 의미한다.

학습에 대한 주장의 타당성은 구체적 상황에 달렸다. 컴퓨터와 휴대전화를 사용하는 사람들은 수많은 설정에 대해 전문 지식을 갖출 필요는 없다. 이 경우 기본 설정을 활용하는 방안은 반대할 이유가 없다. 기관이 적극적 선택보다 디폴트 룰에 의존하는 상황에도 똑같이 적용해 볼 수 있다. 여기서 선택 설계자가 적극적 선택을 유지해야 하는지 판단하기 위해서는 모든 사항을 고려할 때 선택자가 정보를 축적하는 것이 가치 있는 일인지 확인하는 노력이 필요하다.

편향된 공무원

선택 설계자 역시 사람이며, 잠재적으로 행동 편향의 희생자다. 그렇기 때문에 그들을 신뢰하기 힘들 때가 종종 있다. 선택 설계자도 중대한 실수를 저지를 수 있다는 생각으로 일부 넛지에 반대하거나 기존 선택 설계에 개입하는 일부 시도에 반대하는 것은 합리적인 태도다. 선택 설계자는 중요한 정보를 놓칠 수 있다. 하이에크의 추종자들은 〈지식 문제knowledge problem〉라는 개념을 강조하는데, 이는 일반 대중이 알고 있는 정보를 공무원은 갖고 있지 못한 상황에서 발생하는 문제를 뜻한다. 선택 설계자는 자기 자신의 이해관계가 달려 있다는 점에서 편향으로부터 자유롭지 못하다. 많은 회의주의자는 〈공공 선택 문제public choice problem〉를 강조하면서 이기적인 민간 집단의 역할에 주목한다. 선택 설계자는 스스로 편향의 희생자가 될 수 있다. 가령 현재 편향이나 낙관적 편향 혹은 확률 무시와 같은 편향으로 인해 어려움을 겪을 수 있다. 민주주의 사회에서 공무원은 여론에 반응해야 하며, 그렇기 때문에 대중이 실수를 저지를 때 공무원 역시 실수를 저지르게 된다.

이러한 반론이 고유하게 윤리적인 주장인지는 확실하지 않다. 명령이나 금지가 아니라 넛지를 주장하는 한 가지 이유는 선택 설계자가 실수를 저지를 수 있기 때문이다. 누구도 그 사실을 부정할 수는 없으며, 이러한 입장은 선택을 그대로 유지하는 접근 방식을 지지한다. 선택 설계자가 중대한 실수를 저지를 때, 적어도 사람들은 각자의 길을 선택할 수 있어야 한다.

이러한 반론에 대한 초기 반응은 익숙한 것이다. 선택 설계는 불가피한 것이라는 주장이다. 선택 설계자는 기존 설계를 수정하지만, 기존 설계가 아예 존재하지 않았던 영역에서 새로운 설계를 창조하지는 않는다. 공공 분야에서 특정 수준의 넛지는 피할 수 있지만, 넛지가 완전히 없어졌으면 하는 바람은 비현실적인 소망이다. 그럼에도 정부에서 일하는 선택 설계자는 자유 시장에 의지하는 것이, 그리고 보이지 않는 손의 메커니즘을 신뢰하는 것이 일반적으로 최고의 선택이라고 판단할 수 있다. 그럴 때 선택 설계자는 이러한 메커니즘을 반영하는 선택 설계를 채택하거나 수용할 것이다.

이러한 생각은 많은 개념적이고 실질적인 질문을 제기한다(그러나 여기서는 다루지 않을 것이다). 그 질문이란 이런 것이다. 너무 추상적이고 독단적이라서 지지를 얻을 수 없는가? 자유 시장에는 분명 많은 장점이 있다. 그러나 정보 공개나 경고 혹은 리마인더는 때로 피해보다 더 많은 도움을 줄 수 있다. 앞서 살펴본 것처럼 디폴트 룰이 때로 적극적 선택보다 더 낫다. 누군가는 둘 중 하나를 지지하는 쪽으로 결정을 내려야 하고, 어떤 경우 그 누군가는 다름 아닌 정부가 된다. 정부를 불신하는 사람은 아마도 그 넛지에도 반대할 것이다. 하지만 넛지가 바람직하고 보편적인 것일 때, 정부에 대한 불신은 복지와 자유의 차원에서 심각한 손실을 유발할 것이다.

상황

넛지와 선택 설계는 피할 수 없다. 하지만 선택 설계자가 신중하게 의도한, 선택 설계에서의 변화는 특히 핵심 목표가 적절하지 못할 때 윤리적 관심을 촉발한다. 부적절한 목표에 대한 우려는 실제로 넛지에 대한 가장 그럴듯한 반론의 기반을 이룬다.

목표가 적절한 상황에서 윤리적 관심에 대한 평가는 그 상황에 대한 엄밀한 참조와 더불어 이뤄져야 한다. 정확한 정보 공개, 리마인더, (사실적) 경고는 일반적으로 반대가 용이하지 않다. 아무것도 숨기지 않을 때, 넛지는 윤리적인 선을 넘을 가능성이 낮다. 충분한 정보가 주어진 선택을 강화하기 때문이다.

디폴트 룰은 우리 삶을 관리하기 쉽게 만들어 준다. 이 경우 디폴트 룰에 대한 반대는 설득력을 얻기 힘들다. 하지만 적어도 학습이 중요하고, 한 가지 해법이 모두에 들어맞지 않는 경우에 적극적 선택이 디폴트 룰보다 더 나을 수도 있다는 점을 인정해야 한다.

상상 가능한 일부 넛지를 조작의 형태로 간주하면서 자율성과 존엄의 관점에서 반론을 제기할 수 있다. 그러나 조작이라는 개념은 핵심과 주변부를 모두 포함하고 있으며, 일부 형태의 개입은 주변부의 차원을 넘어선다. 넛지가 시스템 1을 목표로 삼을 때조차 조작의 개념을 확장해서 넛지를 그러한 범주로 분류할 수 있다(시각적 경고, 혹은 교육적 메시지에서 손실 회피를 활용하는 경우를 생각해 보자). 그러한 넛지가 충분히 투명하고 효과적이며 그 원리가 공식적으로 드러나 있고 선택의 자유를 제한하지 않는다면, 윤리적 관점에서 배제할 수는 없을 것이다.

9장

통제

많은 인기를 끌었던 TV 드라마 「로스트Lost」의 등장인물인 존 로크는 중요한 장면에서 이렇게 외친다. 「하지 말라고 하지 마!」[1] 로크는 뭔가를 해서는 안 된다는 말을 듣는 것을 끔찍이 싫어했다. 그는 언제나 스스로 결정하고자 했다.

로크의 외침은 〈반작용reactance〉[2]이라는 심리학 개념과 관련 있다. 하지 말라고 하면 더 하고 싶어지는 게 인간의 심리다. 대부분의 경우에 행동의 자유라고 이해할 수 있는 통제는 내재적 가치이며, 단지 도구적 가치에 머무르지 않는다. 통제권을 빼앗겼다고 느낄 때, 사람들은 자신의 통제력을 발휘하는 것이 물질적 손해로 이어진다고 해도 반발한다.

프랑스 정치학자 알렉시스 드 토크빌은 이와 관련해 주목할 만한 설명을 내놓았다. 〈자유를 향한 갈망에 언제나 그렇게 불을 밝히려는 인간의 마음은 이익과는 무관한 내재적이고 본질적인 충동이다. 신과 법의 지배 아래서 자유롭게 말하고 행동하고 숨 쉴 수 있다는 사실은 궁극적인 즐거움이다. 자유 그 자체가 아니라 자유 안에서 뭔가 다른 것을 발견하려는 사람은 노예의 삶을 살아가게 될 것이다.)[3] 정치학 관점에서 이 말은 옳을 수도, 그렇지 않을 수도 있다. 그래도 토크빌은 정치 심리학의 중요한 측면을 포착했다. 인간은 〈이익과는 무관한〉 행동과 통제의 가치를 추구한다는 것이다. 그는 이렇게 덧붙였다. 많은 사람이 〈자유를 갈망하는 이유는 물질적 이익 때문이 아니다. 자유 그 자체를 선으로 생각하기 때문이다.〉

심리학자와 경제학자 모두 통제의 내재적 가치를 들여다보지만, 우리는 더 많은 것을 알아야 한다. 민간 및 공공 기관이 사람들의 선택을 가로막거나 행위자를 간섭할 때마다 일부는 저항한다. 극단적인 경우 폭력까지 등장한다. 2012년 뉴욕 시장 마이클 블룸버그가 480밀리리터가 넘는 용기에 탄산음료를 판매하는 것을 금지하고자 했던 유명한 사례를 생각해 보자. 그것은 비교적 온건한 정책이었음에도 거센 역풍을 맞았다. 그 부분적인 이유는 뉴요커들이 집단적으로 존 로크처럼 외쳤기 때문이다. 식품, 의료보험, 담배와 관련해 모든 형태의 개입주의는 이와 비슷한 역풍을 맞을 위험이 있다. 물론 국가마다 상황은 다르지만, 특히 미국 사회는 이러한 역풍에 더욱 취약하다. 우리 인간은 하나의 동일한 종이므로 모든 인간의 마음속에서 로크의 외침을 들을 수 있다.

선택의 자유를 보존한다는 점에서 넛지는 명령이나 금지보다 낫다. 우리는 다양한 국가에서 압도적 다수가 넛지를 인정한 사례를 확인했다. 그러나 대다수가 넛지를 수용할 때에도 소수는 반발한다. 사회적 우려의 소지가 있는 한, 넛지는 적어도 일부 집단에서 로크의 외침을 촉발할 가능성이 있다. 예를 들어 디폴트 룰(퇴직연금이나 친환경 에너지 프로그램 자동 가입 제도처럼)은 사람들이 얼마든지 옵트아웃을 선택해서 자신만의 길을 가도록 허용한다. 그럼에도 일부는 그러한 디폴트 룰이 저울의 균형을 건드려서 행위자의 통제력을 억압한다고 주장한다. 더 광범위한 차원에서 성 평등과 동성 결혼은 물론, 브렉시트와 트럼프의 당선을 둘러싼 사회적 움직임 역시 부분적으로 로크의 외침에 의해 활력을 얻었다. 특히 미국 사회에서 로크의 외침은 트럼프의 당선과, 특히 이민과 나토NATO, 파리 기후 협약에 대해 트럼프가 취한 태도에서 중요한 역할을 했다.

통제의 내재적 가치는 정치와 법률 분야는 물론 비즈니스에서도 중요하다. 기업은 선택의 자유를 어디까지 보장해야 하는가? 소비자와 직원에게 얼마만큼 자유를 허용해야 하는가? 은행과 식료품 가게, 음료 회사와 휴대전화 및 자동차 제조사가 매일 맞닥뜨리는 질문이다. 이 질문에 대한 대답은 통제의 내재적 가치가 높은 경우에 〈희귀한 인지적·감정적 여유 공간의 보존에 대한 선호〉에 의해 반박된다는 점에서 대단히 복잡하다. 우리는 때로 사람들의 마음속에서 절박한 요청의 목소리를 듣는다. 「알아서 해주세요!」

우리는 이러한 요청을 사람들이 새로운 도시에서 집을 사거나, 수많은 선택권이 널려 있는 매장에 들어서거나, 혹은 정부 웹사이트가 혜택과 허가, 면허를 제공하기 위해 긴 양식에 개인의 기호를 적도록 요구할 때 들을 수 있다. 심지어 사람들은 정부가 특정 음식과 약물을 금지해 주기를 바란다. 건강에 뭐가 좋고 나쁜지를 정부는 잘 알고 있으리라는 믿음에서다. 시민들은 정부를 향해 이렇게 말한다.

「어떤 약품이 안전하고 효과적인지 알려 주세요.」 정부가 더 많은 정보를 알고 있다는 점에서 그들의 요청은 합리적 위임이라 볼 수 있다.

우리는 〈알아서 해주세요!〉와 같은 요청을 〈매디슨의 외침〉이라 부를 수 있겠다. 그 명칭은 민주제와 비교하여 공화제의 여러 가지 장점을 강조했던 제임스 매디슨James Madison의 이름에서 따온 것이다. 그 부분적인 이유는 과거에 사람들은 더 나은 의사 결정을 위해 자신의 권한을 전문가에게 위임했기 때문이다.[4] 정치적·경제적 사고의 역사에서 많은 사람이 이 점을 강조했다(아주 다양한 방식으로). 막스 베버Max Weber와 월터 리프먼Walter Lippmann이 그렇다. 로크의 외침과 마찬가지로 매디슨의 외침에서도 우리는 그 외침을 언제 듣게 될지, 그리고 언제 정당화할 수 있는지에 대해 아는 바가 거의 없다.

주인과 대리인, 그리고 합리적 선택

통제력과 관련해 가장 강력한 반발은 누군가 행동하거나 선택할 자유를 빼앗을 때 일어난다. 예를 들어 생각한 대로 돈을 쓰지 못하거나 원하는 일자리를 잡지 못하도록 방해할 때 그렇다. 하지만 우리는 모든 주인이 자발적으로 자유의 일부를 얼마든지 양도할 수 있다는 사실을 인정해야 한다. 실제로 통제력의 양도 또한 통제력을 행사하는 것이며, 이는 자유와 행복 모두의 차원에서 대단히 중요하다. 우리는 대리인을 지목할 수 있다. 대리인은 더 많은 지식을 갖고 있고 여러 가지 편향으로부터 자유로우며, 인지적·감정적 세금을 요구하는 의사 결정을 내리기 위해 소중한 시간과 인지 자원을 쏟아야 하는 부담감을 덜어 준다. 이러한 점에서 매디슨의 외침은 가치가 있다. 가령 연금법이나 의료보험과 관련해서 많은 사람들은 권한의 일부를 기꺼이 양도하려고 한다.

그러나 대리인을 지목하는 행위가 큰 실수로 이어질 수도 있다. 대리인은 지식이 부족하고, 주인의 관심에 무감하고, 자신의 편향에 사로잡혀 있으며, 이기심으로부터 영향을 받을 수 있다. 이러한 문제점을 인식한 주인은 대리인을 지목하지 않거나, 아니면 제한된 권한만을 양도하기로 결정한다. 이를테면 연금과 의료보험에 대해 통제력을 유지하길 원할 것이다. 이처럼 로크의 성향을 지닌 이들은 위임에 따른 통제력 양도를 의심의 눈초리로 바라볼 것이다. 심리학의 관점에서 이들은 자신의 판단을 신뢰하고, 자신을 대신해 의사 결정을 내리는 사람을 불신하는 경향이 강하다.

공공 분야에서는 시민을 주인으로, 정부를 대리인으로 바라보는 시선이 유용할 때가 있다. 식품 안전이나 환경 보호, 고용 안정 및 국가 안보에 대해 생각해 보자. 나는 규제가 암묵적 혹은 명시적 위임이 될 수 있다고 주장했다. 시민은 선택 혹은 넛지의 권한을 위임할 수 있다.[5] 그러한 위임이 타당한지는 지역에 따라 다르게 나타날 것이다.

로크의 외침과 매디슨의 외침 사이에서 정부가 어떤 입장을 취해야 하는지를 둘러싸고 많은 논의가 있다. 내가 보기에 통제력 양도를 의심하는 사람은 양도를 요구하는 이들에 대해 종종 즉각적이고 직관적인, 심지어 자동적인 반응을 보인다. 대부분 부정적인 반응이다.

최근 심리학 연구에 따르면, 신중한 시스템(시스템 2)이 위임을 권할 때조차 그들의 자율 시스템(시스템 1)은 통제력 유지를 고집한다.

이론적 차원에서 선택이나 권한 위임에 대한 의사 결정은 일종의 비용-편익 분석을 통해 신중하게 이뤄져야 한다. 선택자는 기대하는 가치의 관점에서 생각해 볼 수 있다. 위임을 할 때와 하지 않을 때 어느 쪽이 더 이익이 될까? 또한 선택자는 제한된 시간과 관심을 절약하는 가치에 대해서도 고민해 볼 것이다. 만약 절약의 가치가 높다면, 선택자는 기대하는 가치를 얻기 위해 기꺼이 뭔가를 희생할 것이다. 선택 그 자체가 이익이 되는지, 혹은 비용이 되는지 여부도 중요하다. 다시 말해 선택자가 자신이 선택에 투자하는 시간을 즐기는지, 아니면 싫어하는지도 따져 봐야 한다.

어떤 사람에게는 최고의 투자나 적절한 의료보험이 무엇인지 고민하는 것이 흥미롭고 재미있는 일이 될 수 있다. 반면 다른 사람에게 그런 고민은 힘들고 지겨운 일일 뿐이다. 그들은 그 일을 감정적 세금쯤으로 느낄 것이다. 다른 누군가가 자신을 대신해 선택해 준다면 많은 도움이 될 것이다. 또한 레스토랑에서 메뉴를 직접 고르고 웨이터와 상의하는 것을 좋아하는 사람이 있는 반면, 웨이터가 추천해 주길 바라는 사람도 있다.[6] 사소한 의사 결정은 물론 중요한 의사 결정에서도 이러한 다양성이 존재한다. 어떤 사람은 연금과 투자에 대해 고민하는 것을 즐기는 반면, 다른 사람은 그런 고민 자체를 싫어한다. 어떤 이는 대출의 세부 사항을 요목조목 따져 보는 것을 좋아하는 반면, 다른 사람은 싫어한다.

선택자는 개인적으로 책임을 질 때 이익의 즐거움과 손해의 고통이 더 증폭되는지, 아니면 경감되는지 따져 봐야 한다. 연구 결과는 사람들이 스스로 선택한 것을 다른 사람이 대신 선택해 준 것보다 더 가치 있게 여긴다는 사실을 말해 준다.[7] 선택자가 (1) 자신의 노력으로 번 100달러를 (2) 다른 사람의 노력으로 번 110달러보다 선호하는 경우를 어렵지 않게 상상해 볼 수 있다. 마찬가지로 선택자는 자기가 번 100달러를 대리 선택의 결과로 얻은 110달러보다 높게 평가한다. 다른 한편으로, 개인적인 책임은 나쁜 결과의 부정적인 효과를 증폭시키는 역할을 한다. 사람들은 부정적인 결과가 대리인의 선택이 아니라 자신의 선택에서 비롯된 것일 때, 스스로를 더 강하게 책망하기 때문이다.

입법 권한을 행정부에 부여하는 방안에 대한 논의 역시 이러한 논쟁을 촉발한다. 고용 안정성에서 기후 변화와 이민에 이르기까지 다양한 사회적 안건과 관련해 의원들이 행정 기관에 입법 권한을 부여함으로써 책임을 회피하고자 할 때, 그리고 행정 기관을 비난할 때, 의원들은 위임을 통해 이익을 얻을 수 있다. 여기서 의원들은 그들만의 매디슨의 외침을 질러 대고 있는 것이다.

통제 프리미엄

많은 연구 결과는 사람들은 하지 말라는 것보다 다양한 선택권을 허용하는 것을 선호한다는 사실을 보여 준다. 이는 로크의 외침과 조화를 이룬다.[8] 마찬가지로 사람들은 잠재적 보상에 직면했을 때 위임보다 스스로 결과를 통제하기 위해서 그에 따른 비용, 즉 〈통제

프리미엄control premium)[9]을 기꺼이 지불하고자 한다. 자신이 통제력을 확보하고 있다는 인식은 원치 않는 결과에 직면했을 때 불안과 스트레스를 줄여 준다.[10] 이러한 이유로 직접적인 선택은 손실의 고통을 줄인다. 그래서 사람들은 위임보다 직접 선택하는 것을 선호한다.

나는 탈리 샤롯Tali Sharot, 세바스티안 보바디야-수아레즈Sebastian Bobadilla-Suarez와 함께 사람들이 선택권을 확보하기 위해 비용을 지불하는지, 아니면 보상을 요구하는지 확인하고자 실험을 했다.[11] 실험은 여러 차례에 걸쳐 수행되었다. 각각의 실험에서 우리는 참가자들에게 두 가지 사이에서 단순한 선택을 함으로써 보상을 극대화하고 손실을 최소화하도록 했다. 이를 위해서는 기술이 필요했다. 여기서 우리는 실험 참가자가 성과를 확인할 수 있도록 했다. 〈이익 실험〉에서 옳은 선택을 하면 금전적 보상을 제공하고, 잘못된 선택을 하면 아무것도 주지 않는다. 그리고 〈손실 실험〉에서 옳은 선택을 하면 아무런 손실이 없지만, 잘못된 선택을 하면 금전적 손실이 따른다. 장시간에 걸쳐 실험을 수행하고 난 뒤, 우리는 실험 참가자들에게 의사 결정을 자문가에게 위임할 수 있는 기회를 주었으며 자문가의 성과가 어떤지도 확인할 수 있게 했다. 실험 참가자들은 매 실험마다 자문가의 기댓값과 자기 자신의 기댓값을 확인할 수 있었다. 이 실험을 통해 우리는 사람들이 잠재적인 이익이나 손실에 직면했을 때 〈합리적으로〉 위임을 선택하는지 확인해 보고자 했다. 실험 참가자들은 자신과 자문가의 성과를 비교할 수 있고, 이를 기준으로 위임을 할지 말지를 결정할 수 있다.

실험 결과는 분명했다. 〈사람들은 결과를 직접 통제하기 위해서 기꺼이 보상을 포기하고자 했다.〉 그들은 로크의 외침을 따랐다. 실험 참가자들이 잠재적 이익은 물론 잠재적 손실에 직면했을 때에도 같은 결과가 나타났다. 예를 들어 이 실험에서 가치를 극대화하기 위해서는 전체 시도에서 50퍼센트를 위임해야 했다. 하지만 실험 참가자들의 평균 위임률은 이보다 크게 낮았다. 그들은 최적의 의사 결정이 아닐 때에도 위임하기보다 통제력을 유지하고자 했다. 그 결과 그들은 최적의 선택을 내렸다면 받을 수 있는 것보다 훨씬 적은 보상에 만족해야 했다.

또한 우리는 실험 참가자들에게 최적의 위임 선택에 대해 평가하게 했다. 그들의 평가는 아주 정확했다. 이 말은 그들이 통제력을 유지하기 위해서 프리미엄을 지불한다는 사실을 충분히 이해하고 있었다는 의미다. 통제 프리미엄에 관한 우리의 실험 결과는 여러 다양한 연구 결과와도 조화를 이룬다.[12]

왜, 언제 통제하는가?

지금까지 나온 연구 결과는 많은 것을 말해 주지만 여전히 많은 과제를 남기고 있다. 그중 중요한 한 가지는 통제 프리미엄의 〈원천〉에 관한 것이다. 우리의 연구에서 사람들이 실수를 저질렀다고 생각할 수 있다. 그 과제는 자체로 재미있는 것이 아니었고, 그래서 스스로 선택을 내리는 데에는 감정적인 가치가 없었다. 한편으로 우리는 실험 참가자들이 심리적 지름길의 형태로 일종의 〈로크 휴리스틱Lockean Heuristic〉, 혹은 일반적으로 효과가 있지만 때로 치명적인 실수로 이어지는 가정을 활용하고 있었다고 해석할 수도 있다. 여기서 그 가정이란 〈중요한 선택을 다른 사람에게 맡기지 말라〉는 것이다. 물론 사람들은 모든 영역에서 로크 휴리스틱을 활용하지는 않는다. 그러나 분명하게도 중요한 몇몇 영역에서는 활용한다.

존 스튜어트 밀의 자유론과도 관련 있는 로크의 휴리스틱을 뒷받침하는 근거는 우리 자신이 선택한 결과는 다른 사람이 우리를 대신해 선택한 결과보다 자신의 기호와 가치에 더 부합한다는 것이다. 개인은 〈자신의 행복에 가장 관심 있는 사람〉이며 〈일반적으로 다른 누구보다도 훨씬 더 많은 정보를 갖고 있다〉고 했던 밀의 주장을 떠올려 보자.[13] 행동경제학은 이에 대해 의문을 제기한다. 우리의 실험에서 로크 휴리스틱이 틀렸다는 점에 주목하자. 그럼에도 그 휴리스틱은 그럴듯한 가설을 기반으로 많은 영역에서 힘을 발휘한다.

또한 우리는 자신이 직접 얻은 것에 대해 더 나은 내적 보상을 제공하는 생물학적 시스템이 존재한다고도 생각해 볼 수 있다(자신의 선택으로 100달러를 번 사람의 주관적 행복감이 대리인의 선택으로 110달러를 번 사람의 행복감보다 더 높다는 사실을 상기하자). 어떤 행동에 보상이 따른다는 사실을 발견할 때, 우리는 계속해서 더 많은 것을 얻기 위해 똑같은 행동을 반복한다. 반면 보상을 얻기 위한 (혹은 손실을 피하기 위한) 행동을 실행에 옮기지 않을 때, 미래에 다시 보상을 얻을(손실을 피할) 가능성을 잃게 된다. 대부분의 진화적 논쟁과 마찬가지로 이러한 생각 역시 지극히 사변적이지만, 그럼에도 그럴듯하게 들린다. 스스로 얻은 결과에 따라 높아진 가치는 즉각적인 효용으로부터, 그리고 이후의 선택을 위해 그 결과가 우리에게 제공한 정보로부터 비롯된다.

또한 우리는 일부 의사 결정에서는 사람들이 통제에 그리 많이 신경 쓰지 않고, 다른 일부에서는 심지어 통제를 싫어하기까지 한다는 사실을 확인했다. 외국의 한 레스토랑에서 우리는 웨이터에게 이렇게 부탁할 것이다.「추천을 해주시겠어요?」환자는 의학적 치료와 관련해 힘든 의사 결정을 내려야 할 때, 의사에게 알아서 판단해 달라고 부탁할 것이다. 그럴 때 통제는 이익이 아니라 비용이 된다.

합리적 행위자의 경우에 숙고는 의사 결정 비용과 실수 비용을 포함하는 단순한 틀을 기반으로 이뤄진다. 가령 웹사이트에서 계속해서 이런 메시지가 뜬다고 해보자.「개인 정보 설정을 지금 바꾸시겠습니까?」많은 사람은 이런 메시지를 달가워하지 않는다. 그것은 결국 인지적 차원의 세금이다(의사 결정 비용). 게다가 실수의 횟수나 크기를 줄여 주지 않는다(기존 설정에 만족하기 때문에). 하지만 처음 가는 곳에서 물건을 사거나 구하고자 할 때, 우리는 그런 제안을 환영할 것이다. 가급적 위임을 하지 않으려 할 것이다. 자신의 기호와 가치에 대한 접근을 중요하게 생각하기 때문에 대리인에게 위임하는 것은 값비싼 실수로 이어질 위험이 있다. 우리는 정보와 조언을 환영하지만 궁극적인 의사 결정자는 바로 자신이다. 이때 누군가 개입을 한다면, 우리는 로크처럼 외칠 것이다.

제한된 합리성을 가진 사람이라면 휴리스틱과 편향, 그리고 관련 없는 요소 때문에 상황이 더욱 복잡할 것이다. 비선택자가 매디슨의 외침으로 호소하는 경우를 생각해 보자. 그는 아마도 가치 있는 투자, 말하자면 지식의 획득에 대한 투자를 거부할 것이다. 그는 근시 안적이며, 학습을 요구하는 선택의 단기 비용에 지나치게 큰 영향을 받는다. 그리고 대단히 크게 나타날 수 있는 장기적 이익의 가치를 과소평가한다. 현재 편향 역시 많은 영향을 미친다. 자기 통제 문제 도 한몫을 한다. 그는 차분히 시간을 갖고 단기적으로는 그다지 흥 미롭지 않지만 궁극적으로 큰 이익을 기대할 수 있는 의사 결정에 집중하지 못한다. 그는 자신의 기호가 바뀔 수 있다는 사실을 알지 못한다. 혹은 최근 사건에 대한 지나치게 민감한 반응 때문에 가용 성 편향으로부터도 강한 영향을 받는다.

비선택자의 입장에서 볼 때 선택자, 즉 상당한 통제 프리미엄을 지불하려는 사람들 역시 비슷한 실수를 저지른다(우리 실험에서처 럼). 예를 들어 현재 편향은 신뢰할 만한 대리인을 찾는 것이 더 합 리적인 선택일 때에도 직접 의사 결정을 내리도록 사람들을 몰아간 다. 시간과 집중력을 아끼기 위해 다른 사람이 결정하도록 하는 것 역시 어느 정도의 자기 통제력을 요구한다.

물론 매디슨의 외침은 중요하다. 그러나 로크의 외침에 담긴 내재 적 가치가 비즈니스와 정치학, 일상생활에서 훨씬 더 중요한 것으로 보인다. 이러한 생각을 바탕으로 우리는 소비, 교육, 고용, 환경 보 호, 저축, 스포츠, 투표, 정치학 등 다양한 영역에서 드러나는 행동을 설명할 수 있다. 그리고 권한을 가진 사람이 〈궁극적인 결정은 자신 의 몫이다〉라고 선언하는 것이 종종 현명한 일이라는 사실을 이해 할 수 있다.

10장

강제

인간은 때로 중대한 실수를 저지르는 경향이 있음을 보여 주는 행동적 발견을 염두에 둘 때, 우리는 명령과 금지가 새로운 정당성을 확보하는 게 아닐까 의문을 품게 된다.[1] 이러한 의문을 품는 이유는 분명하다. 사람들의 선택이 오히려 그들을 잘못된 방향으로 이끈다면, 왜 굳이 선택의 자유를 고집해야 하는가? 실수에 직면해서도 자유를 강조하는 것은 이상하고 잘못된 접근 방식이 아닌가? 게다가 많은 경우에 사람들이 선택하지 않기를 선택한다는 사실을 감안한다면, 더욱 그렇지 않은가?

명령이 사회 복지를 크게 증진시킬 때, 사람들은 명령을 강력하게 지지할 것이다. 여기서 우리는 〈사회 복지〉가 의미하는 바를 구체적으로 정의할 필요가 있다.[2] 하지만 대략적인 정의에 동의할 수 있다면, 명령이 정당성을 확보하는 다양한 사례를 발견할 수 있다. 가령 어떤 사람이 남에게 피해를 입히는 경우, 넛지만으로는 충분하지 않다. 디폴트 룰로 폭력 범죄에 대응할 수 있다고 생각하는 사람은 없을 것이다. 물건을 훔칠 것인지, 남을 공격할 것인지를 놓고 선택을 하도록 허용해야 한다고 생각하는 사람도 없다. 일반적인 시장 실패를 고려할 때, 명령의 정당성을 뒷받침하는 근거는 우리에게 익숙하다. 가령 공기 오염 문제에 대해 생각해 보자. 물론 여기서도 디폴트 룰은 중요한 역할을 한다. 친환경 에너지 사용을 권장하는 디폴트 룰을 떠올려 보자. 하지만 이 경우에 디폴트 룰의 효과는 당면 과제를 해결하기에 지나치게 온건한 방식으로 드러날 수 있다. 디폴트 룰 외에도 수많은 대응 방식을 선택할 수 있기 때문이다.

앞서 행동적 시장 실패가 존재한다는 사실을 살펴봤다. 사람들이 비현실적 낙관주의나 제한된 관심, 혹은 자기 통제력 문제로 어려움을 겪을 때, 그리고 이러한 어려움이 실제로 행복을 크게 위축시킬 때, 공식적인 대책을 마련해야 할 것이다. 가령 사람들이 쉽게 생명의 위험을 무릅쓰려 할 때, 그러한 행동을 하지 못하도록 강제하는 접근 방식이 더욱 타당할 것이다. 어쨌든 사람들은 특정한 종류의 약을 처방받도록 해야 하며, 아무리 자유를 소중하게 생각하는 사회라고 해도 사람들이 특정 유형의 식품을 사거나 직장에서 특정 유형의 활동을 하지 못하도록 해야 한다. 명령이나 금지가 최고의 접근 방식이 되는 사례는 아주 많다. 그 이유는 사회 복지 관점에서 디폴트 룰을 포함하는 다른 대안보다 더 나아 보이기 때문이다.

명령에 대한 다섯 가지 반론

그럼에도 사회 복지 개선이 목표일 때, 넛지야말로 최고의 접근 방식이라고 주장할 수 있다. 그 근거는 충분하다.

첫째, 자유를 보존하는 접근 방식은 다양성에 직면해 최고의 방식이 될 가능성이 높다. 디폴트 룰은 사람들이 각자 길을 선택하도록 함으로써 일반적으로 명령을 수반하는 만병통치약에 따른 비용을 줄인다. 신용 시장의 경우 일부 소비자는 이자율이 높아도 당좌대월 프로그램에 가입해서 도움을 받는다. 가입을 금하거나 접근을 제한하는 접근 방식은 오히려 소비자에게 피해를 줄 수 있다. 신용카드와 대출 시장의 경우 사람들의 기호와 요구는 참으로 다양하다. 그렇기 때문에 디폴트 룰은 금지보다 장점이 많다. 맞춤형 디폴트 룰은 다양성에 따른 문제를 줄인다. 물론 그런 디폴트 룰을 설계하기란 대단히 힘들다는 사실도 앞서 살펴봤다.

둘째, 넛지를 선호하는 사람은 정부가 정보를 제공하며, 자신이 실수를 저지를 위험이 있다는 사실에 주의를 기울인다. 넛지가 효과를 드러내지 못할 때, 그 피해는 명령의 경우보다 훨씬 덜 심각하다. 사람들이 자유롭게 넛지를 무시할 수 있기 때문이다. 물론 일부 유형의 넛지는 쉽게 무시할 수 없다. 하지만 많은 이들은 넛지를 좋아하지 않을 때, 옵트아웃을 선택한다는 사실 또한 살펴봤다. 가령 온도 기본 설정 사례를 떠올려 보자. 기존 설정보다 1도 낮게 설정했을 때 사람들은 그냥 내버려 둔다. 그러나 2도 낮출 때, 사람들은 가만 있지 않았다. 이는 사람들이 불편함을 느낄 때 디폴트 룰을 거부한다는 사실을 보여 주는 상징적인 사례다. 여기서 다시 한번 대규모 데이터베이스와 맞춤형 디폴트 룰의 등장으로 도움을 얻을 수 있다. 하지만 이러한 문제를 완전히 해결할 수 있다는 기대는 아마도 지나친 낙관주의일 것이다.

셋째, 넛지는 정부가 잘 조직화된 민간 집단으로부터 영향을 받는다는 사실(공공 선택 문제)에 대응할 수 있다. 효과적으로 기능하는 민주주의 사회에서도 정부가 많은 정보를 확보하고 있을 때조차 적절한 인센티브를 마련하지 못할 수 있다. 강력한 민간 집단은 특정한 넛지를 원할 수 있고, 정부를 설득해서 자신들이 원하는 넛지를 지지하도록 압력을 행사할 수 있다. 사람들이 자신의 길을 선택할 수 있다는 사실은 적어도 명령과 비교했을 때 실질적인 보호 장치로 기능한다.

넷째, 넛지는 선택권을 박탈당했을 때 사람들이 느끼게 되는 행복감의 상실을 피할 수 있다는 장점이 있다. 앞서 살펴본 것처럼, 사람들은 때로 직접 선택하길 원하며, 선택의 권리를 박탈당했을 때 혼란과 분노를 느낀다. 넛지는 그러한 상실감을 피할 수 있다.

다섯 째, 넛지는 선택의 자유를 보존하며, 이 사실은 종종 내재적 선으로 인정받는다. 정부가 국민을 존엄으로 대하고자 한다면, 넛지의 이러한 가치에 주목해야 한다. 일부는 자율성에 독립적인 가치가 있으며, 보편적인 선의 일부가 아니라고 말한다. 사람들에게서 자유를 빼앗을 때, 정부는 그들을 어린아이 취급하는 것이다. 반면 넛지는 사람들이 좋아하는 길을 스스로 선택하도록 허용한다.

그럼에도 사람들은 넛지가 때로 명령보다 더 은밀하고 불투명하며, 그래서 감시가 더 힘들다고 주장한다. 그러나 넛지는 실제로 은밀하지 않으며, 은밀할 필요도 없다. 퇴직연금과 의료보험의 자동 가입 제도의 경우에도 그러한 측면은 없다. 사실 많은 사람이 디폴트 룰에 관심을 갖지 않거나 그 효과를 잘 이해하지 못한다. 그러나 특정한 디폴트 룰이 그들을 위해 마련되었다는 사실을 이해한다고 해서 디폴트 룰에 직면한 사람의 행동이 바뀌는 건 아니라는 점을 상기하자.

사례

선택을 보존하는 접근 방식을 지지하는 위 다섯 가지 주장의 설득력은 상황에 따라 달라질 것이다. 이들 주장은 명령보다 넛지를 선호해야 할 근거를 제시한다. 하지만 그것은 결정적인 근거가 아닐 수 있다. 예를 들어 어떤 경우에는 선택의 자유에 대한 관심이 압도적으로 높은 반면, 다른 상황에서 사람들은 별로 신경을 쓰지 않을 것이며, 그럴 때 내재적 가치는 미미할 것이다. 이러한 사실을 사례를 통해 살펴보도록 하자.

1. 한 대학이 오래전부터 단면 인쇄를 디폴트 룰로 유지해 왔다. 그런데 최근 이를 양면 인쇄로 바꿀지 고민하고 있다. 그리고 철저한 조사를 통해 학생과 교직원 80퍼센트 이상이 종이를 절약할 수 있다는 생각에 양면 인쇄 방식을 선호한다는 사실을 확인했다. 그 대학은 이러한 정보와 양면 인쇄에 따른 경제적·환경적 이익에 대한 확신을 바탕으로 디폴트 룰을 변경하기로 결정했다.

이제 다수결 원칙을 지지하는 일부 대학 관계자들이 양면 인쇄를 의무로 규정해야 할 것인지 질문을 제기한다. 이에 대한 대답은 명백하다. 사용자의 약 5분의 1은 단면 인쇄를 선호한다. 파워포인트 슬라이드나 강의 자료처럼 반드시 단면 인쇄를 해야 하는 경우도 있다.

만약 단면 인쇄에 따른 비용을 비사용자에게 부과한다면 평가는 달라질 것이다. 그럴 때, 여러 가지 측면을 고려해야 할 필요가 있다. 그러나 프린터 사용자의 행복이 가변적이라면, 디폴트 룰은 명령보다 선호할 만한 방식이 된다. 사용자 관점에서 볼 때 개인과 사안이 다양하다는 측면에서 명령은 불필요한 비용을 부과할 수 있다. 따라서 이는 디폴트 룰을 명령보다 더 선호할 수 있다는 사실을 보여 주는 분명한 사례라 하겠다.

2. 앞서 살펴본 것처럼 많은 연구가 퇴직연금 자동 가입 제도의 효과를 다루고 있다. 또한 우리는 자동 가입 제도가 선택의 자유를 보존하면서 퇴직연금의 납입 금액을 높인다는 사실을 살펴봤다. 여기까지는 아무런 문제가 없다. 하지만 디폴트 부담금 기여율이 직원들이 선호하는 비율보다 낮을 때(가령 많은 자동 가입 제도 사례처럼 3퍼센트), 자동 가입 제도로 인해 오히려 평균 납입금이 줄어들 수 있다. 사람들이 디폴트 부담금 기여율을 쉽게 포기할 수 없기 때문이다. 디폴트 룰을 활용해 은퇴 후 행복을 증진시키고자 하는 취지에 비춰 볼 때 아이러니한 결과다.

이에 대한 대책은 디폴트 룰을 포기하고 명령을 선택하는 것이 아니라, 더 나은 디폴트 룰을 마련하는 것이다. 한 가지 가능성으로 〈자동 인상 프로그램〉이 있다. 부담금 기여율을 미리 설정한 최대 한도에 이를 때까지 해마다 조금씩 인상하는 방식이다. 실제로 이러한 프로그램은 효과가 있는 것으로 나타나고 있으며, 점점 인기를 끌고 있다. 또 다른 방식은 더 높은 디폴트 부담금 기여율을 선택하는 것이다. 이러한 디폴트 룰이 실패로 끝날 위험은 높지 않다. 혹시 문제점이 드러나더라도 얼마든지 바로잡을 수 있기 때문이다.

그러나 중요한 반론이 있다. 이는 선택의 자유에 대해 질문을 던진다. 예를 들어 사람들이 자신의 삶을 더 나쁘게 만든다는 차원에서(그들 자신의 판단에 따라) 부정적인 이유로 퇴직연금 프로그램에서 옵트아웃을 선택한다고 해보자. 이들은 아마도 금융 시스템이나 기업에 대해 일반적인(그리고 타당하지 않은) 불신을 갖고 있을 것이다. 그 때문에 퇴직연금을 최대한 적게 납부하거나, 아니면 아예 가입하지 않을 것이다. 그들은 현재 편향으로부터 어려움을 겪는다. 옵트아웃을 선택한 사람은 그러한 결정으로 인해 미래에 어려움을 겪게 될 것이다.

옵트아웃을 선택한 사람이 상해를 입을 때, 명령을 지지하는 주장은 행복의 관점에서 설득력을 얻는다. 정부가 행동적 시장 실패나 여러 유형의 실수가 사람들을 자기 파괴적인 선택으로 몰아간다는 사실을 경험으로 안다면, 퇴직연금 가입을 의무화해 옵트아웃을 선택할 권리를 없애야 한다고 주장할 수 있다. 실제로 민주주의 국가들은 대부분 하나 혹은 여러 가지 형태로 의무적 연금보험을 운영하고 있다. 자발적인 보완을 허용하거나 확대하기보다 이러한 프로그램을 확대해 나가는 중이다. 일부 비평가는 정부가 포괄적 행복 평가를 기준으로 최적의 납입률을 산정해야 한다고

까지 주장한다. 이들은 또한 그러한 산정을 기반으로 프로그램을 의무화해야 한다고 강조한다.

원칙적으로 이러한 주장을 배제할 수는 없다. 그러나 주의를 기울여야 할 필요는 있다. 정부는 사람들이 옵트아웃을 하는 이유를 분석하는 과정에서 실수를 저지를 수 있다. 명령은 디폴트 룰과 비교해서 사람들이 가입을 통해 이익을 얻는 시스템으로 나아가도록 만든다. 하지만 그 시스템이 이들에게 심각한 피해를 입힐 수도 있다. 그렇다면 두 집단의 규모를 정확하게 파악하는 것은 대단히 까다롭지만 중요한 문제다. 옵트아웃을 선택한 사람들은 터무니없는 이유로, 혹은 미래의 자아를 무시해서 그런 선택을 한 것이 아니다. 그들은 지금 당장 돈이 필요하기 때문에, 혹은 현재와 미래의 행복 사이에 합리적 교환의 차원에서 옵트아웃을 선택했다.

포괄적인 행복 평가를 기반으로 한 최적 납입률 산정은 대단히 힘들다. 특히 인구의 다양성과 나이에 따른 가변성을 고려한다면 더욱 그렇다. 가령 20대와 30대 혹은 40대, 60대 인구를 위한 최적 납입률은 얼마인가? 학자금을 납부하거나 대출을 갚기 시작할 때, 혹은 자녀를 부양해야 할 때 납입률은 어떻게 바뀔 것인가? 소득이 3만 달러나 6만 달러, 혹은 10만 달러인 인구를 위한 납입률은 어떻게 되는가? 거시경제의 변화는 여기에 어떤 영향을 미칠 것인가?

정부는 장기적 차원에서 다양한 사람에게 다양한 접근 방식이 필요하다는 점을 이해해야 한다. 예를 들어 경기 침체 시에는 소득이 낮은 인구 집단의 납입률을 낮춰야 한다. 학자금을 마련해야 하는 사람은 당분간 연금 납부를 꺼릴 것이며, 지금 당장 목돈이 필요한 사람들(가령 자녀가 대학에 들어가는 경우) 역시 당분간은 높은 납입률을 원치 않을 것이다. 이러한 사실은 천편일률적인 명령보다 맞춤형 방식의 필요성을 제기한다. 그러나 맞춤형 방식은 설계하기 쉽지 않으며, 위험한 사회 공학적 방식으로 흘러갈 수 있다.

게다가 모든 형태의 강압은 자율성을 행사하길 원하고, 그것이 좌절될 때 분노를 느끼는 일부 사람에게서 행복을 앗아갈 것이다. 그리고 선택의 자유가 내재적 가치를 포함하고 있고 학습을 강화하는 역할을 한다면, 이는 명령을 거부해야 할 부가적인 이유가 된다.

이처럼 다양한 요인이 위험을 경고하지만, 이들 모두 결정적인 근거는 아니다. 앞서 언급했듯이 많은 국가는 사회 보장 프로그램을 완전히 합법적인 틀에서 의무적인 방식으로 운영하고 있다. 그리고 그 규모를 늘리기 위해 기존 프로그램을 확대해 나간다. 만일 자동 가입 제도에서 옵트아웃이 정말로 나쁜 선택이라는 사실이 드러난다면, 이는 명령을 지지하는 강력한 근거가 될 수 있다. 하지만 그렇다고 해도 민간 퇴직연금 역시 가입자를 위해 중요한 역할을 한다. 여기서 한 가지 질문이 제기된다. 기존의 자발적 시스템을 좀 더 강제적인 방식으로 바꿔야 하는가? 이와 관련해 인구 다양성과 정부 실수의 위험이라는 요소는 디폴트 룰의 손을 들어준다.

3. 자동차들은 오염 물질을 내뿜고, 휘발유 사용은 해외 석유 시장에 대한 국가 의존도를 높인다. 바로 여기에 시장 실패가 있고, 이에 대한 최고의 대응은 차량 운행의 사회적 비용을 내부적으로 처리하도록 설계된 세금을 부과하는 것이다. 행동적 차원에서 충분한 정보를 확보한 규제 기관은 많은 소비자가 차량 구매 시점에서 자동차 유지비에 별로 관심을 기울이지 않는다고 생각한다. 비록 노력을 한다고 해도, 운전자는 유지비를 충분히 고려하지 않는다. 그 이유는 연비 차이가 곧바로 경제적·환경적 영향으로 환산되지는 않기 때문이다. 여기서 선택의 자유를 보존하는 접근 방식은 행동적 시장 실패를 바로잡을 수 있는 연비 표시의 방식으로 정보를 공개하는 것이다.

그러나 연비 표시가 충분한 효과를 드러낼지는 의문이 남는다. 이는 현실적인 질문이다. 많은 소비자는 연비 표시에 충분한 관심을 기울이지 않으며, 그래서 연료비를 크게 아낄 수 있는 모델을 선택하지 않는다. 이때 세금을 통해 문제를 해결할 수 있다. 하지만 소비자가 차량 구매 시점에서 연료비를 무시한다면, 세금과 더불어 연비가 우수한 차에 보조금을 지급하는 방식도 함께 고려해 볼 수 있겠다.

이제 외부 효과를 제외하고, 연비 기준을 통한 두 가지 소비자 절약에 초점을 맞춰보자. 사실 최근 연비 기준에 따른 정량화된 이익 대부분은 환경 개선이 아니라 연료비 절감으로부터 비롯된다. 금전적 등가물인 시간 절약도 중요하다. 최근 미국 교통국은 가장 야심 찬 연비 기준을 통해 약 5290억 달러에 달하는 경제적

절약, 150억 달러에 달하는 시간 절약, 250억 달러에 해당하는 에너지 안보 이익, 490억 달러의 이산화탄소 배출 감소, 140억 달러의 공기 오염 감소, 그리고 사망률 감소에 따른 10억 달러에 육박하는 효과를 확인했다.[3] 15년에 걸친 총 예상 절감 효과는 6330억 달러로, 그중 84퍼센트가 연료비 절약으로부터, 86퍼센트가 이러한 절약에 시간 절약을 합친 것으로부터 비롯되었다.

앞서 언급했듯이 표준적인 경제에 근거할 때 이 같은 소비자 혜택이 분석에서 중요한 자리를 차지한다고 단정할 수는 없다. 그 이유는 편익이 전적으로 민간 분야에 국한되어 있으며, 어떤 방식으로든 외부 효과를 고려하지 않았기 때문이다. 소비자는 차를 구매할 때 틀림없이 연비 좋은 차를 선택할 경우 얼마나 절약할 수 있는지를 따져 볼 것이다. 만일 그러한 차를 사지 않기로 선택했다면, 그 이유는 다른 특성(안전성이나 디자인, 성능)과 비교해 연비를 특히 더 중요하게 생각하지 않았기 때문이다. 그렇다면 시장 실패는 어디서 비롯되는가? 이 문제가 정보 부족에 기인한 것이라면, 표준적인 경제적 처방은 행동적인 측면에서 정보를 고려한 처방(〈소비자가 쉽게 이해하도록 정보를 제공하기〉)과 중첩될 것이다.

그러나 이러한 맥락에서 모든 형태의 선택을 보존하는 접근 방식은 바람직하지 않을 수 있다. 세계 최고 수준의 연비 표시에도 불구하고 소비자는 어쩌면 차를 구매할 때 그 이익에 대해 충분히 주의를 기울이지 않을지 모른다. 연비 절감 혜택을 다른 요소보다 중요하게 생각해서 합리적 판단을 내리기보다 다른 요소에 초점을 맞추기 때문이다.[4] 얼마나 많은 소비자가 연비 좋은 자동차를 고민하면서 시간 절약까지 생각할까?

이 문제는 우리가 아직 온전한 답을 내놓지 못하고 있는 다양한 현실적 질문을 제기한다. 그러나 소비자가 돈과 시간 절약에 충분한 관심을 기울이지 않을 때, 적절하게 설계된 연비-경제 명령(단지 디폴트 룰이 아니라 강력한 개입주의)이 정당화될 수 있다. 그 이유는 충분한 정보를 확보하고 충분한 관심을 기울이는 소비자가 만들어 내는 것과 비슷한 결과로 이어질 것이기 때문이다. 명령에 따른 편익이 비용을 크게 넘어선다면, 그리고 소비자가 중대한 행복 상실을 느끼지 않는다면(가령 안전, 성능, 디자인 측면에서 가치 하락), 명령은 행동적 시장 실패를 바로잡을 수 있다. 실제로 미국 정부는 이렇게 주장했다.

이러한 상황에서(그리고 여러 다른 상황에서) 주요 과제는 에너지 패러독스라는 이름으로 불린다. 간단하게 말해서 문제는 소비자가 경제적 관점에서 자신에게 도움이 되는 제품을 구매하지 않는다는 것이다. 그들이 그렇게 행동하는 데에는 강력한 이론적 근거가 있다.

- 소비자는 근시안적이어서 장기적 가치를 과소평가한다.
- 소비자는 정보가 부족하거나 정보를 확보했다고 해도 제대로 이해하지 못한다.
- 소비자는 연비가 좋은 제품의 높은 가격에 따른 단기적 손실을 싫어한다. 예상된 절약의 가치가 비용을 넘어선다고 해도 마찬

가지다(〈손실 회피〉를 행동적 차원에서 보여 주는 현상).

• 소비자가 자동차의 등급과 같은 특정 요소를 이미 선택했을 때, 연비 좋은 모델을 고를 수 있는 선택의 폭이 상대적으로 좁다.[5]

우리는 명령이나 금지에 대한 주장을 수용하는 데 신중해야 한다. 행동 편향은 단지 주장에 그쳐서는 안 되고, 뚜렷하게 드러나야 한다. 대부분의 소비자는 아마도 연비 좋은 자동차의 혜택에 많은 관심을 기울일 것이다.[6] 비용과 편익에 대한 정부의 분석은 잘못된 것일 수 있다. 가령 지식 문제를 떠올려 보자. 소비자는 자동차에 대해 다양한 기호를 갖고 있으며, 그렇기 때문에 연비 기준은 폭넓은 선택의 자유를 보존하도록 설계돼야 한다.

이러한 점에서 행동적 시장 실패를 참조해 설계한 연비 기준에 대한 주장은 어느 정도 타당해 보인다. 넛지(개선된 연비 표시)와 명령(연비 기준)은 양립 가능하다. 행동적 발견에 대한 이해가 뒷받침될 때, 소비자의 행복을 증진시키는 명령과 통제의 접근 방식은 세금이라고 하는 일반적인 경제적 구제책보다 훨씬 더 나은 것으로 드러날 것이다.

덜 위험한 방식

연비 사례는 중요하지만 이를 확대 해석해서는 곤란하다. 다시 말해 인간의 실수에 직면해서 명령이 〈일반적으로〉 선택을 보존하는 방식보다 더 선호할 만하다는 것을 의미하지는 않는다. 앞서 살펴봤듯이, 그러한 방식은 디폴트 룰에 비해 다양한 인구를 대상으로 해 결책을 실행하는 비용을 줄이고, 정부 실수와 관련된 위험을 줄이며, 선택의 자유를 제거하는 것과 관련된 많은 비용을 피할 수 있다. 예상하지 못하거나 혹은 피해를 주는 명령의 부작용을 고려할 때, 일반적으로 디폴트 룰이 덜 위험하다.

결국 명령은 정당화되는 것으로 드러날 수 있다. 하지만 자유 사회에서는 덜 고압적이면서 선택을 보존하는 방식을 제시하고, 명령이 사회 복지를 분명하게 증진시킬 것이라는 사실을 보여 줄 수 있을 때에만 반박이 불가능한 추론을 채택하는 방식을 고려하는 것이 타당하다.

11장

기호 역전

20세기 마지막 사반세기 동안에 행동과학 분야에서 가장 흥미진진한 발견은 「선택지에 대한 결합 평가와 분리 평가 사이에서 드러나는 기호 역전」[1]이라는 다소 딱딱한 제목의 연구를 통해 소개되었다. 그 발견의 기본 개념은 이러하다. 사람들은 선택지 A와 B를 따로 평가할 때, B보다 A를 선호한다. 그러나 그 둘을 함께 평가할 때, A보다 B를 선호한다. 이러한 기호 역전preference reversal은 지금까지 충분한 관심을 받지 못했지만, 법과 정책 분야에서 중요한 의미를 담고 있다. 또한 선택, 합리성, 선택 설계, 선택과 행복의 관계에 관한 근본적인 질문을 제기한다. 그리고 좀 더 미묘한 방식으로 변화가 일어나는 시점에 관한 의미 있는 이야기를 들려준다.

사람들은 많은 상황에서 따로 평가를 하고 선택을 내린다. 즉 가전제품이나 책, 영화, 정책, 정치 후보자, 잠재적 연애 상대에 대해 한 가지 선택지를 평가한다. 그들은 각각의 선택지에 〈따로〉 관심을 기울인다. 그러나 다른 상황에서는 결합 평가를 통해 선택을 내린다. 그들은 두 가지 선택지를 한 가지 혹은 여러 가지 기준으로 비교한다. 즉 특정 기준에 따라 두 가지 선택지에 관심을 집중한다.

물론 세 가지나 네 가지 혹은 500가지 선택지를 놓고 동시에 평가할 수도 있다. 결합 평가joint evaluation와 개별 평가separate evaluation의 차이는 〈개별〉 방식을 〈다중〉으로 설명할 수 있는 상황에서 비현실적인 것으로 드러날 수도 있다. 그러나 이 문제는 다음에 살펴보기로 하고 일단은 넘어가도록 하자. 여기서 핵심 아이디어는 사람들이 선택지에 접근할 때 다른 선택지와 비교하지 않을 수도 있다는 것이다.

여기서 내 목표는 개별 평가와 결합 평가가 여러 흥미진진한 이유로 인해 종종 나쁜 결과로 이어진다는 사실을 보여 주는 것이다. 간단하게 말해서, 개별 평가에 따른 고유한 문제는 관련 정보가 부족하다는 것이다. 선택지의 몇 가지 특성은 따로 구분해서 평가하기 힘들다. 삶과 실제 경험의 측면에서 그 의미는 분명하지 않다. 그래서 이러한 특성은 무시될 수 있다. 반면 결합 평가에 따른 고유한 문제는 단일 특성(혹은 특성의 하위 집합)이 지나치게 두드러지게 된다는 것이다. 삶과 실제 경험에서 중요한 의미가 있든 없든 간에, 사람들은 두 가지 선택지를 구분해 주는 특성에 집중하게 된다.

나는 이 문제에 상당한 지면을 할애할 것이며, 그 과정에서 왜 개별 선택이 시장과 정치에서 종종 잘못된 결과로 이어지는지 들여다본다. 일반적인 견해와 달리, 나는 결합 평가보다 개별 평가를 선호하거나 혹은 그 반대를 선호해야 할 근거는 없다고 생각한다. 좋은 의사 결정과 결과를 만들어 내기 위한 과정에서 두 가지 평가 모두 심각한 문제와 맞닥뜨린다. 우리는 각각의 평가 방식과 관련된 문제를 피할 수 있는 길을 모색해야 한다. 얼핏 보기에 〈거시적 평가 global evaluation〉*는 개별 평가나 결합 평가보다 나아 보이지만, 이는 지나치게 단순한 결론이다. 그 구조는 관련된 과제의 목표에 대한 평가에 기반을 두어야 한다. 소비자 행복을 증진시킬 것인가? 사회 복지를 전반적으로 강화할 것인가? 최적 억제를 보장할 것인가? 이 같은 관련된 문제를 이해함으로써 우리는 적절한 구조를 확인할 수 있다.

소비재

다음은 소비자 입장에서 살펴보고자 하는 기호 역전 사례다.[2]

> 사전 A: 2만 개 단어. 표지가 찢어짐. 그것만 빼면 새것과 같음.
> 사전 B: 1만 개 단어. 새것과 같음.

두 선택지를 따로 평가할 때, 사람들은 B에 더 많은 돈을 지불하려 한다. 반면 둘을 함께 평가할 때, A에 더 많은 돈을 지불하고자 한다. 우리는 이러한 기호 역전 현상을 〈평가 용이성evaluability〉이라는 용어로 설명할 수 있다.[3] 개별 평가에서는 대부분의 사람들이 사전에 얼마나 많은 단어가 수록돼야 하는지, 1만 개면 많은 건지 적은 건지 알지 못한다.[4] 1만 개와 2만 개는 개별 평가에서 판단하기 힘들

* 전반적인 특성을 거시적 관점에서 평가하는 방식.

기 때문에 돈을 지불하고자 하는 의지에 영향을 미치지 못한다. 숫자가 정확하게 무엇을 의미하는지 알 수 없을 때, 그것은 별로 중요하지 않다. 반면 〈찢어진 표지〉는 명백히 부정적인 의미를 담고 있다. 반면 〈새것과 같은〉은 긍정적인 의미를 담고 있다. 이러한 특성은 소비자에게 중요해 보인다. 누가 찢어진 사전을 원하겠는가?

심리학 논문에서 찾아볼 수 있는 평가 용이성이라는 개념은 기존 경제학 용어로 이해할 수 있다. 다시 말해 평가 용이성 문제란 〈적절한 정보의 부족〉을 의미한다. 정보를 얻으려면 비용이 든다. 설령 비용이 들지 않더라도 사람들은 굳이 얻으려 하지 않는다. 개별 평가에서 불충분한 정보는 일반적인 문제다(정보를 얻기 위한 노력이 합리적인 것인지는 별개의 문제로서 이는 노력의 비용과 편익에 달렸다). 선택지(사전, 전자기기, 휴대전화, 일자리, 사람, 도시)의 다양한 특성은 추상적인 차원에서 본질적으로 의미가 없다. 나는 계속해서 〈평가 용이성〉 문제라고 표현하고 있는데, 매번 충분한 정보의 부족을 의미한다.

평가하기 힘들거나 불가능한 특성으로 숫자를 꼽을 수 있다. 숫자의 의미는 맥락과 배경 지식에 달렸다. 가령 랩톱 컴퓨터와 관련해서 〈긱벤치Geekbench 3 SC 32〉라는 특성은 소비자가 그 의미를 알기가 힘들거나 불가능하다. 물론 많은 소비자는 특정 숫자와 관련해서 그 의미를 이해한다(가령 배터리 사용 시간). 하지만 그러한 경우라고 해도 개별 평가에서 소비자는 인상적인 숫자(9시간, 10시간)나 덜 인상적인 숫자(6시간, 5시간)를 구분하기가 쉽지 않다. 평가 용이성 문제(충분한 정보의 부족)를 해결하기 위해 소비자는 노력을 해야 하지만, 종종 그런 노력을 거부한다.

이러한 점에서 평가 용이성은 〈기회비용 무시〉와 같은 범주에 속한다. 즉 사람들은 특정 재화에 ×달러를 지불하고자 하지만, ×달러를 지불해야 하는 다른 재화에 집중할 경우에는 그렇지 않을 것이다.[5] 사람들이 기회비용에 주목하도록 만드는 것은 분석적인 차원에서 결합 평가와 유사하다. 결합 평가는 사람들의 시야를 확대함으로써 비교에 관심을 집중하도록 만든다.

소비재나 수많은 선택지의 경우, 평가 용이성 문제는 힘든 과제를 제시한다. 그리고 선택의 시점에 쉽게 평가할 수 있는 특성은 사람들의 의사 결정을 지배하게 된다. 우리는 비슷한 관점에서 현재 편향이라고 하는 행동적 현상을 이해할 수 있다.[6] 현재는 종종 평가하기 쉽지만, 미래는 구름에 가려 있을 때가 많다. 미래의 상황과 관련해 평가 용이성 문제는 아마도 현재 편향을 강화하는 방향으로 작용할 것이다. 정치와 법률 분야에서 특정 선택지의 특성에 대한 평가 용이성 문제는 특히 까다로울 수 있다. 이에 대해서는 나중에 다시 살펴보기로 한다.

반면 결합 평가에서는 2만 개 단어가 1만 개 단어보다 낫다는 사실을 쉽게 알 수 있다. 이 숫자는 소비자에게 대단히 중요하며, 특히 비교 상황에서 의미가 있다. 사전의 핵심 기능은 단어의 뜻을 알려 주는 것이므로, 2만 개 단어를 수록한 사전은 1만 개 단어를 수록한 사전보다 훨씬 좋아 보인다. 다른 사전보다 두 배나 더 많은 단어를 수록하고 있다면, 표지가 찢어진들 어떻겠는가?

혹은 시대에 뒤떨어진 기술에 관한 다음 사례를 생각해 보자.[7]

CD 체인저 A: 다섯 장의 CD를 넣을 수 있다.

총 고조파 왜곡=.003퍼센트

CD 체인저 B: 스무 장의 CD를 넣을 수 있다.

총 고조파 왜곡=.01퍼센트

여기서 실험 참가자에게 총 고조파 왜곡이 낮을수록 음질이 더 좋다는 정보를 알려 준다. 개별 평가에서, 실험 참가자는 CD 체인저 B에 더 많은 돈을 지불하고자 했다. 반면 결합 평가에서는 CD 체인저 A에 더 많은 돈을 지불하고자 했다.[8] 여기서도 우리는 평가 용이성으로 설명할 수 있다. 총 고조파 왜곡의 수치가 낮을수록 좋다는 사실을 알고 있음에도 0.01퍼센트는 충분히 낮아 보인다. 개별 평가에서는 0.01퍼센트와 0.003퍼센트는 비슷하게 (낮아) 보인다. 그러나 결합 평가에서 0.003퍼센트는 분명히 더 좋아 보인다. 사람들은 음질을 가장 중요하게 생각했고, 그래서 상대적으로 중요하지 않은 기능(CD 수)을 기꺼이 포기하고자 했다.

실제 데이터로 구성된 사례를 살펴보자.[9]

야구 카드 패키지 A: 귀한 야구 카드 열 장, 그리 귀하지 않은 카드 세 장

야구 카드 패키지 B: 귀한 야구 카드 열 장

이 경우 개별 평가에서 경험이 없는 야구 카드 거래자는 패키지 B에 더 많은 돈을 지불하고자 했다. 결합 평가에서는 패키지 A에 더

많은 돈을 지불하려 했다. 흥미롭게도 노련한 거래자들 역시 덜 분명한 형태이기는 하나 기호 역전을 보여 주었다. 그들은 결합 평가에서 패키지 A에 더 많은 돈을 지불하고자 했다. 그러나 개별 평가에서는 패키지 B에 더 많은 돈을 지불하고자 했다(그 차이는 통계적으로 크지 않았다). 상대적으로 소수에 해당하는 노련한 거래자의 경우, 기호는 결합 평가에서 패키지 A였지만 개별 평가에서는 존재하지 않았다.

이 설명은 앞서 살펴본 것과 비슷하다. 경험이 없는 거래자의 경우 더욱 뚜렷하게 나타났다. 결합 평가에서는 패키지 A를 선호한다는 사실을 쉽게 확인할 수 있다. 여기서 사람들은 패키지 B에서는 가질 수 없는 가치를 얻는다. 반면 개별 평가에서는 두 패키지에 접근하는 것이, 혹은 어느 쪽이 더 나은지 파악하는 것이 힘들다. 일부 사람은 〈대표성 휴리스틱representativeness heuristic〉*으로 패키지 A의 가치를 낮춘다. 여기에는 흔한 카드가 포함되어 있기 때문에 패키지 전체 가치는 더 낮아 보인다. 존 리스트John List의 설명에 따르면, 〈시장에서 실제 선택을 검토할 때〉 드러나는 이러한 역전 현상은 〈위험이 없는 의사 결정에서는 안정성을 선호한다〉는 것을 보여 주는 좋은 시험이다.[10] 이 실험의 핵심은 사람들의 기호가 안정적이지 않다는 사실이다.

* 어떤 사건이 전체를 대표한다고 보고 이를 통해 빈도와 확률을 판단하는 방법.

정치

이제 다른 분야의 사례를 살펴보자.[11]

> 하원 후보 A: 일자리 5천 개를 만들겠다는 공약. 경범죄 전과 있음.
>
> 하원 후보 B: 일자리 1천 개를 만들겠다는 공약. 전과 없음.

사람들은 개별 평가에서 후보자 B를 더 호의적으로 평가했지만, 결합 평가에서는 A를 더 선호했다. 그 이유는 이제 짐작할 것이다. 1천 개 혹은 5천 개 일자리가 얼마나 큰 규모인지 파악하기가 힘들고, 둘의 차이를 이해하기 위해서는 많은 노력이 필요하다. 그러나 경범죄를 저질렀다는 사실은 명백히 부정적인 증거다. 그래서 사람들은 개별 평가에서 후보자 B에게 더 매력을 느꼈다. 그러나 결합 평가에서 대부분의 사람들은 4천 개의 추가 일자리가 경범죄 전력보다 중요하다고 느꼈고, 그래서 후보자 B에게 더 매력을 느꼈다.

이 사례는 지극히 전형적인 것이며, 그 결과는 관련된 인구 집단의 성향에 달렸다. 우리는 경범죄 전력이 결합 평가와 개별 평가에서 결정적인 요인으로 작용하게 되는 집단을 쉽게 떠올려 볼 수 있다. 또한 경범죄 전력이 결합 평가에서 특히 중요한 요소가 되는 집단도 쉽게 떠올려 볼 수 있다.[12] 정치 자문가는 어떤 형태의 평가가 후보자의 이익에 부합하는지 각별한 주의를 기울여야 한다. 이에 대해서는 나중에 다시 한번 살펴볼 것이다. 이는 조작이라고 하는 심각한 문제를 제기하기 때문이다(또한 합리성을 설명해야 하는 도전

과제를 부여하기 때문이다). 여기서 핵심은 후보자를 선택하는 과정에서 사람들의 기호는 제품을 선택하는 것과 마찬가지로 두 가지 평가 방식 사이에서 달라질 수 있다는 것이다.

거시적 평가와 현실

한 가지 주의할 점은 결합 평가는 거시적 평가가 아니라는 것이다. 거시적 평가란 모든 선택지를 모든 특성과 더불어 평가하는 것을 말한다. 위 사례의 결합 평가에는 두 가지 특징이 있다. 첫째, 두 선택지는 두 가지 기준에 따라 다르다. 둘째, 오직 두 가지 선택지밖에 없다. 그러나 현실에서 모든 선택지에는 수많은 특성이 포함되어 있고, 그중 일부는 개별 평가에서 평가 가능하고, 다른 일부는 그렇지 않다. 또한 현실에서 선택지는 단 두 가지가 아니라 무한하다.

따라서 결합 평가와 개별 평가를 포함하는 실험은 이러한 특징을 잘 설명해 주는 실제 의사 결정의 단순한 근사치로 봐야 한다. 효율적 시장에서 우리는 전반적 평가가 분명이 존재한다고 생각한다. 그러나 그렇게 생각해서는 곤란하다. 가령 실제 시장의 데이터를 기반으로 한 야구 카드 실험을 떠올려 보자. 여기서 노련한 거래자도 기호 역전 현상을 보였다. 일부 선택지는 실제로 개별 평가에 의해 이뤄진다. 사람들은 제품을 구매해야 할지 말아야 할지의 결정에 집중한다. 다양한 대안에도 주의를 기울이기 위해서는 노력이 필요하다. 사람들은 이러한 노력, 다시 말해 〈비교 마찰comparison friction〉을 어떻게든 회피하고자 한다.

이 사실은 왜 거시적 평가가 일반적으로 단순한 사고 실험인지를 잘 설명해 준다. 사람들은 선택지 집합 전체를 고려하지 않는다. 비록 우리가 그 집합을 어떻게 정의할 것인가에 동의한다고 해도 말이다(전자레인지, 시간 여행에 관한 책, 하이브리드 자동차). 물론 많은 선택은 결합 평가보다 더 다양한 평가를 수반하며, 특히 다양한 선택지가 동시에 주어질 때 더욱 그렇다(가령 슈퍼마켓이나 편의점에서).

위 사례의 경우, 결합 평가에서 다른 선택지가 무작위적으로 제시되지 않는다는 사실에 주목할 필요가 있다. 이들 사례는 한 가지 특성을 예전보다 더 쉽게 평가할 수 있도록, 혹은 예전에 평가가 불가능했던 것을 평가 가능하도록 설계되었다. 사전과 CD 체인저, 정치인, 야구 카드의 경우, 우리는 결합 평가에서 하나 혹은 다른 하나의 특성을 더 쉽게 평가할 수 있게 해주는 광범위한 선택지를 떠올릴 수 있다. 나중에 살펴보겠지만, 여기에는 조작의 기회가 분명히 존재한다. 우리는 결합 평가가 아니라 세 가지, 네 가지 혹은 마흔 가지 선택지를 평가해야 하는 실험을 떠올려 볼 수 있다.[13] 결합 평가는 거시적 평가가 아니며, 그에 가깝지도 않다는 사실에는 또한 규범적 의미가 담겨 있다. 이에 대해서는 다음에 살펴보기로 하자.

현실에서는 결합 평가와 개별 평가 사이에 뚜렷한 이분법이 아니라 이를 연결하는 연속체가 존재한다.[14] 어떤 경우에 사람들은 한 가지 선택지만을 살펴보고, 다른 경우에는 두 가지 이상을 고려한다. 사람들은 매장에 가서 다른 휴대전화도 얼마든지 고를 수 있다는 사실을 알면서도 휴대전화를 구입한다. 일부 결합 평가에서 두 가지 이상의 선택지가 동시에 존재하지만, 다른 경우에 선택자는 비교 작업을 수행하기 위해 많은 노력을 기울여야 한다. 여기서 선택지는 동시에 나란히 주어지지 않는다. 비교 마찰을 줄이기 위한 노력은 그러한 노력의 필요성을 제거한다는 점에서 도움이 된다. 여기서 핵심은 결합 평가와 개별 평가를 구분하는 선이 뚜렷하지 않다는 사실이다.

약간 큰?

결합 평가를 할 때와 개별 평가를 할 때 나타나는 기호 역전 현상은 다양한 곳에서 찾아볼 수 있다.[15] 우리는 그 현상이 언제 일어날 것인지, 혹은 언제 일어나지 않을 것인지 예측해 볼 수 있다. 첫 번째 예측은 선택지가 (1) 개별 평가에서 평가하기 힘든, (2) 결합 평가에서 평가하기 훨씬 쉬운, (3) 개별 평가에서 Y라는 특성에 의해 크게 좌우되는(평가 용이성 문제 때문에), (4) 결합 평가에서 특성 Y보다 더 중요하게 여겨지는 특성 X를 포함할 때, 우리는 기호 역전을 예상해 볼 수 있다. 조건 (1)~(4)는 종종 판매자의 의식적 노력 없이 일어나기도 하지만, 때로는 경제적·정치적·법률적 이해관계가 있는 사람에 의해 정교하게 조작된 형태로 나타날 수 있다.

기호 역전 현상은 〈극단 기피extremeness aversion〉와도 밀접한 관계가 있다. 극단 기피 역시 기호 역전을 일으킬 수 있으며, 조작이 가능하다.[16] 예를 들어 내가 옵션 A(작은 초콜릿 케이크 조각)를 옵션 B(중간 크기의 초콜릿 케이크 조각)보다 선호한다고 해보자. 그런데 여기에 옵션 C(큼지막한 초콜릿 케이크 조각)가 추가된다. 그러면 나는 옵션 A 대신 옵션 B를 선택할 것이다. 그 이유는 〈타협 효과 compromise effect〉 때문이다. 즉 중간을 선택하는 것이 안전하다는 휴리스틱 때문이다. 극단 기피는 또한 사람들이 조작에 취약하도록 만든다. 판매자는 옵션 A와 B에다가 그다지 매력적이지 않은 옵션 C를 의도적으로 추가함으로써 소비자가 옵션 A에서 옵션 B로 자연스럽게 넘어가도록 조작할 수 있다. 판매자는 타협 효과를 활용해 선택자가 더 값비싼 옵션을 선호하도록 유도한다. 정치인 역시 이와 똑같은 일을 한다.

결합 평가 및 개별 평가와 관련해서, 규범적인 질문(여기서 내 핵심 과제)은 아직 해결되지 않은 상태로 남아 있다. 결합 평가는 언제 개별 평가보다 더 선호할 만한 방식이 되는가? 그 반대는? 그 기준은? 두 가지 형태의 평가는 특성 문제에 영향을 받는가?

유혹에 저항하기

소비 선택과 관련해 한 가지 중요한 질문이 있다. 무엇이 소비자 행복을 높여 줄 것인가? 일단은 그 정확한 의미에 대해서는 잠시 접어 두자. 여기서 우리는 결합 평가의 손을 들어주고 싶은 마음이 든다. 여러 가지 특성을 쉽게 평가할 수 있기 때문이다. 이는 실질적인 장점이다. 앞선 사례를 떠올려 보자. 이들 사례에서 사람들은 어떻게 평가해야 할지 몰라서 중요한 변수를 배제하거나 무시했다. 결합 평가는 관련된 정보를 제공하고, 사람들은 변수에 충분한 관심을 기울었다. 야구 카드 사례야말로 이 점을 분명하게 보여 준다. 사람들은 결합 평가에서 더 많은 게 좋다는 사실을 깨달았다.

그러나 이것은 지나치게 단순한 결론으로 보인다. 첫째, 결합 평가는 〈실제로 사용하는 데 그리 중요하지 않은 차이를 두드러져 보이게 만든다〉.[17] 사전 사례에서 많은 단어는 적은 단어보다 좋다. 그런데 얼마나 더 좋은가? 사용자 대부분에게 1만 개 단어만으로도 충분할 수 있다. 반면 찢어진 표지는 계속해서 신경이 쓰일지 모른다. 둘째, 일상적으로 개별 평가가 일반적이다(이 문제는 다음에 자세히 다뤄 보도록 하겠다). CD 체인저에 다섯 장이 들어가는지 스무 장이 들어가는지는 매우 중요한 기준일 수 있다. 반면 음악 감상의 관점에서 0.003퍼센트와 0.1퍼센트의 차이는 전혀 중요하지 않을지 모른다. 숫자 자체는 우리에게 아무것도 말해 주지 않는다. 또한 하원 후보자의 경우에 4천 개의 일자리 창출은 대단히 중요하기 때문에 결합 평가가 유리해 보인다. 하지만 경범죄가 실질적인 피해를 입힐 수 있는 부패나 범죄의 전조라면, 결합 평가는 실수로 이어지게 될 것이다.

그러므로 우리는 결합 평가에서 일부 선택을 〈결정 효용-decision utility〉과, 〈경험 효용-experience utility〉[18] 혹은 더 간단하게 〈정서 예측 오류-hedonic forecasting error〉[19] 사이의 차이를 반영하는 것으로 이해할 수 있다. 여기서 사람들은 선택이 자신의 주관적 행복에 미치는 영향을 정확하게 예측하지 못한다. 거기에는 이유가 있다. 결합 평가는 종종 별로 중요하지 않은 특성에 집중하도록 만들기 때문이다.[20] 직관적인 사례를 살펴보도록 하자. 존스는 두 집 사이에서 고민하고 있다.

> 주택 A: 아주 크지만 직장에서 멀다.
>
> 주택 B: 어느 정도 크면서 직장과 가깝다.

개별 평가에서 존스는 주택 B에 더 관심이 간다. 어쨌든 그 집도 크고 출퇴근도 편하기 때문이다. 그러나 결합 평가에서 존스는 주택 A를 선택한다. 아주 큰 집이 어느 정도 큰 집보다 훨씬 더 좋아 보였기 때문이다. 여기서 출퇴근은 그리 중요한 요소로 보이지 않는다. 이러한 사실은 존스가 장거리 출퇴근에 따른 일상적 불편함을 과소평가했다는 점에서 정서 예측 오류라고 할 수 있다. 그는 주택 규모에 집중하느라 출퇴근의 불편함에는 크게 신경 쓰지 않았던 것이다.

우리는 이러한 현상을 소비자 선택과 다른 상황에서도 확인할 수 있을까? 신입 직원을 채용하는 상황을 생각해 보자. 여기서 우리는 결합 평가가 낫다고 합리적으로 생각해 볼 수 있다. 두 명 이상의 후보자가 지원할 경우, 기업은 더 중요한 요소에 집중할 수 있으므로 결합 평가를 통해 의사 결정을 하는 게 더 유리할 것으로 기대할 수 있다. 다음 사례를 생각해 보자.

> 지원자 A: 좋은 점수와 경력. CEO의 대학 동창이 추천함.
>
> 지원자 B: 탁월한 점수와 경력. 조직에는 아무런 인맥이 없는 좋은 대학 출신의 잘 모르는 사람이 추천함.

인사 팀은 개별 평가에서 지원자 A에게 호감을 느끼지만, 결합 평가에서 지원자 B에게 호감을 느껴서 최종적으로 선택할 수 있다. 하지만 여기서도 신중해야 한다. 조직이 무엇을 가장 중요하게 생각하는지에 대한 특정한 가정하에서, 개별 평가가 더 나은 결과로 이어질 수 있다. 선택자는 동창의 추천을 중요하게 여길 수 있고, 이는 결합 평가에서 결정적인 요소로 드러날 수 있다. 혹은 CEO 재목을 영입하는 것에 관심을 기울일 수 있고, 그래서 일류 대학 출신을 뽑는 것이 더 의미가 있을 것이라 생각할 수 있다. 만일 지원자 B를 선택한다면, 결합 평가로 인해 실수를 저지른 셈이다.

이러한 사실에 비춰 볼 때, 우리는 사람들이 개별 평가에서 감정적으로 판단하고, 결합 평가에서 이성적으로 판단한다는 입장에 의문을 품게 된다.[21] 우리는 이러한 입장이 사실로 드러나는 상황, 그리고 〈개별 평가에서 감정이 지나치게 영향력을 발휘하는〉 상황을 쉽게 떠올릴 수 있다.[22] 하지만 사실은 그 반대일지 모른다. 다음 사례를 생각해 보자.

> 상대방 A: 좋은 성격에 재미있고, 항상 친절하고, 매력적이다.
> 상대방 B: 좋은 성격에 엄청나게 재미있고, 일반적으로 친절하지만 항상 그런 것은 아니며, 치명적으로 매력적이다.

나는 이와 관련된 데이터를 수집하지는 못했지만, 그래도 개별 평가에서 A를 선호하지만 결합 평가에서 B를 선호하는 사람을 떠올려 볼 수 있다. 그렇다면 개별 평가는 감정적이고 덜 이성적일까? 이 질문은 사람들이 개별 평가에서 자신이 〈원하는〉 것에 초점을 맞추는 반면, 결합 평가에서는 〈해야 하는〉 것에 초점을 맞춘다는 주장에 대한 우려를 제기한다.[23] 이 주장은 일부 데이터와 잘 들어맞는다.

다음 사례를 생각해 보자.

옵션 A: 도심 공기 질 개선

옵션 B: 새로 나온 휴대전화 구매

사람들은 개별 평가에서 새로 나온 휴대전화에 더 많은 돈을 지불하고자 하는 반면, 결합 평가에서는 공기 질 개선에 더 많은 돈을 지불하고자 할 수 있다.[24] 우리는 개별 평가가 사람들의 욕망을 자극하는 반면, 결합 평가는 사람들에게 규범적 판단과 연결된 반응을 유도하는 상황을 쉽게 떠올릴 수 있다. 하지만 동시에 완전히 반대 결과로 이어지는 상황도 생각해 볼 수 있다. 다음을 보자.

옵션 A: 국가의 채무 상환에 기여

옵션 B: 데이트 상대와 멋진 저녁 식사

어떤 사람은 아마도 개별 평가에서 옵션 A에, 결합 평가에서는 옵션 B에 더 많은 금액을 지불하고자 할 것이다. 모든 것은 기존 성향과, 결합 평가에서 어디에 집중하는가에 달렸다. 지금부터는 이에 대해 살펴보도록 하자.

친구를 얻고 사람들에게 영향력을 행사하는 법

판매자는 개별 평가나 결합 평가에서 특정한 방식을 통해 선택자의 결정에 영향을 미치거나 조작할 수 있다. 그렇기 때문에 설계는 투명해야 한다.

개별 평가 활용하기

판매자는 개별 평가에서 선택자가 쉽게 평가할 수 있는 특성(좋다면)과 쉽게 평가할 수 없는 특성(별로 좋지 않다면)을 보여 주어야 한다. 이때 그 선택지는 심각한 문제가 있다고 해도 매력적으로 보일 것이다. 이러한 선택지를 제시할 수 있다면, 판매자는 항상 개별 평가를 선택해야 한다.

앞서 현실 속 시장에서 선택지에는 단 두 가지 특성만 존재하는 것이 아님을 언급했다. 실제로 선택지는 수많은 특성을 포함한다. 많은 실험적 증거는 지나친 단순화라는 사실을 명심하자. 그래도 핵심은 변하지 않는다. 오히려 더 뚜렷하게 보존된다. 판매자는 쉽게 평가할 수 있는 특성(매력적인 것)들 사이에서 선택하고, 접근이 힘들거나 불가능한 다른 특성들(그다지 매력적이지 않은)을 드러낼 수 있다. 누구나 알고 있듯이 제품의 일부 특성은 〈숨어 있다〉. 그것은 눈에 잘 띄지 않거나 혹은 판매자의 신중한 행동 때문이다.[25] 평가 용이성 역시 동일한 범주에 속한다. 즉 사촌 관계다. 말 그대로 숨어 있는 것은 없지만, 선택자는 제시된 정보 중 상당 부분을 잘 이해하지 못한다. 현실 시장에서 선택자는 발견할 수 있다. 사실 그건 어려운 일이 아니다. 그러나 비교 마찰 때문에, 다시 말해 포괄적인 정보를 얻기를 꺼려하는 성향 때문에 개별 평가에서 평가 용이성 문제는 그대로 남는다.

결합 평가 활용하기

반면 결합 평가에서 판매자는 선택자에게 명백하게 중요한 기준에 따라 쉽게 비교할 수 있게 해야 한다. 이를 위해 해당 제품의 긍정적인 특성을 강조해야 한다. 물론 대단히 중요한 특성이라면 가장 좋다. 하지만 그렇지 않더라도 비교를 통해 제품의 매력을 더욱 돋보이게 한다는 점에서 결합 평가는 효과적인 전략이다. 이러한 사실은 소비재와 정치인은 물론, 모든 형태의 선택지에도 똑같이 적용된다.

한 가지 사례를 살펴보자. 크기는 작아지고 화면은 더 좋아진 새로운 컴퓨터가 출시했다고 해보자. 이 신제품은 기존 모델에 비해 훨씬 가볍고 화면이 선명하다. 그 차이는 쉽게 확인할 수 있다. 그런데 소비자는 기존 모델에서 불편함을 느끼지 못했다. 그들은 오직 결합 평가에서만 기존 모델의 품질이 떨어진다는 사실을 확인할 수 있다. 여기서 신제품의 크기와 화면을 개선하기 위해 중요한 기능을 포기했다고 해보자. 가령 배터리 사용 시간이 크게 줄어들었거나 키보드가 사용하기 불편한 형태로 바뀌었다고 해보자. 소비자는 결합 평가에서 새로운 컴퓨터를 선택할 수 있을 것이다. 하지만 개별 평가에서는 기존 제품에 더 높은 점수를 줄 것이다.[26] 일반적으로 사람들은 결합 평가에서 평가하기 쉬운, 혹은 뚜렷한 반응을 자극하는 특성을 중요하게 여기는 경향이 있다.[27]

순 행복 이득

이러한 점은 결합 평가나 개별 평가가 소비자에게 더 나은 의사 결정을 하게 하는가에 대해 이론적 차원에서 대답을 할 수 없다는 사실을 말해 준다. 두 평가 모두 완벽하지 않으며, 실수로 이어질 가능성이 있다. 둘 다 문제점이 있다. 개별 평가에서 가장 큰 문제는 불완전한 정보다. 이는 평가 용이성 문제로 이어진다. 반면 결합 평가에서 가장 중요한 점은 한 가지 특성을 지나치게 두드러져 보이게 한다는 것이다.

야구 카드 사례에서는 결합 평가가 더 낫다. 어쨌든 많은 것이 적은 것보다 좋기 때문이다. 하지만 사전과 CD 체인저의 경우, 결합 평가가 더 낫다는 결론을 내리기 위해서는 더 많은 정보가 필요하다. 하원 후보 사례 역시 마찬가지다. 소비자가 선택하는 상황에서 질문은 한 가지 선택지의 특성을 평가하는 능력과 특성의 현저성이 결합 평가에서 선택자에게 순 행복 이득을 제공하는가이다. 결합 평가에서 평가 가능한 요소가 그리 중요하지 않을 때, 그리고 결합 평가에서 주목받지 못한 요소가 실제로는 더 중요할 때, 개별 평가가 더 나을 수 있다.

여기에 심리적인 측면이 있다. 우리의 삶은 개별 평가로 이뤄진다. 이 사실은 왜, 그리고 언제 결합 평가가 실수로 이어지는지를 설명해 준다.[28] 그런데 정말로 우리의 삶은 개별 평가로 이뤄지는가? 사실 이에 대한 답은 상황과 사람에 달렸다. 가령 어떤 소비자가 1만 개 단어가 수록된 사전, 혹은 키보드는 좋지만 화면의 질이 좀 떨어지는 컴퓨터를 구매한다고 해보자. 이때 소비자가 더 많은 단어가 수록된 사전이나 화면이 더 좋은 컴퓨터가 있다는 사실을 모른다면, 그의 구매 결정은 올바른 것이다. 제품 비교에 신경 쓰지 않는다면, 그 소비자는 개별 평가를 통해 선택한다. 하지만 그가 자신이 선택한 사전의 단어 수가 적으며, 신제품과 비교해서 화질이 떨어진다는 사실에 집중한다고 해보자. 이때 그는 어느 정도 결합 평가를 통해 선택을 하고 있는 셈이다.

이 같은 비교 작업에 대한 관심도는 사람마다 다르다. 비교 제품의 범주는 많은 이들이 경험을 정의하는 참조의 틀을 형성한다. 이러한 사실은 왜 제품 개선이 기존 제품에 만족하는 소비자에게 심각한 행복 손실을 안겨다 주는지 설명해 준다.

법과 정책

결합 평가와 개별 평가 사이에서 드러나는 기호 역전을 법률과 정치 분야에서도 발견할 수 있다는 사실을 앞서 언급했다. 여기서 분석의 영역은 아주 방대하며, 연구는 초기 단계에 머물러 있다. 이와 관련해 내 한 가지 목표는 내가 제기한 주장의 정당성을 입증하는 것이다. 결합 평가와 개별 평가 사이에서 선택은 관련된 과제와 기반이 되는 목표에 달렸다. 따라서 우리는 두 가지 모형 모두를 거부할 수도 있다. 우리는 행동을 위한 일부 기반(인종 편견과 같은)만을 거부할 수 있다. 그리고 거시적 평가에 의존할 수 있다. 일종의 알고리즘을 원할 수도 있다. 예를 들어 최적 억제가 목표라면, 결합 평가와 개별 평가는 그다지 긍정적인 결과를 내놓지 못할 것이다.

몇 가지 사례를 생각해 보자.

차별

일부 사람은 법적으로 금지되어 있음에도 불구하고 인종, 성, 종교, 장애, 나이 등의 이유로 차별을 한다. 이러한 차별은 특정 사회 집단 구성원에게 이익이나 불이익을 주고자 하는 의식적인 편향의 산물이다. 그러나 차별은 또한 무의식적 편향의 산물이기도 하다. 사람들은 자신이 차별하고 있다는 사실을 인식하지 못할 수 있다. 그들은 그 사실을 인식할 경우 당황하거나 차별을 중단하게 될 것이다. 의식적이든 무의식적이든 차별은 기호 역전에 대한 질문을 제기한다. 결합 평가와 개별 평가 사이에 차이가 있는가? 차이가 있다면 뭐가 더 좋은가? 앞으로 살펴보겠지만 간단한 대답은 없다. 그러나 다행스러운 측면이 있다. 목표가 차별을 금지하는 것일 때, 결합 평가나 개별 평가를 활용해서 목표를 효과적으로 달성할 수 있는 구체적인 기반을 마련할 수 있다는 점이다.

하버드의 아이리스 보넷Iris Bohnet과 그의 공동 연구자들은 결합 평가에서 사람들이 장점을 기준으로 의사 결정을 내리지만, 개별 평가에서는 성을 중요하게 생각하며 여성보다 남성에게 더 후한 점수를 준다는 사실을 발견했다.[29] 가령 잭과 질이라는 두 입사 지원자를 평가한다고 해보자. 개별 평가에서 잭은 남성이라는 이유로 우위를 점한다. 사람들은 여성보다 남성을 자동적으로 더 긍정적으로 평가한다. 개별 평가에서는 이러한 자동적인 과정이 중요하다. 반면 결합 평가에서는 자동적인 과정이 사라진다. 사람들은 두 지원자를 비교하고, 자질이 더 뛰어나다고 판단할 때 질을 채용한다. 여기서는 개인의 장점이 결정적 요소로 작용한다. 보넷과 동료 연구원들의 발견을 요약하자면 이렇다. 차별은 개별 평가에서 일어나며, 결합 평가에서는 장점이 중요한 역할을 한다.[30]

이러한 메커니즘은 단순해 보인다. 이는 평가 용이성 문제로부터 자유롭다. 해당 인구 집단에서 남성을 긍정적으로 평가하는 편향이 있으며, 이는 개별 평가에서 남성이 더 유리하다는 것을 의미한다. 하지만 어떤 측면에서 사람들은 차별을 하지 말아야 한다고 생각한다. 그러나 결합 평가에서 그들은 자신이 차별하고 있다는 사실과 마주하게 된다. 그럴 때 그들은 당황하고 차별을 중단하게 된다. 여성이 남성보다 더 훌륭한 자격을 갖추고 있을 때, 사람들은 여성을 선택한다. 인종, 종교, 나이, 장애 등에 대한 차별과 관련해서도 같은 이야기를 할 수 있겠다.

하지만 이러한 발견만으로 결합 평가가 〈일반적으로〉 차별을 예방하는 보호막이라고 결론을 내리는 것은 지나치게 성급한 추론이다. 결합 평가는 특정한 조건에서만 그런 식으로 작동한다. 다른 조건에서는 오히려 차별을 심화시키기도 한다. 예를 들어 사람들이 의식적인 편향을 갖고 있고, 이에 대해 아무렇지 않게 생각한다고 해보자. 그들은 아마도 결합 평가에서 더 뚜렷하게 차별을 할 것이다. 성이나 인종은 개별 평가에서는 그다지 두드러지지 않는다. 여기서 사람들은 주로 자격에 초점을 맞출 것이다. 그러나 그들이 성이나 인종에 대해 편견을 갖고 있다면, 결합 평가에서 차별은 더 뚜렷하게 드러날 것이다. 그 이유는 성과 인종이라는 특성이 다른 특성을 압도하기 때문이다. 여기서 성과 인종은 CD 체인저의 사례에서 고조파 왜곡처럼 작동한다.

다음 사례를 살펴보자.

> 입사 지원자 A: 아주 뛰어난 성적, 훌륭한 경력
>
> 입사 지원자 B: 뛰어난 성적, 훌륭한 경력, 좋은 집안 출신, 유대인 아님.

사람들은 개별 평가에서 지원자 A를 선호할 것이다(지원자 A가 좋은 집안 출신이 아니고, 유대인이라고 하더라도 이러한 특성은 두드러지게 나타나지 않는다). 그러나 사회적 태도가 특정한 형태를 취할 때, 사람들은 결합 평가에서 지원자 B를 선호할 것이다. 이처럼 차별과 관련해서는 사회적 태도가 중요한 역할을 한다.

징벌적 손해 배상 제도

미국(을 비롯한 여러 다른 나라)의 사법제도 아래서 법원은 잘못을 처벌하기 위해 징벌적 손해 배상 제도를 적용할 수 있다. 이에 대해 많은 이들이 그러한 처벌이 임의적이거나 과도한 것은 아닌지 의문을 제기한다.[31] 법원은 징벌적 손해 배상 제도를 적용할지 결정하는 과정에서 비교 사례를 고려하지 않는다. 법원은 개별 평가로만 판단을 내린다. 그렇다면 그것은 중요한 사실인가? 그렇다면 얼마나 중요한가? 이 질문에 대한 대답은 다음과 같다.

1. 표준화

다음 사례를 살펴보자.

> 사례 A: 어린이가 열지 못하도록 설계된 안전 뚜껑이 제대로 기
> 능하지 못해서 아이가 병원에 입원했다.
>
> 사례 B: 차를 도색해서 새 차로 둔갑시킨 뒤 리스 회사에 팔았다.

두 사례를 개별 평가로 제시했을 때, 사람들은 비슷한 처벌 점수(1~8점)를 주었다.[32] 하지만 결합 평가에서는 사례 A에 확연히 높은 처벌 점수를 주었다.[33] 기호 역전이 뚜렷하게 발생한 것이다. 그러나 그 메커니즘은 앞서 살펴본 사례와는 다르다. 여기에는 평가 용이성 문제가 나타나지 않는다. 사람들이 개별 평가에서 관련 있다고 떠올릴 수 있는 특성(가령 성)과 같은 것이 여기서는 없다. 개별 평가로 신체적 피해 사례를 접할 때, 〈사람들은 이를 신체적 피해의 다른 사례와 비교함으로써 즉각적으로 표준화한다.〉[34] 안전 뚜껑이 제대로 작동하지 않은 것은 신체적 피해의 범주에서 좋지 않지만, 그렇다고 해서 그렇게 나쁜 것은 아니다. 사람들은 경제적 피해에 대해 개별 평가를 할 때도 마찬가지로 표준화를 한다. 도색한 자동차는 그 범주에서 좋지 않지만, 그렇게 나쁜 것은 아니다. 그렇기 때문에 사람들은 두 사례에 비슷한 정도의 처벌 점수를 주었다.

동시에 사람들은 일반적으로 신체적 피해가 경제적 피해보다 더 나쁘다는 생각에 동의한다. 결합 평가에서 안전 뚜껑 사례는

중한 처벌을 받을 만하다는 점에서 더욱 심각한 것으로 보인다. 여기서 결합 평가는 사람들이 범주 내 판단을 즉각적으로 활용하지 못하도록 막는 기능을 한다. 사람들은 더 광범위하게 생각하게 된다. 이러한 유형의 실험에서 결합 평가는 사람들이 고려해야 할 경우의 범위를 더욱 확대하기 때문에 실질적인 영향을 미친다. 그 메커니즘은 결합 평가가 다른, 그리고 더 나은 형태의 숙고를 요구하는 성차별 맥락에서의 메커니즘과 연관이 있다.

여기서 분노라고 하는 광범위한 개념이 존재한다. 분노 수위는 공격 행동이 속하는 범주의 함수가 될 것이라는 점에서 분노는 범주 한정적이다. 어떤 사람이 공항에서 통제 구역에 들어가거나, 소셜 미디어에서 무례한 발언을 할 때, 사람들의 분노 수위는 올라간다. 그러나 그러한 행동을 아동 학대나 폭력과 비교할 때, 사람들은 살짝 머뭇거리면서 더 낮은 수위의 분노를 느끼게 된다. 징벌적 손해 배상 제도는 분노의 산물이다.[35] 분노는 범주 한정적이기 때문에 기호 역전은 본질적으로 불가피하다.

2. 다시 한번 조작

다시 한번 결합 평가에서는 비교 사례를 선택하는 과정에서 조작 가능성이 충분히 존재한다. 사람들에게 경제적 피해와 관련된 사례를 보여 준다고 해보자. 그런 다음 강간 피해의 사례를 제시했을 때, 사람들은 경제적 피해는 사소한 것으로 간주하고 아주 낮은 처벌 점수를 준다. 반면 사유재산에 피해를 입힌 사례를 제시했을 때, 사람들은 경제적 피해를 심각하게 간주하고 아주 높은 처벌 점수를 준다. 그 차이를 이해하기 위해 다음 사례를 비교해 보자.

> 사례 A: 전국 규모의 뉴스 잡지사에서 편집자로 일하는 존스는 여성 동료를 성추행했다. 그는 수차례 강제로 키스를 시도했고, 업무 과정에서 그녀를 대단히 불편하게 만들었다.
>
> 사례 B: 난폭 운전으로 여러 차례 범칙금을 물었던 스미스는 얼마 전 밤에 행인을 치었다. 행인은 다섯 군데 골절상을 입었다(심한 충격을 포함해서).

사람들은 개별 평가에서 존스와 스미스에게 똑같이 중한 처벌을 내렸을 것이라고, 혹은 존스에게 좀 더 무거운 처벌을 내렸을 것이라고 생각해 볼 수 있다. 그러나 결합 평가였다면 아마도 스미스에게 훨씬 더 무거운 처벌을 내렸을 것이다. 또 다른 사례 B를 생각해 보자.

> 사례 B: 록밴드에서 활동하는 고등학생 스미스는 밤마다 시끄러운 음악을 틀어 놓는다. 그 바람에 이웃에 사는 윌슨은 잠을 설친다.

우리는 개별 평가 때보다 결합 평가에서 존스에게 더 무거운 처벌을 내렸을 것이라고 생각해 볼 수 있다.

3. 규범적 고려

그럼에도 불구하고 결합 평가는 위와 같은 유형의 문제에서 개별 평가에 비해 중요한 장점을 갖고 있다. 개별 평가는 사람들이 신중하게 고려하지 못하도록 유도한다.[36] 다시 말해 개별 평가는 평가자가 일관성이 없는 결과의 집합을 고려하도록 만든다. 앞서 언급했듯이 징벌적 손해 배상 제도에 관한 판결은 독립적으로 이뤄진다. 현재 미국 사법제도는 배심원이 비교 사례를 고려하지 않도록 하고 있다. 배심원 판단에 이의가 제기될 경우 사법적 논의가 이뤄지겠지만, 현실적으로 다분히 제한적이다.

그러나 여기서 개별 평가는 잘못된 선택으로 보인다. 일관성을 원한다면, 결합 평가가 더 낫다. 물론 결합 평가에도 문제점이 있다. 첫째, 결합 평가는 거시적 평가가 아니다. 합리적 판단을 내리기 위해서 의사 결정자는 단 두 가지가 아니라 아주 많은 사례의 집합을 전체적으로 살펴봐야 한다. 둘째, 우리는 이러한 유형의 사례에서 두 가지 평가 방식으로부터 나온 결과를 모두 인정하기를 원치 않을 수 있다. 징벌적 손해 배상 제도의 경우에 우리는 그 제도의 취지를 외면한 채 규범적 판단만 내놓을 수는 없다.

최적 억제에 집중하는 경제적 관점을 채택하고, 징벌적 손해 배상 제도를 발견과 배상의 가능성이 100퍼센트는 아니라는 사실을 보완하는 것으로 정당화할 수 있다고 생각해 보자. 그럴 때 우리는 이런 질문을 던질 수 있다. 〈개별 평가와 결합 평가가 사람들로 하여금 최적 억제 효과에 주목하도록 만드는가?〉 사람들은 직관적인 응보주의자다.[37] 그들은 최적 억제의 관점에서 생각하지 않으며, 그런 요구를 받을 때에도 좀처럼 그렇게 바라보지 않는다 (14장 참조).[38] 최적 억제 효과를 고려할 때, 결합 평가와 개별 평가에 대한 결론은 명백하다. 둘 다 틀렸다.

처벌에 대한 인과응보 이론을 받아들인다면 결합 평가가 더 나아 보인다. 한편으로 우리는 이렇게 묻는다. 〈공동체의 도덕적 분노를 어떻게 인식할 수 있을까?〉 개별 평가의 범주 한정적인 사고는 이 질문에 대해 적절한 대답을 내놓지 못하도록 방해한다(공동체 입장에서). 그러나 다시 한번 결합 평가에서 중요한 문제는 그것이 전반적인 평가는 아니라는 사실이다. 이러한 점은 배심원과 판사의 시야를 확장함으로써 다른 범주 속에서 사례를 고려하도록 만들고, 배상 일정을 마련하도록 한다.

이러한 결론은 기호 역전을 확인할 수 있는 철학적 질문과 관련 있다.[39] 간단하게 설명해서 대부분의 사람들은 철로에 있는 다섯 사람을 구하기 위해 육교 위에서, 혹은 달리는 기차 앞에서 무고한 한 사람을 밀어서는 안 된다고 말한다.[40] 반면 대부분의 사람들은 다섯 명의 생명을 구하기 위해 기차가 한 사람이 서 있는 철로로 방향을 바꾸도록 스위치를 조작할 것이라고 말한다. 일반적으로 이 두 가지 문제(〈육교 딜레마〉와 〈트롤리 딜레마〉라고 불리는)는 따로 주어지며, 두 사례에서 도덕적 직관은 서로 다르게 모습을 드러낸다.

그런데 두 문제를 동시에 제시한다면? 단순한 대답은 사람들이 두 질문에 동일한 대답을 내놓기 위해 노력한다는 것이다. 그들은 다섯 명을 구하거나, 혹은 한 사람을 죽이지는 않을 것이라고 말한다(놀랍게도 공리주의의 방향, 즉 다섯 명을 살리는 쪽으로의 이동은 뚜렷하게 나타나지 않는다). 그러나 이러한 이동을 평가하는 방법은 불확실하다. 또한 결합 평가에서 사람들이 도덕적 일관성을 보여 준다고도 분명하게 말할 수 없다. 사람들이 그렇게 할 것인지는 〈규범적 관점에서 육교 딜레마와 트롤리 딜레마가 동일한가〉에 달렸다. 이에 대한 대답은 공리주의 혹은 비공리주의 입장을 받아들일 것인지에 달렸다. 공리주의자인지 아닌지는 결합 평가와 개별 평가에서 사람들이 대응하는 방식에 따라 결정되는 것은 아니다.

조건부 평가

규제 기관은 비용-편익 분석을 실시할 때 시장에서 거래되지 않는, 그리고 분석을 위한 자료를 시장에서 구할 수 없거나 측정할 수 없는 재화의 가치를 때로 평가해야 한다. 우리는 이때 사용하는 평가 방법을 〈조건부 가치 평가contingent valuation〉라고 부른다.[41] 이 평가 방법의 유용성과 신뢰성을 둘러싼 치열한 논란은 잠시 접어 두고,[42] 간단한 질문을 던져 보자. 〈이러한 가치 평가는 사례를 따로 보느냐, 아니면 함께 보느냐에 따라 달라질까?〉

다음 사례를 생각해 보자. 우리는 사람들에게 두 가지 활동에 참여함으로써 얼마나 만족감을 얻으며, 얼마나 기부하고자 하는지를 묻는다.

활동 A: 농장 근로자의 피부암 예방을 위한 프로그램 추진

활동 B: 돌고래 서식지를 정화하고 보호하기 위한 기금 마련

두 가지 활동을 따로 제시할 때, 사람들은 활동 B에 더 만족감을 느끼고, 비슷한 정도로 더 많은 돈을 기부하고자 했다.[43] 하지만 두 가지를 함께 평가하도록 했을 때, 사람들은 A에서 더 만족감을 느꼈고, 여기에 더 많은 돈을 기부하고자 했다.[44] 우리는 이러한 기호 역전을 범주에 한정된 사고의 개념으로 설명할 수 있다.[45] 농장 근로자의 피부암 예방은 중요한 사업이지만, 인류의 건강 관점에서 볼 때 가장 시급한 우선순위는 아니다. 돌고래 보호는 사람들의 마음을 잡아끈다. 하지만 둘 사이에서 선택하도록 했을 때, 대부분의 사람들은 돌고래보다 피부암 사례에 더 많이 기부하기를 원했다.

조건부 가치 평가를 할 때 결합 평가는 개별 평가보다 더 좋은가? 아니면 그 반대인가? 두 접근 방식 모두 신뢰할 만한가? 조건부 가치 평가 도구를 받아들일 경우, 그 목표는 사람들이 다양한 제품에 얼마나 많이 가치를 매겼는지 파악하는 것이다. 그럴 때 개별 평가는 심각한 문제에 직면하게 된다. 즉 사람들이 협소한 시야로 판단을 내린다는 문제에 마주하게 된다. 결합 평가는 시야를 넓혀 준다는 점에서 좀 더 나아 보인다. 이는 결합 평가가 동일 범주에 포함된 사례를 다루지 않는다는 것을 의미한다. 그러나 그러한 조건에서 활동 B를 어떤 범주에서 찾을 수 있을까? 여기서도 조작의 위험이 있다. 즉 활동 A에 대한 판단을 긍정적으로 혹은 부정적으로 몰아갈 수 있다.

전반적 평가 혹은 이에 상응하는 평가는 결합 평가보다 나아 보인다. 하지만 그러한 평가를 설계하기란 현실적으로 대단히 어렵다. 조건부 가치 평가 이론이 전반적으로 타당해 보인다면, 기호 역전은 실험 참가자들에게 광범위한 시야의 중요성을 강조할 새로운 근거가 된다.

넛지를 평가하기

사람들은 넛지를 받아들이는가? 어떤 넛지를 받아들이는가? 최근 많은 논문이 이 질문을 다루고 있다.[46] 주요 연구 결과는 사람들은 일반적으로 안전, 건강, 환경의 영역에서 최근 다양한 민주주의 사회가 받아들이는 진지하고 신중한 유형의 넛지를 인정한다는 이야기를 들려준다.[47] 동시에 대다수는 디폴트 룰과 같은 비교육적 넛지보다 의무적 정보 공개와 같은 교육적 넛지를 선호하는 것으로 드러난다.[48]

그런데 정말로 그럴까? 샤이 다비다이Shai Davidai와 엘다 샤피어 Eldar Shafir는 결합 평가 때와 달리 개별 평가에서는 그렇지 않다는 사실을 보여 주었다.[49] 다음의 전형적인 사례를 살펴보자.

정책 A: 퇴직연금 자동 가입제를 실시해서 가입률을 끌어올리기.

정책 B: 퇴직연금 가입 혜택을 쉽고 간략하게 설명함으로써 가입률을 끌어올리기.

대부분의 사람들이 결합 평가에서 교육적 넛지를 선호하고, 여기에 더 높은 점수를 준다. 반면 개별 평가에서는 차이가 없거나 비슷하다.[50] 우리는 현저성의 개념으로 이러한 현상을 설명할 수 있다. 사람들은 개별 평가에서 넛지가 교육적인지 아닌지에 관심이 없다. 그러나 결합 평가에서는 그 기준(교육적인가 아닌가?)에 따른 차이가 대단히 커 보이고, 이러한 사실은 사람들의 판단에 중대한 영향을 미친다.

결합 평가와 개별 평가 중 뭐가 더 좋을까? 이와 관련해 우리가 던져야 할 질문은 특정한 평가 방식을 신뢰할 수 있는가이다. 규범적 기반에서 시스템 1과 시스템 2 넛지를 분명하게 구분할 수 있다면 결합 평가가 더 나을 것이다. 사람들이 그 구분에 집중하도록 만들어 주기 때문이다. 하지만 규범적 기반에서 구분이 힘들 경우, 결합 평가에서 드러난 현저성은 사람들을 잘못된 방향으로 몰아갈 것이다. 다시 한번, 결합 평가에 따른 문제는 사람들의 관심을 규범적 차원에서 의미 없는 요인으로 곧장 향하게 만든다는 사실이다.

정책 평가와 관련해서 더 광범위한 논의 주제가 있다. 이는 앞서 소비재 사례에서 살펴본 것과 관련 있다. 이론적 차원에서 정책 A는 좋거나 나쁘게 보일 수 있다. 그 특성을 구체적인 상황에서 제시하지 않는 한, 평가는 쉽지 않다. 정책 B를 확인할 수 있는 기회는 유용한 정보를 제공하지만, 이는 동시에 사람들이 정책 A를 정책 B와 구분 짓는 기준에 주목하도록 만들고, 그 기준이 지나치게 두드러져 보이게끔 한다. 여기서 다시 한번, 연구자와 정치인은 조작을 실행에 옮길 수 있다. 물론 전반적 평가가 더 낫겠지만, 앞서 언급한 것처럼 현실적으로 실행하기 힘들다. 다비다이와 샤피어가 제시한 사례처럼 우리는 다음과 같은 규범적 질문에서 벗어날 수 없다. 〈결합 평가에서 두드러져 보이는 기준은 중요한가, 중요하지 않은가?〉 이러한 규범적 질문은 사람들이 무엇을 선호하는지, 그리고 그 대답이 결합 평가나 개별 평가에 따라 어떻게 달라지는지 물음으로써가 아니라, 그 장점에 따라 제기해야 한다. 사람들은 결합 평가에서 중요하게 드러난 요인에 대해 개별 평가에서는 관심을 갖지 않을 수 있다. 하지만 그것은 규범적 질문에 대한 대답은 아니다.

만일 사람들의 실제 생각과 고민을 알고자 한다면? 적어도 결합 평가와 개별 평가 사이에서 선택하기 위한 목적으로 이 질문에 대한 대답을 궁금해 하는 것은 합리적 태도일 것이다. 사람들의 대답이 어떤 유형의 평가를 요구했는지의 산물이라는 점에서, 우리가 여기서 말할 수 있는 것은 사람들의 기호가 가변적이라는 사실뿐이다.

행복과 경험

소비재의 경우에서(외부 효과는 일단 접어두고) 중요한 질문은 어떤 선택이 선택자의 행복을 높여 줄 것인가이다. 기호 역전이 나타날 가능성이 높은 사례의 경우, 문제는 개별 평가에서 선택지의 특성을 평가하기 힘들거나 불가능하다는 것이다. 이 말은 곧 그 특성이 마땅히 받아야 할 관심을 충분히 받지 못한다는 뜻이다. 행복이나 실제 경험에서 중요한 특성이 무시될 위험이 존재한다. 다음으로 결합 평가에서, 문제는 평가하기 쉬운 특성이 지나친 관심을 받는다는 것이다. 행복이나 실제 경험에 그리 중요하지 않은 특성이 현저하게 두드러져 보일 가능성이 있다.

판매자는 개별 평가와 결합 평가 모두를 통해 선택자를 조작할 수 있기 때문에 조작의 설계는 항상 투명해야 한다. 개별 평가에서 과제는 선택자에게 그들이 평가할 수 있는 특성(특성이 좋은 것일 때)을 보여 주고, 또한 평가할 수 없는 특성(별로 좋은 것이 아닐 때)도 보여 주는 것이다. 다음으로 결합 평가에서 과제는 명백하게 중요한 기준에 따라 쉽게 평가할 수 있도록 허용하는 것이다.

외부 관찰자가 완전한 정보를 갖고 있을 때, 그는 당연하게도 선택자가 해야 할 것을 결정할 수 있다. 그런데 문제는 외부 관찰자는 일반적으로 정보가 충분하지 않다는 것이다. 특히 선택자의 기호와 가치에 대해 충분히 알지 못한다. 그럼에도 우리는 개별 평가가 최고인 사례, 결합 평가가 최고인 사례를 쉽게 떠올릴 수 있다. 그리고 이제는 왜 일부 사례를 떠올리기 힘든지 이해할 수 있다. 여기서 중요한 교훈은 개별 평가와 결합 평가에는 심각하고 고유한 결함이 각각 내재되어 있다는 사실이다.

마찬가지로 차별 문제 역시 광범위한 관점에서 분석할 수 있다. 일반적인 주장은 (1) 사람들이 결합 평가에서 특정한 결정을 내리는 유일한 방법이 편향을 드러내는 것이라는 사실을 분명하게 인식할 때, (2) 편향을 드러내는 것에 대해 수치심을 느끼거나 혹은 불편함을 느낄 때, 편향은 결합 평가보다 개별 평가에서 강력한 힘을 발휘한다는 것이다. 다른 가정하에서 결합 평가는 차별을 강화할 수 있다. 모든 것은 차별을 하려는 성향에 대한 사람들의 진지한 판단에 달렸다.

징벌적 손해 배상 제도와 관련해, 문제는 사람들이 일반적으로 특정 사례가 즉각적으로 떠올리게 하는 범주에 국한된 참조 틀을 만들어 낸다는 것이다. 결합 평가는 바로 이러한 문제를 해결할 수 있다. 하지만 그렇다고 해서 결합 평가를 통해 합리적 보상을 만들어 낸다고는 볼 수 없다. 최적 억제의 관점에서 볼 때, 그러한 보상은 만들어 내지 못할 것이다. 인과응보의 관점에서 보면 결합 평가가 좀 더 나아 보인다. 그것은 사람들의 도덕적 판단을 더 잘 반영하기 때문이다. 문제는 결합 평가는 결코 거시적 평가가 아니라는 점에 있다. 단일 범주에 속한 단일 사례를 다른 범주에 추가할 경우에 조작의 위험이 있다.

조건부 평가 연구와 넛지의 평가도 마찬가지로 분석이 가능하다. 개별 평가는 사람들의 판단이 범주화되거나 선택지의 중요한 특성이 무시될 수 있다는 점에서 심각한 위험을 초래한다. 결합 평가 역시 불가피하게 선택적이기 때문에, 혹은 별로 중요하지 않은 특성을 두드러져 보이게 하기 때문에 심각한 위험을 만들어 낼 수 있다. 현실적으로 가능하다면 거시적 평가의 방향으로 나아가는 것이 최고의 선택이다. 그렇지 않다면, 개별 평가와 결합 평가 사이의 선택은 전자에서 무시되었지만 후자에서 잠재적으로 결정적인 특성이 정말로 관심을 받을 자격이 있는지에 대한 독립적 판단에 달렸다.

우리는 결합 평가를 통해 일부 유형의 문제를 해결하는 사례를 찾아볼 수 있다. 가령 차별은 하나의 사례가 될 수 있다. 그러나 핵심은 다른 곳에 있다. 여기서 개별 평가는 평가 용이성 문제, 혹은 그 사촌인 범주 내 사고 때문에 심각한 문제를 양산한다. 결합 평가 역시 심각한 문제를 낳을 수 있다. 그것은 관심을 받을 가치가 없는 제품이나 사람, 혹은 맥락의 특성에 사람들이 집중하도록 만들기 때문이다. 판매자, 의사, 변호사, 정치인은 이 점을 활용해서 자신의 목표를 달성할 수 있다. 그러나 문제가 되는 두 가지 형태는 모두 피해야 한다. 훌륭한 의사 결정을 내리거나 긍정적인 결과를 만들어 내기 위해서는 개별 평가와 결합 평가를 모두 넘어서서 바라볼 수 있어야 한다. 그리고 각각의 평가 방식과 관련된 문제점을 피하는 구조를 설계해야 한다.

3부

새로운 시도

12장

투명성

투명성은 두 가지 유형으로 구분할 수 있다. 출력 투명성output transparency과 입력 투명성input transparency이다. 가령 교통부가 어떤 정책이 고속도로 사망자 수를 줄일 수 있을지에 대한 구체적인 연구를 마쳤다고 해보자. 그리고 노동부가 작업장에서 규소 노출로 인한 건강상 위험에 대한 분석을 완료했다고 해보자. 혹은 환경부가 자동차 배기가스에 대한 새로운 규제 방안을 내놓고, 수질 규제를 위반하는 이들을 처벌하는 정책을 채택했다고 해보자. 이 모두는 〈출력〉에 해당한다.

또는 정부가 특정 사실을 알게 되었다고 해보자. 예를 들어 유럽 국가의 인플레이션 수준, 연방 교도소 사망자 수, 테러 조직의 음모, 로스앤젤레스와 시카고의 범죄율과 공기 질에 관한 정보를 확보했다고 해보자. 적어도 이러한 사실이 정보를 입수하는 과정에서 얻은 산물이라면, 우리는 이를 출력으로 봐야 할 것이다.

이들 사례에서 출력에 대한 투명성은 넛지가 될 수 있다. 정부는 이러한 넛지를 설계함으로써 민간 분야에 영향을 미칠 수 있다. 예를 들어 기업이 안전을 강화하고, 소비자와 근로자가 위험을 피하도록 도움을 줌으로써 그럴 수 있다. 또한 투명성은 정부에 대한 넛지도 될 수 있다. 그것은 정부와 시민에게 공무원들이 제대로 기능하지 못하고 있다는 사실을 보여 줌으로써 가능하다.

다음으로 환경부가 어떤 종류의 온실가스를 규제할 것인지에 대한 입장을 변경했다고 해보자. 혹은 노동부가 작업장 내 규소와 관련된 위험 및 그 위험을 어떻게 해결할 것인지에 대해 열띤 토론을 벌이고 있다고 해보자. 이들의 서로 다른 입장은 〈입력〉에 해당한다.

분명하게도 중간에 해당하는 사례가 있다. 환경부는 어떤 물질이 암을 일으킬 위험이 있다고 결론을 내리며, 그러한 결론은 출력이 된다. 하지만 동시에 그 결론은 이에 따른 규제 판단을 위한 입력이 될 수 있다. 교통부는 고속도로 건설 허가가 환경에 미칠 영향에 대해 특정한 결론에 도달할 수 있고, 이는 출력에 해당한다. 하지만 그들의 결론은 고속도로 건설을 허용할 것인지에 대한 의사 결정 과정에서 입력으로 작용한다. 또한 국가 환경 정책법은 정부 기관이 환경 영향에 대한 판단과 관련하여 결론을 공개해야 한다고 규정한 요구 조건으로 볼 수 있다. 그러나 이러한 출력은 무엇을 해야 할 것인지에 대한 최종적 판단을 위한 입력이 된다. 일부 출력은 입력이 되고, 이론적으로 우리는 이를 입력이나 출력, 혹은 둘 다로 정의할 수 있다. 앞으로 살펴보겠지만, 이에 대한 정의는 부분적으로 대중이 공개로부터 이익을 얻을 것인지, 혹은 어떻게 얻을 것인지에 달렸다.

중간에 해당하는 사례와 관련해, 나는 두 가지 주장을 하고자 한다. 첫째, 출력과 관련해서 투명성을 지지하는 주장은 종종 대단히 강력하다. 가령 미국 정부가 아이다호주 보이시 지역의 범죄율이나 미시간주 플린트 지역의 수질, 혹은 라가디아 공항의 보안 구역, 특정 장난감의 위험성, 혹은 무인 자동차의 영향에 관한 정보를 확보할 때, 일반적으로 그 정보들을 모두 공개해야 한다. 공개 요구를 받을 때는 물론, 받지 않을 때에도 공개해야 한다(후자는 특히 중요하다). 이들 사례에서 투명성에 따른 혜택은 중요하다. 때로 대중은 일상생활 속에서 그러한 정보를 사용할 수 있으며, 출력의 투명성은 책임을 강화함으로써 더욱 높일 수 있다. 대부분의 경우에 출력 투명성에 따른 비용은 미미하다. 전 세계적으로 정부는 출력 투명성의 형태로 많은 것을 내놓아야 한다. 특히 적어도 대중에게 도움이 되고 굳이 비밀로 유지해야 할 특별한 이유가 없는 한, 대중이 출력에 자유롭게 접근할 수 있도록 허용해야 한다.

그러나 입력 투명성은 훨씬 더 복잡한 주제다. 공개 비용은 높은 반면 이익은 낮을 때가 많다. 그리고 모든 경우에서 출력 투명성을 정당화하는 것과는 질적으로 다르다. 내부 논의 과정을 보호해야 할 중요한 이유가 있다. 무엇보다 공개성, 솔직함, 신뢰를 얻기 위해서다. 게다가 대중이 입력을 통해 많은 것을 얻을 것이라 장담할 수 없다. 특히 그것은 대중의 거대한 규모(그리고 중요한 모든 사안에 대해 전반적으로 관련이 없다는 사실) 때문이다. 대중은 아마도 특별한 상황을 제외하고 거의 혹은 아무것도 얻지 못할 것이다(가십거리 같은 것만 빼고). 이렇게도 설명할 수 있다. 사람들의 관심을 받고 정적을 당황하게 만들려는 정치인은 종종 입력 투명성을 선호하는 반면, 일반적으로 대중은 이로부터 얻는 것이 거의 없다.

입력 투명성은 분명하게도 많은 정보를 제공하며, 강력한 역사적 이해관계를 갖고 있다. 가령 교통부 차관이 연비 규제와 관련해 장관과 견해가 다르다는 사실을 대중이 알고 있을 때, 그들은 내부적 불일치로 인해 서로 다른 그림을 그리고 있다고 생각할 것이다. 그런데 이와 관련해서 대중은 얼마나 많이 알고 있는 것일까? 대중이 안다는 사실은 왜 중요한가? 일부 사례에서는 입력 투명성이 긍정적인 개념이 된다. 특히 부패 상황(혹은 이와 비슷한)에서는 그렇다. 입력이 역사적으로 대단히 중요할 때(그리고 공개를 통해 오류를 줄일 수 있을 때) 국가는 그 목록을 작성해야 한다. 하지만 입력 투명성에 대한 논의는 출력 투명성에 대한 논의와 크게 다르며, 그 기반이 약할 때가 많다.

이러한 설명에 비춰 볼 때, 이 주제에 대한 내 접근 방식이 일관적이고 직접적으로 〈복지주의〉에 기반을 두고 있다는 사실은 명백하다. 투명성의 비용과 편익은 무엇일까? 비용과 편익을 정량적으로 계산하는 것은 그리 힘들지 않다. 하지만 내가 생각하기에, 비용과 편익에 대한 일부 형태의 평가는 언제 투명성이 가장 필요하고 언제 가장 덜 필요한지를 평가하는 데 반드시 필요하다. 비용과 편익에 관한 논의에 불편함을 느끼는 사람이 있다면, 이러한 용어를 일종의 수학적 구속복을 만들어 내기 위한 것이 아니라, 다른 접근 방식의 인간적인 결과와 관련된 구체적인 질문을 던지는 과제의 중요성을 전달하기 위한 노력으로 이해하면 좋을 것이다. 적어도 까다로운 문제와 관련해 이러한 질문은 〈적법성〉과 〈알 권리〉에 관한 추상적 논의보다는 훨씬 더 생산적이다.

햇빛

경제학자 아마르티아 센Amartya Sen의 흥미진진한 이야기로 시작해 보자. 세계 역사상 표현의 자유와 민주적 선거가 보장된 사회에서는 한 번도 기근이 발생하지 않았다고 한다.[1] 여기서 센의 출발점은 기근은 사회적 산물이며, 따라서 식량 부족을 얼마든지 피할 수 있다는 것이다. 부족과 달리, 기근의 발생은 정부의 지원 여부에 달렸다. 식량이 부족할 때조차 아무도 굶주리지 않을 정도로 배분이 이뤄질 수 있다.

그렇다면 정부는 언제 기근 예방을 위해 필요한 조치를 취해야 할까? 그 대답은 정부의 동기에 달렸다. 표현의 자유와 민주적 선거 시스템이 보장될 때, 일반적으로 정부는 시민 모두가 식량에 쉽게 접근할 수 있도록 해야 할 중차대한 압박에 직면하게 된다. 이러한 압박은 그들을 움직이게 만든다. 그러나 표현의 자유와 민주적 선거 시스템이 갖춰지지 않은 경우, 정부는 공적인 책임을 지지 않으며 기근에 대해서 아무런 대책도 내놓지 않는다. 정부 관료는 대중에 노출되거나 일자리를 잃을 위험이 없다.

효율적으로 작동하는 표현의 자유 시스템과 주요 정보의 공개(출력), 그리고 시민의 행복의 관계에 관한 중요한 교훈이 있다. 언론과 정보의 자유가 단지 사치는 아니라는 것이다. 이러한 자유는 정부가 국민의 편익에 봉사하도록 만든다. 이러한 교훈은 일부 덕목이 자유는 물론, 언론과 표현의 자유를 획득하려는 경제적 목표를 위한 것임을 말해 준다.[2]

최근 몇 년 동안 두드러진 투명성 사업 대부분은 출력과 관련된 것이었다. 그중 한 가지 사례로 GPS 장비를 꼽을 수 있다. 1993년 클린턴 대통령은 GPS 장비를 일상생활의 친숙한 일부로 만들기 위해 최종적으로 선택한 데이터를 공개하기로 결정했다(대중이 사용할 수 있도록). 그 덕택에 수많은 사람이 혜택을 누리고 있다. 심지어 사람 목숨까지 살렸다. GPS 장비는 말 그대로 삶의 〈조종 가능성〉을 높여 주었다. 조종 가능성을 더 일반적인 개념으로 확장할 때, 출력과 관련된 정보 공개의 가치를 이해할 수 있다. 가령 자동차 안전벨트, 범죄, 공기 질과 수질 등에 관한 정보도 GPS와 비슷한 것으로 볼 수 있다. 이러한 정보는 어떻게 원하는 방향으로 갈 수 있는지 말해 준다.

오바마 행정부는 (투명성과 다른 가치 사이의 잠재적 교환에 대해 그동안 많은 논란이 있었다는 사실을 인정하면서도) 임기 전반에 걸쳐 투명성을 우선순위로 꼽았다. 그 사실은 특히 정보 공개법에 집중했던 임기 초반의 대통령 교서에 잘 나타나 있다. 교서는 이렇게 말한다. 〈분명한 사실은 의혹에 직면했을 때 공개가 해결책이라는 점이다.〉 그리고 더 중요하게 이렇게 덧붙였다. 〈정부 기관은 정보 공개를 위해 적극적으로 조치를 취해야 한다. 대중의 요청을 기다려서는 안 된다.〉 이 교서는 법무부 장관과 예산관리국 국장을 대상으로 정부의 통치 원칙을 실행하기 위한 새로운 지침을 발표하도록 지시했다.

그 지시에 따른 두 문서를 면밀히 들여다볼 필요가 있겠지만, 여기서는 특히 예산관리국 문서를 살펴볼 만하다.[3] 교서는 정부 기관이 온라인으로 정보를 공개하도록 지시하면서 이렇게 지적한다. 〈정부 기관은 정보 공개법에 따른 구체적인 요청이 있기까지 기다리지 말고 첨단 기술을 적극 활용해서 유용한 정보를 널리 확산해야 한다.〉 그리고 더욱 중요하게, 정부 기관이 계획을 공개하고 기관의 웹사이트를 구축함으로써 〈열린 정부의 문화를 건설하고 제도화하도록〉 촉구했다. 열린 정부 계획은 〈온라인상에서 오픈 포맷 형태의 가치 높은 세 개 이상의 데이터 집합〉을 마련할 것을 촉구하고 있으며, 여기서 데이터 집합은 〈정부 기관의 책임과 반응을 강화하고, 공공 기관의 운용에 대한 대중의 이해를 높이고, 정부 기관의 핵심 사명을 촉진하고, 경제적 기회를 창출하고, 혹은 공공 컨설팅을 통해 확인된 필요성과 수요에 대응하기 위해 활용할 수 있는 정보〉라고 정의하고 있다.

이론적 차원에서 이러한 사업이 출력 투명성이나 입력 투명성과 관련 있는지는 분명하지 않지만, 실제로 출력 투명성은 지금까지 중요한 요소로 남아 있다.[4] 일반적으로 가치 높은 데이터 집합은 출력과 관련이 있다. 미국 정부 웹사이트인 data.gov는 2009년 이후로 그러한 데이터 집합을 공유하는 주요 공간으로 자리 잡고 있으며, 이는 출력 투명성으로 이어지고 있다. 사람들은 이 사이트에서 농업과 금융, 의료, 교육, 에너지 등 다양한 분야의 데이터 집합에 접근할 수 있다. 가령 클릭 한 번으로 〈항공기 정시 운항 비율 및 연착 원인〉,

〈아동에 대한 가구 지출〉(17세 이하 자녀 양육비 추정치와 더불어), 혹은 리콜 제품의 세부 정보를 확인할 수 있다. 이와 비슷한 많은 것들이 정책 결정이나 정보 수집 활동의 출력에 초점을 맞추고 있다.

그 결과 민간 분야에서도 사람들이 실제로 사용할 수 있는 정보를 제공하는 수많은 앱을 만들어 내고 있다. 가령 에어나우AirNow라는 앱은 공기 질에 대한 추적 데이터를 보여 준다. 대학 경제성 및 투명성 센터College Affordability and Transparency Center(CATC)는 학비와 관련된 정보를 제공한다. 이리콜eRecall은 소비자에게 리콜에 관한 정보를 제공한다.

data.gov에 올라온 출력은 두 가지 목표 달성에 기여한다. 첫째, 사람들은 일상생활 속에서 그 정보를 활용할 수 있다. 이들 정보 대부분은 GPS 장비와 마찬가지로 삶을 더욱 단순하게 만들어 주고, 조종 가능성을 높인다. 특히 휴대전화로 접근이 가능하다는 점에서 현실적으로 유용하다. 이는 단지 이론적으로 유용한 것만이 아니다. 우리가 전반적인 차원에서 조종 가능성의 개념을 이해한다면, 정보 공개를 사람들이 수많은 영역에서 자신이 선호하는 목적지로 가도록 도움을 주는 방식으로 이해할 수 있다. 그 과정에서 사람들은 돈을 절약하고 위험을 피할 수 있다. 내가 알기로 data.gov의 편익은 아직 정량적으로 분석되지는 않았지만, 사람들이 구체적인 방식으로 도움을 받고 있다는 점은 명백하다. 이는 최고의 넛지다(GPS 장비의 유용성과 비교해 보자).

둘째, 출력 공개는 민간 및 공공 분야의 책임을 강화할 수 있다. 대법관 루이스 브랜다이스가 언급했던 〈햇빛은 (……) 최고의 살균제다)[5]라는 말을 떠올려 보자. 로스앤젤레스의 공기 질이 나쁠 때, 어떤 대학의 등록금이 대단히 높을 때, 대학 졸업생이 끝내 직장을 구하지 못할 때, 샌디에이고 지역의 식수가 안전하지 않을 때, 기업이 장난감 제품을 리콜해야 할 때, 투명성은 변화의 자극제가 된다. 투명성은 책임을 강화하며, 사람들이 책임을 떠안을 때 성과는 향상된다.[6] 이 말은 공공 기관과 민간 기관 모두에 해당한다. 투명성은 시민들에게 공무원의 활동에 대해서도 말해 준다. 또한 리콜 제품이나 안전벨트 점수를 공개함으로써 민간 분야의 활동에 대해서도 시민들에게 알릴 수 있다. 어떤 경우든 투명성은 성과 개선의 촉진제로 작용한다.

사명

미국 예산관리국 메모에서 한 가지 흥미로운 점은 정부 기관을 대상으로 정보 공개가 그들의 〈핵심 사명〉에 기여하는지 고려하도록 요구하고 있다는 사실이다. 이는 대단히 중요한 개념으로서 미래에 더 폭넓은 활용이 이뤄져야 할 것이며, 출력의 공개와도 관련 있다.

환경 정책과 관련한 유명한 사례는 유해물질 배출 목록Toxic Release Inventory(TRI)이다. 이는 연방정부가 유해물질 배출에 관한 정보를 확보하기 위해 설계된 일종의 기록 수단이다. TRI는 놀랍게도 성공적인 〈규제〉 방안인 것으로 드러났다. 어느 기업도 그들이 활동하는 주에서 〈더티 더즌Dirty Dozen〉* 명단에 오르는 것을 원치 않기 때문

---

* 전쟁 영화 「특공대작전」에 등장하는 흉악범 열두 명을 일컫는 말로, 시민단체가 종종 활용하는 표현이다.

이다.[7] 책임 부여는 배출가스를 줄이는 촉진제로 기능했다. 이후 미국 직업안전보건국은 osha.gov 사이트에 근로 작업장의 최근 사망률에 관한 정보와 근로자 사망 사건이 발생한 기업의 이름을 게시함으로써 그 흐름에 동참했다. 환경보호국 역시 마찬가지로 배출가스 감축을 목표로 온실가스 목록Greenhouse Gas Inventory을 내놓았다. 여기서 우리는 다시 한번 넛지에 대해 이야기하고 있으며, 정부는 이를 활용해 기업 행동에 영향을 미친다.

이들 사례에서 정부는 그들이 확보하고 있던 정보를 공개했다. 물론 공공 분야가 민간 분야에 출력 투명성을 요구하는 상황을 충분히 떠올릴 수 있다. 그러한 형태의 요구는 항상 정보의 자유라는 이념 아래 이뤄지지는 않지만, 투명성을 수반하면서 주요 기관의 사명을 강화할 수 있다. 예를 들어 식품의약국(FDA)은 의료보험 개혁법을 근거로 체인 레스토랑을 대상으로 메뉴의 열량을 공개하도록 요구했다. 그 초기 결과는 대단히 희망적이다. 과체중이던 사람들의 체질량 지수가 크게 감소했던 것이다.[8] 또한 정보 공개 요구는 생산자와 판매자의 행동에 영향을 미칠 것으로 기대를 모으고 있다. 게다가 열량 공개 요구가 레스토랑이 더 건강한 메뉴를 개발하도록 자극하고 있다는 증거는 이미 나와 있다.

나는 출력 투명성을 통해 정부 기관의 사명을 강화하는 것을 목표로 하는 정보 공개와 관련된 몇 가지 사례를 제시했다. 출력과 관계된 훌륭한 사례들을 열린 정부 파트너십(opengovernmentpartnership. org 참조)에 참여한 수십 개국의 다양한 사업 계획에서 확인할 수 있다. 물론 투명성을 통해 정부 기관의 사명을 강화할 수 있을 것인가는 현실적인 질문이다. 그렇지만 많은 사례에서 사명을 강화하는 것으로 나타나고 있다.[9] 가령 휴대전화로 공기 오염도를 확인할 수 있게 되면서 중국 정부는 공기 오염 및 온실가스 배출에 한층 더 신경을 쓰게 되었다. 일반적으로 출력 투명성의 비용이 낮기 때문에 이를 지지하는 주장은 상당한 근거를 확보하고 있다.

지금 나는 아주 넓은 붓으로 그림을 그리고 있다. 내 생각에 출력의 공개는 행복의 관점에서 정당화될 수 있지만, 모든 경우에 그런 것은 아니다. 우리는 편익은 적은 반면 비용은 많이 드는 정보 공개 사례를 쉽게 떠올릴 수 있다. 비용과 관련해서 예산관리국 메모에 담긴 표현을 살펴보자. 〈이 지시에는 법률, 예산, 행정, 규제 방안과 관련해서 예산관리국 국장이 사전 정보를 검토하고 승인해야 하는 기존 요건을 제거해야 한다고 해석될 만한 소지가 없다. 게다가 개방성에 대한 결론이 그 공개가 국가 안보를 위협하고, 개인의 사생활을 침해하고, 보안 규정을 어기고, 강력한 이해관계에 피해를 입힐 정보의 적법한 보호를 배제한다고 해석될 여지도 없다.〉 비록 전문적인 표현이지만 중요한 조건을 언급하고 있다.

정보 공개법은 다양한 방식으로 이러한 조건 모두를 인식한다. 공개될 경우 국가 안보를 위협할 상당량의 정보를 정부가 확보하고 있으며, 그러한 정보를 출력으로 간주할 수 있다고 해도 비밀로 보존해야 한다는 주장을 의심하는 사람은 없다. 또한 정부는 〈개인 정보〉도 확보하고 있다. 이러한 정보는 개인 정보 보호법에 의해 보호받는다. 투명성과 사생활 사이에서 균형을 찾는 노력도 중요하지만, 그럼에도 일부 형태의 정보 공개는 사생활을 과도한 정도로까지 침해한다. 일부 형태의 정보 공개는 기업 비밀이나 사유 정보와 타협해야 한다. 그리고 공개가 자동적으로 이뤄지지 않을 때, 투명성을 보장하기 위한 노력은 돈과 시간이라는 비용을 발생시킨다.

편익의 측면에서 구분 또한 중요하다. 평가 비용이 0이라고 해도 모든 출력을 공개해야 한다고 주장하는 것보다, 구체적인 상황에 따라 특정 출력을 공개하는 것이 편익을 주는지 소비자나 근로자에게 물어보는 것이 합리적인 판단일 것이다. data.gov에 올라온 수많은 정보 중 일부는 편익이 미미하거나 전혀 없다. 사람들은 그러한 정보에 아무런 관심이 없다(앞으로도 그럴 것이다). 행복에 기반을 둔 분석은 구체적인 질문을 던진다. 물론 문제는 그러한 질문을 다루기가 쉽지 않다는 것이다. 공개가 논의되는 시점에서 편익 예측은 아마도 힘들 것이다. 사람들이 정보를 가지고 무엇을 할 것인지는 분명하게 파악할 수 없다. 민간 분야는 창조적이며 연금술사로 가득하다. 민간 분야가 어디서 유용성을 발견할지, 무엇을 황금으로 바꿀지 미리 예측하는 것은 불가능하다.

이러한 관점에서 정부 기관은 가치가 높은 데이터 집합으로 간주할 수 있는 것에 대한 합리적 판단을 내리고, 온라인에서 〈최대한 빨리〉 그러한 데이터 집합을 얻어야 한다. 그리고 관련된 자료를 온라인상에서 자동적으로 입력하는 기능이 크게 도움이 될 수 있다는 사실에 주목할 필요가 있다.

가치가 높은 데이터 집합과 관련해서 두 가지 질문을 던짐으로써 직관을 단련할 필요가 있다. (1) 사람들은 일상생활 속에서 이러한 정보로부터 편익을 얻는가? (2) 정보 공개는 공공 및 민간 분야의 책임을 강화함으로써 성과를 개선할 것인가?

2009년 대통령 교서에는 이러한 표현이 담겼다. 〈정부는 공무원이 정보 공개에 당황하거나 실수와 잘못이 드러날 수 있다는 이유로, 혹은 사변적이고 추상적인 두려움 때문에 정보를 비밀로 유지해서는 안 된다. 공무원이 섬겨야 할 대상에게 희생을 요구함으로써 공무원 개인의 편익을 보호하기 위해 정보를 가둬 놓아서는 안 된다.〉 대단히 중요하고 적절한 지적이다. 또한 여기에는 중요한 조건이 포함되어 있다. 지금부터 살펴보기로 하자.

입력 투명성

1980년 내가 대법관 서굿 마셜Thurgood Marshall 밑에서 서기관으로 근무할 무렵, 밥 우드워드Bob Woodward와 스콧 암스트롱Scott Armstrong은 『지혜의 아홉 기둥The Brethren』이라는 책에서 마셜에 관한 이야기를 다루었다. 나는 두 저자와 이야기를 나눈 적이 없었다. 세 명의 동료 서기관들도 마찬가지였을 것이라 확신한다. 하지만 그밖에 많은 서기관들은 달랐다. 그 책은 마셜 대법관을 대단히 노골적으로 묘사했다(놀랍게도 대부분 부정확하게). 마셜은 큰 상처를 받았다. 자신에 대한 적대적이고 부당하고 부정확한 묘사 때문이 아니라, 서기관들이 저자에게 자신의 이야기를 한 것을 신뢰를 저버린 행동이라고 봤기 때문이다. 물론 나는 그가 우리에게 했던 말을 공개하는 것이 신뢰를 저버리는 행동이라고는 생각하지 않는다. 그러나 마셜은 이렇게 말했다. 「서기관을 대하는 내 태도에는 변화가 없을 테지만, 여러분이 내 신뢰를 저버린 것은 양심에 관한 문제입니다.」

내가 백악관을 떠난 2012년, 기자들을 비롯해 언론 세상의 외부에 있던 사람들은 내부 상황에 대해 물었다. 대통령에게 누가 무슨 말을 했는가? 누가 누구와 갈등을 빚었나? 무슨 일이 벌어졌거나 벌어지지 않았다면, 그건 누가 원해서 그렇게 된 것인가? 누가 이기고 누가 졌는가? 물론 나는 대답하지 않았다. 그러나 그들은 정말로 끈질겼다. 한번은 『워싱턴 포스트』의 뛰어난 기자와 대화를 나눈 적이 있었다. 그녀는 누가 누구와 갈등을 빚었는지를 집요하게 파고들었다. 결국 나는 그녀가 가장 관심을 가질 만한 주제(환경 정책)로 기사를 써보는 게 어떻겠냐고 화제를 돌렸다. 그러나 그 제안에는 별 관심을 보이지 않았다.

입력은 의사 결정 이전에 존재하는 숙고적인 요소다. 또한 독립적인 요소다. 공식적 의사 결정이 아니라는 점에서 입력은 의사 결정 이전의 요소다. 입력은 의사 결정에 선행하며 의사 결정 과정에 정보를 제공한다. 가령 환경보호국 부국장이 국장에게 새로운 오존 규제와 관련해 10억 명당 65명 대신 60명을 기준으로 해야 한다고 조언할 때, 두 사람의 대화는 의사 결정에 선행한 것이다. 그리고 무엇을 할 것인지에 대한 논의 과정의 일부라는 점에서 숙고적인 요소다.

나는 이러한 선명함에도 불구하고 까다로운 사례를 떠올릴 수 있다는 사실을 언급했다. 가령 규소의 위험성을 다룬 기사가 실렸을 때, 그 기사는 규제에 대한 입력으로 작용하게 된다. 그러나 핵심은 분명해야 한다. 법원 서기관이 차별 금지법에 관한 논의를 다루는 방식에 대해 메모를 주고받을 때, 입력이 등장한다. 그리고 백악관 인사들이 열린 정부 메모의 내용에 대해 논의할 때, 그들은 입력을 다루고 있는 셈이다. 또한 백악관 관료들이 식품의약국 인사와 특정한 천식 약품의 위험성을 다루는 방법에 대해 이야기를 나눌 때, 입력이 수반된다.

입력과 관련해 정보 공개를 위한 주장은 크게 달라진다. 또한 두 가지 중요한 측면에서 약화된다. 첫째, 정보 공개의 편익은 일반적으로 대단히 낮다(항상은 아니라고 해도). 둘째, 정보 공개의 비용은 대단히 높다. 이는 명백한 사실이다. 이 점에 대해서는 나중에 다시 살펴보기로 한다.

누가 누구에게 무슨 말을 했는가

대중의 입장에서 볼 때, 입력을 얻는 것은 그리 원하는 바가 아니다. 이러한 주장은 특히 투명성의 가치를 믿는 이들에게 논란의 소지가 있거나 받아들이기 힘들고 혹은 충격적이기까지 하다. 그러나 입력의 수와 범위는 위압적이며, 이 사실은 대중이 그러한 입력 모두를 확인함으로써 편익을 얻을 수 있다는 생각을 외면한다. 가령 어떤 차관보는 일주일 내내 수많은 사람들과 이야기를 나눌 것이며, 많은 경우에 제안을 받고, 아이디어를 실행에 옮겨 보고, 더 많은 정보를 요청하고, 농담을 나누고, 의혹을 제기하고, 새로운 방안을 모색할 것이다. 그가 받거나 제안한 입력 중 일부는 그리 흥미롭지는 않을 것이다. 만일 그것이 흥미롭다면 정보 공개를 요구받지 않기 때문일 것이다. 일부는 오로지 논의를 위해 아이디어를 제시하며, 그것은 정말로 좋지 않은 접근 방식이다. 당연히 그 아이디어는 지지를 얻지 못하고, 따라서 출력으로 이어지지 않는다. 대중이 이러한 입력까지 확인하는 게 무슨 의미가 있을까?

혹은 연방 규제의 일반적인 범위를 생각해 보자. 여기서 주요한 것들은 정보규제국에서 만들어진다. 규제 중 상당 부분은 신문이나 온라인에서 진지하게 다뤄지지 않는다. 규제 발표에 앞서 내부 논의가 오래 지속되며, 그 과정에서 서류 및 전자 서류, 이메일을 통해 질문과 의혹이 제기된다. 이는 숙고 과정의 핵심이다. 그 과정에서 많은 사람이 각자 의견을 말한다. 대부분의 경우 이러한 논의 과정을 공개하는 노력에 따른 이익은 거의 없다.

연방정부 내에서 규제 과정에 해당하는 이야기는 많은 논의에도 그대로 적용된다. 이메일 규모는 방대하다. 앞서 언급한 가상의 차관보 경우에서 그런 것처럼, 그들은 아이디어를 제시하고 애매모호한 반응을 보이며, 일부 사람의 생각을 보고한다. 일반적으로 정보 공개는 세부 사항에 관심이 있거나, 누군가에게 상처를 주거나 심각한 피해를 입히려는, 혹은 스캔들을 폭로하려는 사람들 외에 어떤 목표에도 도움을 주지 못한다.

두 가지 조건

두 가지 주요 조건이 있다. 우리는 이를 통해 많은 관찰자에게 입력 투명성의 장점을 설명할 수 있다. 이러한 조건은 몇몇 부처에서 큰 힘을 발휘하거나, 혹은 발휘할 것으로 기대된다. 그리고 그 힘은 부패하거나 무능한 행정부에서 크게 증가한다.

위법하거나 비도덕적인 주장

정보 공개는 위법한 주장에 대한 사전 억제제로서, 그리고 사후 교정제로서 기능을 한다. 적어도 대중은 이를 통해 통치가 어떻게 이뤄지고 있는지 알 수 있다. 최악의 경우 입력은 부패나 범죄를 포함하며, 국민은 그것에 대해 알아야 할 권리가 있다.

예를 들어 누군가 나쁜 아이디어라서가 아니라, 기부자나 강력한 이익 집단을 공격하기 위해, 혹은 유명 상원 의원이 거부할 것이기 때문에(행정부에 불행한 결과로 이어질) 의사 결정에 반대할 수 있다. 이런 일은 드물지 않게 일어나며, 상상할 수 있는 최악의 경우는 아니다. 그러한 주장은 반대 가능하며, 혹은 공공의 이익을 해치므로 대중이 알 권리가 있다고 해보자. 여기서 정보 공개는 반대 주장이 나올 가능성을 낮추는 역할을 한다. 이는 좋은 일이며, 모든 경우에 책임을 만들어 낸다. 이러한 측면에서 햇빛의 긍정적 효과를 지지하는 주장은 출력 투명성은 물론 입력 투명성에도 똑같이 적용된다. 이러한 주장은 악명 높은 입력의 경우에 더 큰 힘을 발휘한다.

정보 공개는 분명하게도 반대의 통로를 바꾸는, 즉 이메일과 서류에서 전화로 바꾸는 중요한 효과를 드러낸다. 실제로 연방정부 내에서 이러한 현상이 종종 나타난다. 자신의 말이 대중이나 하원에 공개되길 원치 않을 때, 사람들은 이렇게 말한다. 「전화로 주세요.」 그러나 여기에는 상당한 위험이 따른다. 내부 논의가 공개될 가능성이 있을 때, 문서에서 구두로의 전환은 경제적·법적 분석에 대한 신뢰성의 하락으로 이어진다. 그럼에도 입력의 공개는 〈세탁〉, 혹은 모든 것을 깨끗하게 만드는 긍정적인 효과를 나타낸다.

위법하거나 비도덕적인 입력에 대한 우려는 입력 투명성을 지지하는 주장을 강력하게 뒷받침한다. 가령 어떤 논의 과정이 부패하고 추악하고 〈조작〉되었다고 해보자. 즉 민간 분야의 강력한 이해관계가 연방정부의 논의 과정을 장악하거나, 혹은 특정 집단으로부터 은혜를 입은 관료가 이들 집단에게 유리한 결과물을 만들어 내고자 한다고 해보자. 당연하게도 우리는 이러한 흐름을 막고 싶어 한다. 그러나 이를 직접적으로 막을 수 없다면, 입력 투명성을 주장함으로써 그 내용을 대중에 공개할 수 있다. 여기서도 햇빛은 살균제로 기능한다.[10]

또한 중요한 영향을 드러나지 않게 만들어 버릴 위험이 존재한다. 그러나 원칙적으로 그것은 부차적 우려에 불과하다. 우리는 내부 과정을 대중이 감시할 수 있도록 공개하길 원한다. 이는 대단히 숭고한 목표다. 워터게이트 스캔들에서 닉슨 대통령이 저지른 부당한 행위가 좋은 사례다. 어느 정도의 입력 투명성이 존재했기 때문에 그 사건이 드러날 수 있었던 것이다.

실수로부터 배우기

두 번째 조건은 기자와 역사가 사이의 교류를 확인함으로써 이익을 얻을 수 있다는 것이다. 이들은 이미 벌어진 일을 설명해 주기 때문이다. 이는 추상적이고 학술적인 이익으로 볼 수도 있지만, 사람들(공무원을 포함해)은 과거로부터 배우고 배움은 잘못을 바로잡기 위한 노력에 도움을 준다. 잘못을 바로잡기 위해서는 역사적 기록이 필요하고, 그 기록을 이해하기 위해서는 입력이 필요하다. 정부는 어떻게 행동 혹은 비행동으로 중대한 과오를 저질렀던가? 이 질문에 답하려면 입력 투명성이 필요하다. 입력 투명성은 효과적으로 기능하지 못하는 집단 상호작용이나 제도적 맹점에 관한 경고 혹은 제도 개혁의 필요성에 관한 신호를 생성할 수 있다.

예를 들어 미국 정부가 대량 학살을 방지하는 노력을 게을리 한다고 해보자.[11] 그러한 상황은 입력에 대한 접근 없이는 확인하기 힘들거나 불가능하다. 일단 상황을 확인했다면, 사람들은 다시는 그런 일이 벌어지지 않도록 행동을 취하고자 할 것이다. 이처럼 입력을 공개함으로써 적어도 특정 영역에 많은 이익을 가져다줄 수 있다.

그러나 반대 지점이 있다. 많은 경우에서 입력의 공개는 아무런 이익을 가져다주지 못한다. 즉 미래에 똑같은 실수를 저지를 위험을 줄여 주지 못한다. 또한 공개는 왜곡의 위험을 부과한다. 가령 사람들이 공무원, 말하자면 환경보호국 부국장이나 법무부 차관의 이메일에 접근할 수 있다고 해보자. 그런데 그들의 이메일에 환경보호국 국장이나 법무부 장관, 혹은 백악관 관료에 대한 불만이 담겨 있다고 해보자. 그 이메일은 어쩌면 특정한 상황이나 기분에 따른 것일 수 있다. 혹은 글쓴이가 제대로 이해하지 못한 것일 수 있다. 아니면 단지 감정 배출의 통로일지 모른다. 그렇기 때문에 그 이메일은 심각하게 왜곡된 견해를 드러낼 수 있다.

기자들은 종종 고발이나 스캔들을 폭로하는 것을 좋아하고 그로부터 이익을 얻기 때문에, 내부 갈등에 대한 폭로는 이들에게 대단히 매력적으로 보인다. 그러나 실은 일종의 가십에 불과하다. 물론 독자는 이익을 얻는다고 할 수도 있지만, 대중을 위한 진정한 이익이라고 볼 수는 없다.

입력 투명성의 비용

입력 투명성에서 가장 뚜렷한 문제점은 공개가 오히려 개방성을 위축시키고 솔직함을 가로막을 수 있다는 사실이다. 매디슨 대통령은 그 핵심을 간파했다. 그의 입장은 다음과 같이 알려졌다.

헌법을 채택하기 위한 회의에서 가장 중요한 것은 문을 닫고 앉아서 논의하는 것이다. 주장은 다양하고 다듬어지지 않아서 일관적인 체계가 잡히기까지는 오랜 논의가 반드시 필요하다. 한편에서 구성원들의 마음은 변하고, 양보하고 타협하는 자세로 많은 것을 얻을 수 있다. 그 구성원이 처음부터 공개적으로 주장을 한다면, 그들은 자신의 기반을 유지하기 위해 일관성을 지켜야 할 것이다. 반면 비밀회의에서는 아무도 그런 의무감을 느끼지 않으며, 더 적극적으로 논의에 참여하고자 한다. (……) 논의가 공개적으로 진행되었다면 회의는 어떠

한 헌법도 채택하지 못했을 것이다.[12]

논의 과정에서 사람들의 주장은 다양하고 충분히 다듬어지지 않았다. 그리고 〈양보하고 타협하는 자세로 많은 것을 얻을 수 있다.〉 일단 공개적으로 주장을 할 때, 사람들은 입장을 번복하지 못한다. 그래서 비밀은 논의의 위력에 대한 개방성을 강화한다. 매디슨은 이렇게 결론을 내렸다. 〈논의가 공개적으로 진행되었다면 회의는 어떠한 헌법도 채택하지 못했을 것이다.〉

매디슨이 주목하지 않았던 부분은, 입력 투명성이 개인의 생각을 드러내지 못하도록 만들 수 있다는 점이다. 입력 투명성은 오히려 솔직함과 자유로운 아이디어의 개진을 저해할 수 있다. 그럴 때 집단은 필요한 정보를 충분히 얻지 못한다. 제대로 기능하는 논의 과정에서는 아이디어를 제시하는 단계와 해결책을 모색하는 단계가 엄격히 구분된다. 아이디어를 제시하는 단계에서는 많은 아이디어가 논의에 오른다. 터무니없거나 받아들이기 힘든 아이디어도 그렇다. 사람들은 채택될 가능성과 무관하게 아이디어를 이끌어 내는 노력을 긍정적으로 바라본다. 그러나 입력 과정이 투명할 때, 아이디어 제시 단계는 위축될 위험이 있다.

솔직함을 보장하는 것은 행정적 특권이라는 개념을 뒷받침하는 핵심이다.[13] 입력 투명성은 기껏해야 사람들이 문서가 아니라 구두로 의사소통을 하도록 만들 뿐이다. 실제로 정보 공개법에 따른 한 가지 결과는 이메일과 문서에 대한 신뢰성을 약화시키는 것이었다. 공화당 행정부와 민주당 행정부 모두에서 문서로 작성된 모든 것이

『뉴욕 타임스』에 기사화되었다는 사실은 널리 알려진 이야기다. 이로 인해 사람들은 문서 기록을 남기지 않으려 했다. 최악의 경우 입력 투명성은 사람들이 자신의 생각을 입 밖으로 꺼내지 않도록 만들기도 한다.

그러나 솔직함의 위축이 유일한 문제는 아니다. 언론과 정적의 동기의 관점에서, 입력의 공개는 극단적으로 불행한 혼란을 야기할 수 있다. 가령 조기 사망률을 낮추는 방법처럼 출력에 집중하는 대신, 일부 사람을 악당이나 범죄자로 만드는, 혹은 의사 결정 사항을 부정적으로 몰아가는 발언에 집중하게끔 만든다. 회의주의자는 그것이 개입주의적이거나 아니면 사람들에게서 정보를 박탈하는 것이라고 강하게 맞설 것이다. 한편으로 정확한 정보의 수집은 아이디어의 시장에서 이뤄져야 한다. 그러나 문제가 대중의 오해가 아니라 혼란을 부추기는 사람들의 동기에 있는 한, 부적절한 위험이 분명히 존재한다.

비용-편익 분석

입력 투명성과 관련해 장부 원장을 가지고 비교할 수 없는 가치가 존재하는 것으로 보인다. 그 편익은 종종 낮지만, 항상 그런 것은 아니다. 특히 비도덕적인 동기, 부패, 범죄가 관련되었을 때, 역사 기록을 통해 중대하고 치명적인 실수를 피할 수 있을 때 이익은 높다. 반면 그 비용은 대단히 높다. 그런데 항상 그럴까?

입력 투명성의 비용은 시간이 지날수록 줄어들고, 일단 연관된 인물이 더 이상 공직을 수행하지 않을 때 그 비용은 확연히 떨어진다는 사실을 받아들일 필요가 있다. 예산관리국 국장에게 그가 하는 모든 말이 당일 저녁이나 다음 날 뉴스 기사로 나오게 될 것이라고 말하는 것, 그리고 미래 시점에(말하자면 행정부 임기가 끝난 이후에) 내부 의사소통에 관한 공식 기록이 남아 있을 것이라고 말하는 것은 서로 다른 차원의 이야기다. 실제로 대통령 기록물 관리법 Presidential Records Act[14]은 후자에 해당하는 접근 방식을 시도한다 (5년의 시간을 두고서). 그럴 때 공개 비용은 크게 줄어든다. 물론 그 비용이 완전히 없어지는 것은 아니다. 솔직함이 위축되고, 사람들의 평판이 부당하게 훼손될 위험이 남아 있기 때문이다. 그러나 역사적 기록을 남긴다는 가치의 관점에서 볼 때, 이는 합리적인 접근 방식이라고 볼 수 있다. 여기서 내 목표는 구체적인 실행이나 제안과 관련해 명백한 결론을 내리는 것이 아니라, 일반적인 입장을 대략적으로 살펴봄으로써 적절한 절충점을 확인하는 것이다.

출력 투명성과 입력 투명성 사이에는 큰 차이가 존재한다. 출력의 경우에 투명성은 대단히 중요하다. 그 핵심 이유는 정부가 사람들이 실제로 활용할 수 있는 정보를 확보하고 있기 때문이다. 그 정보는 아마도 삶의 조종 가능성을 높이고 심각한 위험을 피하도록 도움을 줄 수 있다. 정부는 그러한 정보를 독점해서는 안 된다. 또 다른 이유는 햇빛이 살균제로 기능하기 때문이다. 정보가 정부의 성과나 민간 분야의 성과를 포함할 때, 공개는 더 나은 성과를 자극한다.

data.gov의 기능을 지속하고 강화하는 노력은 대단히 중요하다. 정부는 다양한 상황에서 정보 공개법의 요청을 마냥 기다려서는 곤란하다. 스스로 판단해 정보를 공개해야 한다. 그렇다고 해서 모든 출력을 온라인상으로 접근할 수 있어야 한다는 말은 아니다. 다만 출력 투명성이 대중에게 의미가 있을 때, 공개가 필요하다는 뜻이다. 우리는 앞으로 이러한 방향으로의 중대한 발전이 자율성의 확대와 더불어 이뤄지기를 기대한다.

입력 투명성은 다른 범주에 속한다. 예외적인 경우를 제외하고, 가장 중요한 것은 누가 누구에게 무슨 말을 했는가가 아니라 정부가 실제로 어떻게 행동했느냐다. 대부분의 경우에 대중은 차관과 장관이 무역 협정을 놓고 의견 불일치를 보였다는 사실, 혹은 얼마나 공격적으로 온실가스를 규제할 것인지를 놓고 부처 내부에 갈등이 있다는 사실을 안다는 것으로부터 아무런 편익을 얻지 못한다. 반면 공개에는 상당한 비용이 들어간다. 입력 투명성은 우선 사람들이 침묵하고, 기록에 남지 않는 방식으로 의사소통하도록 유도한다. 더 중요하게, 사람들의 관심을 정책과 관련된 중요한 질문에서 정치적 음모와 관련된 덜 중요한 질문으로 이동시킨다. 그러나 동시에 입력 투명성은 비도덕적인 혹은 부패한 관행에 집중하고, 필수적인 역사 기록을 제공하기도 한다. 사람들은 과거로부터 배운다. 이전 행정부가 어디서 실수를 저질렀는지에 대한 구체적인 이해는 현재 행정부를 위해 반드시 필요하다.

나는 기본적으로 복지주의자다. 복지주의는 공개에 따른 비용과 이익에 대해 질문을 던진다. 우리는 복지주의라는 개념을 구체적으로 정의해야 하고, 많은 이들이 다양한 기반에서 시작한다는 사실을 인정해야 한다. 복지주의 관점에서 일부 출력 투명성은 설득력을 얻지 못하는 반면, 일부 입력 투명성은 정당화할 수 있다. 이 장에서 우리는 개별 사례가 아니라 범주에 대해 이야기했다. 범주는 방향을 제시한다. 출력 투명성은 정보의 자유를 위한 노력의 과정에서 핵심 역할을 수행해야 한다. 우리는 지금보다 훨씬 더 높은 수준의 투명성을 필요로 한다. 입력 투명성의 중요성은 행정부 임기가 끝나고 난 뒤 더 높아진다. 그렇기 때문에 더욱 신중하게 접근할 필요가 있다.

13장

예방조치

전 세계적으로 위험을 규제하기 위한 단순한 아이디어에 많은 관심이 쏠리고 있다. 그 아이디어란 의심이 든다면 사전예방 원칙을 따르라는 것이다.[1] 피해를 유발할 수 있는 위험은 피하자. 안전이 보장될 때까지 주의를 기울이자. 위험에 대한 분명한 증거를 요구하지 말자. 이를 한마디로 표현하면 이렇다. 〈후회보다는 안전이 낫다.〉

일상생활 속에서 이러한 주장은 합리적으로 보인다. 자연의 과정에 개입하는 시도는 위험을 초래한다. 우리는 부작용에 대한 두려움 때문에 현재 상태를 바꾸려는 노력을 종종 게을리 한다. 합리적 규제자는 사전예방 원칙을 따라야 할까? 많은 사람이 그렇다고 생각할 것이다. 이러한 점에서 사전예방 원칙은 최근 사회 변화를 위한 기본 원칙으로 자리 잡아 가고 있다. 유럽과 미국을 비롯한 세계 각국에서 환경 보호 캠페인을 강화하고, 자연을 지키고, 건강과 안전에 관한 위험을 줄이기 위해서 이 원칙에 주목한다. 또한 이 원칙은 다양한 시대와 지역에 걸쳐 사회적 폭포 효과로부터 이익을 누린다.

실제로 사전예방 원칙은 대단히 빠른 속도로 퍼져 나간다. 소수민족 거주지에 관해 논의하는 사람들 또한 종종 사전예방 원칙을 제기하며, 이 원칙이 든든한 기반이 되어 줄 것이라고 다른 이들을 설득한다.

이와 관련하여 많은 주장은 추상적이다. 가장 강력한 형태의 사전예방 원칙의 실질적인 문제는 일관성 부재다. 사전예방 원칙은 지침을 제시하고자 한다. 하지만 그 원칙이 요구하는 규제는 언제나 고유의 위험을 부과한다. 이러한 점에서 사전예방 원칙은 동시에 명령을 금한다. 여기서 나는 사전예방 원칙에 이의를 제기하고자 한다. 그 이유는 이 원칙이 부정적인 방향으로 나아가서가 아니다. 그 어떤 방향으로도 나아가지 않기 때문이다. 이 원칙은 규제 금지와 비행동, 그리고 그 사이의 모든 것들을 꼼짝 못하게 만들겠다고 위협한다. 이러한 접근 방식이 도움이 되는 경우는 우리가 위험과 관련된 상황의 다양한 측면을 외면할 때, 혹은 위험의 특정한 측면에만 집중할 때뿐이다. 반면 자연보호가 언제, 얼마나 정당성을 확보할 수 있는지 확인하는 과정에는 도움이 되지 않는다.

이 모든 설명이 옳다면, 우리는 그 놀라운 영향력, 그리고 그 원칙이 규제 판단에 지침을 제공할 수 있고 또한 제공해야 한다는 널리 퍼진 믿음을 어떻게 설명할 수 있을까? 우리는 잠재적이면서도 실질적인 가치를 인식하면서, 일부 유형의 위험에 주의를 기울이지 않는 상황을 대비해야 한다. 이 원칙은 때로 생명을 구하고 건강을 개선하기 위해 필요한 노력을 촉진한다. 당연하게도 자신의 목표를 이루고자 하는 정치 운동가는 전략적인 차원에서 이 원칙을 제기한다.

예를 들어 유럽 지역 농부들은 유전자 조작 작물에 크게 의존하는 미국 경쟁자를 물리치기 위해 사전예방 원칙을 거론한다. 하지만 이러한 사실과 별개로, 나는 인간의 합리성과 인식에 대한 이해로부터 유용한 실마리를 발견할 수 있다고 생각한다. 행동적 발견에 대한 이해를 통해 그 원칙의 작용에 집중하고, 애매모호한 장점을 설명하고, 왜 금지해야 하는지 또는 적어도 완전히 뜯어고쳐야 하는지 이해할 수 있다. 이러한 이해를 기반으로 우리는 〈나중에 후회하느니 미리 조심하는 게 낫다〉라는 오랜 속담의 활용성과 그 함정을 잘 이해할 수 있다.

무엇보다 나는 규제 기관이 더 넓은 시야로 바라보기를 촉구한다. 그러나 사전예방 원칙은 그렇지 못하기 때문에 문제가 있다. 그 원칙을 지지하는 많은 이들은 분명하게도 미래에 대한 외면, 가장 많은 것을 빼앗김으로써 고통을 겪는 사람들에 대한 무관심, 최악의 시나리오에 대한 무시, 그리고 확실한 증거를 제시하라는 규제 기관의 불가능한 요구에 맞서 그 원칙을 수호하고자 한다. 앞으로 살펴보겠지만, 사전예방 원칙은 잘 다듬어지지 않고 때로 더 나은 방식으로 성취할 수 있는 목표를 달성하기 위한 왜곡된 접근 방식에 불과하다.

정의

사전예방 원칙에 관심을 기울이는 사람들에 대한 질문은 이런 것이다. 〈사전예방 원칙은 정확하게 무엇을 의미하거나 요구하는가?〉

여기서 우리는 이해의 스펙트럼을 상상해 볼 수 있다. 한쪽 끝에는 이성적인 사람이라면 결코 반대하지 않을 약한 형태의 사전예방 원칙이 있다. 다른 쪽 끝에는 규제 정책에 대한 근본적인 검토를 요구하는 강한 형태의 원칙이 있다.

가장 신중하고 약한 형태의 원칙은 피해에 관한 결정적인 증거가 부족하다는 사실이 위험에 대비하는 보호책 마련을 거부해야 하는 근거가 되어서는 안 된다고 말한다. 가령 발암물질에 대한 낮은 수위의 노출과 건강에 대한 부작용 사이에서 정확한 연결 고리를 발견하지 못했다고 해도 통제는 얼마든지 정당화될 수 있다. 1992년 리우 선언은 이렇게 지적했다. 〈심각하고 비가역적인 피해의 위협이 존재한다면, 과학적 확실성이 부족하다고 해서 환경 파괴를 막을 비용 효율적인 방안을 연기하는 구실로 삼아서는 안 된다.〉

1987년 런던에서 개최된 북해 보호를 위한 제2차 국제 장관 회의 역시 같은 맥락에서 이렇게 선언했다. 〈북해를 위험한 물질에 의한 오염으로부터 보호하기 위해 사전예방 원칙이 필요하다는 사실을 인정해야 한다. 이를 위해서는 절대적인 과학적 증거를 기반으로 한 인과관계가 입증되기 전이라고 해도, 그러한 물질의 유입을 통제하기 위한 노력이 우선적으로 필요하다.〉 기후 변화에 관한 유엔 기본 협약 역시 이렇게 신중하게 언급했다. 〈심각하고 비가역적인 피해 위협이 존재한다면, 과학적 확실성이 부족하다고 해서 환경 파괴를 막을 비용 효율적인 방안을 연기하는 구실로 삼아서는 안 되며, 가장 낮은 비용으로 전 세계적인 이익을 보장하기 위해서는 기후 변화에 대처하는 정책과 방안이 비용 효율적이어야 한다는 점을 인식해

야 한다.〉

1998년에 열린 환경운동가 회의의 널리 알려진 윙스프레드 선언 Wingspread Declaration은 이렇게 밝히고 있다. 〈특정 활동이 인간의 건강이나 환경에 피해를 입힐 위험이 존재할 때, 일부 인과관계가 과학적으로 입증되지 않았다고 해도 사전예방책을 적극 모색해야 한다. 여기서 증거 입증의 책임을 져야 할 쪽은 대중이 아니라 그 활동을 주도하는 이들이다.〉 이 표현은 심각하거나 불가역적인 피해의 위험으로 한정 짓지 않았다는 점에서 리우 선언보다 더 포괄적인 선언이라 하겠다. 두 번째 문장은 입증 책임의 역전을 시도한다(물론 모든 것은 입증 책임을 진 이들이 무엇을 보여 줄 것인가에 달렸다).

유럽 사회는 사전예방 원칙을 더 강력한 형태로 이해했고, 그래서 모든 의사 결정에서 높은 수준의 안전을 요구했다. 사전예방 원칙에 대한 한 가지 정의는 이렇다. 〈피해가 이미 발생한 후가 아니라, 피해가 발생할 가능성이 존재하는 동안에는 문제를 바로잡기 위한 행동에 착수해야 한다.〉[2] 여기서 〈가능성〉은 대단히 중요한 표현이다. 가능성을 확률의 구체적 정도로 이해하지 않는다면, 〈피해가 발생할 가능성〉은 거의 대부분의 경우에 존재한다. 다음으로 제1차 유럽 〈위기에 처한 바다Seas at Risk〉 회의에서 결의한 최종 선언은 이렇게 언급하고 있다. 〈특정 행동에 따른《최악의 시나리오》가 충분히 심각하다면, 안전에 대한 의혹이 대단히 낮다고 해도 그러한 일이 절대 일어나지 않도록 막아야 한다.〉[3]

약한 형태의 사전예방 원칙은 자명한 이치에 대해 말한다. 사실이는 원칙적으로 토론이 불가능하며, 대중의 혼란이나 피해의 명백한 증거를 요구하는(합리적 사회라면 절대 요구하지 않을) 민간 집단의 이기적인 주장에 대처하기 위해서만 필요하다. 반면 가장 약한 형태의 사전예방 원칙은 현실적으로 중요하지만, 원칙적으로 반박이 불가능하며 진부하기까지 하다. 따라서 이에 대해서는 다루지 않을 것이다. 그렇다면 논의를 위해 사전예방 원칙을 강한 형태로 이해하도록 하자. 여기서 우리는 〈잠재적 위험〉이라는 개념을 과학적 타당성의 특정 한계를 요구하는 것으로 이해해야 한다. 어떤 위험을 심각하게 인식할 필요가 있다는 주장만으로 관련된 규제를 지지해야 한다고 생각하기는 힘들다. 그러나 사전예방 원칙에서 한계 부담은 대단히 낮으며, 일단 충족이 되면 규제적 통제를 지지하는 근거가 마련된다.

내가 생각하기에, 사전예방 원칙에 대한 이러한 이해 방식이 가장 열정적인 일부 제안자의 생각과 조화를 이루며, 상대적으로 온건한 형태와 더불어 많은 법적 표현과도 조화를 이룬다.

자기모순과 마비

사전예방 원칙이 무력하다는 주장에 반대하고 싶은 생각이 든다. 그렇다면 어느 정도의 사전예방이 적절한 수준일까? 사전예방 원칙은 그 자체로는 우리에게 별다른 이야기를 들려주지 않는다. 나는 그 원칙이 비용-맹목적이라는 지적에 대해서도 반대하고 싶은 생각이 든다. 물론 일부 사전예방은 그만한 가치가 없다. 비용은 높은데 효과는 적다. 그러나 심각한 문제는 다른 곳에 있다. 사전예방 원칙이 아무런 구체적인 지침도 제시하지 않는다는 것이다. 이는 규제를 포함해 모든 행동의 과정을 금한다. 즉 필수적인 단계를 금지한다.

그 반론을 이해하기 위해, 몇 가지 구체적인 사례에 대한 논의가 도움이 될 것이다.

• 유전자 조작 식품이 널리 확산되고 있다.[4] 이에 따른 위험은 정확히 밝혀지지 않았다. 일부는 유전자 조작이 심각한 환경 피해를 유발할 것으로 우려하지만, 다른 일부는 위험성이 대단히 낮다고 생각한다. 나아가 유전자 조작 덕분에 영양가 높은 식품을 생산해 인류 건강에 큰 도움을 줄 것으로 기대한다.

• 많은 이들은 원자력 발전이 건강 및 안전 문제와 재앙의 위험성을 높일 것으로 우려한다. 그러나 원자력 발전을 활용하지 않을 때, 정부는 화석 연료, 특히 석탄 발전에 의존해야 하며 이는 기후 변화 등 고유한 위험을 낳는다. 최근 중국 정부는 핵 발전을 활용함으로써 온실가스를 줄이고 공기 오염 문제를 해결하고 있다.[5]

• 해양 포유류 보호와 군사 작전 사이에 갈등이 존재한다. 미국 해군은 바다에서 다양한 군사 훈련을 실시하고 있으며, 이로 인해 해양 포유류의 생존이 위협받고 있다. 해상 군사 훈련은 심각한 피해를 일으키지만, 만약 훈련을 중단할 경우에는 국가 방위에 구멍이 생길 수 있다(적어도 정부의 주장에 따르면).[6]

위 사례에서 사전예방 원칙은 어떤 형태의 지침을 제시하는가?

그 원칙이 강력한 규제적 통제를 요구한다고 말할 수 있다. 모든 사례에서 심각한 피해 가능성이 있고, 어떤 권위 있는 과학적 증거도 그 가능성이 0이라고 장담하지 못한다. 이들 사례에서 엄격한 규제를 요구하는 것으로 이해되는 사전예방 원칙이 합리적인 것인가 하는 문제는 일단 접어 두자. 대신 더 근본적인 질문을 던져 보자. 사전예방 원칙은 더 엄격한 규제를 요구하는가?

답은 그렇지 않다는 것이다. 이들 사례 중 일부에서 엄격한 규제는 사전예방 원칙에 위배된다는 사실을 쉽게 이해할 수 있다. 그러한 규제가 사회로부터 많은 편익을 앗아 갈 것이며, 그래서 일어나지 않았을 많은 사망 사건을 유발할 것이기 때문이다. 일부 사례에서 규제는 과정과 활동에 따른 편익을 제거하며, 그래서 예방 가능한 죽음을 야기한다. 그럴 때 규제는 사전예방과 거리가 멀다.

유전자 조작 식품에 대해 생각해 보자. 많은 이들이 유전자 조작에 반대한다. 〈자연에 개입하려는 시도〉는 환경뿐만 아니라 인류 건강에 다양한 부작용을 불러올 수 있다. 하지만 많은 이들은 이러한 우려가 근거 없을 뿐 아니라, 유전자 조작을 금지할 경우 더 많은 사망자로 이어질 것이라고 경고한다. 그 근거는 유전자 조작 기술을 활용함으로써 더 건강한 식품을 더 값싸게 생산할 수 있다는 것이다. 황금쌀이 대표적인 사례다. 개발도상국은 황금쌀을 재배함으로써 많은 이익을 얻을 수 있다. 여기서 핵심은 유전자 조작을 통해 이익을 얻을 수 있다거나 유전자 조작에 따른 편익이 비용을 넘어설 것이라는 사실이 아니다. 그 주장은 사전예방 원칙을 말 그대로 받아들일 때, 규제와 비규제 모두 그 원칙에 위배된다는 것이다.

규제는 때로 사전예방 원칙에 위배된다. 그 이유는 규제의 결과로 나타나거나 증가하는 형태의 위험인 〈대체 위험substitute risk〉을 유발하기 때문이다. 가령 DDT는 조류나 인간에 미칠 위험 때문에 종종 금지되거나 강한 규제를 받는다. 하지만 이러한 금지에 따른 대체 위험은 말라리아를 퇴치할 수 있는 가장 효과적인 수단을 가난한 나라의 정부에게서 빼앗고, 이로 인해 공중 보건이 크게 위협받는다는 사실이다.

다음으로 이른바 〈약물 지연drug lag〉에 대해 생각해 보자. 약물 지연이란 신약 출시 과정에서 정부가 강력한 사전예방 원칙을 적용할 때 발생하는 현상이다. 정부가 그러한 입장을 고수할 때, 충분한 임상 실험을 거치지 않은 약물로부터 국민을 보호할 수 있다. 하지만 이러한 접근 방식은 동시에 국민이 신약의 잠재적 이익을 누리지 못하게 만든다. 출시 전에 엄청난 비용이 드는 광범위한 임상 실험을 요구하는 것이 과연 사전예방적인 것일까? 아니면 그 반대가 사전예방적인 것일까? 에이즈 치료제와 관련해서, 사전예방 원칙을 지지하는 이들은 건강에 대한 편익의 관점에서 정부가 사전 임상 실험의 요구 수준을 낮춰야 한다고 주장한다. 그런데 미국 정부는 대부분의 유럽 국가들보다 신약 출시에 대해 더 엄격하게 사전예방적 입장을 취하고 있다. 하지만 신약 출시 절차를 까다롭게 함으로써 미국 정부는 빠른 절차를 통해 막을 수 있었던 질병에 대한 사전예방에 실패하고 있다. 일반적으로 말해서, 합리적 정부는 사전예방 접근법에 따른 사회적 불안감이 건강과 관련된 모든 혜택을 능가할 수 있다는 점에서 낮은 수위의 방사선에 따른 작은 위험은 무시하고자 한다.

우리는 사전예방 원칙이 규제와 비규제, 그리고 그 사이의 모든 것을 가로막는 장애물이 될 수 있다는 사실을 인식해야 한다. 이 사실은 또 다른 질문을 제기한다. 사전예방 원칙은 왜 그렇게 강력한 영향을 미치는가? 내 생각에 사전예방 원칙이 힘을 발휘하려면, 그 원칙을 적용하는 사람이 눈가리개를 착용해야 한다. 규제 상황의 일부 측면에만 집중하면서 그밖에 다른 것은 무시해야 한다. 하지만 이러한 생각은 더 많은 질문을 제기한다. 사전예방 원칙의 적용을 뒷받침하는 눈가리개는 무엇으로 정당화할 수 있을까? 사람들의 관심이 선택적으로 드러날 때, 그 이유는 무엇일까?

자비로운 자연에 대한 맹신

사전예방 원칙은 때로 자연은 원래 자비롭다는 믿음과, 인간이 자연에 개입할 때 위험이 따른다는 믿음이 합쳐질 때 힘을 발휘한다. 예를 들어 사전예방 원칙을 기반으로 살충제나 유전자 조작 식품에 대해 엄격한 규제를 요구할 때가 그렇다. 많은 사람은 인간의 개입이 현재 상태에서 많은 것을 앗아 가고, 이는 결국 심각한 문제로 이어질 것이라고 우려한다. 반면 개입에 따른 이익은 의심의 눈초리로 바라봐야 한다거나 적어도 덜 중요하게 인식해야 한다고 주장한다. 〈인간이 만들어 낸 재앙보다 자연에서 비롯된 재앙이 훨씬 더 많은 사람의 목숨을 앗아 감에도 불구하고, 사람들은 식품의 위험성과 오염을 판단할 때 인간의 개입이 그것을 증폭시키는 중요한 요인이라고 생각하는 경향이 있다.)[7] 연구 결과는 사람들이 살충제의 발암 위험을 과대평가하는 반면, 천연 발암물질의 위험을 과소평가한다는 사실을 보여 준다. 또한 사람들은 자연이 곧 안전을 의미한다고 믿는다. 이러한 믿음은 너무나 강력해서 화학 성분이 동일하다고 해도 가공된 물보다 자연 그대로의 물을 선호한다.[8]

자비로운 자연에 대한 믿음은 사전예방 원칙이 힘을 발휘하는 과정에서, 특히 자연을 조화와 균형의 관점에서 바라보는 사람들 사이에서 중요한 역할을 한다. 실제로 사전예방 원칙을 지지하는 사람들은 신기술의 등장을 우려 섞인 시선으로 바라보는 경향이 강하다. 그들은 대부분 천연 화합물이 인공 화합물보다 더 안전하다고 믿는다.[9] 이러한 측면에서 사전예방 원칙은 인간이 자연 세상에 개입할 때 각별한 주의를 요구한다. 여기서 우리는 몇 가지 개념을 발견하게 된다. 자연은 시스템으로 이뤄져 있고, 그 시스템에 인간이 개입하면 심각한 문제를 낳을 수 있다는 것이다. 그러나 사전예방 원칙의 이러한 접근 방식에는 큰 문제점이 있다. 그것은 아무리 자연적이라 해도 전혀 안전하지 않을 수 있다는 사실이다.[10]

〈자연적 균형〉이 존재한다는 친숙한 개념에 대해 생각해 보자. 일반적인 설명에 따르면, 이 개념은 〈진실과 거리가 멀다.〉[11] 자연의 〈특징은 항상성이 아니라 변화이며, 자연 생태계는 변화무쌍하다.〉 그리고 〈인간의 개입이 야기한 변화〉가 바람직한 변화가 될 때가 종종 있다.[12] 다양한 사례에서 자연은 파괴, 질병, 죽음의 원인으로 작용한다. 따라서 인간의 활동이 자연보다 반드시 혹은 체계적으로 더 파괴적이라고 말할 수는 없다. 게다가 자연의 결과물이 인간에게 더 안전하다고 주장하기도 힘들다.[13] 많은 소비자가 안전과 건강을 기준으로 선택하는, 미국에서만 45억 달러 시장을 차지하는 유기농 식품에는 많은 장점이 있다. 하지만 유기농 식품이 더 안전하다고 장담할 수는 없다. 논란이 되는 주장에 따르면, 유기농 식품이 〈합성 화합물로 재배한 식품보다 더 위험할 수 있다〉.[14] 사전예방 원칙이 살충제에 대해서는 심각한 우려를 제기하면서 유기농 식품의 위험성에 대해서는 잠자코 있다면, 그것은 인간의 개입에 따른 건강 위험이 특히 문제가 된다는 믿음이 널리 퍼져 있기 때문이다.

우리가 직면하는 가장 심각한 위험 중 일부는 자연에서 온 것들이다. 가령 햇빛보다 더 자연스러운 것은 없다. 햇빛을 두려워하는 사람은 없다. 그럼에도 햇빛에 과도하게 노출되면 피부암을 비롯한 각종 질환에 걸릴 수 있다. 담배 역시 자연에서 나온 것들로 만들어진 제품이지만, 미국에서만 해마다 40만 명이 넘는 인구가 이로 인해 사망하고 있다. 지금의 논의는 특정한 문제를 해결하기 위함이 아니다. 특정한 문제들은 가치와 사실에 관한 복잡한 질문에 답해야 한다. 다만 자비로운 자연이라는 잘못된 믿음은 왜 사전예방 원칙이 분석적인 과정에서 대단히 부정확하다고 여겨지는지를 좀 더 쉽게 설명한다.

손실 회피

사람들은 손실을 싫어한다. 이득에 대한 갈망보다 손실에 대한 두려움이 더 크다.[15] 손실이 예상될 때, 사람들은 이익이 예상될 때 느끼는 즐거움보다 훨씬 큰 고통을 느낀다. 여기까지는 아무런 문제가 없다. 문제는 개인적인 혹은 사회적인 의사 결정 과정에서 현재 상태로부터 잠재적 이득은 사소하게 여기는 반면, 잠재적 손실은 중대하게 생각할 때 발생한다.

이는 위험 규제와 관련해 중요한 의미가 있다. 사람들은 새로운 위험의 등장이나 기존 위험의 증가로 인한 손실에는 많은 관심을 기울이겠지만, 새로운 규제로 인해 사라진 이득에는 별로 신경 쓰지 않을 것이다. 우리는 손실 회피라는 개념을 통해서 사전예방 원칙이 효과를 발휘하려면 무엇이 필요한지 이해할 수 있다. 규제에 따른 기회비용은 미미하거나 없는 반면, 활동이나 해당 과제로 인해 사라진 비용은 명백하게 드러난다. 사실 이는 일종의 현재 편향이다. 현재 상태는 손실과 이득을 측정하는 기준이 되고, 현재 상태로부터의 손실은 현재 상태로부터의 이익이 긍정적으로 보이는 것보다 훨씬 더 강력하게 부정적으로 보이게 된다.

손실 회피가 모습을 드러낼 때, 사전예방 원칙이 어떤 위험에 따른 손실은 과대평가하면서, 위험을 통제함으로써 사라진 이익은 과소평가할 것이라고 예상해 볼 수 있다. 미국 사회가 신약 출시의 지연으로 인한 위험보다 불충분한 임상 실험으로 인한 위험을 더욱 중요하게 여긴다는 사실을 떠올려 보자. 그 기회 이익이 보이지 않을 때, 사전예방 원칙은 내가 제시한 반론에도 불구하고 지침을 주는 것으로 보일 수 있다. 동시에 무시된 기회 이익은 때로 사전예방 원칙의 활용에 따른 치명적인 문제를 가져다줄 것이다. 잠재적으로 생명을 구할 수 있는 약품과 관련해 바로 지금 그러한 일이 벌어지고 있다.

손실 회피는 인식적 발견과도 깊은 관련이 있다. 사람들은 익숙하지 않은 위험보다 익숙한 위험을 더 잘 견디는 경향이 있다는 것이다(통계적으로 동일한 것이라고 해도).[16] 미국에서만 한 해 수만 명이 교통사고로 목숨을 잃고 있지만 사람들은 운전과 관련된 위험을 심각하게 받아들이지 않는다. 오히려 삶의 일부로 여긴다. 반면 유전자 조작 식품이나 첨단 화학물질 혹은 테러처럼 비교적 새롭게 등장한 위험에 대해서는 더 많은 관심을 기울인다. 그 부분적인 이유는 새로운 위험에 직면할 때 우리는 불확실한 영역에 들어서게 되기 때문이다. 즉 나쁜 결과가 일어날 확률을 예측하지 못한다. 확률을 알지 못할 때, 더욱 주의를 기울이는 것은 당연한 반응이다. 하지만 새로운 위험에 집중하는 개인적·사회적 경향은 합리적 수준을 훌쩍 넘어선다. 이러한 경향은 관련된 위험의 하위 집합을 아무런 근거 없이 강조함으로써 사전예방 원칙이 힘을 발휘하도록 만든다.

가용성

가용성 휴리스틱은 사전예방에 대한 사람들의 두려움과 관심을 이해하는 데 특히 중요한 개념이다.[17] 가용성 휴리스틱을 활용할 때, 사람들은 얼마나 쉽게 관련 사례를 떠올릴 수 있는지 스스로에게 물어봄으로써 위험의 정도를 가늠한다. 관련 사례를 쉽게 떠올릴 수 있을 때, 사람들은 더 많이 두려움을 느낀다. 실제로 자비로운 자연에 대한 맹신은 종종 가용성 휴리스틱에서 비롯된다. 가령 〈개입〉이 심각한 사회적 피해로 이어지는 사례를 떠올릴 때가 그렇다.

더 나아가 〈관련 사례를 쉽게 떠올릴 수 있는 집합은, 떠올리기 힘들지만 비슷한 확률로 일어나는 집합보다 더 자주 일어나는 것으로 보인다.〉[18] 실험 참가자에게 유명한 여성과 남성들의 이름이 들어간 목록을 보여주고, 거기에 여자 이름이 더 많은지 아니면 남자 이름이 더 많은지 묻는 간단한 실험에 대해 생각해 보자. 실험 결과 남성 이름 중 유명인이 특히 많을 때, 사람들은 남자 이름이 더 많다고 답한 반면, 여성 유명인이 많을 때는 여자 이름이 더 많다고 답했다.[19]

이 실험 결과는 〈익숙함familiarity〉이 가용성 휴리스틱에 어떤 영향을 미치는지를 말해 준다. 가령 흡연에 따른 위험처럼 우리에게 친숙한 위험은 일광욕에 따른 위험처럼 덜 친숙한 위험보다 더 심각한 것으로 느껴진다. 〈현저성salience〉 역시 마찬가지로 중요하다. 〈예를 들어 집이 불타는 장면을 목격한 경험은, 그러한 사건을 신문 기사로 읽는 경험보다 주관적인 확률 판단에 더 강력한 영향을 미친다.〉[20] 최근 사건은 오래전 사건보다 더 강력한 영향을 미친다. 이러한 사실은 위험과 관련된 행동을 잘 설명해 준다. 자연재해에 대비한 보험 가입은 최근 사건에 큰 영향을 받는다.[21] 최근에 홍수가 발생하지 않은 경우, 침수 지역 주민들은 관련 보험에 덜 가입할 것이다. 반면 지진이 일어난 직후에 관련 보험에 가입하는 사람의 수는 크게 증가한다. 하지만 생생한 기억이 희미해지면서 가입 건수도 점차 줄어든다. 가용성 휴리스틱의 활용이 반드시 비합리적인 것은 아니라는 점에 주의하자. 보험과 사전예방에는 많은 비용이 들고, 예전에 벌어진 일은 앞으로 일어날 일에 대한 훌륭한 지침으로 보인다. 그러나 문제는 가용성 휴리스틱이 지나치게 두려워하거나 완전히 무시함으로써 심각한 오류에 빠질 수 있다는 사실이다.

가용성 휴리스틱은 단순한 이유로 사전예방 원칙의 작용을 잘 설명해 준다. 특정 위험은 인지적으로 가용한 반면, 다른 위험은 그렇지 않다. 예를 들어 비소Arsenic가 위험한 물질이라는 사실은 누구나 알고 있다. 영화 「아세닉 앤 올드 레이스Arsenic and Old Lace」의 제목에도 사용되었듯이 비소는 유명한 독성 물질이다. 그러나 비소 규제는 사람들이 더 위험한 대체 물질을 사용하도록 만든다는 점에서 판단의 어려움이 있다. 그 이유는 사전예방 원칙이 지침을 주는 다양한 사례에서 관련된 위험 중 일부는 바로 떠올릴 수 있는 반면 다른 일부는 잘 드러나지 않기 때문이다. 그리고 사람들이 인간의 개입으로부터 자연을 보호하고자 할 때, 그것은 개입에 따른 위험은 눈에 잘 보이고 친숙한 반면, 비개입에 따른 위험은 그렇지 않기 때문이다.

사전예방, 불확실성, 비가역성

사전예방 원칙을 지지하는 핵심 주장의 일부는 다음 네 가지 개념을 포함한다. (1) 불확실성, (2) 장기적 학습, (3) 비가역성, (4) 과학자의 입장에서 지적 겸손함에 대한 요구. 우리는 이를 통해 잘 다듬어지고 방어 가능한 원칙을 이해할 수 있다. 중요한 질문은 〈최악의 사례〉를 생각하는 적절한 접근 방식에 관한 것이다. 여기서 완전한 분석은 할 수 없다. 이를 위해서는 의사 결정 이론에서 몇몇 복잡한 사안에 대한 연구가 필요하기 때문이다.[22] 하지만 세 가지는 자명하다.

첫째, 활동의 산물에 따른 이익이 미미하거나 없을 때, 사전예방 원칙을 받아들여야 한다는 주장은 이익이 클 때보다 더 강한 힘을 발휘한다. 둘째, 활동의 결과물이 작은 위험을 부과할 때, 활동의 결과물이 큰 이익을 보장한다면 금지하거나 규제해서는 안 된다. 셋째, 활동의 결과물이 사소하지 않은 재앙을 일으킬 위험이 있을 때, 그 이익이 미미하고 그래서 위험 감수를 정당화하지 못한다면 이를 금지하고 규제해야 한다는 주장이 힘을 얻는다.

가장 까다로운 사례는 다음 경우에서 확인할 수 있다. (1) 결과물이나 활동에 따른 이익이 클 때. (2)ⓐ 나쁜 결과의 확률을 구체화하기 힘들거나 불가능할 때,[23] ⓑ 나쁜 결과가 재앙 수준일 때, ⓒ 나쁜 결과와 관련된 피해를 정의할 수 없을 때. 이 경우 장부 양쪽의 균형을 맞추기란 쉽지 않으며, 최악의 시나리오는 피해야 한다는 주장이 제기된다.[24] 위험이 비가역적인 것일 때, 이를 해결해야 한다는 주장은 힘을 얻는다. 이러한 점에서 개선된 사전예방 원칙, 혹은 이 같은 여러 원칙이 정당성을 얻는다. 다음으로 비가역적인 피해 사전예방 원칙 혹은 재앙적인 피해 사전예방 원칙에 대해 생각해 보자.[25]

시야의 확대

나는 사전예방 원칙에 대한 구체적인 대안을 제시하지 않았다. 하지만 여기서 살펴본 주장 중 어느 것도 위험 규제에 많은 관심을 갖고 있으면서 사전예방 원칙을 거부하는, 명석하고 영향력 높은 정치학자 애런 윌다브스키Aaron Wildavsky의 입장을 뒷받침하지 못한다.[26] 윌다브스키는 사전예방이라는 개념을 버리고 대신에 〈회복력 resilience〉 원칙을 받아들여야 한다고 말한다. 회복력 원칙은 자연과 사회가 강한 충격에도 적응할 수 있고, 그렇기 때문에 결과적인 위험은 우리가 두려워하는 것보다 덜 심각할 것이라는 생각에 기반을 두고 있다. 윌다브스키의 회복력 원칙에 따를 때, 우리는 기후 변화나 식중독, 오존층 파괴 등을 그리 심각하게 생각할 필요가 없다.

그러나 아쉽게도 회복력 원칙은 사전예방 원칙보다 나을 바가 없다. 자연이나 사회와 같은 일부 시스템은 탄력적이지만, 다른 일부는 그렇지 않다. 생태계와 사회가 탄력적인 시스템인지는 추상적으로 판단할 수 없다. 모든 경우에서 회복력은 정도의 문제다. 중요한 것은 객관적인 사실이다. 우리는 회복력 원칙을 일종의 휴리스틱 혹은 심리적 지름길로, 그리고 잠재적 피해를 주는 기술 변화에 직면해서 비행동을 지지하는 원칙으로 생각할 필요가 있다. 대부분의 휴리스틱과 마찬가지로 회복력 원칙 역시 많은 경우에 잘 작동하지만, 때로 체계적이고 치명적인 오류로 이어진다.

더 나은 접근 방식은 비행위와 규제, 그리고 그 사이의 모든 것으로부터 다양한 부작용이 나타날 수 있다는 사실을 인정하는 것이다. 부작용의 일부가 아니라 전체 범위를 고려하는 것이다. 기존 지식으로 인해 전체 범위의 부작용에 대해 투명한 평가를 내릴 수 없을 때, 우리는 그러한 접근 방식을 기반으로 경험 법칙을 개발하고, 또한 불확실성에 직면해서 적절한 행동 과정을 확인할 수 있다. 사회가 재앙의 위험에 직면할 때, 가만히 서 있거나 그저 기도만 하는 게 아니라 즉각 행동에 착수해야 한다. 합리적 접근 방식은 사람들이 위험에 대해 생각할 때 직면하게 되는 다양한 인식적 한계에 저항하는 것이다. 잠재적 위험의 전체 범위에 대해 충분히 설명하려고 노력함으로써 우리는 이익 집단의 조작에 맞서 그 위험을 낮출 수 있다.

대중의 불안은 분명하게도 그 자체로 피해이며, 거대한 물결 효과를 일으키면서 추가적인 피해로 이어질 수 있다. 위험에 대한 합리적 접근 방식은 대중의 불안을 완화하는 것이다. 여기서 내 목표는 그러한 사실을 부정하는 게 아니라, 사전예방 원칙의 복잡한 장점을 설명하고 그 원칙이 힘을 발휘하도록 하는 전략을 하나씩 살펴보는 것이다.

이러한 전략은 개인적인 차원에서, 특히 정보가 부족한 상황에서 한 가지 측면에만 집중함으로써 최선을 다하고자 하는 사람에게 의미가 있다. 그러나 정부 입장에서는 사전예방 원칙이 합리적 선택이 될 수 없다. 일단 시야를 확대할 때, 사전예방 원칙은 아무런 지침도 제시하지 못하기 때문이다. 물론 합리적 정부는 최대한 신중을 기해야 하지만, 그렇다고 해서 사전예방 원칙에 의존해서는 안 된다.

14장
도덕적 휴리스틱

휴리스틱에 대한 현대적 연구의 개척자인 애모스 트버스키와 대니얼 카너먼Daniel Kahneman은 이렇게 주장했다. 〈사람들은 제한적인 휴리스틱 원칙을 활용하고, 이를 통해 문제를 평가하고 가치를 예측하는 복잡한 작업을 단순한 판단 작업으로 환원한다.〉[1] 하지만 사람들이 도덕적·정치적 영역에서 종종 제대로 기능하지만 때로 실패로 이어지는 단순한 경험 법칙을 활용하는 가능성에 대한 연구는 아직 시작 단계에 불과하다.[2] 그 핵심은 분명해 보인다. 일상적인 도덕성의 많은 부분은 고도로 직관적인 법칙으로 구성되며, 이는 일반적으로 효과적으로 작동하지만 특정 상황에서 실패한다. 가령 거짓말을 하거나 물건을 훔치는 일은 잘못된 행위다. 그러나 거짓말과 절도로 인간의 목숨을 구할 수 있다면, 그것은 반드시 해야만 하는 행위다. 그리고 모든 약속을 다 지킬 필요는 없다. 업무상 책임을 마지막 순간에 포기하는 것은 잘못된 행동이다. 하지만 아이가 병원에 있다면 도덕적 차원에서 용납될 수 있다.

이 장에서는 휴리스틱이 도덕적·정치적·법률적 판단에서 근본적인 역할을 하지만, 때로 심각한 오류를 저지른다는 점을 보여 주고자 한다. 그리고 법률과 정책에 영향을 미치는 다양한 휴리스틱을 확인해 볼 것이다. 일반적으로 도덕적 휴리스틱은 효과적으로 기능한다.[3] 그러나 지나친 일반화가 나타나거나 휴리스틱을 절대적이거나 보편적인 원칙으로 이해하거나 정당화할 수 없는 상황에 적용할 때 문제가 발생한다. 그럴 때 도덕적 휴리스틱을 거부하는 사람은 도덕적으로 둔감하거나 이상한 사람으로 취급받는다. 이러한 모습은 오해를 불러일으키고 도덕적 오류로 이어지기까지 한다. 그러나 합리성이 외면당하는 상황에서 일반화를 무리하게 적용하는 시도에 저항하는 것은 결코 도덕적으로 둔감하거나 이상한 태도가 아니다.

카너먼과 트버스키는 사실과 기본적인 논리를 다루었기 때문에 휴리스틱이 때로 오류를 범한다는 사실을 입증할 수 있었다. 그러나 아쉽게도 그들의 논의 과정을 여기서 보여 주기는 힘들다. 도덕적·정치적 분야에서 지극히 직관적이면서 자명한 오류로 이어지는 분명한 사례, 다시 말해 사람들이 자신의 직관에 당황하게 되는 사례를 제시하기란 결코 쉽지 않다. 어쨌든 여기서 나는 도덕적 휴리스틱이 실제로 존재하며, 현실에서 쉽게 찾아볼 수 있다는 사실을 보여 주고자 한다. 우리는 근본적인 도덕적 휴리스틱을 분석을 위한 기준이 아니라, 신뢰하기 힘들거나 적어도 잠재적으로 잘못된 접근 방식으로 바라볼 필요가 있다. 모든 보편성의 측면에서 판단들 사이의 일관성으로 이해할 수 있는 숙고적 균형을 모색하는 과정에서[4] 마음속 깊은 곳에 존재하는 도덕적 믿음이 때로 오류를 범하는 휴리스틱의 산물이라는 사실을 이해해야 한다.

도덕적 휴리스틱이 만연하다면, 여러 가지 중요한 책임을 진 사람들은 자신이 선호하는 이론이 틀렸다는 것이 아니라 그 이론이 휴리스틱의 활용을 반영하는 방식으로 종종 적용된다는 주장에 동의할 수 있을 것이다. 공리주의자는 효용 극대화를 위해 휴리스틱을 확인할 수 있고, 의무론자는 도덕적 책임에 대한 적절한 면책을 위해 휴리스틱에 주목할 수 있다. 거시적 이론에 집착하지 않는 이들은 그들 자신의 보다 온건한 규범적 의무를 위해 휴리스틱을 구체화할 수 있을 것이다. 그리고 도덕적 휴리스틱이 존재한다면, 도덕적 사고뿐만이 아니라 법률적·정치적 실천에서도 큰 오류는 발생하지 않을 것이다. 기존의 법률적·정치적 주장들은 보편적 진리로 가장한 휴리스틱의 산물일 때가 많다. 나는 여기서 휴리스틱의 결과물로 이해할 수 있고, 또한 그 논리가 적용되지 않을 때에도 정치적·법률적 실천의 지침으로 받아들일 수 있는 일련의 정치적·법률적 판단을 살펴보고자 한다.

일반적인 휴리스틱과 끈질긴 난쟁이

휴리스틱과 사실

휴리스틱과 편향에 대한 전통적인 연구는 도덕적 질문이 아니라 사실의 문제를 다룬다. 까다로운 사실적 질문에 답하는 과정에서 정보가 부족한 사람은 단순한 경험 법칙을 활용한다. 가령 다음 질문을 생각해 보자. 〈소설책 네 페이지에서 《ing》로 끝나는 단어는 몇

개일까?〉〈동일한 페이지에서 끝에서 두 번째 알파벳이 《n》인 단어
는 몇 개일까?〉 대부분의 사람들은 첫 번째 질문에 해당하는 단어의
수가 더 많다고 답한다.[5]

그러나 잠깐만 생각해 봐도 그게 착각이라는 사실을 쉽게 알 수
있다. 사람들은 확률에 관한 까다로운 질문에 답할 때 가용성 휴리
스틱을 활용하기 때문에 종종 실수를 범한다. 즉 사람들은 구체적인
예를 쉽게 떠올릴 수 있는지 자문해 본다. 통계적 지식이 부족한 사
람이라면 실제 사례를 생각한다. 물론 가용성 휴리스틱을 활용한다
고 해서 반드시 비합리적인 선택이라고 말할 수는 없다. 그러나 문
제는 가용성 휴리스틱이 사소한 위험에 대해 과도하게 걱정하거나
혹은 심각한 위험을 외면하는 식의 사실적 오류에 빠질 가능성이 있
다는 것이다.

혹은 대표성 휴리스틱representativeness heuristic에 대해 생각해 보
자. 대표성 휴리스틱에 따르면 확률에 대한 판단은 유사성(A와 B가
〈닮은〉 정도)에 대한 평가로부터 영향을 받는다. 우리는 린다라는
가상의 여성의 경력에 대한 사람들의 생각을 통해 대표성 휴리스틱
의 활용을 확인해 볼 수 있다. 연구자는 실험 참가자들에게 린다에
대해 다음과 같이 설명했다. 〈서른한 살에 미혼이며 솔직하고 쾌활
한 성격이다. 대학에서 철학을 공부했다. 학창시절에 차별과 사회
정의에 관심이 많았고, 핵 반대 집회에도 참여했다.〉[6] 그러고는 린
다의 미래 모습 여덟 가지를 제시하고 현실적 가능성을 기준으로 순
서를 매기게 했다. 여덟 가지 중 여섯 가지(사회복지사, 초등학교 교
사 등)는 별 의미 없이 집어넣은 보기였다. 실제로 중요한 두 가지는

〈은행원〉과 〈은행원이자 여성 운동가〉였다.

　실험 결과 그냥 은행원보다 은행원이자 여성 운동가가 될 확률이 높다고 답한 사람이 더 많았다. 이는 명백한 결합 오류다. 다시 말해 사람들은 특성 A와 특성 B가 동시에 나타날 확률이 특성 A가 나타날 확률보다 더 높다고 착각했던 것이다. 이러한 오류는 바로 대표성 휴리스틱 때문이다. 즉 린다라는 인물의 설명에서 〈은행원〉보다 〈은행원이자 여성 운동가〉가 더욱 적절해 보였기 때문이다. 이 실험에 대해 스티븐 제이 굴드Stephen Jay Gould는 이렇게 설명했다. 〈나는 [정답을] 알고 있다. 그럼에도 내 머릿속에 사는 난쟁이가 날뛰면서 이렇게 소리친다.《그냥 평범한 은행원이 되었을 리가 없어. 설명을 다시 읽어 보라고.》〉[7] 굴드의 난쟁이는 특히 도덕적 영역에서 이의를 제기하는 성향이 강하다. 앞으로 다룰 여러 사례에서도 그의 설명을 다시 들여다볼 것이다.

　도덕적 휴리스틱과 관련된 지금까지의 연구가 내놓은 것은 결론이 아니라 아이디어였다. 발전 가능한 부분이 아직 많이 남아 있으며, 도덕적 판단에 대한 추가적인 실험 연구가 필요한 상황이다. 내가 살펴보고자 하는 도덕적 휴리스틱은 아마도 예측 가능한 적용이 아니라 임시변통에 불과하다는 지적을 받을 것이다. 다만 내가 바라는 바는 사람들이 특정 사례에서 합리적 혹은 비합리적인 도덕적 휴리스틱을 사용하는지, 그리고 언제 사용하는지를 살펴보는 추가적인 연구를 촉진하는 것이다.

속성 바꿔치기와 원형 사례

카너먼과 셰인 프레더릭Shane Frederick은 휴리스틱이란 사람들이 〈목표 속성target attribute〉 평가에 관심이 있고, 이보다 다루기 쉬운 대상의 〈휴리스틱 속성heuristic attribute〉을 대체할 때 활용하는 심리적 지름길이라고 설명했다.[8] 여기서 휴리스틱은 〈속성 바꿔치기〉 과정을 통해 작동한다. 휴리스틱을 활용할 때 무엇이 진실인지와 관련해 직관이 고개를 든다.[9] 때로 직관은 예측 가능한 방식으로 오류를 일으킨다는 점에서 편향에서 자유롭지 않다. 예를 들어 자살로 인해 죽는 사람이 더 많은지, 대량 학살로 인해 죽는 사람이 더 많은지 생각해 보자. 통계 지식이 없는 상태에서 사람들은 더 쉽게 떠올릴 수 있는 것을 말한다(가용성 휴리스틱). 이 접근 방식은 비합리적이라고 할 수는 없지만, 가용성 편향의 결과물로서 종종 오류로 이어진다. 휴리스틱은 때로 감정과 긴밀히 연결되어 있으며, 실제로 감정은 휴리스틱의 형태로 모습을 드러낸다. 즉 자신의 감정을 기준으로 제품이나 행동을 평가한다.[10] 반면 속성 바꿔치기는 감정적 측면이 결여된 사실적 질문에 답하는 과정에서 종종 활용된다.

우리는 이와 비슷한 메커니즘을 도덕과 정치, 법률 영역에서도 확인할 수 있다. 목표 속성에 대해 어떻게 생각하고 행동해야 할지 모르는 상황에서, 사람들은 신뢰하는 기관(지지하는 정당의 지도자, 훌륭한 판사, 종교 인사)의 입장을 참조함으로써 휴리스틱 속성을 대체한다. 종종 그 과정은 〈원형 사례prototypical case〉에 주목함으로써 이뤄진다. 생소하고 까다로운 문제에 직면할 때, 사람들은 그것이 이미 알고 있는 익숙한 문제와 유사성이 있는지 스스로에게 물어본다. 그렇다고 판단될 때, 익숙한 문제에 적용했던 해결책을 생소하고 까다로운 문제에 똑같이 적용한다. 일반적으로 현실 세상의 휴리스틱은 사실의 영역은 물론 가치의 영역에서도 그 힘을 발휘한다. 가장 그럴듯한 대안과 비교함으로써 도덕적 오류를 줄인다. 여기서 할 수 있는 유일한 이야기는 우리의 도덕적 판단이 일부 사례에서는 제대로 기능하지 않는다는 것이다.

　인식의 이중 과정 이론의 관점에서 주요 휴리스틱을 살펴볼 필요가 있다.[11] 시스템 1은 직관적이고 빠르고 자동적으로, 의식적 노력 없이 작동한다. 시스템 2는 이성적이고 느리고 자기 인식적이며, 계산적이고 연역적이다. 시스템 1은 판단 문제에 빠른 대답을 내놓는다. 시스템 2는 일종의 감시자로 기능하면서 시스템 1이 내놓은 판단을 강화하거나 반박한다. 예를 들어 항공기 사고가 일어난 지 얼마 안 됐을 때 어떤 사람이 뉴욕에서 런던으로 가는 비행기를 탈 예정이라고 해보자. 그의 시스템 1은 비행기 여행이 빠르지만 대단히 위험하다고 자동적으로 판단을 내린다. 시스템 2는 현실적인 평가를 통해 이를 반박한다. 시스템 1은 종종 감정적 요소를 포함하지만, 그러한 요소가 반드시 필요한 것은 아니다. 예를 들어 확률 판단은 감정적 요소 없이도 아주 빨리 이뤄진다.

　사람들은 전반적으로 자동적이고 본능적인, 그러나 때로 타당한 근거가 없는 도덕적 판단을 내린다는 사실을 보여 주는 증거가 속속 나오고 있다.[12] 도덕적·정치적·법률적 판단은 종종 휴리스틱 속성을 목표 속성으로 대체한다. 여기서도 시스템 1은 힘을 발휘하며, 시스템 2로부터 반박을 당할 수도 그렇지 않을 수도 있다. 가령 근친상간 금기에 대해 생각해 보자. 사람들은 금기의 근거가 없는 상황에서조차 근친상간에 대해 도덕적으로 불쾌감을 느낀다. 그들은 쉽게 〈도덕적 충격〉을 받는다.[13] 즉 분명하게 드러난, 그러나 설명할 수 없는 직관이 작동한다. 여기서 우리는 시스템 1이 시스템 2의 검열을 받지 않고 판단을 주도했다고 말할 수 있다. 또한 법률과 정치 영역에서도 똑같은 이야기를 할 수 있다.

휴리스틱과 도덕

휴리스틱이 도덕 영역에서도 기능한다는 사실을 보여 주기 위해, 도덕적 진실을 측정할 수 있는 몇 가지 기준을 살펴볼 필요가 있다. 그 과정에서 나는 특히 논란이 될 만한 주장은 가급적 피하고자 한다. 도덕적·정치적 판단의 근거가 무엇이든 간에 도덕적 휴리스틱은 현실 세상에서 작동하는 것으로 보인다.

먼저 야심 찬 이론(옳음과 선함에 대한 거시적 이해)과 도덕적 휴리스틱 사이에 존재할 수 있는 관계에 대해 간략하게 설명하고자 한다. 도덕과 정치에 관한 야심 찬 이론을 받아들이는 사람들이 볼 때, 대안이 되는 입장은 휴리스틱에 불과하다고 말한다. 그러나 이러한 접근 방식은 도전적이다. 그것은 모든 야심 찬 이론이 지나치게 논쟁적이라 도덕적 진실을 측정하기 위한 기준으로 기능하지 못하기 때문이다(이 문제에 대해서는 다음 장에서 자세히 살펴보기로 한다). 일반적인 도덕에 대한 야심 찬 이론에 반대하는 것이 아니라, 보다 온건한 두 가지 방식으로 논의를 진행하는 편이 가장 쉬워 보인다. 첫 번째는 도덕적 휴리스틱이 도덕이 요구하는 것에 관한 모든 견해를 기반으로 작동한다는 사실을 보여 주는 것이다. 두 번째는 그러한 휴리스틱은 도덕이 요구하는 것과 관련해 가장 논란이 적은 견해를 기반으로 작동한다는 사실을 보여 주는 것이다.

일부 사람은 공리주의자다. 그들은 효용 극대화를 목표로 삼아야 한다고 믿는다. 무엇보다 효용이라는 개념에 대해 많은 질문이 제기되었다. 제러미 벤담도 이렇게 언급했다. 〈효용이라 함은 모든 대상의 특성을 의미하며, 여기서 특성은 이익과 혜택, 즐거움, 선, 행복을 가져다주거나 손해와 고통, 해악, 불행이 이해관계가 있는 당사자에게 일어나지 않도록 막아 주는 경향이 있다.〉[14] 이러한 표현은 분명하게도 많은 의문점을 남긴다. 하지만 그 의문에 답하는 것은 여기서 내가 해야 할 일이 아니다. 존 스튜어트 밀과 헨리 시지윅Henry Sidgwick을 비롯한 많은 공리주의자는 벤담에 비해 효용을 더 폭넓은 의미로 해석하고 있으며, 또한 일상적인 도덕이 일반적으로 효용을 높여 주지만 때로는 부작용을 일으킨다는 경험 법칙에 기반을 두고 있다고 주장한다는 사실에 주목하자.[15] 예를 들어 밀은 인간이 경험을 통해 배우기 때문에 효용의 원칙으로부터 이끌어 낼 수 있는 결론을 일상적인 도덕으로 점차 인식할 수 있다는 점을 강조했다.[16]

현대 심리학의 발견에 힘입어 공리주의자는 일상적인 도덕이 정말로 중요한 것, 즉 효용을 위한 일련의 휴리스틱이라고 주장하고 있다. 그들은 일상적인 도덕 의지가 일반적으로 잘 작동하지만, 공리주의 입장에서 보면 때로 심각하고 체계적인 오류를 야기하는 심리적 지름길의 집합이라고 주장한다. 대부분의 사람이 처벌에 대한 공리주의 접근 방식을 거부하고, 대신에 응보주의(처벌을 효용 극대화가 아니라 도덕적 대가의 관점에서 이해하는 접근 방식)를 받아들인다고 해보자. 그렇다면 그들은 시스템 1에 반응하는 것인가? 그들은 인지적 오류를 범하고 있는가(칸트주의는 일련의 인지적 오류인가? 이 문제는 15장 참조)? 도덕이 요구하는 것과 관련해서 공리주의자는 구체적인 사례에서 의무론자와 종종 의견을 같이한다. 그들 모두 형법과 민법의 기본 규칙을 받아들인다. 의무론자와 다른 이들이 공리주의 원칙에서 벗어날 때, 그들은 아마도 일반적으로 잘 작동하지만 때로 오류를 범하는 휴리스틱을 기반으로 움직이는 것이다.

그러나 이러한 방식으로 본격적인 윤리 논쟁을 해결하기는 쉽지 않다. 가용성과 대표성에 기반을 둔 많은 일반적인 휴리스틱의 경우, 사실이나 기본적인 논리를 확인함으로써 사람들이 실수를 한다는 사실을 보여 줄 것이다. 그러나 도덕 영역에서는 이를 보여 주기가 결코 쉽지 않다. 적어도 공리주의를 거부하는 이들은 그들의 도덕적 판단이 효용 감소로 이어질 수 있다는 사실을 보여 주더라도 크게 당황하지 않을 것이다. 예를 들어 공리주의는 분배에 대한 신중한 고민의 중요성을 주장하는 이들로부터 광범위한 공격을 받고 있다. 하층에 속한 이들의 효용 상실을 상층에 있는 많은 이들의 효용 증가로 정당화할 수 있을지는 분명하지 않다.

공리주의를 거부하는 이들은 도덕적 휴리스틱의 존재를 강조함으로써 공리주의자들을 논의에서 압도하고자 한다. 그들은 공리주의자가 제시한 법칙이 대부분의 경우에 도덕이 요구하는 것과 조화를 이루지만, 때로 심각한 오류를 범한다고 주장한다. 이들의 입장에서 볼 때, 공리주의는 일반적으로 잘 작동하지만 때로 체계적인 오류를 범하는 하나의 휴리스틱에 불과하다. 공리주의자와 그 비판자들 사이에서 벌어지는 많은 논쟁은 상대편의 입장이 일반적으로 좋은 결과를 낳지만 때로 심각한 오류로 이어질 수 있으며, 그렇기 때문에 거부해야 한다고 서로를 비난하는 양상으로 흘러가고 있다.

이 거대한 논쟁은 해결이 쉽지 않다. 그것은 공리주의자와 의무론자가 그들이 정의하는 의지가 단지 휴리스틱에 불과하다는 주장에 설득될 가능성이 거의 없기 때문이다. 도덕적 휴리스틱과 심리학 연구에서 모습을 드러낸 휴리스틱 사이에는 중대한 차이가 존재한다. 심리학 연구에서는 사실이나 단순한 논리가 사람들이 실수를 저지르는지에 대한 좋은 시험을 제공한다. 사람들이 주어진 페이지에서 〈ing〉로 끝나는 단어의 수가 뒤에서 두 번째 철자가 〈n〉인 단어의 수보다 많다고 생각한다면, 분명 뭔가 잘못된 것이다. 린다가 그냥 〈은행원〉일 가능성보다 〈여성 운동가이자 은행원〉일 가능성이 더 높다고 생각한다면, 분명히 문제가 있는 것이다. 프랑스 시민이 세인트조셉 대학에 대해 들어보지 못했다는 이유만으로 뉴욕 대학의 농구팀이 세인트조셉 대학보다 더 강하다고 생각한다면, 기본적인 사실을 확인하는 것만으로 자신의 판단이 잘못되었음을 알 수 있다. 그러나 도덕 영역에서는 사실관계에 대한 실수와 단순한 논리를 가지고 이처럼 간단한 시험을 제공하지 못한다.

중립적 기준과 약한 형태의 결과주의

　여기서 내 목표는 상식적 도덕이 올바른 일반 이론을 위한 휴리스틱이라는 사실을 보여 주는 것이 아니다. 대신 많은 경우에서 도덕적 휴리스틱이 작동하며, 다양한 일반 이론 혹은 일반 이론이 옳다고 말할 수 있는 거대한 불확실성과 더불어 사람들이 이러한 주장을 받아들일 수 있다는 사실을 신중하게 보여 주는 것이다. 나는 도덕적 휴리스틱이 특히 논쟁의 여지가 많은 규범적 주장을 받아들이지 않고서도 작동한다고 결론을 내릴 수 있다고 생각한다. 다른 사례는 내가 말하는 〈약한 형태의 결과주의weak consequentialism〉의 수용을 요구할 것이다.

　약한 결과주의를 지지하는 사람은 결과가 중요하다고 주장하지만, 그렇다고 해서 그들이 반드시 공리주의자인 것은 아니다. 그들은 법과 정책이 효용을 극대화해야 한다고 주장하지 않는다. 공리주의는 논쟁의 여지가 다분하며, 실제로 많은 철학자로부터 외면당하고 있다. 그 한 가지 이유로, 〈효용〉이라는 개념의 의미에 대해 많은 의문이 제기되고 있다. 우리는 쾌락의 최대화와 고통의 최소화에 대해서만 말하고 있는가? 사람들이 관심을 기울이고, 또한 기울여야만 하는 것을 충분히 고려하고 있는가? 약한 형태의 결과주의를 주장하는 사람들은 그렇다고 말한다. 그들은 권리에 대한 침해는 중요한 결과에 포함되며, 그래서 당위에 대한 전반적인 평가에서 중요한 역할을 한다는 주장에 동의한다. 결과주의자는 공리주의를 받아들이지 않고서, 그리고 권리 침해가 중요한 결과에 포함된다는 사실을 부정하지 않고서 결과가 중요하다고 주장할 수 있다는 아마르티아 센의 설명에 대해 생각해 보자. 센은 〈권리의 내재적 중요성〉을 중요하게 생각하는 동시에, 〈공리주의를 공유하는〉 접근 방식을 강조했다.[17] 약한 형태의 결과주의는 바로 이러한 접근 방식과 조화를 이룬다. 의사 결정과 사회적 상태를 평가하는 과정에서, 약한 형태의 결과주의를 지지하는 사람은 비결과주의자의 고려에 상당한 비중을 두고자 할 것이다.

일부 의무론자는 모든 형태의 결과주의를 거부한다. 가령 그들은 응보가 처벌의 적절한 이론이며, 처벌의 결과는 적절한 처벌 수위와 관련이 없다고 믿는다. 결과가 전혀 중요하지 않다고 믿는 의무론자는 내가 제시한 사례들 중 일부를 전혀 인정하지 않을 것이다. 그러나 내가 보기에, 약한 결과주의는 충분히 공정하며 다양한 사람들에게 충분히 매력적이다. 그리고 약한 결과주의를 거부하는 사람의 입장에서 볼 때, 그럼에도 도덕과 법의 특정 규칙이 때로 심각한 오류를 일으키는 휴리스틱을 포함하고 있는지 물어보는 것은 의미가 있다.

진화와 규칙 공리주의: 우리를 선하게 만드는 단순한 휴리스틱?

논의를 진행하기에 앞서 두 가지를 짚고 넘어가자. 첫째, 일부 도덕적 휴리스틱은 진화적 기반을 갖추고 있다.[18] 우리는 자연 선택이라는 개념을 통해 근친상간이나 식인 풍습에 대한 자동적인 도덕적 불쾌감을 설명할 수 있다. 근친상간의 경우는 분명하다. 진화적 관점에서 볼 때, 자동적인 불쾌감은 상황을 이해하는 데 잘 다듬어진 설명보다 훨씬 더 유용하다.[19] 실제로 나는 여기서 다루는 대부분의 휴리스틱에 대해 진화적 설명을 제시한다. 누군가 피해를 주는 행동을 할 때, 진화적 압박은 강렬한 분노의 감정과 이에 비례해 반응하게 한다. 잘못된 행동에 대한 반응으로서 〈분노 휴리스틱〉을 활용하는 것은 모든 형태의 결과주의 계산법보다 훨씬 더 낫다. 물론 많은 도덕적 의지는 진화가 아니라 사회적 학습과 폭포 효과의 산물이며,[20] 사회 구성원은 당연하게도 자연에 대한 개입은 잘못된 행동이라는 널리 퍼진 믿음으로부터 영향을 받는다. 여기서 진화적 압력이 어떤 역할을 해야 하는 것은 아니다.

둘째, 도덕적 휴리스틱의 일부 혹은 대부분은 규칙-공리주의적, 혹은 규칙-결과주의적 근거를 갖추고 있다.[21] 대부분의 경우에 도덕적 휴리스틱은 단순하지만 잘 작동한다. 도덕적 사안에 대해 더 정제된 평가를 시도할 경우, 사람들은 더 많은 도덕적 실수를 범할 것이다. 단순하면서도 정제되지 않은 도덕적 원칙은 복잡하고 정제된 도덕적 원칙에 비해 덜 심각한 도덕적 오류를 허용할 것이다. 가용성 휴리스틱을 비교해 보자. 대부분의 경우 가용성 휴리스틱의 활용은 빠르면서도 충분히 정확한 의사 결정을 내놓는다. 반면 통계적 분석을 시도할 경우에 사람들은 더 많은 실수를 저지를 것이며, 그 과정에서 더 많은 시간을 허비하게 된다. 〈우리를 똑똑하게 만들어 주는 단순한 휴리스틱〉을 사용할 수 있다면,[22] 인간은 또한 〈우리를 선하게 만들어 주는 단순한 휴리스틱〉도 사용할 수 있을 것이다. 여기서 나는 도덕적 휴리스틱이 법이나 정책과 관련해 심각한 오류를 야기하는 몇 가지 사례를 제시하고자 한다. 그렇다고 해서 도덕적 휴리스틱이 없으면 상황이 더 나아질 것이라고 주장하지는 않는다. 오히려 반대로 도덕적 관점에서 볼 때, 휴리스틱이 가능한 다른 대안보다 더 나은 결과를 만들어 낼 것이라고 생각한다. 이에 대해서는 나중에 다시 살펴보도록 하자.

아시아 질병 문제와 도덕적 프레이밍

휴리스틱을 주제로 한 연구에서 카너먼과 트버스키는 〈아시아 질병 문제Asian disease problem〉라고 알려진 사례를 통해 〈도덕적 프레이밍〉의 개념을 제시했다.[23] 프레이밍 효과는 휴리스틱과 직접적인 관련은 없지만, 도덕적 직관의 합리성에 대해 질문을 제기한다는 점에서 살펴볼 만한 가치가 있다. 다음은 아시아 질병 문제의 첫 번째 부분이다.

미국 정부는 아시아 질병이 발생할 상황에 대비하고 있다. 이 질병이 퍼질 경우 600명이 사망할 것으로 예상된다. 이를 막기 위해 두 가지 프로그램이 제시되었다. 그리고 각각의 프로그램의 결과에 대한 과학적 추정은 다음과 같다.

프로그램 A를 선택할 경우, 200명의 목숨을 살릴 수 있다.
프로그램 B를 선택할 경우, 3분의 1의 확률로 600명의 목숨을 살리거나 3분의 2의 확률로 한 명도 살리지 못한다.

당신은 어떤 프로그램을 선택하겠는가?

사람들은 대부분 프로그램 A를 선택했다.

이제 두 번째 부분으로 넘어가 보자. 이는 동일한 상황에 대해 다른 설명을 제시한다.

프로그램 C를 선택할 경우, 400명이 사망할 것이다.

프로그램 D를 선택할 경우, 3분의 1의 확률로 아무도 죽지 않을 것이며 3분의 2의 확률로 600명이 죽을 것이다.

사람들은 대부분 D를 택했다. 하지만 잠깐만 생각해 보면 프로그램 A와 프로그램 C가, 그리고 프로그램 B와 프로그램 D가 동일하다는 사실을 알 수 있다. 두 프로그램의 내용은 동일하지만 표현만 다를 뿐이다. 이처럼 단순히 표현의 차이만으로 다른 결과를 만들어 낼 수 있다. 여기서 적절한 프로그램에 대한 사람들의 도덕적 판단은 그 결과를 어떤 기준으로 설명했는지에 따라 달라졌다. 〈살릴 수 있는 목숨〉, 혹은 〈잃어버리게 될 목숨〉. 이는 무엇을 의미하는가? 이 질문에 대한 합리적인 대답은 인간은 손실을 싫어한다는 사실로부터 시작된다.[24] 도박이나 도덕적 판단과 관련해서 손실 회피는 사람들의 의사 결정에 중요한 역할을 한다. 무엇을 이득 혹은 손실로 인식할 것인지는 측정 기준에 달렸다. 여기서 순수하게 표현적인 프레이밍은 기준을 이동시킬 수 있고, 그렇게 함으로써 도덕적 직관을 바꿀 수 있다.[25]

우리는 이러한 사실을 합리성에 대한 표현적 설명의 문제를 제기하는 것으로 이해할 수 있다. 또한 실험 참가자들이 제시된 정보에 합리적으로 대응한 것이라고, 혹은 화자가 선택한 프레임에서 〈실마리를 얻은〉 것이라고 주장할 수 있다.[26] 화자의 선택은 분명하게도 원하는 반응에 대한 실마리를 제공하며, 여기서 일부 참가자는 거기에 반응했을 것이다. 하지만 그들이 전반적으로 화자의 실마리를 인식하고 있다고 해도,[27] 이러한 주장은 프레임이 도덕적 직관에 상당한 영향을 미친다는 주장과 조화를 이룬다. 이것이 바로 내가 주목하는 바다.

도덕적 프레이밍은 미래 세대에 대한 책임이라고 하는 중요한 맥락에서,[28] 즉 도덕과 정치, 법률 분야에서 많은 논의가 이뤄진 질문[29]에서 찾아볼 수 있다. 적어도 사람들은 대부분 아직 태어나지 않은 이들에 대한 적절한 할인율을 고민하지 않으며, 그래서 그들의 판단은 다양한 프레임에 대단히 취약하다. 모린 크로퍼Maureen Cropper와 공저자들은 일련의 조사를 통해 사람들은 당장 한 사람의 목숨을 살리는 것과 100년 뒤 마흔다섯 명의 목숨을 살리는 것에 대해 무관심하다고 주장했다.[30] 그들은 사람들에게 지금 100명의 목숨을 살리는 프로그램과 100년 후 훨씬 더 많은 사람의 목숨을 살리는 프로그램 중 무엇을 선택할지 물었고, 거기서 나온 대답을 기반으로 그러한 주장을 했다. 그러나 사람들의 반응은 아마도 미래의 사람들이 실제로 죽을 것인가에 대한 불확실성에 달려 있을 것이다(향후 기술 발전으로 그들을 살릴 수 있지 않을까?). 똑같은 문제를 어떻게 프레이밍하느냐에 따라 결과 역시 다양하게 나타난다.[31] 예를 들어 사람들은 내년에 환경오염으로 인한 한 명의 죽음과 100년 뒤 환경오염으로 인한 한 명의 죽음을 〈똑같이 나쁜〉 것으로 이해한다. 사람들은 현재 세대 구성원에 대해 어떠한 선호를 갖지 않는다는 의미다. 여기서 가장 분명한 결론은 미래 세대에 대한 책임과 관련해 사람들의 도덕적 판단은 프레이밍 효과의 직접적인 산물이라는 것이다.[32]

정부가 살릴 수 있는 사람의 수뿐만 아니라 〈수명〉의 기간까지 고려해야 하는지에 대해서도 같은 이야기를 할 수 있다. 정부가 살릴 수 있는 수명의 기간까지 고려한다면, 노인보다는 아이들을 살리기 위한 프로그램에 더 많은 노력을 기울여야 할 것이다. 이러한 판단은 비도덕적인 것인가? 사람들의 직관은 이 질문을 어떻게 프레이밍하느냐에 달렸다.[33] 그들은 아마도 청년의 생명과 노인의 생명을 차별하는 접근 방식을 거부할 것이다. 하지만 105명의 노인 혹은 100명의 청년을 살리는 정책 중 무엇을 더 선호하는지 물었을 때, 많은 사람들은 살릴 수 있는 수명의 기간에 더 관심을 가졌다.

적어도 도덕, 정치, 법률과 관련해 생소한 질문을 던졌을 때, 사람들의 직관은 프레이밍에 큰 영향을 받는 것으로 드러났다. 무엇보다 특정 결과를 현재 상태로부터 〈손실〉로 보이게끔 프레이밍하는 접근 방식이 대단히 효과적이다. 그렇게 프레이밍이 이뤄졌을 때, 도덕적 관심은 크게 높아진다. 바로 이러한 이유로 정치인들은 종종 특정 제안을 사회적 진보의 관점에서 〈시간을 되돌리는 것〉이라고 표현한다. 문제는 많은 사회적 변화의 경우, 프레이밍은 사회적 현실을 반영하는 것이 아니라 단지 언어적 조작에 불과하다는 것이다.

이제 논쟁의 여지가 다분한 사례를 살펴보도록 하자.

도덕적 휴리스틱: 목록

여기서 내가 주목하는 것은 도덕적 휴리스틱과, 법과 정책에 관한 질문 사이의 관계다. 나는 주요 휴리스틱을 네 범주로 구분한다. 도덕 및 위험 규제와 관련된 휴리스틱, 처벌과 관련된 휴리스틱, 〈신의 역할을 하기〉와 관련된 휴리스틱(특히 생식과 성의 영역에서), 행동-태만 구분act-omission distinction과 관련된 휴리스틱이다. 이 목록은 포괄적이라기보다 서술적인 것이다.

도덕과 위험 규제

<u>비용-편익 분석</u> 어떤 자동차 기업이 그들이 생산하는 자동차에 대해 특정한 안전 예방을 적용할 것인지 고민하고 있다고 해보자. 그들은 비용-편익 분석을 실시했고, 결국 특정한 안전 예방을 정당화할 수 없다고 결론을 내렸다. 가령 1억 달러의 비용을 들여도 살릴 수 있는 목숨이 겨우 네 명에 불과하다고 밝혀졌기 때문에, 혹은 그 기업이 한 명의 목숨을 살리기 위한 〈한계〉를 1천만 달러로 정해 놓았기 때문이다(미국 환경보호국 기준보다 약간 더 높은 수준). 대중은 이러한 판단에 대해 어떤 반응을 보일까? 아마도 호의적인 반응을 보이지는 않을 것이다.[34] 실제로 많은 사람은 비용-편익 분석으로 인명의 가치를 평가하는 기업을 강력히 처벌해야 한다고 생각한다.

반면 사람들은 이처럼 인명과 비용을 계산하거나 하나를 다른 하

나와 교환하는 공식적인 위험 분석을 하지 않는 기업을 강력하게 처벌해야 한다고 생각하지 않는다.[35] 그런데 여기서 이상한 사실은 기업이 비용-편익 분석을 기반으로 행동했다면 전혀 책임질 필요가 없다는 점이 분명하지 않다는 것이다. 그러한 분석은 아마도 기업에게 태만의 책임을 물을 수 없도록 설계할 수 있다. 실제 판결에서도 반복적으로 나타나는 이러한 도덕적 판단의 근거는 무엇일까?[36]

돈과 생명을 교환하는 접근 방식을 부정할 때, 사람들은 일반적으로 건전하고 유용하나 일부 사례에서 제대로 기능하지 못하는 일련의 도덕 원칙으로부터 일반화를 하고 있는 셈이다. 다음의 도덕 원칙에 대해 생각해 보자. 〈어떤 행동이 사람의 목숨을 앗아 갈 수 있다는 것을 알면서도 그러한 행동을 해서는 안 된다.〉 일반적인 상황에서, 특정 행동의 결과로 여러 사람이 죽는다는 것을 알고 있다면 그러한 행동을 실행에 옮겨서는 안 된다. 운동을 하거나 마당에서 일을 할 때, 그러한 행동이 다른 사람을 죽일 것이라는 사실을 안다면 해서는 안 된다. 마찬가지로 사람들은 사망 위험이 있다는 사실을 분명히 알면서 안전을 개선하지 않는 기업을 비난한다. 반면 위험성은 있지만 사망 사고가 발생할 것이라고 분명하게 알지 못할 때 안전을 개선하지 않는 기업을 비난하지 않는다. 비용-편익 분석 후에 위험한 행동을 수용하지 않기로 했을 때, 그것은 부분적으로 그러한 분석이 예상 사망자 수를 구체적으로 제시했기 때문인 것으로 보인다.[37]

비용-편익 분석은 하지 않았지만 위험이 존재한다는 사실을 인지한 기업은 그들이 충분히 알고 있으면서도 사망 사고가 일어나도록 방치했다는 사실을 그들 자신에게나 다른 누구에게도 분명하게 인정하지 않는다. 사람들은 알면서 사망 사고를 일으킨 기업을 비난한다. 그들은 사망 사고가 일어날 것이라는 사실을 알면서도 그렇게 행동한 기업을 냉혹한 괴물로 여긴다.[38] 이러한 측면에서 우리는 비용-편익 분석을 비판하는 사람을 시스템 1에 호소하고 있는 것으로, 그리고 난쟁이에게 이렇게 직접적으로 말하는 것으로 봐야 한다. 〈기업이 위험을 줄이기 위해 1인당 610만 달러를 투자했다면, 우리를 위험에 처하게 만든 기업이나 공공 기관은 면죄받을 수 있는가?〉[39]

확률을 확실성으로, 혹은 확실성을 확률로 재프레임하는 것이 쉽다는 사실에 주목하자. 내 말이 옳다면, 재프레임은 아마도 큰 영향을 미칠 것이다. 다음 두 사례를 살펴보자.

1. 기업 A는 그들이 만든 제품으로 인해 열 명이 사망할 것이라는 사실을 알고 있다. 그럼에도 1천만 명의 소비자에게 그 제품을 판매한다. 그 위험을 제거하기 위해서는 1억 달러의 비용이 필요하다.
2. 기업 B는 그들이 만든 제품으로 인해 100만 명당 한 명꼴로 사망자가 발생할 것이라는 사실을 알고 있다. 지금 그 제품은 1천만 명이 사용하고 있다. 그 위험을 제거하기 위해서는 1억 달러의 비용이 필요하다.

아직 데이터를 수집하지는 못했지만, 사람들은 기업 A를 더욱 엄하게 처벌해야 한다고 주장할 것임을 예상할 수 있다. 사실 두 사례 사이에는 아무런 차이가 없다.

여기서는 도덕적 휴리스틱, 즉 사망 사고로 이어질 위험을 알면서도 행동을 한 기업을 도덕적으로 비난하는 휴리스틱이 작동했다. 이 휴리스틱은 꽤 효과적이다. 그러나 문제는 위험을 인식하면서도 하는 행동이 언제나 수용 불가능한 것은 아니라는 점이다. 특히 사망 사건의 빈도수가 상대적으로 낮고, 일반적으로 의도하지 않은 부작용이라면 더욱 그렇다. 예를 들어 정부가 고속도로 신설을 허가했다고 해보자. 정부는 새로운 고속도로에서 사망자가 발생할 것이라는 사실을 알고 있다. 혹은 정부가 화력발전소 신설을 허가했다고 해보자. 그럴 때 정부는 환경오염으로 인해 사망자가 나올 것이라는 사실을 알고 있다. 마찬가지로 기업이 담배를 생산하고 판매하도록 허용할 때, 정부는 흡연으로 인해 수많은 사람이 사망할 것이라는 사실을 알고 있다. 술에 대해서도 같은 이야기를 할 수 있다. 물론 위험을 낮추기 위해 당연히 최선을 다해야 한다. 하지만 그렇다고 해서 사망자가 나올 것이라는 사실을 알면서도 하는 모든 행동을 금지해야 한다는 주장이 정당화되는 것은 아니다.

사전 관점과 사후 관점 사이의 혼돈과 관련해 보완적인 가능성이 있다. 자동차 한 대에 50달러 비용을 투자함으로써 생명을 살릴 수 있다는 사실을 알았다면, 사람들은 분노할 것이며 자동차 기업에 처벌을 요구할 것이다. 하지만 이들이 이해하거나 받아들이지 못하는 것은 한 대당 50달러 비용이 수백만 명의 다른 사람에게 지출되었다는 사실이다. 사전 관점이 사후 관점보다 더 선호할 만하다고 말할 수는 없다. 하지만 사후 관점에 따라 사람들이 관련된 교환을 무시했다면, 부정적인 상황이 벌어진 것이다.

나는 비용-편익 균형에 관한 널리 퍼진 사회적 반감이 실제로 존재한다고 입증하는 것은 불가능하다고 생각한다. 그러나 여기서도 머릿속 작은 난쟁이가 계속해서 뛰어다니면서 이렇게 소리친다. 〈통합적인 비용-편익 분석, 즉 예측된 사망자 수에 대한 교환 비용을 도덕적으로 절대 받아들일 수 없다.〉 난쟁이의 외침에는 신중함이 없다. 이는 시스템 1의 산물로서 거칠면서 고집 센 도덕적 휴리스틱이다.

배출 교환 지난 몇 십 년 동안 환경법을 제정하고 실행에 관여했던 이들은 〈배출 거래〉 제도를 가지고 실험을 했다.[40] 일반적으로 배출 거래제를 실시하면 오염을 발생시키는 주체에게는 특정 양의 오염 물질을 배출할 허가권이 주어지며, 이 허가권은 시장에서 거래된다. 배출 거래제의 장점은 효과적으로 작동하기만 한다면 낮은 비용으로 오염 물질 배출을 크게 줄일 수 있다는 것이다.

그런데 배출 거래제는 비도덕적인 것인가? 많은 이들은 그렇다고 믿는다(3장 참조). 예를 들어 정치학자 마이클 샌델Michael Sandel은 배출 거래제가 〈환경과 관련하여 강화하고자 하는 윤리를 무력화하고 있다〉라고 주장한다.[41] 그는 이렇게 지적했다. 〈오염을 상품으로 바꾸는 것은 오염 배출에 씌워진 도덕적 오명을 없애 주는 것이다. 지나치게 많은 오염 물질을 대기 중으로 배출하는 기업이나 국가에 벌금을 부과할 때, 이는 그 기업이나 국가가 잘못된 일을 하고 있다는 메시지를 준다. 반면 오염 배출에 수수료를 부과할 때, 오염은 임금이나 복지, 임대료처럼 비즈니스 운영에 들어가는 하나의 비용이

된다.〉

같은 맥락에서 샌델은 요금을 지불할 의사가 있는 승객을 태우지 않은 운전자에게 카풀 전용차선을 개방하자는 주장을 거부했다. 환경 문제와 마찬가지로, 그의 주장에 따르면 사람들이 특권을 얻기 위해 기꺼이 비용을 지불하고자 한다고 해도 도덕적으로 잘못된 행동을 허용해서는 안 된다.

그러나 나는 배출 거래제에 반대하는 다른 비판자들과 마찬가지로 샌델 역시 도덕적 휴리스틱을 사용하고 있다고 생각한다. 사실 그는 내면의 난쟁이에게 속은 것이다. 여기서 도덕적 휴리스틱이란 이런 것이다. 〈돈을 지불하고서 도덕적으로 잘못된 행동을 할 수 있도록 허용해서는 안 된다.〉 가령 돈을 내고 강간이나 절도, 폭행을 할 수 있도록 허락해서는 안 된다는 것이다. 범죄 행동에 적절한 수준이란 없기 때문이다(집행 자원이 제한적이라는 사실은 일단 접어 두자. 집행 자원에 제한이 없다면, 이러한 형태의 불법 행위를 단지 줄이는 단계에서 멈추지 말고 완전히 없애야 할 것이다). 하지만 오염은 다른 문제다. 어느 정도의 오염은 자동차와 발전소를 포함하여 바람직한 사회적 활동과 생산에 따른 부산물이기 때문이다.

환경법을 위반하거나 혹은 바람직한 활동과 직접적으로 관련이 없는 행동을 포함해 오염을 배출하는 모든 행동은 도덕적으로 잘못되었다. 하지만 오염 그 자체에 대해서는 그렇게 말할 수 없다. 배출 거래제를 반대할 때, 샌델은 다른 맥락에서 제대로 기능하는 도덕적 직관을 지나치게 일반화하는 방식으로 오염을 범죄와 같은 것으로 취급했다. 배출 거래제에서는 그러한 도덕적 문제가 존재하지 않는다. 배출 거래제에 대한 그의 집요한 반대는 도덕적 휴리스틱에서 비롯되었다.

안타깝게도 많은 사람들이 그의 주장을 받아들이고 있는 것으로 보인다. 이러한 흐름은 다양한 맥락에서 현실적으로 가장 효과적인 수단인 배출 거래제의 활용을 연기하거나 위축시키는 방향으로 작용하고 있다. 이는 아무런 실질적 이득 없이 높은 비용만 부과하는 정책의 형태로 도덕적 휴리스틱이 정치적 실수로 이어진 사례다.

배신 배신당하는 것을 좋아할 사람은 없다. 신뢰를 저버리는 행동은 강력한 분노를 유발한다. 보모가 아이를 제대로 돌보지 않거나 보안 요원이 회사에서 물건을 훔칠 때, 사람들은 신뢰를 주지 않은 다른 사람이 똑같은 행동을 할 때보다 더 크게 분노한다. 신뢰가 배신으로 돌아올 때, 그 충격은 신뢰를 주지 않았던 다른 사람이 똑같은 행동을 했을 때보다 더 크다. 따라서 사람들이 다른 동일한 범죄보다 배신에 대해 더 큰 처벌을 요구하는 것은 그리 놀라운 일이 아니다.[42]

이러한 반응은 배신이 그 자체로 하나의 피해라는 생각에서 비롯된 것이다. 신뢰는 한 번 잃으면 회복하기 쉽지 않다는 점에서 더욱 그렇다. 보모에게서 도둑맞은 가족은 다른 사람에게서 도둑맞은 가족보다 더 심한 상처를 받을 것이다. 돈의 손실은 어쩌면 망가진 신뢰 관계에 비하면 작아 보일지 모른다. 그 가족은 앞으로 다른 보모에게 아이를 믿고 맡길 수 있을 것인가? 다음으로 배우자의 불륜은 나쁜 일이다. 불륜 상대가 자신의 가장 친한 친구라면 상황은 더욱 나쁘다. 그 사건으로 인해 다른 친구들과도 신뢰 관계를 유지하는 것이 더 힘들어질 것이기 때문이다.

이 때문에 사람들은 배신 행위에 특별한 도덕적 오명을 씌울 뿐만 아니라 가중 처벌을 요구하기도 한다. 그런데 설명하기 힘든 사례도 있다. 사람들은 안전을 강화하기 위해 만들어진 제품(가령 에어백)에서 비롯된 위험을 더욱 싫어한다.[43] 사람들은 배신을 당하느니 차라리 더 높은 위험을 떠안으려 한다. 이와 관련해서 한 연구는 사람들에게 동일한 가격의 자동차 A와 자동차 B 사이에서 선택하도록 했다. 충돌 실험에서 에어백 A를 장착한 자동차 A의 운전자가 중대한 충돌 사고로 사망할 확률은 2퍼센트다. 에어백 B를 장착한 자동차 B의 경우는 사망 확률이 1퍼센트지만, 여기에 에어백이 터지면서 운전자가 사망할 확률이 0.01퍼센트 추가된다. 이와 마찬가지로 백신과 화재경보기를 대상으로 한 실험도 있다.

그 결과 3분의 2 이상이 더 높은 위험 쪽을 선택했다. 통제 조건은 실험 참가자들이 수치를 혼동하지 않았다는 사실을 분명히 보여 주었다. 통제 실험에서 실험 참가자들에게 2퍼센트와 1.01퍼센트의 위험 사이에서 선택하도록 했을 때, 그들은 모두 1.01퍼센트 위험을 선택했다. 다시 말해 배신에 대한 사람들의 혐오는 너무나 강력해서 그들은 안전을 강화하기 위해 개발된 장비에서 비롯되는 (낮은) 위험을 받아들이기보다 위험을 높이는 쪽을 선택했던 것이다. 〈사람들은 분명하게도 배신의 위험을 피하기 위해 애초에 보호받기를 원했던 피해에 대한 더 높은 위험을 기꺼이 감수하고자 했다.〉[44] 놀랍게도 〈배신의 위험은 심리적으로 너무나 견디기 힘든 것이라서 사람들은 안전 장비의 배신에 따른 낮은 사망 위험을 피하기 위해 자동차 사고, 화재, 질병에 따른 사망 위험을 두 배로 높이려 든다.)[45]

이처럼 기괴하고 자기 파괴적인 성향을 어떻게 설명해야 할까? 나는 여기서도 휴리스틱이 작용했다고 본다. 〈신뢰에 대한 배신은 처벌해야 하고, 보상을 줘서는 안 된다〉라는 것이다. 이러한 휴리스틱은 일반적으로 잘 작동하지만 가끔 오류를 범한다. 물론 에어백은 위험을 낮추기 위해 채용한 보안 요원도, 보모도 아니다. 에어백은 전반적인 위험을 낮추기 위해 선택한 제품이다. 에어백을 채택함으로써 전반적인 위험을 낮출 수 있다면, 그리고 낮출 수 있는 위험이 미미한 수준이라고 해도 마땅히 선택해야 한다. 사람들이 사망 가능성을 낮추는 제품으로부터 배신의 위험을 당하지 않으려고 애쓰는 상황은 대표성 휴리스틱을 활용한 린다의 사례와 흡사하다. 두 사례 모두 체계적 오류를 일으키는 일반적으로 효과적인 경험 법칙을 기반으로 한다.

한편 배신의 위험에 대한 특별한 혐오는 도덕적 휴리스틱이 아니라 기호와 관련이 있는 것으로 보인다. 제품을 선택할 때 사람들은 순수하게 도덕적인 판단을 내리지 않는다. 그들은 자신이 가장 좋아하는 것을 고른다. 도덕적 판단은 자신이 좋아하는가, 그리고 신뢰에 대한 배신으로 혐오를 느끼는가에 달렸다. 따라서 도덕적 판단에 대한 보다 순수한 테스트, 즉 사람들에게 그들 자신의 안전이 아니라 다른 사람의 안전에 관해 묻는 테스트를 설계하는 것이 도움이 될 것이다. 예를 들어 사람들이 친구나 가족을 위해 안전 장비를 구매할 때 배신의 위험을 회피하는지 물어볼 수 있을 것이다. 여기서 우리는 앞서 설명한 실험의 경우와 실질적으로 동일한 결과가 나올 것이라고 충분히 예상해 볼 수 있다.

긴밀한 관련이 있는 실험들은 그 예상을 뒷받침한다.[46] 심각한 질병을 예방하기 위해 자녀에게 백신을 접종시킬 것인지 결정할 때, 사람들은 일종의 〈부작위 편향omission bias〉*을 보인다. 많은 이들은 질병의 위험보다 백신 접종의 위험에 더 민감하게 반응한다. 그래서 사람들은 백신의 위험을 피하기 위해 〈자연〉으로부터 비롯된 더 큰 위험에 자녀가 노출되는 쪽을 택한다(아래에서 논의하듯이, 부작위 편향과 자연에 대한 신뢰, 그리고 〈조물주 놀이〉에 대한 혐오 사이에는 분명한 연결 고리가 존재한다). 나는 이러한 부작위 편향이 배신에 대한 특별한 혐오와 밀접한 관련이 있다고 생각한다. 이는 백신 접종에 대한 판단에서 도덕적 실수로 이어지고, 또한 분명하게도 일부 부모가 사망 위험에 직면한 자녀의 치사율을 높이는 실수를 저지르게 한다.

도덕과 처벌

무의미한 처벌　도덕적 직관은 때로 처벌에 따른 결과와 아무런 상관이 없다. 이 말은 곧 도덕적 휴리스틱이 작용하고 있다는 것을 의미한다.[47] 예를 들어 어떤 기업이 심각한 잘못을 저질렀다고 해보자. 사람들은 그 기업을 마치 한 명의 인간인 듯 처벌하려 든다.[48] 하

* 아무것도 하지 않았을 때의 손실보다 특정한 행동을 했을 때의 손실이 더 크게 느껴지는 심리적 편향.

지만 기업에 대한 엄한 처벌(가령 과중한 벌금)은 조직에서 실제로 잘못을 저지른 사람에 대한 처벌로 이어지지 않는다. 대신에 직원의 임금을 낮추고, 소비자 가격을 높이고, 혹은 일자리가 사라지게 하는 결과로 이어진다. 여기서 처벌에 대한 판단은 단순한 휴리스틱에 뿌리를 두고 있다. 즉 행동의 위법성에 따라 적절한 처벌을 받아야 한다는 것이다. 사람들이 처벌 수위에 대해 생각하는 과정에서 〈분노 휴리스틱〉을 활용한다는 사실을 앞서 살펴봤다.[49] 분노 휴리스틱을 따를 때, 처벌에 대한 판단은 분노의 결과물이다. 분노 휴리스틱은 대부분 올바른 결과로 이어지지만, 종종 체계적인 오류로 이어진다.

예를 들어 백신과 피임약의 부작용에 대한 사람들의 처벌 판단을 다룬 흥미진진한 연구를 살펴보자.[50] 연구원은 먼저 실험 참가자들에게 강력한 처벌이 기업들로 하여금 더 안전한 제품을 생산하도록 만들 것이라는 이야기를 들려주었다. 그러고 나서 강력한 처벌은 기업들이 해당 제품의 생산을 중단하도록 만들 것이며, 이로 인해 시장에는 덜 안전한 제품이 나오게 될 것이라는 이야기를 들려주었다. 판사 집단을 포함한 실험 참가자 대부분이 두 사례에 대해 동일한 수준의 처벌을 원했다. 〈대부분의 실험 참가자들은 동기에 대한 문제를 이해하지 못했다.〉[51] 다른 실험에서도 사람들은 더 안전한 제품을 내놓는 방식으로 대처한 기업과, 처벌이 드러나지 않게 이뤄지며 보험으로 보장을 받기 때문에 특별한 타격을 받지 않은 기업에게 동일한 수위의 처벌을 내렸다.[52] 이들 사례에서 사람들은 처벌이 미칠 영향과 상관없이 처벌 수위를 결정했다.

판사와 입법가를 포함한 실험 참가자 집단을 대상으로 위험한 폐기물을 무단 투기하는 행위에 대한 처벌 수위를 선택하도록 하는 실험에서도 비슷한 결과가 나왔다.[53] 여기서 연구자는 먼저 처벌을 통해 기업이 폐기물을 무단 투기하지 않도록 만들 것이라는 이야기를 들려주었다. 그런 다음 강력한 처벌은 기업이 해당 제품의 생산을 중단하도록 만들 것이라는 이야기를 들려주었다. 두 경우 모두에서 사람들은 대부분 기업에게 동일한 수위의 처벌을 내렸다. 무엇보다 놀라운 사실은 폐기물이 전혀 위험하지 않은 경우에도 사람들은 해당 기업이 자신들이 버린 폐기물을 완전히 치우도록 요구하는 방법을 선호했다. 동일한 비용으로 지금은 사라진 기업이 과거에 내다버린 더욱 위험한 폐기물을 치우도록 하는 방안을 선택할 수 있었음에도 말이다.

이러한 현상을 어떻게 이해해야 할까? 왜 사람들은 비용이 동일함에도 효과가 적은 방안을 선택한 것일까? 가장 합리적인 설명은 휴리스틱이 작용했다는 것이다. 그래서 사람들은 처벌 결과는 전혀 생각하지 않고 오로지 분노에 상응하는 처벌을 요구했다. 물론 행위가 유발한 분노의 수위에 따라 처벌을 부과해야 한다는 생각은 일반적인 법칙으로 타당성이 있다. 공리주의자는 그들의 주장을 전반적으로 받아들일 수 있으며, 응보주의자는 강력하게 지지할 것이다. 하지만 처벌이 세상을 더욱 안전하고 건강하게 만들어 줄 것인지를 고려하지 않고 이러한 주장을 받아들이는 것은 지나치게 경직된 접근 방식으로 보인다. 약한 형태의 결과주의를 지지하는 사람은 이러한 접근 방식의 엄격성을 비난할 것이다. 적절한 처벌을 요구하는 이들 역시 원칙적으로 동의하지 않을 것이다. 여기서 사람들이 휴리스틱에 속았을 가능성, 그리고 난쟁이의 끈질긴 목소리의 결과일 가능성을 고려해 보는 시도가 필요하다.

발견 가능성 이제 처벌의 영역과 밀접하게 관련된 사례에 주목해 보자. 경제적 관점에서, 정부가 잘못된 행동에 처벌을 부과할 때 그 목표는 최적 억제를 실현하는 것이다.[54] 억제력을 강화하기 위해서는 처벌 〈수위〉를 높이거나 혹은 처벌 〈가능성〉을 높일 수 있다. 실질적인 집행 자원이 부족한 정부는 과중한 벌금을 부과할 수 있다. 이를 통해 많은 사람이 처벌을 두려워하게 만들고 적절한 억제 〈신호〉 전달을 기대할 수 있다. 반면 집행 자원이 충분한 정부는 낮은 벌금을 부과하는 대신에 법을 어긴 모든, 혹은 거의 모든 이를 처벌할 수 있다. 이러한 생각은 잘못된 행동에 대한 응보적 처벌의 관점에서 단순한 이론으로 이어진다. 즉 응보적 처벌의 목적은 집행의 부족함을 보완하는 것이다. 예를 들어 다친 사람이 100퍼센트 보상을 받는다면 응보적 처벌은 필요가 없다. 그러나 50퍼센트 보상을 받을 경우, 다친 사람은 소송을 제기해 보상의 두 배에 달하는 응보적 처벌을 요구할 것이다. 이처럼 단순한 셈법을 통해 최적 억제를 실현할 수 있다.

그러나 사람들이 과연 이러한 설명을 받아들일 것인지, 그렇지 않다면 그 이유는 무엇인지에 대한 중요한 질문이 남았다(원칙적으로 이를 받아들여야 하는지에 대한 질문은 잠시 접어 두자). 실험 결과는 사람들이 최적 억제를 거부하고, 발견 가능성이 처벌과 관련 있다고 생각하지 않는다는 사실을 말해 준다. 그 이유는 분노 휴리스틱을 사용했기 때문이다. 나는 위 질문에 답하기 위해 두 실험에 참여했다.[55] 첫 번째 실험에서는 사람들에게 응보적 처벌이 필요한 잘못된 행동과, 발견 가능성에 관한 분명한 정보를 제시했다. 다른 사람들에게도 똑같이 잘못된 행동을 제시했지만, 이번에는 발견 가능성에서 차이를 주었다. 다음으로 그들에게 응보적 처벌 수위를 선택하게 했다. 이 실험의 목적은 발견 가능성이 낮을 때 사람들이 더 높은 처벌 수위를 선택하는지 확인하는 것이었다. 두 번째 실험에서는 발견 가능성이 높을 때 처벌을 낮추고, 발견 가능성이 낮을 때 처벌을 높이는 사법적·행정적 판단에 대해 어떻게 생각하는지 물었다. 즉 발견 가능성에 따라 처벌 수위를 조정하는 접근 방식을 받아들이는지 확인해 봤다.

실험 결과는 명백했다. 첫 번째 실험에서는 발견 가능성을 다르게 하는 것이 응보적 처벌에 아무런 영향을 미치지 않았다. 발견 가능성이 명시적으로 드러날 때조차 사람들은 주의를 기울이지 않았다. 두 번째 실험에서는 대다수의 사람들이 높은 발견 가능성 때문에 처벌 수위를 낮추는 사법적 판단에 반대하고, 낮은 발견 가능성 때문에 처벌 수위를 높이는 행정적 판단을 받아들이지 않았다. 다시 말해 사람들은 발견 가능성에 따라 처벌 수위를 조정하는 접근 방식을 인정하지 않았던 것이다. 그들이 주목했던 것은 최적 억제가 아니라 잘못과 도덕적 분노의 수위였다.

많은 사람은 분명하게도 응보주의를 받아들이고, 처벌에 대한 공리주의적 설명을 거부하는 원칙적인 근거를 갖고 있다. 그들은 도덕적 직관이 옳다고 생각한다. 그들에게 중요한 것은 잘못된 행동의 발견 가능성이 아니라 범법자의 행동이다. 그러나 우리가 약한 형태의 결과주의를 받아들인다면, 잘못된 행동이 처벌과 〈전적으로〉 무관하다는 주장을 받아들이기 힘들다는 사실을 이해할 수 있다. 법률 체계가 발견 가능성이 낮은 잘못에 대해 처벌 수위를 높이는 접근 방식을 거부할 때, 이는 결국 잘못된 행동을 더욱 양산하게 될 것이라는 사실을 무시할 수 없다. 발견 가능성에 대한 어떠한 설명도 받아들이려 하지 않는 태도는 도덕적 휴리스틱이 작용하고 있음을 말해 주는 것이다. 이는 곧 실질적인 오류로 이어지게 된다. 이와 관련된 윤리적 사안에 대한 논쟁 때문에 여기서 이러한 사실을 입증할 수는 없다. 그러나 발견 가능성에 대한 고려를 거부하는 이들도 시스템 1이 더 나은 쪽을 선택할 가능성에 대해 고민해 볼 필요가 있을 것이다.

조물주 놀이: 생식, 자연, 그리고 성

번식과 성은 도덕적 휴리스틱이 작동하는 중요한 영역이다. 가령 인간 복제에 대해 생각해 보자. 대다수 미국인들이 이를 거부할 뿐만 아니라 금지해야 한다고 생각한다. 그럼에도 불구하고 윤리적·법적 접근 방식은 그리 간단치 않다. 논의를 위해서는 생식적 복제와 비생식적 복제를 구분할 필요가 있다. 전자는 아이를 만들어내기 위해 설계된 형태인 반면, 두 번째는 치료 목적의 세포를 생산하기 위한 형태다. 그렇다면 둘은 서로 다른 윤리적 사안인가? 모든 경우에 도덕적 관심을 위한 기반을 확인하는 것이 중요하다. 우리는 복제된 아이가 부모의 수단으로 존재하는 것을 우려하는가? 그렇다면 그 이유는 무엇인가? 그 아이가 심리적 피해를 겪을 것을 걱정하는가? 혹은 심각한 신체적 피해를 입을 것을 걱정하는가?

새로운 생식 기술에 관한 영향력 높은 논의에서 복제 윤리학자 레온 카스Leon Kass는 〈모순 속 지혜〉라는 표현을 썼다.[56] 그의 이야기를 들어보자.

사람들은 인간 복제와 관련해 여러 가지 측면에서 불쾌함을 느낀다. 그들은 개체성이 사라진 비슷하게 생긴 거대한 복제 인간의 대량 생산 가능성에 대해, 부자나 모녀 쌍둥이, 자기 자신이나 배우자, 혹은 부모와 유전적으로 동일한 아이를 낳는 여인, 이미 세상을 떠난 사람의 유전자로 임신을 하는 기괴함, 자신의 배아를 만들어서 냉동해 두었다가 동일한 조직이나 장기 이식이 필요할 때 꺼내 쓰는 공리주의적 창조, 자기 자신을 복제하려는 나르시시즘, 누구를 복제해야 할지, 혹은 자녀에게 어떤 유전자를 물려줘야 할지 잘 알고 있다고 생각하는 자들의 오만, 생명을 창조하고 그 운명을 통제하려는 프랑켄슈타인적 오만에 반대한다. (……) 그들이 인간 복제의 가능성에 반대하는 것은 단지 기이함과 생소함 때문이 아니라, 자신이 소중하게 여기는 가치가 허물어질 것이라는 두려움을 본능적으로 느끼기 때문이다. (……) 그러한 두려움을 느끼지 못하는 영혼은 천박하다.[57]

인간 복제에 대해 사람들이 느끼는 혐오감이 여러 가지 위험에 대한 우려에서 기인한다고 지적했다는 점에서 카스의 주장은 타당하다. 여기서 나는 인간 복제의 윤리적 문제에 대해서는 결론을 내리지 않을 것이다. 그럼에도 〈본능적으로 느끼기 때문〉이라는 카스의 표현은 도덕적 휴리스틱, 그리고 시스템 1이 작용했음을 말해 주는 것이라고 생각한다. 카스가 제시한 우려의 목록은 도덕적 휴리스틱의 특별한 적용을 받은 것으로 보인다. 가용성 휴리스틱도 작용했을 것이다. 즉 확률에 대한 판단을 내리지 않고 오로지 도덕적으로 의심스러운 행동의 사례를 떠올린다(가령 〈개체성이 사라진 비슷하게 생긴 거대한 복제 인간의 대량 생산〉). 대표성 휴리스틱 역시 비슷한 역할을 한다(가령 〈생명을 창조하고 그 운명을 통제하려는 프랑켄슈타인적 오만〉). 또한 나는 카스의 주장을 이렇게 요약할 수 있다고 생각한다. 〈조물주 흉내를 내는 인간〉.

여기서 우리는 〈조물주 흉내를 내서는 안 된다〉는 주장을 일반적인 휴리스틱이라고 생각할 수 있다. 13장에서 살펴봤듯이 이와 밀접하게 관련된 휴리스틱, 즉 〈자연에 개입해서는 안 된다〉는 명제는 사실과 도덕의 판단에서 중요한 역할을 한다. 개인과 사회가 다양한 형태의 개입에 점차 익숙해지고는 있지만(시험관 수정에 대해 생각해 보자), 그럼에도 이 휴리스틱은 다양한 도덕적 판단에 강한 영향을 미친다. 우리는 인간의 개입에 반대하는 휴리스틱을 통해 위험과 관련된 다양한 판단을 설명할 수 있다. 예를 들어 〈인간이 초래한 재앙보다 자연적인 재앙에 의해 더 많은 인구가 목숨을 잃고 있음에도, 인간의 개입은 식량 위험과 환경오염에 대한 판단에서 문제의 핵심인 것으로 여겨진다.〉[58] 다양한 연구 결과는 사람들이 살충제에 포함된 발암 물질의 위험은 과대평가하면서 천연 발암 물질의 위험은 과소평가한다는 사실을 보여 준다.[59] 자연은 곧 안전을 의미한다고 믿는다. 이러한 믿음은 너무도 강력해서 화학 성분이 동일할지라도 가공한 물보다 생수를 더 선호한다.[60]

인간 개입에 대한 도덕적 금지는 유전자 조작 식품에 대한 반대 여론을 형성하는 데 큰 몫을 차지하며, 이로 인해 관련 기술에 대한 법적 규제는 종종 합리적인 시스템 2보다 휴리스틱에 더 많이 기반을 두고 있다. 유전자 조작 식품의 경우, 인간의 개입에 반대하는 휴리스틱은 위험의 증거가 뚜렷하지 않을 때조차 판단에 강한 영향을 행사한다.[61] 실제로 많은 기업이 자연 첨가물과 인공 첨가물의 차이가 소비자에게 미치는 피해와 거의 혹은 전혀 상관이 없음에도, 어떻게든 그들 제품에 〈천연〉이라는 도장을 찍기 위해 애를 쓴다.[62] 성과 출산의 영역 또한 마찬가지다. 여기서 보편적인 반대는 특정한 행동이 〈비자연적이다〉라는 것이다(물론 성과 관련해서 무엇이 〈자연적인 것〉이며, 자연적인 것이 과연 좋은지는 분명하게 말하기 어렵다). 복제와 관련해서도 휴리스틱이 작용하는 것으로 보인다. 그 휴리스틱은 이렇게 말한다. 〈인류의 번식을 위해 자연 과정에 개입해서는 안 된다.〉 이러한 휴리스틱이 잘 작동하는지는 분명치 않지만, 그것이 오류로 이어질 위험이 있다는 사실만큼은 분명하다.

도덕과 성이 만나는 지점에서 발생하는 사안은 도덕적 휴리스틱이 자주 활용되는 무대다. 특히 휴리스틱은 사람들이 〈정말 역겨군!〉이라고 생각하는 사안에서 잘 작동한다. 이와 관련된 사례들은 모두 논쟁의 여지가 있지만, 그래도 근친상간 금기에 주목해 보자.

우리는 사회적 오명을 쓸 이유가 없음에도 사회적 규범이나 심지어 법을 어기는 근친상간의 사례를 쉽게 떠올려 볼 수 있다(가령 사촌이나 육촌 관계).[63] 근친상간의 금기를 뒷받침하는 근거로는 강압, 심리적 피해, 근친 관계로 태어난 아이의 유전적 위험 등이 있다. 하지만 떠올릴 수 있는 많은 사례에서 이 같은 구체적인 피해는 나타나지 않는다.

물론 이러한 피해를 막기 위한 가장 좋은 방법은 근친상간을 엄격하게 금하는 것이다. 이러한 접근 방식은 진화적 기원에서 비롯한 것일 수도 있고, 강력한 법-공리주의 정당화에 근거한 것일 수도 있다. 사람들은 아마도 구체적인 사례에서 근친상간을 허용해도 되는지에 관한 질문을 가족에게서 듣는 것을 좋아하지 않을 것이다. 그러나 그럴 때 근친상간 금기는 도덕적 휴리스틱으로서 모습을 드러낸다. 〈도덕적 말문 막힘moral dumbfounding〉 현상, 즉 사람들이 〈느끼기는 하지만〉 정당화할 수 없는 도덕적 판단의 경우를 떠올려 보자.[64] 우리는 성과 출산의 영역에서 드러나는 다양한 금기를 이러한 관점에서 설명할 수 있다.

행동과 태만

행동과 태만을 구분하는 것이 도덕, 법, 정책의 영역에서 중요한지, 그리고 중요하다면 그 이유가 무엇인지를 놓고 많은 논의가 이어져 왔다. 예를 들어 한 사례에서 환자는 의사에게 생명 연장을 위한 의료 장비를 사용하지 말 것을 부탁할 수 있다. 다른 사례에서 환자는 즉각적으로 자신의 생명을 중단시킬 수 있는 약물을 주입해 달라고 요청할 수도 있다. 여기서 많은 이들은 생명 연장 장치를 쓰지 말아 달라거나 심지어 그러한 장비를 제거해 달라는 요청은 충분히 받아들일 수 있고 적법한 것이지만, 약물을 주입하는 것은 도덕적으로 용납할 수 없다는 강력한 도덕적 직관을 갖고 있는 것으로 보인다. 실제로 미국 헌법은 이러한 직관을 그대로 반영하고 있다. 미국 헌법은 생명 연장 장치의 제거를 요구할 권리는 인정하지만, 의사의 조력에 의한 자살의 권리는 인정하지 않는다.[65] 그런데 도덕적 관점에서 그 둘의 차이는 뭘까?

행동-태만 차이가 도덕적 사안에서 더욱 복잡하고 까다로운 평가를 위한 휴리스틱으로 작용할 가능성에 대해 생각해 볼 필요가 있다. 도덕적 입장에서 볼 때, 일반적으로 피해를 주는 행동은 피해를 주는 태만보다 행위자의 마음가짐과 행동에 따른 잠재적 결과의 측면에서 더 나쁘다. 예를 들어 살인자는 물에 빠진 사람을 구해 주지 않은 방관자보다 더 나쁘다. 살인자는 피해자를 죽이고자 하는 고의를 갖고 있지만, 방관자에게는 고의가 없다. 게다가 살인자는 피해자를 확실하게 죽이고자 하지만, 방관자는 그렇지 않다(인과관계에 대한 복잡한 문제는 일단 접어 두기로 하자). 그러나 행위자의 마음가짐과 결과의 측면에서 볼 때, 피해를 주는 행동이 피해를 주는 태만보다 〈항상〉 더 나쁜 것은 아니다.

행동과 태만 사이에 도덕적으로 의미 있는 구분이 존재하지 않지만, 도덕적 직관(그리고 난쟁이)이 차이가 있다고 강력하게 주장하는 상황에 직면할 때, 도덕적 수수께끼가 등장한다. 앞서 제시한 백신 접종에 관한 질문을 생각해 보자. 여기서 많은 이들이 태만 편향을 드러내면서 통계적으로 선호할 만한 행동보다 태만을 더 많이 선택한다.[66] 그러나 행동보다 태만을 선호하는 일반적으로 합리적인 휴리스틱은 도덕적 오류로 이어질 수 있다.

이때 우리는 도덕적 직관이 일반적으로 타당하나 특정 경우에 그렇지 못하다는 원칙의 지나친 일반화를 반영하는 것이라고 가설을 세워 볼 수 있다. 이러한 원칙은 행동은 비난하는 반면, 태만은 허용한다. 이는 관련된 요인에 비춰 볼 때 종종 그럴듯하지만 까다로운 사례에서는 옹호하기 힘든 차이다. 나는 생명 연장 장치를 제거하는 것에 대한 일관적인 수용은 안락사에 대한 일관적인 의심과 더불어 이 점을 잘 보여 준다고 생각한다. 둘 사이에는 도덕적으로 의미 있는 차이가 존재하지 않는다. 행동-태만 구분은 실질적으로 차이가 없을 때에도 차이를 분명하고 뚜렷하게 만든다.

이례적 사례와 도덕적 판단, 그리고 숙고적 균형

이들 사례 중 일부는 논란의 소지가 더 많다. 그러나 전체적으로 볼 때, 이들 사례는 일상적인 삶에서 절대 혹은 거의 만날 수 없는 이례적인 사례에 관한 도덕적 직관을 밝혀내고자 시도함으로써 도덕적·정치적 딜레마에 접근하는 광범위한 연구에 대해 진지한 의문을 제기하는 것으로 보인다. 스무 명의 무고한 사람을 살릴 수 있는 유일한 방법이 한 명의 무고한 사람을 죽이는 것이라면, 당신은 그를 총으로 쏠 것인가?[67] 한 여성이 실수로 커피에 세제를 넣었는데, 아내가 죽기를 바라는 남편이 마침 손에 들고 있던 해독제를 주지 않은 사례에 대한 적절한 도덕적 평가는 무엇일까?[68] 지구에 도착한 화성인이 당신에게 아이를 고문하지 않으면 지구를 완전히 파괴하겠다고 협박한다면, 당신은 아이를 고문할 것인가? 누군가를 철로로 밀어서 죽이는 것과 기차의 궤도를 바꿈으로써 죽이는 것 사이에 무슨 차이가 있는가?

근본적인 도덕적 직관은 일반적인 상황에서 잘 작동한다. 하지만 익숙한 상황에서 벗어났을 때, 그 직관의 신뢰성은 장담할 수 없다. 다음 규칙에 대해 생각해 보자. 〈다른 사람의 목숨을 구할 수 있다고 하더라도 무고한 사람을 죽여서는 안 된다.〉(정당방위와 전쟁의 상황은 고려하지 않았다.) 사람들이 이러한 직관을 갖고 있다면 사회는 더욱 행복해질 것이다. 하지만 스무 명의 목숨을 구하기 위해 한 명을 죽여야 하는 사례에서, 그러한 직관은 불분명하고 논쟁의 여지가 있는 것으로 드러난다. 우리의 직관이 가설적 사례에서 타당하다고 인정받았다고 해서 현실에서도 그렇다고 장담할 수는 없다. 그 이유는 타당성을 입증받아야 할 영역에서 멀리 벗어났기 때문이다.

이례적인 사례의 활용은 그 사례가 올바르다고 보장할 수 있는 기반이 아니라, 우리의 반응을 뒷받침하는 〈근거와 원칙을 분리〉할 수 있도록 도덕적 판단의 구조를 이끌어 내는 도구로 옹호할 수 있다.[69] 그러나 우리의 반응이 신뢰하기 힘들 때, 이들 사례는 정보가 충분하지 않고 숙고가 제대로 이뤄지지 않을 경우를 제외하고는 도덕적 판단의 구조를 구체적으로 정의하는 데 도움을 주지 못한다.

간단하게 말해서, 나는 이례적인 도덕적 딜레마에 기반을 둔 일부 철학적 분석이 부주의하게, 심지어 우스꽝스럽게 카너먼과 트버스키의 초기 연구, 즉 일반적으로 지극히 합리적인 직관이 오류로 드러나는 경우를 발견하고자 했던 연구를 그대로 따르고 있다고 생각한다. 아이러니는 카너먼과 트버스키가 오류를 보여 주는 사례를 고안하고자 노력하는 동안, 일부 철학자는 직관이 신뢰할 만하고 건전한 도덕적 판단의 기반이 되어야 한다고 생각하고 이례적인 사례를 개발했다는 사실이다. 우리는 휴리스틱의 작용을 이해할 때 직관의 신뢰성에 의문을 제기할 근거를 확보할 수 있다.

직관의 단호함이 실제로 바람직한 것일 수 있다. 휴리스틱을 도덕적 규칙으로 받아들이고, 가령 무고한 사람을 절대 죽여서는 안 된다고 믿는 사람이 더 많을 때, 우리 사회는 더 행복해질 것이다. 사람들이 이러한 휴리스틱을 보편적이고 독립적인 원칙으로 받아들인다면, 가끔 오류는 발생하겠지만 오직 대단히 이례적인 상황에서만 그럴 것이다. 그리고 그 원칙을 받아들이는 사람은 그렇게 하는 것이 정당해 보이지 않을 때에도 그 원칙을 저버리려는 유혹을 이길 것이다. 다시 말해 확고한 법칙은 일부 사례에서 오류를 범하지만, 그래도 더욱 잘 다듬어진, 그리고 현실적으로 더 많은 오류를 범하게 될 접근 방식보다 낫다. 가령 언제나 진실을 말해야 한다고 믿는 사람은 구체적인 상황에 따라 진실을 말해야 한다고 믿는 사람보다 더 행복한 삶을 살아갈 것이다.

도덕적 휴리스틱이 하나의 규칙으로 작용하는 한, 우리는 다른 모든 규칙과 마찬가지로 그 휴리스틱을 옹호할 수 있다. 앞서 나는 도덕적 휴리스틱이 일종의 〈생태적 합리성ecological rationality〉을 보여 준다는 점을 언급했다. 대부분의 현실에서 잘 작동하고, 우리를 선하게 만들어 주는 단순한 휴리스틱을 기반으로 살아가는 가능성에 대해 생각해 보자. 여기서 나는 매우 엄격한 형태의 도덕적 휴리스틱이 합리적 대안보다 사회적으로 더 나쁘다고 주장하려는 게 아니다. 이 질문을 추상적인 차원에서 해결하기는 힘들다. 나는 도덕적 휴리스틱이 실질적인 오류와 중대한 혼란을 야기할 수 있다고 생각한다. 앞으로 우리는 많은 연구를 통해 이 질문에 대한 답을 내놓아야 할 것이다. 기존 연구는 아직 피상적인 수준에 머물러 있다.

철학계 내부에는 직관이 도덕적 논의에서 차지하는 역할을 주제로 한 방대한 양의 연구 자료가 있다. 그들은 대부분 숙고적 균형을 모색하는 과정에서 직관의 역할에 주목한다.[70] 가령 존 롤스John Rawls는 정의에 대한 사람들의 판단은 보편적 차원에서 그들의 신념 사이의 원칙적 일관성을 지키려는 노력을 통해 이뤄져야 한다고 말했다.[71] 그는 숙고적 균형을 모색하는 과정에서 모든 믿음은 원칙적으로 수정이 가능하다는 점을 강조했다. 그러나 롤스 역시 주목했듯이, 우리의 믿음 중 일부는 고정되어 있는 것으로 보이며, 그러한 믿음을 뿌리 뽑기 위해서는 많은 노력이 필요하다. 도덕적 휴리스틱을 숙고적 균형의 모색을 반박하기 위한 기반으로 이해할 수도 있지만, 여기서 언급한 어느 것도 그러한 반박을 뒷받침한다고는 생각하지 않는다. 매우 단호한 직관을 포함해서 모든 직관은 잠재적으로 수정 가능하다는 롤스의 주장을 상기하자.

여기서 내가 덧붙이고 싶은 말은 도덕적 휴리스틱이 보편적으로 존재한다면, 뚜렷하게 고정된 우리의 믿음 중 일부가 그러한 휴리스틱으로부터 비롯되었을 수도 있다는 것이다. 우리는 숙고적 균형에 이르는 과정에서 그 점을 인식해야 한다. 물론 도덕적 휴리스틱에 뿌리를 내린 믿음이 올바른 것으로 드러날 수도 있다. 나는 다만 대단히 집요하고 수정이 힘들어 보이는 판단은 많은 상황에서 잘 작동하지만 특정 상황에서 오류를 저지르는 직관을 지나치게 일반화했기 때문이라고 생각한다.

사실의 영역보다 도덕의 영역에서 이를 입증하기가 더 힘들다면, 그 이유는 우리가 사실적 오류를 구성하는 것에 대해서는 쉽게 동의하는 반면, 도덕적 오류를 구성하는 것에 대해서는 동의하기가 힘들기 때문이다. 도덕이 요구하는 것에 관한 중대한 논의와 관련해서, 한쪽은 휴리스틱에 의해 작동하고 있는 반면, 다른 한쪽은 기본적으로 올바르다고 주장하는 것은 분명 논란의 여지가 있다. 다만 특정 사례에서 합리적 경험 법칙이 사실적인 판단뿐 아니라 도덕, 정치, 법의 영역에서 입증 가능한 오류로 이어질 수 있다는 점을 보여 줄수 있을 만큼 내 설명이 충분했기를 바란다.

15장

권리

정치와 도덕, 법 이론 분야에서 벌어지고 있는 주요 논의 중 많은 부분에서 결과주의자와 의무론자가 대립하고 있다. 여기서 결과주의자가 말하는 행동의 정당성은 그 결과에서 비롯되며, 결과는 측정하고 통합하고 순위를 매길 수 있다는 사실을 상기하자(공리주의는 결과주의의 한 가지 형태다). 반면 의무론자는 아무리 좋은 결과를 낳는다 해도 특정한 행동은 잘못된 것이라고 믿는다. 예를 들어 사람을 고문하거나 죽이는 것은 그 결과가 아무리 좋다고 해도 잘못된 행동이라고 생각한다. 설령 더 많은 사람의 목숨을 살릴 수 있다고 해도 한 사람을 달리는 기차로 밀어서는 안 되고, 많은 이의 목숨을 살릴 수 있는 정보를 구하기 위해 사람을 고문해서도 안 되며, 노예제는 공리적 판단과 무관하게 도덕적으로 잘못되었다고 믿는다. 게다가 표현의 자유는 어떠한 관점에서도 보장되어야 한다고 생각하며, 사형제의 경우에 그 결과와는 무관하게 무엇이 도덕적으로 옳은지에 주목한다.

의무론자와 결과주의자 사이의 의견 불일치는 법과 정치 분야의 다양한 사안에서도 드러난다. 결과주의자는 표현의 자유를 포함하는 헌법적 권리를 결과에 따라 옹호하고 해석해야 한다고 생각하지만, 의무론자는 이에 동의하지 않는다. 결과주의자는 규제 정책과 관련해서 비용-편익 분석에 집중한다. 하지만 광범위한 의무론적 기반으로부터 강력한 도전을 받고 있다. 결과주의자는 억제를 기반으로 하는 처벌 이론을 선호하며, 의무론자가 지지하는 응보주의를 단호히 거부한다. 형사 처분과 징벌적 손해 배상 제도에 대해서도 의견 불일치를 드러낸다. 또한 계약과 불법 행위에 관한 법을 뒷받침하는 원칙에 대해서도 상반된 입장에 있다.

의무론자는 자신들의 입장을 옹호하는 과정에서 우리의 직관이 대단히 단호하며, 그렇기 때문에 결과주의를 평가하는 〈고정된 지점〉으로 기능하는 사례를 종종 언급한다.[1] 그들은 결과주의가 비타협적인 직관과 충돌하고, 그렇기 때문에 잘못되었다는 점을 입증하기 위해 노력한다. 앞서 나는 약한 형태의 결과주의를 살펴봤다. 이는 이러한 불일치를 어느 정도 완화하고자 시도한다. 그러나 일반적인 형태에서 결과주의는 명백하게 생소하고 낯선 상황에서 우리의 내면 깊숙이 자리 잡은 직관의 일부와 충돌하는 것으로 보인다.[2] 예를 들어 인간은 직관적인 응보주의자로 보인다. 우리는 잘못을 행한 자가 벌을 받기를 원한다. 처벌과 관련해서 사람들이 결과주의 입장에서 생각하도록 만드는 시도는 전혀 힘을 쓰지 못한다.[3]

방대한 연구가 의무론과 결과주의 사이의 충돌을 다루고 있는 상황에서 단순한 해결책을 제시하는 것은 무모하게 보일지 모른다. 하지만 한 가지를 생각해 보자. 의무론은 정말로 중요한 것에 관한 도덕적 휴리스틱이며, 결과야말로 정말로 중요한 것이다. 이러한 관점에서 볼 때, 직관이 일반적으로 적절한 결과주의 평가에서 비롯되는 것으로 이어진다는 점에서 의무론적 직관은 일반적으로 건전하다. 예를 들어 표현의 자유와 종교의 자유는 일반적으로 결과주의 기반에서 정당화할 수 있다. 그러나 의무론적 직관은 동시에 최선이 아닌, 혹은 나쁜 결과의 형태로 심각하고 체계적인 오류를 야기한다. 의무론을 휴리스틱으로 봐야 한다는 입장은 행동과학 및 신경과학 분야에서 점차 누적되고 있는 연구 결과와 조화를 이룬다. 이들 연구는 일반적으로 의무론적 판단이 자동적이고, 감정적인 과정에 뿌리를 두고 있다는 사실을 밝혀내고 있다.[4]

여기서 내 기본적인 주장은 두 가지다. 첫째, 서서히 모습을 드러내고 있는 연구 성과는 깊이 뿌리내린 도덕적 직관을 흔들어서 느슨하게 만들고, 도덕적 문제에 대해 직접적이고 단호하게 보이는 반응을 들여다볼 새로운 이유를 제시한다. 올바른 도덕적 판단을 위한 심리적 지름길이 될 수 있다는 점에서 의무론은 사실 도덕적 휴리스틱이라고 볼 수 있다. 헨리 시지윅은 이렇게 주장했다.

내 생각에, 결과에 대한 공리주의적 평가는 현재의 도덕적 규칙을 광범위하게 지지할 뿐 아니라 일반적으로 받아들여지는 한계와 조건을 그대로 유지하는 것으로 보인다. 다시 한번 이는 〈상식의 도덕〉에서 특이점을 설명한다. 이는 다른 모든 관점에서 볼 때 숙고적 지성을 충족하지 못하는 것으로 보인다. 게다가 기존 이론은 행동의 지침으로서 충분히 정확하지 않다. 동시에 정확성을 높이기 위한 시도에서 어려움과 혼란에 맞닥뜨리는 동안, 공리주의 접근 방식은 상식의 애매모호한 본성에 따라 이러한 어려움과 혼란을 해결하며, 일반적인 도덕적 논의에서 자연스럽게 그러한 해결책에 호소한다.[5]

시지윅은 최근에 나온 실증적 발견의 도움을 얻지 못했지만, 그래도 〈의무론적 철학은 전반적으로 감정적인 도덕적 직관의 합리화다〉라는 주장에 동의했을 것이다.[6] 하지만 나의 두 번째 주장은, 모습을 드러내고 있는 연구 성과들 중 어느 것도 의무론적 판단이 잘 못되었거나 거짓이라고 주장하기에 충분치 않다는 것이다. 그럼에도 나는 여기서 그 가능성을 따져 보고자 한다.

트롤리와 육교

신경과학과 심리학 분야에서 이뤄지는 연구의 상당 부분이 의무론적 판단이 도덕적 휴리스틱에서 비롯되었다는 입장과 맥락을 같이한다. 이들 연구는 만일 이러한 입장이 옳다면, 그러한 판단이 대부분의 경우에 올바른 결과(적절한 기준에 따라)로 이어진다는 점에서 일반적으로 잘 작동한다는 점을 강조한다. 다양한 감정을 포함해 자동적인 과정에서 비롯되는 판단은 일반적으로 근거가 있는 것으로 드러난다. 의무론적 판단이 도덕적 휴리스틱에서 비롯된다면, 우리는 그런 판단이 일반적으로 잘 작동하지만 체계적인 방식으로 오류를 범할 것이라고 결론을 내릴 수 있다.

두 가지 도덕적 딜레마를 둘러싼 오랜 철학적 논의에 대해 생각해 보자. 이들 딜레마는 마치 의무론과 결과주의를 시험하는 듯하다.[7] 첫 번째는 트롤리 딜레마다. 트롤리가 궤도를 따라 다섯 사람을 향해 달리고 있다. 트롤리가 멈추지 않는다면 다섯 사람 모두 죽게 된다. 이 상황에서 스위치를 작동해 방향을 틀 경우, 다섯 명은 살릴 수 있지만 다른 한 사람이 죽게 된다. 당신이라면 스위치를 작동하겠는가? 이 질문에 대해 대부분의 사람들이 스위치를 작동하는 쪽을 선택한다.

두 번째는 육교 딜레마다. 이는 트롤리 딜레마와 똑같은 상황에서 출발하지만, 한 가지 차이가 있다. 트롤리 궤도 위에 육교가 있고, 거기에 한 사람이 서 있다. 달리는 트롤리를 멈춰 세우려면 그 사람을 밀어야 한다. 그렇게 해서 다섯 사람을 살릴 수 있다면 당신은 육교 위의 사람을 밀어도 되는가? 이 질문에 대해 대부분의 사람들은 그렇게 하지 않겠다고 답한다.

그런데 두 사례에 차이가 있을까? 있다면 뭘까? 많은 철학적 연구가 이 딜레마를 다루었다. 그중 상당 부분이 우리의 확고한 직관을 하나의 원칙으로서 옹호할 수 있는지를 살펴봤다. 기본 개념은 두 사례를 구분하는 단호한 직관이 우리에게 도덕이 요구하는 것에 대해 중요한 이야기를 들려주고 있다는 것이며, 중요한 철학적 과제는 그러한 직관이 본질적으로 옳은 이유를 설명하는 것으로 보인다.

이러한 논의에 관여하는 대신, 더 단순한 대답을 들여다보자. 원칙적으로 두 사례는 아무런 차이가 없다. 사람들이 보여 주는 두 가지 반응은 의무론적 휴리스틱에 기반을 둔 것이다(〈무고한 사람을 죽여서는 안 된다)). 이 휴리스틱은 달리는 트롤리를 향해 사람을 밀어뜨리는 것은 비난하지만, 스위치를 작동하는 것은 비난하지 않는다. 사람들이 무력을 사용해서 무고한 사람을 죽이는 것을 극단적으로 혐오하게 만드는 도덕적 휴리스틱을 기반으로 행동하는 것은 바람직한 일이다. 하지만 그 기반이 되는 휴리스틱은 독창적으로 고안된 두 사례를 제대로 구분해 내지 못한다. 사람들(철학자를 포함해)은 자신의 직관을 옹호하기 위해, 그리고 두 사례가 본질적으로 서로 다르다는 사실을 입증하기 위해 애쓴다. 하지만 둘은 다르지 않다. 만약 두 가지가 다르다면 의무론적 직관은 육교 딜레마에서 휴리스틱으로 작용함으로써 사람들이 잘못된 선택을 하도록 유도하는 것이 된다. 우리는 이 명제를 검증할 수 있을까? 이 명제는 의무론에 관해 더 보편적인 이야기를 들려주는가?

신경과학

인간의 뇌

인간의 뇌는 트롤리 딜레마와 육교 딜레마에 어떻게 반응할까? 영향력 있는 한 연구의 저자들은 이 도덕적 질문에 대답을 제시하지는 않았지만, 〈도덕적 판단에서 감정의 관여에 따른 체계적인 변화가 존재한다〉는 사실, 그리고 감정과 연관된 뇌 영역이 트롤리 딜레마를 생각할 때보다 육교 딜레마를 생각할 때 더 활성화된다는 사실을 발견했다.[8]

육교 딜레마는 편도체를 포함해 감정과 관련된 뇌 영역을 활성화한다. 반면 트롤리 딜레마는 인지 통제 및 작업 기억과 관련된 뇌 영역을 활성화한다. 우리는 이 차이를 인간의 뇌가 죽음을 야기하는 서로 다른 방식을 구분하는 것이라고 해석할 수 있다. 즉 어떤 방식은 자동적이고 감정적인 반응을 자극하지만, 다른 방식은 그렇지 않다. 다른 fMRI 연구들 역시 동일한 결론을 제시한다.[9]

행동과 태만

사람들은 피해를 주는 태만보다 피해를 주는 행동이 더 나쁘다고 생각하는 경향이 있다. 우리의 직관은 둘은 분명히 다르다고 말한다. 실제로 많은 이들은 그 차이가 당연한 것이라고 생각한다. 그 생각은 옳을 수 있으며, 차이를 옹호하기 위해 제시된 주장들은 꽤 설득력이 있다. 그러나 실제 판단의 관점에서 자동적인(〈신중한〉, 〈통제된〉과는 반대 의미로) 메커니즘을 통해 직관을 설명할 수 있다고 생각할 만한 근거가 있다. 그것은 인간 뇌에서 빠르고 자동적인 부분이 행동을 태만보다 더 나쁜 것으로 간주한다는 사실이다. 반면 느리고 신중한 부분은 결과에 집중하고, 행동과 태만을 엄격하게 구분하지 않는다.[10]

관련된 실험에서 행동과 태만이 포함된 일련의 도덕적 시나리오를 제시했을 때, 사람들은 피해를 주는 행동을 피해를 주는 비행동보다 훨씬 더 강력하게 반대할 수 있다고 답했다. 피해를 주는 태만은 피해를 주는 행동과 비교할 때 이마 마루엽의 통제 네트워크와 밀접한 관련이 있으며, 이 뇌 영역은 목표를 기반으로 행동을 지시하는 능력을 관장한다. 그 네트워크에 〈가장 높은〉 관여를 보인 실험 참가자는 태만과 관련된 질문에 대답하는 동안 행동과 태만에 대한 판단에서 〈가장 낮은〉 차이를 보였다. 이러한 결과는 신중하고 통제된 과정은 둘 사이의 극명한 차이로 이어지지 않는다는 사실을 말해 준다. 고차원의 사고 과정은 두 가지가 다르다는 직관적 인식을 극복하기 위해 필요했다. 저자들의 표현을 빌리자면, 〈태만 효과를 제거하는 과정에서 통제된 인식이 역할을 했다.〉[11] 다시 말해 통제된 인식은 사람들이 행동을 태만보다 더 나쁘게 바라보지 않도록 만들었다.

결론은 통제된 인식을 활용하지 않을 때, 태만에 대한 관심이 자동적으로 줄어든다는 것이다. 사람들은 그러한 인식에 관여함으로써 자동적인 판단 과정을 극복한다. 그러므로 〈통제된 인식은 태만 효과를 따르는 것이 아니라 이를 극복하는 것과 관련 있다.〉[12] 그리고 〈피해를 주는 태만과 피해를 주는 행동을 동등하게 평가하는 사람은 태만을 판단하는 과정에서 인지적 통제에 더 많이 관여한다.〉[13]

사회적 감정과 공리주의

배쪽 안쪽 앞이마엽은 공감, 수치심, 죄책감 등 사회적 감정을 관장하는 영역이다.[14] 이 부위가 손상된 환자는 감정 수용성이 낮다. 연구자들은 이러한 환자들이 일반적으로 강력한 감정을 자극하는 도덕적 시나리오(가령 육교 딜레마)에서 현저하게 높은 정도로 공리주의적 판단을 내릴 것으로 예상했다. 실제로 그들의 예상은 적중했다.[15] 배쪽 안쪽 앞이마엽이 손상된 환자는 이러한 유형의 딜레마에 놓였을 때 공리주의적 접근 방식을 뚜렷하게 보였다.

이러한 발견은 의무론적 사고를 부정적 감정 반응의 결과물로 간주하는 입장과 맥락을 같이한다.[16] 반면 인지 기능을 함께 담당하는 등쪽 가쪽 앞이마엽은 비용-편익 분석을 실행하는 결과주의 접근 방식을 강화한다. 배쪽 안쪽 앞이마엽의 손상은 감정 효과를 억제하고, 사람들이 다양한 행동에 따른 결과를 분석하도록 한다. 마찬가지로 이마 관자엽이 손상된 치매 환자는 〈정서적 둔감함〉을 겪는 것으로 알려져 있으며, 특히 윤리 딜레마에서 태만이 아닌 행동을 선호하는 경향을 보인다.[17] 이에 대한 한 가지 해석에 따르면, 〈정서적 결함이 있는 환자는 특정 상황에서 가장 친사회적인 존재가 된다.〉[18]

행동적 증거와 의무론

방대한 양의 행동적 증거에 따르면, 의무론적 사고는 시스템 1과, 특히 감정과 밀접한 관련이 있다.

글 혹은 그림?

연구자들은 실험 참가자들을 대상으로 그들이 시각적 인지 유형인지, 아니면 언어적 인지 유형인지를 확인하기 위해 테스트를 실시했다. 즉 언어적 정확성 테스트와 시각적 정확성 테스트 중 어느 쪽에서 더 높은 점수를 얻는지 보았다.[19] 연구자들은 시각적 표현이 감정과 더 깊은 관련이 있기 때문에, 언어적 정확성에서 높은 점수를 받은 사람들은 공리주의적 판단을 지지할 가능성이 높고, 반대로 시각적 정확성에서 높은 점수를 받은 사람들은 의무론적 판단을 지지할 가능성이 높을 것으로 예상했다. 그들의 예상은 적중했다. 다시 말해 시각적 인지 유형에 해당하는 사람들은 의무론적 접근 방식을 선호하는 것으로 드러났다.

실험 참가자들의 자기 보고서는 구체적인 피해의 이미지를 〈봤던〉 사람들이 의무론적 접근 방식을 훨씬 더 선호했다는 점에서 그들의 내적 표상, 다시 말해 그들이 시각화한 것을 기준으로 그들의 판단을 예측할 수 있다는 사실을 보여 주었다. 연구자들은 이렇게 설명했다. 〈시각적 표상은 의무론적 판단을 뒷받침하는 자동적인 감정 반응을 촉발하는 과정에서 중요한 역할을 했다.〉[20]

인지 부하 효과

인지 부하는 어떤 영향을 미칠까? 인지적으로 힘든 과제를 수행하도록 할 때, 도덕적 판단에 무슨 일이 벌어지게 될까? 그 대답은 명백하다. 인지 부하의 증가는 결과주의적(공리주의적) 판단은 방해하지만, 의무론적 판단에는 별 영향을 미치지 않는다.[21] 이러한 사실은 결과주의적 판단이 인지적 노력을 더 많이 요구하는 반면, 의무론적 판단은 상대적으로 쉽고 자동적이라는 주장을 강력히 지지한다.[22]

시스템 2 준비하기

인지 반응 검사cognitive reflection test(CRT)는 직관과 부합하지만 잘못된 것으로 드러나는 대답을 유도하는 질문으로 구성된다. 한 가지 질문을 살펴보자. 야구 방망이와 공의 가격은 총 1.1달러다. 그런데 방망이가 공보다 1달러 더 비싸다. 그렇다면 공의 가격은 얼마인가? 이 질문에 대해 5센트라고 답하는 사람은 거의 없다. 그들은 직관적으로 그럴듯해 보이는 대답, 즉 10센트라고 답한다. 이 같은 인지 반응 검사를 받은 사람은 조금만 생각해 봐도 틀렸다는 것을 알 수 있는 뻔한 답변을 자신이 종종 내놓는다는 사실을 깨닫게 된다. 그렇다면 어떤 다른 과제를 수행하기 전에 인지 반응 검사를 받게 할 경우, 사람들은 자신의 직관적인 반응에 의문을 제기할 〈준비〉가 되어 있을 것으로 기대할 수 있다. 실제로 인지 반응 검사는 도덕적 판단에 어떤 영향을 미칠까?

그 대답은 명확하다. 인지 반응 검사를 받은 사람은 의무론적 사고를 거부하고 공리주의 사고를 선호하는 뚜렷한 경향을 드러냈다.[23] 다음 딜레마를 생각해 보자.

잠수함 함장인 존은 선원들과 함께 거대한 빙하 밑을 탐사하고 있다. 그런데 기내 폭발이 일어나면서 산소 공급 장치가 망가지고 선원 몇 명이 크게 다쳤다. 부상당한 선원은 상처가 깊어서 어떻게 하더라도 결국 사망할 것이다.

지금 남아 있는 산소로는 잠수함이 수면 위로 떠오를 때까지 버틸 수 없다. 무사한 선원들을 살릴 수 있는 유일한 방법은 함장인 존이 부상당한 선원을 모두 총으로 쏴 죽이는 것이다. 그렇게 한다면 다른 선원들은 모두 산소를 충분히 확보할 수 있다.

여기서 존이 부상당한 선원들을 총으로 쏘는 것은 도덕적으로 받아들일 수 있는 일일까? 이 질문에 앞서 인지 반응 검사를 받은 사람들은 도덕적으로 받아들일 수 있다고 대답하는 경향이 강했다.[24] 그밖의 다른 질문에 대해서도 인지 반응 검사를 받은 사람들은 사회적 딜레마에 대해 결과주의적 접근 방식을 선호했다.

존재와 당위

지금까지 개략적으로 살펴본 증거는, 의무론적 직관이 시스템 1의 자동적인 작용에 의해 만들어진 휴리스틱에 불과하다는 주장과 맥락을 같이한다. 그 기본적인 그림은 사실에 관해 질문하고 설명하는 그림과 대단히 유사하다. 사람들은 심리적 지름길이나 경험 법칙을 활용하며, 이는 일반적으로 잘 작동하지만 가끔 체계적 오류로 이어진다.

신경과학적·심리학적 증거는 분명하게도 예비적이고 제안적이지만 그 이상은 아니다. 중요한 문제는 다양한 문화에 걸친 증거를 확보하지 못하고 있다는 사실이다. 다양한 국가와 문화의 사람들은 도덕적 딜레마에 대해 동일한 반응을 보일 것인가? 특정 국가나 문화에서만 자동적인 과정이 의무론적 접근 방식과 관련이 있는 것은 아닐까? 얼마든지 용인할 수 있고, 심지어 적절해 보이는 행동이나 판단에 대해 특정 국가 사람들은 자동적 차원에서 도덕적 거부감(아마도 혐오감에 의한)을 드러낼 것인가? 의무론은 어디서, 어떻게 의미를 드러내는가? 이에 대해 쉽게 답할 수는 없다. 일부 의무론적 반응은 아마도 내재적인 것이며, 다른 일부는 그렇지 않을 것이다.

게다가 의무론적 직관과 판단은 지나치게 광범위한 영역으로 확장한다. 의무론적 직관의 적용은 트롤리 딜레마나 육교 딜레마에서, 그리고 관련된 가상의 질문에서 그치지 않는다. 딜레마를 해결하는 과정에서 의무론적 직관이 혼란을 주거나 실질적인 도움을 주지 못한다고 해도, 그 때문에 위축되지는 않는다. 예를 들어 처벌에 대한 응보적 이론, 표현의 자유와 종교의 자유에 관한 자동 기반적인 이론, 인간 존중의 원칙에 기반을 둔 노예제와 고문에 대한 반대, 그리고 공정함의 개념에 뿌리를 내린 불법 행위 단속법과 계약법 이론을 떠올려 보자. 의무론적 접근 방식을 제시하고 옹호하는 광범위한 도덕적·정치적·법률적 딜레마에서 의무론적 사고의 본성 및 역할과 관련하여 신경과학적·심리학적 증거를 우리는 아직 충분히 확보하지 못했다. 이러한 문제와 관련해서 의무론적 사고에 대한 책임은 아마도 시스템 2에 있을 것이다. 그럼에도 우리는 신경과학적·심리학적 증거를 통해 자동적 과정이 광범위한 유형의 딜레마에 걸쳐 의무론적 사고를 지지한다는 사실을 결국 발견하게 될 것이라고 기대할 수 있다.

주요 반론

그렇다고 해도 의무론이 휴리스틱이라는 주장은 강력하고 즉각적인 반대에 직면하게 된다. 우리는 독립적 기준으로 사실에 대한 질문을 평가한다. 가령 많은 사람이 자살보다 대량 학살로 인한 사망자가 더 많다고 생각한다고 해보자. 여기서 우리는 가용성 휴리스틱에 영향을 받은 이들이 잘못된 판단을 내렸다는 사실을 분명히 확인할 수 있다. 반면 많은 사람이 고문은 아무리 좋은 결과로 이어진다 하더라도 비도덕적인 것이라고 믿을 때, 우리는 그러한 판단이 잘못되었다고 단언할 만큼 분명한 독립적 기준을 갖고 있지 않다.

꽤 많은 철학적 연구 결과는 분명하게도 일부 형태의 결과주의를 옹호한다. 그러나 의무론자는 거부한다. 이에 대해 의무론자는 타당한 근거를 갖추고 있으며, 그 근거를 아주 구체적으로 제시한다. 사회과학자는 특정한 경험 법칙이 오류로 이어질 수 있음을 보여 줄 수 있다. 하지만 의무론은 그럴 수 없다. 그러므로 의무론적 판단은 심리적 지름길이 될 수 없을 것이다. 자동적 과정이 유리한 출발점이 되어 준다고 해도, 의무론적 판단은 결국 기나긴 여정의 산물인 것이다.

혹은 특정한 도덕적 직관이 부분적으로 감정에서 비롯되며, 일부 혹은 많은 의무론적 직관이 이 범주에 해당한다고 해보자. 그렇다고 해도 우리는 그러한 직관이 잘못되었다고 판단할 충분한 근거를 확보하지 못할 것이다. 우리가 살아가는 자연환경을 바라보는 일부 직관은 두려움에서 비롯되었고, 바로 그러한 이유로 잘못되었다. 안전한 상황에서도 우리는 얼마든지 두려움을 느낄 수 있다. 하지만 두려움을 촉발하는 상황에 대한 충분한 이해 없이, 사람들이 잘못된 판단을 내린 것이라고 단정 지을 수는 없다. 일부 혹은 많은 의무론적 직관이 감정에 의해 촉발된다고 해서 직관이 무조건 잘못되었다고 말할 수 없다.

이러한 지적이 옳다면, 우리는 의무론적 사고가 종종 자동적인 과정에서 비롯되고 결과주의적인 판단이 더 신중하고 계산적이라는 주장에 동의할 수 있다. 적어도 많은 영역에서 이는 도덕 심리학을 바라보는 올바른 관점이다. 그리고 우리는 도덕 심리학에 대한 이러한 이해를 바탕으로 법과 정치 영역에서 드러나는 다양한 문제를 설명할 수 있다. 이를 통해 법적·정치적 논쟁이 왜 고유한 형태를 취하는지도 이해할 수 있다. 그렇다면 의무론적 사고가 잘못되었다고 결론을 내릴 수 없다. 일부 문제와 상황에 대한 반응에서 사람들의 즉각적이고 직관적인 반응이 옳고, 오히려 신중한 반응이 실수로 이어질 수 있다는 측면에서 생각해 보자. 시스템 2가 언제나 시스템 1보다 더 정확하다고 주장할 근거는 없다. 의무론적 판단이 자동적이고 감정적이라고 해도, 얼마든지 올바른 것으로 드러날 수 있다.

두 가지 새로운 종의 인류

논의를 좀 더 다듬어 보자. 먼저 두 가지 새로운 종의 인류가 있다고 상상해 보자. 그들은 칸트주의자와 공리주의자다. 칸트주의자는 호모사피엔스보다 더 감정적이고, 공리주의자는 더 이성적이다. 신경과학자들은 칸트주의자와 벤담주의자의 뇌 구조가 다르다는 사실을 확인했다. 칸트주의자는 대단히 발달한 감정 시스템과 상대적으로 덜 발달한 인지 시스템을 갖추고 있다. 반면 공리주의자는 호모사피엔스보다 훨씬 더 발달한 인지 시스템을 갖추고 있다. 그리고 이름에 걸맞게 칸트주의자는 도덕적 질문에 대해 의무론적 접근 방식을 뚜렷하게 선호하는 반면, 공리주의자는 결과주의 접근 방식을 고수한다.

객관적 증거에 강한 인상을 받은 일부 사람은 결과주의가 옳다고 주장할 새로운 근거를 확보했다고 생각한다. 즉 인류학자들은 공리주의자가 결과주의를 지지하는 강력하고 정교한 주장을 담은 많은 논문을 발표했다는 사실을 확인했다. 반면 칸트주의자는 아무 성과도 발표하지 않았다(실제로 그들은 글을 많이 쓰지 않는다). 이 발견을 바탕으로, 우리는 결과주의가 옳다고 주장할 근거를 확보한 것일까? 분명히 그렇지 않다. 결과주의가 옳은지는 서로 다른 두 종의 뇌에 관한 발견이 아니라, 그들이 제시한 주장의 타당성에 달렸다.

이 점을 이해하기 위해, 인습 타파를 주장하는 공리주의자들이 설득력 있는 논문을 통해 결과주의가 틀렸으며 일부 형태의 칸트주의가 옳다고 주장했다고 해보자. 우리는 그들의 주장을 그 장점에 따라 들여다봐야 하지 않을까? 만일 그 대답이 긍정적이라면, 우리는 특정한 도덕적 확신이 자동적 과정에서 비롯되었다고 해도 옳을 수 있다는 사실을 받아들여야 할 것이다. 모든 것은 옹호하는 주장이 제시한 근거에 달렸다. 의무론적 확신이 시스템 1에서 비롯된 것이라고 해도 칸트주의자의 주장이 옳을 수 있으며, 공리주의자는 그들의 이야기에 귀를 기울여야 한다.

도덕적 추론과 도덕적 합리화

〈의무론적 판단이 감정적 반응으로부터 촉발되는 경향이 있다〉는 최근 연구 결과를 받아들인다고 해보자. 그리고 〈도덕적 《추론》에 기반을 두지 않는 의무론적 철학은 대부분 도덕적 《합리화》의 실행이다〉라는, 과학적 증거와 조화를 이루는 과감한 결론을 받아들인다고 해보자.[25] 하버드 대학의 심리학자 조슈아 그린Joshua Greene은 직관적 시스템이 옳을 수 있는 가능성을 부정하지 않으면서 이렇게 주장했다. 〈과학, 특히 신경과학은 도덕적 가치와 도덕에 대한 생각을 재평가하도록 촉구하는 정보를 제공한다는 점에서 심오한 윤리적 의미를 내포하고 있다.〉[26]

그의 주장은 그럴듯하게 들린다. 그런데 과학적 정보는 정확하게 어떻게 우리가 도덕적 가치를 재평가하도록 만드는 것일까? 이 질문에 대한 최고의 대답은 사람들이 속도를 늦추고 자신의 즉각적 반응을 진지하게 들여다보게 한다는 것이다. 자신의 도덕적 판단이 감정적 과정에 기반을 둔 빠른 직관이라는 사실을 깨달을 때, 우리는 자신이 틀릴 가능성을 좀 더 적극적으로 고려하게 된다. 그리고 의미 없는 요소로부터 영향을 받았을지도 모른다고 생각하게 된다.

비록 다섯 명의 목숨을 구할 수 있다고 해도 무고한 한 사람을 트롤리로 치는 행위는 결코 받아들일 수 없다고 해보자. 다음으로 스위치를 누르면 문이 열리면서 한 사람이 달리는 트롤리로 떨어지고, 그래서 다섯 명의 목숨을 구할 수 있다고 해보자. 여기서 당신은 스위치를 누르는 것을 용인할 수 있다고 생각한다고 해보자. 이제 두 경우에서 판단의 차이를 생각해 보자. 어쩌면 당신은 신체 접촉의 유무가 도덕적 판단에 영향을 미쳤을 것이라고 답할지 모른다. 하지만 조금만 생각해 보면 그것은 전혀 중요하지 않다는 사실을 알 수 있다. 그렇게 결론을 내린다면, 당신은 결과주의 쪽으로 좀 더 이동하게 된다.

실제로 이러한 주장을 지지할 증거가 있다.[27] 다음 사례를 생각해 보자.

　　한 대형 제약 회사가 많은 환자가 절실하게 요구하는 항암제를 판매하고 있다. 그들은 그 약품의 가격을 크게 인상함으로써 수익을 높이기로 결정했다. 이 결정은 용인 가능한가?

　　많은 이들은 그렇지 않다고 대답했다. 그렇다면 다음 사례는 어떤가?

　　한 대형 제약 회사가 많은 환자가 절실하게 요구하는 항암제를 판매하고 있다. 그들은 그 약품에 대한 판매권을 다른 소기업에 팔기로 결정했다. 이를 통해 많은 수익을 올릴 수 있겠지만, 그 소기업이 항암제 가격을 크게 인상할 것이라는 사실을 알고 있다. 그렇다면 제약 회사의 결정은 용인 가능한가?

　　많은 사람이 용인할 수 있다고 답했다. 실험 참가자들에게 위 두 시나리오 중 하나만을 제시했을 때, 더 많은 사람이 직접적 피해를 주는 결정보다 간접적 피해를 주는 결정을 용인할 수 있다고 답했다. 반면 두 시나리오를 동시에 제시했을 때, 그러한 차이는 사라졌다. 두 시나리오를 동시에 볼 때, 사람들은 피해를 주는 행동이 직접적인가 간접적인가에 따라 평가가 달라져서는 안 된다고 판단했기 때문이다. 우리는 트롤리 딜레마와 육교 딜레마를 포함해 다양한 도덕적 딜레마의 상황에서 똑같은 사고 과정을 쉽게 상상해 볼 수 있다. 시스템 1과 감정적 사고 과정이 빠르고 직관적인 결론에 도달할 때, 사람들은 X는 도덕적으로 결코 용납할 수 없지만 Y는 받아들일 수 있다고 판단한다. 하지만 시나리오 A와 시나리오 B를 동시에 제시할 경우, 그러한 차이는 사라진다. 그리고 자신의 판단이 도덕적으로 중요하지 않은 요소, 혹은 적어도 숙고 후에 도덕적으로 의미 없다고 생각하게 된 요소에 따라 이뤄졌다는 사실을 보여 준다. 다양한 시나리오를 동시에 접할 때, 사람들은 특정 요소가 도덕적으로 의미가 없다고 결론을 내리게 된다.

법률 영역에서도 동일한 과정이 똑같이 일어난다. 징벌적 손해 배상 제도가 잘못된 행동에 대한 응보적 반응에 불과하며, 억제 이론은 부차적이고 지나치게 복잡하며 본질적으로 핵심을 벗어난 것이라고 직관적으로 판단을 내린다고 해보자.[28] 그럴 때 적절한 징벌적 손해 배상에 대한 판단은 관련된 행위가 발견되거나 처벌받을 가능성에 큰 영향을 받지 않을 것이다. 숙고를 할 때, 사람들은 억제 효과에 주목하고, 무시했던 요소가 사실은 대단히 중요한 요소라고 결론을 내리게 된다. 실제로 사람들은 숙고를 통해 공정함에 대한 자신의 직관적 판단의 일부가 나쁜 결과로 이어지기 때문에 옳지 않다고 생각하게 된다. 따라서 정책과 법률에 대한 초반의 생각을 바꾸는 것은 물론, 그러한 생각이 휴리스틱에 뿌리를 둔 것이라는 결론에 도달하게 된다.

그러나 여기서도 사람들의 최종 결론은 결정적이지 않다. 사람들이 자신의 직관을 다시 들여다보고 견해를 바꾼다고 해보자. 우리는 그들이 옳다는 사실을 알고 있는가? 반드시 그렇지는 않다. 일부 사례에서는 사람들의 직관적인 반응이 숙고를 거쳐 나온 반응보다 더 정확했다는 사실을 떠올려 보자. 도덕적 질문에서 최종 평가는 올바른 도덕적 이론에 기반을 둬야 할 것이다. 사람들이 자신의 직관을 다시 들여다본다고 해서 그들이 그 이론의 방향으로 이동했다는 뜻은 아니다. 이는 특정한 조건에서 사람들이 어떤 생각을 하는지를 보여 주는 증거이며, 분명하게도 일부 조건은 다른 조건보다 더 나은 생각을 하는 데 도움이 된다. 그래도 그들이 생각하는 것이 옳은지, 혹은 원칙적으로 진리인지에 대한 질문은 남는다.

시끄러운 직관

우리는 지금 도덕적 판단의 심리학에 대해 많은 것을 배우고 있다. 의무론적 직관이 빠르고 자동적이며 감정적인 과정의 산물이고, 이러한 직관은 공공 정책이나 법률에 관한 논의에서 중요한 역할을 한다는 주장이 점차 설득력을 얻고 있다. 그러나 관련 증거는 의무론이 단지 휴리스틱이라는 결론을 정당화하기에 필수적이지도, 충분하지도 않다(올바른 이론으로 나아가는 심리적 지름길의 차원에서). 여기서 필요한 것은 도덕적 논의다.

사실적 질문과 관련해서, 시스템 1에서 비롯되는 즉각적인 반응은 일반적으로 잘 작동하지만 체계적인 오류를 낳을 수도 있다는 생각은 이제 자리를 잡았다. 의무론적 직관은 이러한 즉각적인 반응과 그 원천이 본질적으로 동일한 것으로 보인다. 그렇다고 해서 의무론적 직관이 반드시 오류를 야기한다는 것은 아니다. 의무론적 직관은 정교하게 정당화하는 데 동기를 부여한다. 그러한 정당화는 굴드가 말한 난쟁이의 외침 없이는 제시되거나 설득력을 가질 수 없다. 그 난쟁이의 외침은 옳은 것으로 드러날 수 있다. 그러면서도 우리는 다른 목소리에도 귀를 기울일 수 있다.

16장

당파주의

편견이나 적대감과 관련해 영어에는 〈-ism〉으로 끝나는 단어가 많다. racism(인종주의), sexism(성차별주의), classism(계급 차별주의), speciesism(인종 차별주의)이 대표적이다. 여기에 하나를 더 추가하자면 partyism(당파주의)이 있다. 당파주의의 핵심 개념은 특정 정당과 자신을 동일시하는 사람은 종종 상대 당에 깊은 적대감을 품고, 그 당의 구성원이 부정적인 특성들을 갖고 있다고 믿는다는 것이다.[1] 당파주의에 빠진 사람은 상대 정당이 오만하고 멍청하고 사악하고 부패하고 어리석고 고립되어 있고 혐오스러운 사람들로 가득하다고 믿는다.

여기서 내가 핵심적으로 주장하는 바는 미국에서(그리고 다른 나라에서도 마찬가지로) 당파주의는 실제로 존재하고, 점점 뚜렷해지고 있으며, 정치적·일상적 삶에 많은 부정적인 영향을 미친다는 것이다. 특정 당이 권력을 장악할 때, 당파주의는 때로 변화를 빠르게 촉진한다. 하지만 전제주의로 넘어갈 위험도 있다. 반대로 여러 정당이 서로의 발목을 잡을 수 있고 또는 그렇게 하기로 결정할 때, 변화는 더디거나 불가능하다.

나는 또한 파벌주의의 원인과 결과에 대해, 그리고 이를 해결하기 위한 방안에 대해 몇 가지를 제안하고자 한다. 당파주의가 심각할 때, 중요한 사회 문제를 적어도 입법을 통해 해결하기란 쉽지 않다. 권력 분립 체제(입법부의 행보에 이미 제동을 거는)는 종종 바람직한 변화를 가로막는 장애물로 작용한다. 버락 오바마와 도널드 트럼프가 깨달았듯이, 행정부는 그들 자신의 힘만으로도 변화를 이끌어낼 수 있다. 하지만 당파주의가 만연한 상황에서 일어나는 변화는 그 자체로 문제가 된다. 그러한 변화는 입법적 차원에서 이뤄진 것이 아닐 수도 있고, 충분한 논의를 거치지 않은 것일 수도 있다.

당파주의가 존재할 뿐만 아니라 점점 강력해지고 있다는 명백한 증거가 있다. 가장 간단한 것은 〈온도계 등급〉[2]과 관련된 것이다. 사람들에게 0부터 100점까지 특정 집단을 평가해 달라고 요청한다. 100점은 그 집단에 대해 〈따뜻함〉을 느낀다는 것을 의미하며, 0점은 〈차가움〉을 느낀다는 것을 뜻한다. 이 조사에서 지지 정당은 지난 30년간 안정적인 모습을 보였다. 민주당과 공화당을 지지하는 사람은 각자의 정당에 약 70점을 주었다. 반면 1988년 이후로 상대 당에 대한 점수는 15점 밑으로 떨어지기도 했다.[3] 2008년 상대 당에 대한 평균 점수는 약 30점이었고, 계속해서 하락하는 추세다. 같은 해에 공화당 지지자는 〈복지 혜택을 받고 있는 사람들〉에게 50점을 주었고, 민주당 지지자는 〈대기업〉에 52점을 주었다. 상대 당에 대한 부정적인 감정이 단지 달갑지 않은 인사와 집단에 대한 부정적인 감정보다 조금 더 큰 정도가 아니라 엄청나게 더 크다는 것은 놀랍지만 사실이다.

암묵적 연상 검사

편견에 대한 영향력 있는 테스트인 암묵적 연상 검사implicit-association test(IAT)에 대해 생각해 보자.[4] 검사 방식은 간단하다. 컴퓨터 화면 구석에 단어들이 뜬다. 가령 〈흰〉이라는 단어가 〈좋은〉, 혹은 〈나쁜〉이라는 단어와 쌍을 이루어 왼쪽 상단에 뜬다. 오른쪽 상단에는 〈검은〉이라는 단어가 〈좋은〉 혹은 〈나쁜〉이라는 단어와 짝을 이루고 있다. 다음으로 화면 중앙에 사진이나 단어가 뜬다. 가령 백인 얼굴이나 흑인 얼굴, 혹은 〈기쁜〉, 〈끔찍한〉 같은 단어가 뜬다. 여기서 검사를 받는 사람은 중앙에 나온 사진이나 단어와 어울리는 오른쪽 또는 왼쪽 상단의 단어를 클릭하면 된다.

화면 중앙에 백인 얼굴이 나오거나 〈기쁜〉 같은 단어가 나왔을 때, 많은 백인은 왼쪽 상단에 있는 〈흰〉과 〈좋은〉을 재빨리 클릭했다. 반면 〈검은〉과 〈좋은〉은 좀처럼 클릭하지 않았다.[5] 마찬가지로 화면 중앙에 〈끔찍한〉이라는 단어가 제시되었을 때, 그들은 〈검은〉과 〈나쁜〉을 재빨리 클릭했다. 반면 〈흰〉과 〈나쁜〉을 클릭할 때에는 속도가 훨씬 더 느렸다. 다음으로 화면 중앙에 백인 사진이 나왔을 때, 사람들은 흑인 사진이 나왔을 때와 비교해 〈좋은〉이라는 단어와 훨씬 더 빠르게 연상 작용을 했다.

이처럼 인종 편견은 사람들의 마음 깊숙이 새겨져 있다. 이 사실을 가장 분명하게 확인할 수 있는 분야는 아마도 정치판일 것이다. 미국의 양당 체제가 특히 그렇다(물론 나치나 공산주의에 대해서도 명백하게 부정적인 암묵적 태도를 확인할 수 있다).

스탠퍼드 대학의 정치학자 샨토 이엔가Shanto Iyengar와 숀 웨스트우드Sean Westwood는 사람들의 정치적 편견을 확인하기 위해 성인 2천 명을 대상으로 암묵적 연상 검사를 실시했다.[6] 그 결과 그들은 정치적 편향이 인종적 편향보다 훨씬 더 강력하다는 사실을 확인했다. 민주당 지지자를 대상으로 했을 때, 화면 중앙에 〈기쁜〉이 나온 경우 〈공화당〉과 〈좋은〉보다 〈민주당〉과 〈좋은〉이라고 적힌 쪽을 더 많이 클릭했다. 물론 인종적 경계에 걸친 암묵적 편향도 중대한 정도로 나타났지만, 정치적 경계에 걸친 암묵적 편향이 훨씬 더 무겁게 나타났다.

사랑과 결혼

당신이 만일 민주당 지지자라면 공화당 지지자와 결혼할 수 있는가? 당신의 누이가 그런 결혼을 한다면 화를 낼 것인가? 과학자들은 오랜 기간에 걸쳐 이 질문을 인종으로 바꾸었고, 그 결과 인종적 편견이 감소하고 있음을 확인했다.[7] 그러나 동시에 미국 사회에서 정치적 편견은 크게 증가했고, 이는 정치뿐만 아니라 결혼에 대한 결정에도 많은 영향을 미치는 것으로 드러났다. 1960년을 기준으로 공화당 지지자 중 5퍼센트, 민주당 지지자 중 4퍼센트만이 자녀가 정치적 성향이 다른 상대와 결혼한다면 〈불쾌할〉 것이라고 답했다.[8] 2010년 그 수치는 각각 49퍼센트, 33퍼센트로 크게 증가했다.[9] 흥미롭게도 그 기간 동안 영국에서는 그러한 변화를 찾아볼 수 없었다.[10]

반면 2009년을 기준으로 미국인의 6퍼센트가 가족 구성원이 다른 인종이나 민족 출신과 결혼해도 〈괜찮을 것〉이라고 답했다. 1986년에 응답자 중 65퍼센트가 인종 간 결혼은 자신은 물론 다른 모두에게도 좋지 않다고 답한 것에 비하면 엄청난 변화다.[11] 흑인과 백인 간의 결혼을 어떻게 생각하는지 물었을 때, 백인 응답자의 6퍼센트, 흑인 응답자의 3퍼센트만이 〈자신의 가정에 흑백 인종 간 결혼을 용납할 수 없다〉라고 답했다.[12] 마찬가지로 최근의 갤럽 조사에서는 87퍼센트가 인종 간 결혼에 찬성하는 것으로 나타났다. 1958년 4퍼센트와 비교할 때, 사회적 규범에서 극적인 변화가 나타났다고 볼 수 있다. 이러한 현상은 당파주의에서 드러난 경향과는 정반대 흐름을 보여 준다.[13]

채용

암묵적 연상 검사는 행동이 아닌 태도를 측정한다. 정치적 경계를 건너는 결혼에 대한 반감이 증가하는 현상은 곧 편견과 증오의 확대를 의미한다. 하지만 이는 실제 행동으로 이어지지 않을 수도 있다. 이에 대해 이엔가와 웨스트우드는 실제 행동을 확인하기 위해 1천 명 이상을 대상으로 고등학교 3학년 학생의 이력서를 보고 누구에게 장학금을 줄 것인지 선택하도록 했다.[14] 이력서 중 일부에는 뚜렷한 인종적 단서(〈흑인 학생회 회장〉)가 들어 있었던 반면, 다른 일부에는 뚜렷한 정치적 단서(〈청년 공화당 회장〉)가 포함되어 있었다.

사람들의 최종 판단에서 인종은 분명하게도 중요한 역할을 했다. 흑인들은 73퍼센트 대 27퍼센트로 흑인 학생을 더 선호한 반면, 백인들은 흑인 학생에 대해 조금 더 낮은 선호도를 보였다. 그러나 정치적 입장은 인종보다 더 극적인 차이를 보였다. 민주당과 공화당 지지자는 약 80퍼센트 정도로 자신과 정치적 성향이 동일한 후보를 택했다.[15] 상대 정당을 지지하는 후보자의 자격이 훨씬 더 우수할 때에도, 사람들은 대부분 자신과 정치적 입장이 일치하는 후보자를 선택했다.[16] 반면 인종과 관련해서는 자격이 우위를 점했다.[17] 우리는 이러한 현상에 주목할 필요가 있다. 특정 후보자의 자격이 월등할 때, 인종적 편견은 사라졌다. 하지만 정치적 입장이 다를 때, 사람들은 자격이 열등한 쪽을 선택했다.

이와 비슷한 다른 실험에서, 학생들은 대학 입학처장의 역할을 맡아 어떤 지원자를 서류 전형에서 통과시킬 것인지를 객관적인 기준(SAT 점수, 성적 등급)과 주관적인 기준(교사 추천)에 따라 평가했다.[18] 그 결과 정치적 입장이 뚜렷한 학생들 사이에서 당파주의 성향이 분명하게 드러났다. 상대 정당을 지지하는 지원자를 검토할 경우 44퍼센트가 더 뛰어난 지원자를 선택한 반면, 통제 집단(이들은 지원자의 정치적 성향을 알지 못한다)의 79퍼센트가 더 뛰어난 지원자를 선택했다.[19]

신뢰

　이엔가와 웨스트우드는 당파주의와 실제 행동 사이의 관계를 살펴보기 위한 이후의 실험에서 800명을 대상으로 신뢰 게임을 하도록 했다.[20] 이 게임은 행동과학자들 사이에서 잘 알려져 있다. 먼저 선수 1에게 돈을 지급(가령 10달러)하면서 그중 일부나 전부를 선수 2에게 줄 수 있다고 말한다. 그러자 선수 2에게 준 돈은 세 배로 불어난다. 이제 선수 2는 그중 일부를 선수 1에게 되돌려줄 수 있다. 선수 1이 얼마나 많은 돈을 선수 2에게 줄지 결정할 때 중요한 질문은 상대방을 얼마나 신뢰하는가이다. 더 많이 신뢰할수록 더 많은 금액을 줄 것이다.

　그런데 인종이나 정치적 성향이 자신과 다를 경우에 신뢰도는 떨어질 것인가? 이엔가와 웨스트우드는 실험 결과를 통해 인종은 중요한 역할을 하지 않았다는 사실을 확인했다. 하지만 정치적 입장은 달랐다. 사람들은 정치적 성향이 일치하는 상대를 더 신뢰하는 것으로 나타났다.

　당파주의는 또한 사람들이 상대 정당에 관한 부정적인 정보를 공유하도록 하고 그룹을 형성할 때 상대 정당을 지지하는 사람을 피하도록 만든다.[21] 한 실험에서 두 사람은 정치적 교착 상태에 대해 과장된 표현이나 욕설까지 써가며 특정 정당을 비난하는 기사를 언론사 홈페이지에 게재해야 할 것인지를 실험 참가자들에게 선택하도록 했다.[22] 그 결과 당파주의의 명백한 증거가 드러났다. 상대 정당에 대한 비판일 때, 65퍼센트가 그 기사를 게재해야 한다고 답했다.

반면 자신이 지지하는 정당을 비판할 경우, 25퍼센트만이 게재를 선택했다.[23] 또한 그들은 특정 정당을 지지하는 정도가 상대 정당을 비판하는 기사를 게재하려는 의지와 상관관계가 있다는 사실도 확인했다.[24]

두 번째 실험에서 두 사람은 실험 참가자들에게 네 명 중 세 명을 골라 팀을 이루어 퍼즐 게임을 수행하도록 했다.[25] 이때 잠재적 팀 동료의 정치적 입장과 교육 수준에 관한 정보를 알려 주었다. 여기서 교육 수준이 가장 낮은 사람은 언제나 정치적으로 중립적이었다. 그 결과 실험 참가자 중 절반 이상이 교육 수준이 높고 상대 정당을 지지하는 사람보다 교육 수준이 낮고 지지하는 정당이 같은 사람을 팀원으로 선택했다!

반론

이 실험을 포함해 다양한 연구 결과로 볼 때,[26] 당파주의는 미국 사회 전반에 널리 퍼져 있으며 그 수위가 점점 높아지는 것으로 보인다. 우리는 아마도 이러한 현상의 구체적인 정도에 대해 논의해 볼 수 있을 것이다. 물론 그러한 현상의 존재와 중요성은 논쟁의 대상이 아니다. 그러나 인종주의를 당파주의와 비교하는 시도뿐만 아니라 당파주의가 현실적으로 심각한 문제임을 설명하려는 시도에 대한 명백한 반론이 존재한다. 반론의 핵심은 사람들이 개인의 정치적 믿음이라는 적절한 근거를 갖고 있다는 것이다. 가령 파시즘이나 공산주의에 대해 불쾌함을 느낄 때, 그들은 파시즘이나 공산주의를 지지하지 않는 사람들에게 반대하지 않을 것이다.

일부 사람들의 경우에 정치적 경계를 넘어서는 의혹과 적대감은 적절하지 못한 어떤 이유 때문이 아니라 특정한 근거의 산물이다. 가령 인종주의와 성차별주의는 변하지 않는, 혹은 적어도 중요하지 않은 특성을 근거로 인간을 평가절하함으로써 비롯된 것이다. 그러나 당파주의에 대해서는 똑같은 이야기를 할 수 없다. 사실 정치적 편견이라고 하는 그 개념, 혹은 그에 상응하는 모든 형태의 이념은 잘못된 방향을 향해 있는 것으로 보인다. 우리는 여기서 일종의 편견이 아니라 특정한 믿음을 갖고 있는 사람에 대한 신중한 판단과 관련하여 이야기를 하고 있다. 특정 가정하에서 그것은 편견의 정반대 개념이다.

이러한 반응을 수용하기 위해서 우리는 먼저 일상적인 삶과 정치적 삶을 구분할 필요가 있다. 자신의 정치적 입장을 기준으로 파시즘과 공산주의에 대해 강한 부정적 감정을 갖는 것은 전혀 이상한 일이 아니다. 그러나 미국의 양당 체제에서 지지 정당이 다르다는 이유로 서로를 혐오한다면, 그건 분명 잘못된 일이다. 물론 특정 정당의 특성이나 의지를 못마땅하게 여길 수 있다. 그러나 정치를 떠난 일상적인 삶에서 특정 정당의 지지자가 상대 정당의 지지자를 혐오해야 한다고 생각하는 것은 참으로 이상한 일이다.

물론 그러한 판단은 현실적인 결론에 기반을 둔다. 공화당이 원래 인종 차별주의자이자 성차별주의자 집단이라고 믿을 때, 공화당 지지자에 대한 반감은 충분히 이해할 수 있다. 마찬가지로 민주당이 사회 파괴를 획책하는 애국심이 부족한 사회주의자 집단이라고 믿는다고 해도 마찬가지다. 하지만 양당 모두에 걸쳐 선의의 의견 불일치가 가능하고 일반적이라고 믿을 때, 당파주의는 옹호하기 힘들다. 적어도 그것이 일상적인 삶으로 확산될 때는 더욱 그렇다.

물론 정치 분야에서 뚜렷한 견해 차이는 일반적인 것이며, 소위 〈우리 대 그들〉 태도는 피하기 힘들거나 아예 불가능할 수 있다. 의회 구성원의 경우, 이러한 태도는 양당 체제 안에 자리 잡고 있다. 반감의 정도는 편견이 아니라 원칙적 불일치를 드러낸다. 일상적인 업무 대부분의 시간 동안 뚜렷한 의견 불일치를 겪는 사람에게 반감을 갖지 않기란 힘든 일이다. 그러나 핵심은 선의의 의견 불일치는 정치 영역에서 일상적인 현상이며, 불일치에 직면했을 때 해야 할 일은 정치적 소속 때문에 상대의 주장을 의심하는 것이 아니라 앞으로 나아가기 위한 길을 모색하는 것이다. 정치 세상에서 당파주의는 원칙의 산물일 수 있다. 하지만 이는 자칫 파괴적인 결과로 이어질 수 있다. 이에 대해서는 잠시 후에 다시 살펴보기로 한다.

원인

무엇이 당파주의를 촉발하는가? 아직 우리는 그 답을 알지 못한다. 하지만 이해에 도움이 될 만한 실마리가 서서히 모습을 드러내고 있다.

이념 갈등에서 당파주의로?

당파주의 성장이 이념 갈등이 뚜렷하고 치열해진 흐름의 결과물이라고 생각해 볼 수 있다. 과거의 어느 시점, 가령 1970년에 미국 사회에서 한 정당 혹은 두 정당 모두 〈빅 텐트〉를 이루고 있었다고 가정해 보자. 실제로 당시 민주당 내 보수 진영은 공화당 내 자유 진영보다 더 보수적인 성향을 띠었고, 그래서 양당은 이념적으로 중첩되는 부분이 많았다. 그렇다면 당파주의 양상은 뚜렷하게 드러나지 않았을 것이다.

이 가설은 다양한 방식으로 검증이 가능하다. 예를 들어 양당 간 이념 차이를 추적하고 이념적 거리가 당파주의의 강화와 상관관계가 있는지 확인해 볼 수 있다. 만약 강력한 상관관계가 나타났다면, 그것은 이 가설의 타당성을 어느 정도 입증하는 것이다. 즉 정치적 경계를 사이에 두고 드러나는 강력한 부정적 감정이 강한 실질적인 의견 불일치와 상관이 있다는 사실을 말해 주는 것이다. 그럴 때 당파주의 강화는 적어도 편견과 반감이 구체적이고 실질적인 근거의 산물이라는 점에서 합리적인 반응으로 볼 수 있다. 물론 민간 분야에서 당파주의의 역할은 여전히 옹호하기 힘들겠지만, 적어도 정치 분야에서만큼은 최근 현상을 이해할 수 있을 것이다.

이 가설을 검증하기 위한 더 나은 방법은 사람들이 정책을 선호하는 강도가 당파주의를 예측하는지 확인해 보는 것이다. 다시 말해 사람들이 정치 사안에 대해 강력한 입장을 드러낼 때, 그리고 이러한 강력한 입장이 정당의 경계를 중심으로 뚜렷하게 양극화되는 현상을 보일 때, 사람들은 상대 당에 대해 부정적인 감정을 더 강력하게 드러낼 것인가? 그러나 놀랍게도 〈이념적 양극화와 부정적 감정 사이의 상관관계는 상대적으로 미약하다.〉[27] 양극화가 진행되는 동안 부정적 감정은 이와 더불어 증가하지 않았다. 그렇다면 사람들의 당파적 애착은 〈이념〉이 아니라 〈정체성〉의 산물로 보인다. 공화당 지지자가 민주당 지지자를 싫어할 때 혹은 그 반대일 때, 주요한 원인은 단지 그 대상이 상대 진영을 지지하기 때문이다. 물론 의견 불일치도 중요한 역할을 하지만, 가장 중요한 요소는 아니다.

캠페인

정치 캠페인이 당파주의를 조장하는가? 그렇게 생각하는 것도 당연하다. 첫째, 정치 캠페인은 정당의 차이점을 극명하게 드러나게 만든다. 둘째, 그 과정에서 상대 진영을 부정적으로 바라보게 만든다. 이엔가와 웨스트우드는 이 가설을 지지할 수 있는 강력한 근거를 발견했다. 특히 부정적인 정치 광고에 대한 노출은 당파적 적대감을 높이며, 정치 캠페인은 그 자체로 그러한 효과를 드러낸다.[28] 정치 캠페인은 분명하게도 당파적 정체성의 기반을 마련하고, 지지자와 반대자 모두의 전형적이고 부정적인 인식을 뒷받침하는 역할을 한다.

당신의 미디어와 나의 미디어

미디어 시장이 분열될 때, 사람들 역시 당파적 경계를 따라 쉽게 분열된다. 가령 집단 극화 현상을 떠올려 보자(2장 참조). 이 현상은 반향실과 정보 고치information cocoon와 더불어 강화된다. 미국에서 『폭스뉴스』는 보수 성향이 뚜렷하고, 『MSNBC』는 진보 성향이 뚜렷하다. 몇몇 토크쇼는 사회자의 정치적 태도를 기준으로 정치적 성향을 쉽게 구분할 수 있다. TV 프로그램이나 방송국이 특정 집단을 〈다른 편〉으로 규정할 때, 그리고 정치적으로 반대편에 있는 사람을 악의적이고 어리석고 권력에 굶주린 속물로 묘사할 때, 시청자는 당파주의가 강화되는 경험을 한다.

소셜 미디어 역시 당파적 자기 분류의 목적으로 사용된다. 많은 이들은 페이스북과 트위터를 사용하면서 반향실과 같은 효과를 경험한다. 이는 당파주의 강화에 기여한다. 우리는 아직 이를 입증할 객관적 데이터를 확보하고 있지 않지만, 최근 몇몇 조짐이 드러나고 있다.[29] 정치적으로 뚜렷한 정체성을 드러내는 분열된 미디어 시장이 당파주의 강화에 상당히 기여하고 있다는 주장은 지극히 합리적이다.

정치 양극화

특정 안건을 둘러싸고 사회가 분열되었다고 해보자. 첫 번째 집단은 A방안을 신뢰하고, 두 번째 집단은 다른 방안을 신뢰한다. 여기서 첫 번째 집단의 판단이 옳다고 해보자. 이후 그 집단의 구성원이 아닌 제3의 출처로부터 A방안을 뒷받침하는 증거가 나왔다. 그렇다면 두 번째 집단이 기존 입장을 바꿔 A를 지지하는 것은 합리적 과정으로 보인다. 하지만 중요한 국면에서 반대 상황이 벌어진다. 두 번째 집단이 A가 아닌 방안을 계속해서 고수하고, 심지어 예전보다 더욱 완고한 입장을 보인다. 이로 인해 양극화는 더욱 심해진다.

이와 관련된 연구는 비록 정당 차이를 기준으로 삼지는 않았지만,

그와 비슷한 차이를 살펴봤다. 결론은 이랬다. 당파주의의 중요한 결과는 〈강력한 정치적 정체성을 지닌 사람들은 객관적인 사실에 직면해서도 기존 입장을 수정하지 않았으며, 오히려 자신과 같은 정체성을 공유하지 않는 사람들로부터 더욱 멀어졌다는 것이다.〉 사실의 문제에 대한 동의는 종종 정치적 발전의 전제 조건이라는 점에서, 이러한 현상은 지극히 파괴적이라 하겠다.

한 실험에서 연구자들은 사람들에게 부분적으로 〈사담 후세인이 테러리스트 조직에 무기와 물자 혹은 정보를 넘길 실질적 위험이 있다〉는 발언과 함께 조지 W. 부시 대통령이 이라크 전쟁을 옹호했다는 가짜 뉴스를 보여 주었다.[30] 다음으로 이라크에 대량 살상 무기가 없음을 주장한 조사 보고서를 읽게 했다. 그러고 나서 이라크가 〈적극적인 대량 살상 무기 프로그램과 그러한 무기를 생산할 능력, 그리고 거대한 규모의 대량 살상 무기 보유고를 갖추고 있다〉는 주장에 대해 다섯 단계(〈강력하게 동의〉부터 〈강력하게 반대〉까지)로 판단하도록 했다.[31]

그 결과 수정 효과는 정치적 이념에 따라 다르게 나타났다. 아주 진보적인 사람은 그 주장에 강력하게 반대하는 쪽으로 살짝 이동했다. 그들은 이미 그 주장에 동의하지 않는 경향을 보였기 때문에 이 동의 정도가 크지 않았던 것이다.[32] 반면 자신을 보수적이라고 규정한 사람들은 그 주장에 강력하게 동의하는 쪽으로 뚜렷한 이동을 보였다. 〈다시 말해 수정이 역효과를 낳았다. 이라크에 대량 살상 무기가 없다는 수정 기사를 읽은 보수적인 사람들은 통제 집단에 비해 이라크 정부가 대량 살상 무기를 확보하고 있다는 주장을 더욱 강력하게 믿게 되었다.)[33] 수정이 오히려 양극화 현상을 부추겼다고 할수 있다. 즉 사람들은 당면 과제를 놓고 더욱 극명하게 갈라섰다.

또 다른 실험을 통해 보다 일반적인 효과를 확인할 수 있다. 여기서 연구자들은 실험 참가자들에게 감세가 경기를 부양해 결국 정부 수입을 늘린다는 주장을 평가하도록 했다. 그런 다음 사실은 정부 수입이 늘어나지 않는다고 주장하는 수정 기사를 읽도록 했다. 그러나 수정 기사는 오히려 그들의 믿음을 더욱 굳건하게 만든 것으로 나타났다. 〈감세가 정부 수입을 늘리지 않는다는 증거를 확인한 보수주의자는 그러한 증거를 확인하지 않은 사람들보다 기존 주장을 더 열렬히 지지하게 되었다.)[34]

혹은 분명하게 신뢰할 만한 수정 기사가 사람들의 믿음을 바꿀 수 있는지 확인하기 위한 한 실험에 대해 생각해 보자. 전 알래스카 주지사 세라 페일린Sarah Palin은 오바마 케어가 〈사망 선고 위원회〉를 만들려 한다고 주장했다.[35] 그러나 이에 대한 수정 기사는 페일린에게 호의적이지만 정치 지식이 부족한 이들 사이에서 효과를 발휘했다. 또한 그 기사는 페일린에게 부정적인 사람들 사이에서도 효과가 있었다.[36] 하지만 정치적 지식수준이 높은 페일린 지지자들 사이에서는 오히려 역효과로 작용했다. 그들은 수정 기사를 접하고 난 후 오바마 케어에 사망 선고 위원회 신설이 포함되어 있다고 더욱 강력하게 믿었다.[37]

진보주의자(혹은 민주당 지지자)들 사이에서도 똑같은 현상이 나타났다. 2005년 진보 진영의 많은 사람은 조지 W. 부시 대통령이 줄기세포 연구를 금지했다는 잘못된 주장을 받아들였다.[38] 그들은 『뉴욕 타임스』나 『폭스뉴스』의 수정 기사를 접한 후에도 전반적으로 기존의 생각을 바꾸지 않았다.[39] 반면 보수 진영은 그 기사를 받아들였다.[40] 결론적으로 수정 기사는 양극화를 더 심화시키는 쪽으로 작용했다.

앞서 언급했듯이 관련된 실험들 모두 분명한 이념적(당파적이 아니라) 확신을 지닌 사람들을 대상으로 이뤄졌다. 동일한 효과가 당파적 확신을 지닌 집단에서도 나타날 것인지에 대한 분명한 대답은 나와 있지 않은 것으로 보인다. 하지만 당파주의에 관한 전반적인 연구 결과를 감안할 때, 동일한 효과가 나타날 것이라고 충분히 추론해 볼 수 있다. 실제로 한 중요한 연구는, 사람들이 자신이 지지하는 정당의 입장을 충실하게 따른다는 사실을 보여 주었다. 정당의 입장이 객관적인 판단과 동떨어져 있을 때에도 마찬가지다. 또한 그들은 자신이 정당의 입장으로부터 영향을 받았다는 사실을 인식하지 못한다.[41]

한 실험에서 연구자들은 실험 참가자(민주당 지지자와 공화당 지지자)들에게 정치적 사안에 대한 입장을 물었다. 양쪽 지지자들의 구체적인 입장을 확인하기 위해서였다. 그런 다음 동일 집단에 똑같은 사안에 대한 입장을 물었다. 이번에는 한 가지 차이점이 있었다. 그들에게 정당 지도부의 입장을 알려 준 것이다. 이 사소한 차이는 상당히 큰 영향을 미쳤다. 사람들은 그 정보를 듣지 않았더라면 취했을 입장과 상당히 동떨어진 입장을 드러낸 것이다. 놀랍게도 그 정보가 미친 영향은 〈해당 사안의 객관적 효과 및 피실험자의 이념적 믿음을 모두 압도했다.〉[42] 여기서도 사람들은 자신이 그러한 정보로부터 영향을 받았다는 사실을 인지하지 못했다. 그들은 자신의 판단이 당 지도부의 입장에 따른 것이 아니라 객관적 사실에 근거한 것이라고 말했다. 이는 사람들의 판단에 당파주의가 영향을 미치며, 그럼에도 사람들은 그 사실을 인식하지 못한다는 점을 보여 주는 분명한 증거다.

정체 상태

당파주의는 사회 변화의 가능성에 어떤 영향을 미칠까? 입법과 관련해서 그 대답은 분명하다. 당파주의가 만연한 상황에서 입법 활동은 대단히 힘들다. 특히 특정 정당이 입법을 저지할 힘을 갖고 있을 때 더욱 그렇다. 의회 구성원들이 당파주의에 빠져 있을 때, 이러한 결론은 자명해 보인다. 게다가 그렇지 않을 때에도, 그리고 상대 정당의 구성원에 대해 반감을 느끼지 않고 협력할 자세가 충분히 되어 있을 때에도 구조적 압박이 그러한 방향으로 작용한다. 실제로 미국에서 당파주의는 이례적으로 높은 수준으로 의회를 무기력하게 만들고 있다.

그런데 우리는 입법적 정체 상태gridlock가 정말로 나쁜 것인지 따져 볼 필요가 있다. 활동적인 의회가 오히려 사회 복지를 위축시키고 있다면, 무기력한 의회를 반드시 부정적으로 볼 필요는 없을 것이다. 사회 복지는 활동의 정도가 아니라 하나의 기준이다. 특정 기간 내에서 입법 활동은 오히려 사회 복지를 위축시키는 방향으로 변화를 이끌 수 있다. 입법적 정체 상태를 한탄해야 하는 것은 모든 상황을 고려했을 때 그 결과가 사회 복지를 위축시키는 경우뿐이다. 한 가지 사안은 현재의 입법적 상태가 부족한지, 그리고 얼마나 부족한지다. 부족하지 않다면, 새로운 입법은 바람직하지 않다. 또 다른 사안은 새로운 입법이 개선에 기여할 것인가이다. 그렇지 않다면, 정체 상태는 저주가 아닌 축복이다.

특정 상태에 대해 충분한 설명을 제시하자면 최적의 정체에 관한 이론이 필요할 것이다. 하지만 여기에서 그러한 이론을 논하는 것은 적절하지 않다. 물론 국가가 광범위한 문제에 직면해 있을 때, 상상 가능한 정책을 통해 문제를 해결하거나 완화할 수 있을 때, 그리고 당파주의가 그러한 정책 수행을 가로막고 있을 때, 뭔가 크게 잘못되어 있다는 생각은 합리적인 판단일 것이다. 상상 가능한 조건에서 이러한 모든 가정은 전적으로 합리적이다.

해결책

여기서 내 핵심 목표는 당위가 아니라 사실을 제시하는 것이다. 당파주의가 실제로 존재하고 점점 강화되고 있다고 해도 어쩔 수 없는 현상이라고 생각할 수도 있다. 하지만 뚜렷해진 당파주의는 미국 정부에 심각한 부담을 안겨 주고 있다. 변화가 필요하다면, 당면 과제들이 여전히 해결되지 않은 채 남아 있다면, 정부는 어떻게 대처해야 할까?

이에 대해 확인 가능한 원인에 집중해야 한다고 주장할 수 있다. 이는 틀림없이 가장 직접적이면서 대담한 대응일 것이다. 그러나 폐더럴리스트 10번에서 제임스 매디슨이 분열 현상에 대해 했던 말은 오늘날에도 중요한 의미가 있다. 〈자유와 분열의 관계는 공기와 불의 관계와 같다. 공기가 없으면 불은 존재할 수 없다. 하지만 분열을 조장한다는 이유로 정치적 삶에 필수적인 자유를 포기하려는 선택은, 파괴적인 작용을 일으킨다는 이유로 동물의 삶에 필수적인 공기를 없애 버리려는 선택만큼이나 어리석다.〉[43]

매디슨의 경고를 명심한다면 당파주의를 제거하려는 시도가 어리석은 선택이 될 수 있음을 이해할 수 있다. 당파주의의 본질과 정도는 정적이지 않다. 앞서 살펴봤듯이 당파주의는 최근 수십 년 동안 크게 강화되었다. 어쩌면 앞으로 20년 동안 그 수위는 지금보다 낮아질지 모른다. 그러나 우리는 그러한 변화를 쉽게 주도할 수 없다. 그것은 당파주의의 정도가 신기술, 보이지 않는 손, 공공 및 민간 부문의 탈집중화된 의사 결정을 포함하는 다양한 사회적 요소의 산물이기 때문이다.

그렇기 때문에 현실적인 해결책은 당파주의를 조장하는 원인에 집중할 것이 아니라, 그에 따른 영향에 대응하는 노력에 집중하는 것이다. 세 가지 가능성을 생각해 보자.

시간이 전부다

당파주의는 명백한 이유로 대선이나 중간 선거를 앞두고 그 수위가 높아지는 경향을 보인다. 부정적인 정치 캠페인이 열기를 띠고, 정치인들은 상대 정당의 구성원과 협력하고자 할 때 위기를 맞기도 한다. 반면 당파주의는 대선 직후에 완화되는 경향을 보인다. 그 기간 동안 새로이 선출된 지도자는 〈허니문 기간〉을 즐긴다. 이 기간은 선거 이후의 핵심적인 특징, 즉 새로운 관계가 따뜻한 분위기 속에서 형성된다는 점에서 대단히 중요하다. 적어도 잠시 동안 당파주의가 완화되면서 중요한 협상이 가능해진다.

이 점은 대통령이 바뀌는 기간이 대단히 중요하며, 그렇기 때문에 대통령 당선자는 그 기간에 최우선순위에 집중해야 한다는 사실을 말해 준다. 특히 우선순위를 확인하고 이를 성취하기 위한 구체적 전략을 수립하는 노력이 중요하다. 이러한 점은 당파주의가 만연한 상황에서 모든 대통령 당선자에게, 그리고 잠재적으로 국가 전체에 중요하다.

사전 조치

창조적으로 설계된 법률 아래에서는 의회가 무기력하더라도 중대한 변화가 일어날 수 있다. 예를 들어 1990년 군사기지 재배치 및 폐쇄에 관한 법에 대해 생각해 보자.[44] 이 법에 따르면 대통령이 군사기지 폐쇄 위원회를 구성하는 아홉 명의 위원을 임명할 수 있다. 먼저 위원회가 폐쇄 후보에 오른 군사기지 목록을 작성하고 대통령이 이를 승인하면, 하원이 45일 내에 반대 결의안을 채택하지 않는 한 효력이 발생한다. 즉 의회가 아무런 행동을 취하지 않을 때, 폐쇄 수순을 밟게 된다.

전통적인 사례로는 예산 자동 조정을 꼽을 수 있다.[45] 2011년 하원과 오바마 대통령은 의회가 새로운 법안을 통과시키지 않는 이상 자동적인(그리고 적극적인) 지출 감축이 2013년부터 실행되도록 하는 법안에 동의함으로써 힘든 협상을 마무리 지었다.[46] 그러나 당시 대부분은 예산 자동 조정을 부정적으로 보았다. 그들은 이 법안을 임무를 다하도록 의회를 압박하는 시스템으로 생각했다. 어쨌든 예산 자동 조정은 효력을 발휘했고, 연방정부 지출에 중요한 영향을 미쳤다. 2011년 합의안은 의회가 적극적인 행동에 나서지 않더라도 중대한 결과를 만들어 낼 수 있다는 것을 의미했다. 여기서 주목할 점은 당파주의로 인해 디폴트 룰이 실제로 힘을 발휘했다는 사실이다.

목표가 사회 간접자본을 개선하고, 사회 보장 제도를 개혁하고, 재정 정책을 크게 바꾸고, 혹은 대규모 개혁을 추진하는 것일 때, 바로 이 같은 전략을 생각해 볼 수 있다. 위원회의 도움과는 별개로 앞으로 주어진 기간에 적극적으로 행동하지 않을 때, 의회는 특정한 변화가 일어나도록 허용해야 한다. 물론 이러한 시도는 심각한 도전에 직면하기도 한다. 즉 당파주의 문제를 해결하기 위한 방안이 당파주의에 의해 힘을 잃을 수도 있다. 그러나 일부 경우에 사전 조치 전략이나 현재 상태의 변화는 현실적으로 충분히 매력적이다.

위임과 변화, 그리고 기술

많은 경우에 당파주의를 극복하기 위한 최고의 대처 방안은 권한 위임이다. 특히 정부 기관 내에서 기술 관료의 힘을 강화하는 것이 중요하다. 나는 이러한 주장이 많은 사람을 골치 아프게 할 것이라는 점을 잘 안다. 그러나 다양한 정치적 문제에 대한 해답을 내놓기 위해서는 정치에만 의존해서는 힘들다. 단순하고 추상적인 인식만으로는 부족하다. 또한 당파주의는 아무런 도움이 되지 않는다. 여기서 당파적 차이는 거의 혹은 전혀 의미가 없기 때문이다. 중요한 것은 사실이며, 사실은 정치적 관계와 무관하다. 다음 질문을 생각해 보자.

1. 환경보호국은 대기 중 오존 농도 허용치를 현행 75ppb에서 70, 65, 혹은 60ppb로 낮춰야 하는가?
2. 직업안전위생관리국은 건설 현장에서 규소의 노출 수위를 관리하기 위해 새로운 규칙을 마련해야 하는가?
3. 교통국은 신차를 대상으로 후방 카메라 설치를 의무화해야 하는가?
4. 식품의약국은 프레온 가스를 배출하는 천식 흡입기 사용을 금지해야 하는가?

위 질문 모두 기술적인 것이다. 객관적 사실에 대한 면밀한 검토 없이는 질문에 답할 수 없다. 정책 결정자는 건강과 안전의 차원에서 상상 가능한 정책의 편익을 알아야 한다. 비용과 재정 등에 대해서도 알아야 한다. 가령 규소에 관한 새로운 규칙을 시행하기 위해서는 1억 달러, 5억 달러, 혹은 10억 달러가 들 것인가? 이러한 투자로 어떤 효과를 얻을 수 있는가? 그 결과로 일자리 감소나 임금 삭감 등의 문제가 발생하지는 않을까? 다양한 정도의 규소 노출에 따른 실질적 피해는 무엇인가? 제안된 규제를 실행에 옮길 경우, 얼마나 많은 생명을 구할 수 있는가?

물론 이 같은 논의에서도 가치 판단이 역할을 할 수 있다. 하지만 가치나 당파적 입장이 뚜렷하게 대립하는 상황에서도 특정한 결과에 대한 합의를 뒷받침할 만한 공감대를 형성할 수 있다. 예를 들어 규소 규제에 10억 달러의 비용이 들고, 이를 통해 연간 두 명의 목숨을 살릴 수 있다면, 지지하는 정당을 떠나 그 방안을 지지할 사람은 거의 없을 것이다. 반면 1억 달러의 비용으로 연간 700명의 목숨을 살릴 수 있다면, 이를 거부할 사람은 거의 없을 것이다. 어떤 경우든 지지하는 정당의 입장에 따라 문제의 해결책을 제시하려고 해서는 희망이 없다.

공화당과 민주당의 지지자들이 환경보호국과 직업안전위생관리국에 대해 서로 다른 태도를 보인다는 사실을 부정할 사람은 없을 것이다. 이처럼 서로 다른 태도는 특정 정책을 둘러싼 의견 불일치로 드러나게 된다. 내가 여기서 주목하는 바는 가치나 정당의 입장에 관한 불일치가 아니라 사실에 관한 불일치다. 사실적 측면을 충분히 고려한다면, 서로 다른 정당 지지로 인한 의견 불일치는 사라질 것이다.

적어도 이념적 확신에 완전히 얽매이지 않은 기술 관료가 관여할 때, 그러한 일이 벌어진다. 다양한 사회 개혁은 사실의 문제에 대한 면밀한 관심을 필요로 하며, 여기서 가치에 대한 질문은 부차적인 것이 된다. 이와 관련해 내가 강조하는 바는 여러 가지 개혁 방안 가운데 하나를 선택하기 위해서는 실제로 문제를 해결할 수 있는 사람에게 권한을 위임해야 한다는 것이다.

제도적 판단의 취약성

여기서 핵심 목표는 가치를 제시하는 것이 아니라 사실을 설명하는 것이기는 하지만, 그래도 우리는 당파주의 문제를 이해함으로써 특정한 형태의 행정 조치 또는 행정 기관의 재량권을 허용해야 한다는 주장을 옹호할 수 있다는 사실을 확인했다. 그러나 실제로 행정 권한에 대한 사람들의 판단은 대통령의 승인이나 거부로부터 지대한 혹은 결정적인 영향을 받는다는 사실을 이해할 필요가 있다. 공화당 행정부 시절에 민주당 지지자들은 대통령이 재량권을 행사하는 최고 지도자라고 하는 생각을 인정하지 않았다. 민주당 행정부 시절에 공화당 지지자들 역시 똑같은 우려를 드러냈다.

이러한 점에서 일부 중요한 행정 기관의 판단은 취약하고 심지어 불안정하다. 우리는 행정 기관의 판단을 당파주의의 희생양으로 볼 수 있다. 한편으로 제도적 권한에 대한 질문은 현재 관련 부처를 장악하고 있는 특정 인물에 대한 단기적 평가에 좌우된다. 이러한 이유로 당파주의 입장에서 대통령 권한을 수용하는 접근 방식을 지지하는 주장의 정당성은 한 가지 요소, 즉 현직 대통령에 대한 평가에 달렸다.

물론 일종의 무지의 장막 뒤에서 제도적 주장을 평가하고, 직접적인 승자와 패자에 대한 단기적 고려를 한쪽으로 치워 두는 것이 바람직하다. 정치적 행위자가 무지의 장막을 받아들인다는 것은 대단히 힘든 일이다. 선거 기간 중 단기적인 고민은 종종 그러한 모든 장막과 반대되는 결론을 제시하기 때문이다. 예를 들어 민주당 행정부

시절에 공화당 인사가 대통령 재량권을 인정해야 한다고 주장한다면, 그의 정치적 미래는 심각한 위험에 맞닥뜨리게 될 것이다. 관찰자의 입장에서도 그러한 도전은 실질적인 것이다. 단기적인 정치적 고려는 확연하게 드러나기 때문이다.

당파주의는 실제로 존재할 뿐만 아니라 점점 강화되고 있다. 그것은 우리의 일상적인 삶에도 정치적인 삶에도 심각한 폐해를 끼친다. 당파주의는 통치 행위를 더욱 힘들게 만들고, 심지어 아예 불가능한 방향으로 몰아간다. 입법가들이 양당 간 합의가 합리적 선택이라는 사실을 이해한다고 해도, 그들은 유권자나 동료들로부터의 보복에 직면하지 않기 위해 막중한 선거 압력에 처하게 된다.

최근 상황에서조차 당파주의 영향은 특정 기간에 더욱 심각하게 나타나고 있다. 예를 들어 중간 선거 전날에 당파주의 효과가 더욱 뚜렷하게 드러나는 경향이 있다. 반면 대통령 당선 이후 6개월 동안 그 효과는 점차 감소한다. 그러나 구조적인 이유로 인해 당파주의 수위가 급격하게 낮아지는 현상은 적어도 단기적으로는 나타나지 않을 것이다.

그렇다면 그것은 문제인가? 현재 상태가 아주 좋다면, 그리고 정치권의 추가적 행동이 상황을 악화시킬 위험이 있다면, 당파주의를 한탄할 이유는 없다. 이때 당파주의는 중요한 방어막으로 기능하기 때문이다. 하지만 국가가 심각한 문제에 직면한다면, 그리고 상상 가능한 정책으로 그 문제를 해결할 수 있다면, 당파주의는 평화와 번영을 향한 여정을 가로막는 장애물로 작용할 수 있다.

적어도 머지않은 미래에 미국 사회에서 당파주의를 촉발하는 원인이 사라질 것으로는 보이지 않는다. 만일 그러한 원인이 해소된다면, 그것은 아마도 의도적인 설계의 산물이라기보다 자발적인 힘의 산물일 것이다. 그러므로 최고의 희망은 당파주의의 영향력을 줄이는 것이다. 사전 조치 전략과 기술 관료의 전문성을 활용하는 방안에 대한 새로운 관심이야말로 현실적으로 가장 가능성 있는 접근 방식이다.

맺으며

    인간은 패턴을 사랑한다. 우리 마음은 패턴을 확인하는 식으로 작동한다. 패턴이 실제로 존재하느냐는 중요하지 않다. 한 사람의 인생이 특정한 형태를 드러낼 때, 한 사회가 특정한 방향으로 나아갈 때, 우리는 그러한 형태와 방향이 마치 여러 가지 조각을 한 번에 짜 맞추듯 필연적인 것이었다고 생각하려 한다. 우리는 사후에 그 사실을 발견한다. 가령 이런 식이다. 존은 변호사가 되기 위해 태어났다. 수전은 태어날 때부터 의대에 진학할 줄 알았다. 토머스와 린다는 이혼할 운명이었다. 존과 에릭은 천생연분이다. 어떤 나라에서 2010년대에 동성 결혼이 논란의 대상이 되었다면, 그 시기는 참으로 적절했다. 어떤 뮤지션이나 영화가 갑자기 큰 인기를 끌었다면, 그건 필연적인 사건이었다. 2017년에 미투 운동이 터졌고 그해에 성희롱과 성폭력에 대한 사회적 관심이 급증했다면, 그건 특히 2016년에 벌어진 일에 비춰 볼 때 당연한 현상이었다.

    역사는 일회성으로 끝나기 때문에 우리는 이러한 주장이 거짓이라고 단언할 수는 없다. 분명하게도 어떤 이혼은 필연적인 것으로 보이고, 어떤 사회 운동은 당연한 현상으로 보인다. 하지만 때로 사소한 사건이 엄청난 결과를 만들어 내기도 한다. 가령 존은 대학에서 만난 훌륭한 스승 덕분에 로스쿨 진학을 꿈꾸게 된다. 그 교수를 만나지 않았다면 그는 그 진로를 생각지도 않았을 것이다(사실 이건 내 이야기다). 어떤 인물이나 집단 때문에 특정 뮤지션이나 영화의 인기가 급상승하기도 한다. 이처럼 어떤 계기가 모든 것을 바꾸기도 한다.

일부 정치 운동은 티핑 포인트와 폭포 효과로부터 큰 도움을 받는다. 그러나 다른 일부는 그렇지 않다. 일부 규범 선도자는 노련하거나 운이 좋다. 혹은 둘 다이다. 그러나 다른 일부는 그렇지 않다. 우리는 사후에 패턴을 발견한다. 그러면 패턴은 정말로 존재하는 것처럼 보인다. 그러나 상황이 다르게 전개되었더라면 우리는 아마도 다른 패턴을 발견했을 것이며, 마찬가지로 그러한 패턴이 정말로 존재하는 것처럼 보였을 것이다. 특정 기간에 필연적으로 보이는 사회적 움직임은 주요한 넛지나 압력에 의해 촉발된 것일 수 있다. 넛지나 압력이 없었다면 그러한 움직임은 지연되었거나 아예 일어나지 않았을지 모른다.

이를 염두에 두고 2013년 오스카상을 받은 최고의 다큐멘터리 영화 「서칭 포 슈가맨Searching for Sugar Man」에 대해 생각해 보자. 디트로이트 지역의 가수인 식스토 로드리게즈는 1970년대 초 두 장의 앨범을 발표하지만 성공하지 못한다. 앨범은 거의 판매되지 않았고 음반사는 그를 저버린다. 로드리게즈는 이후 가수를 그만두고 공사장에서 일을 하며 살아간다. 그러나 그가 몰랐던 사실이 있었으니, 그의 앨범이 남아프리카공화국에서 엄청난 인기를 끌었다는 것이다. 그곳에서 그는 비틀스와 롤링스톤스에 버금가는 전설이었다. 남아프리카공화국 사람들은 그의 노래를 자신의 〈인생 곡〉이라 칭송했고 수십만 장의 앨범이 팔렸다. 이 영화는 그렇게 디트로이트 공사장에서 일하는 실패한 가수와 남아프리카공화국의 신비로운 록 아이콘 사이의 대조를 그려 낸다.

로드리게즈는 남아프리카공화국 사회와 문화적 연결 고리를 갖고 있었다. 이를 통해 그는 큰 성공을 거둘 수 있었지만, 그런 연결 고리가 없는 곳에서는 성공을 거두지 못했다. 그는 남아프리카공화국 초기 대중문화의 수혜자였으며 폭포 효과도 누렸다. 조금의 행운이 따랐더라면 똑같은 현상이 미국이나 영국, 오스트레일리아, 프랑스에서도 일어났을 것이다. 하지만 그런 일은 일어나지 않았다.

내 핵심 주장 중 하나는 사회 규범의 억제 효과에 관한 것이다. 사람들은 종종 기존에 하던 대로 하고, 말하는 대로 말한다. 혹은 규범의 압력 때문에 침묵을 지킨다. 우리는 그러한 규범을 당연한 듯 받아들이고, 특별한 입장을 드러내지 않는다. 규범은 삶의 배경이다. 우리는 그러한 규범을 인정할 수도 있고, 혹은 싫어하거나 비판할 수도 있다. 이는 대단히 흥미로운 현상이다. 사람들이 자신이 혐오하는 규범에 따라서 살 때, 상황은 언제든지 갑자기 변할 수 있다. 그들은 해방을 맞이할 수 있다. 그러한 변화가 바람직한 것인지는 사람들이 정확하게 무엇으로부터 해방되느냐에 달렸다.

반면 일부 사회 운동은 이전에 존재하지 않았던 새로운 믿음과 가치를 주입한다. 그리고 때로 사람들의 기호는 기존 관습과 규범에 적응한다. 그럴 때 아무것도 억압받지 않으며, 그렇기 때문에 해방될 일도 없다. 따라서 대규모 변화는 일어나기 어렵고, 일어난다고 해도 그 속도는 대단히 느리다. 하지만 그럴 때조차 폭포 효과는 나타날 수 있다. 여기서 우연히 발생한 상호작용과 고립된 논의, 폭포 효과를 가속화하기로 결심한 인물의 등장은 필수적이다. 이들 모두는 놀라운 변화를 만들어 낸다.

감사의 말

이 책에는 많은 이들의 생각이 담겨 있다. 나는 그들 모두에게 큰 고마움을 느낀다. 여기서 몇몇의 이름만 거론하는 것에 대해 양해를 구한다.

넛지와 관련된 모든 연구를 함께한 리처드 탈러에게 협력과 우정에 대해 특별한 감사를 드린다. 다음으로 다양한 아이디어로 많은 도움을 준 존 엘스터와 에릭 포스너, 루시아 라이쉬, 에드나 울만-마갈리트에게 고마움을 전한다. 편집자 에밀리 테이버는 훌륭하게 업무를 처리해 준 것은 물론, 함께 일하는 즐거움까지 선사했다. 지혜와 지지를 보내 준 에이전트 세라 샬팡에게도 감사의 말을 전한다. 또한 연구 과정에서 많은 도움을 준 매들린 조지프와 꼼꼼하게 교정을 봐준 멀린다 랜킨, 재정 지원을 해준 하버드 로스쿨의 행동경제학 및 공공 정책 프로그램에 고마움을 전한다.

비록 상당한 수정을 거치기는 했지만, 나는 각 장에서 많은 연구 결과를 활용했다. 이들 저자에게도 감사를 표한다. 1장 *Unleashed*,

85 Soc. Res. 73 (2018); 2장 *Deliberative Trouble? Why Groups Go to Extremes*, 110 Yale L. J. 71 (2000); 3장 *On the Expressive Function of Law*, 144 U. Pa. L. Rev. 2021 (1996); 4장 *Nudging: A Very Short Guide*, 37 J. Consumer Pol'y 583 (2014); 5장 *Forcing People to Choose Is Paternalistic*, 82 Missouri L. Rev. 643 (2017); 7장 *Nudges That Fail*, 1 Behav. Pub. Pol'y 4 (2017); 9장 *The Ethics of Nudging*, 32 Yale J. Reg. 413 (2015); 10장 *"Better Off, as Judged by Themselves": A Comment on Evaluating Nudges*, Int'l Rev. Econ. (2017); 11장 *Nudges vs. Shoves*, 127 Harv. L. Rev. F. 210 (2014); 11장 *On Preferring A to B, While Also Preferring B to A*, 30 Rationality and Politics 305 (2018); 12장 *Output Transparency vs. Input Transparency*, in *Troubling Transparency* (David Pozen and Michael Schudson eds. 2018); 13장 *Beyond the Precautionary Principle*, 151 U. Pa. L. Rev. 1003 (2004); 14장 *Moral Heuristics*, 28 Behav. & Brain Sci. 531 (2005); 15장 *Is Deontology a Heuristic? On Psychology, Neuroscience, Ethics, and Law*, 63 Iyyun: The Jerusalem Philosophical Quarterly 83 (2014). 특히 에드나 울만-마갈리트에게 고마움을 전한다); 16장 *Partyism*, 2015 U. Chi. Legal F. 1 (2015).

주

1 Milton Mayer, *They Thought They Were Free* 93 (1955/2017).

2 James Miller, *Democracy Is in the Streets: From Port Huron to the Siege of Chicago* 52 (1987).

3 Herbert A. Simon, *Models of My Life* 281 (1991).

1부 규범과 가치

1장 해방

1 Timur Kuran, *Private Truths, Public Lies* (1998).

2 광범위하고 일관적인 설명을 위해, 다음을 참조. Catharine MacKinnon, *Sexual Harassment of Working Women* (1978). 물론 가해자가 여성이고 피해자가 남성인 경우도 존재한다. 다만 간단하게 설명하기 위해, 그리고 주로 발생하는 경우에 대해 논의하기 위해 이를 고려 대상에서 제외했다.

3 Lawrence Lessig, *The Regulation of Social Meaning*, 62 U. Chi. L. Rev. 943 (1995).

4 Meritor Savings Bank v. Vinson, 477 US 57 (1986); Oncale v. Sundowner Offshore Services, 523 US 75 (1998).

5 Richard McAdams, *The Expressive Powers of Law: Theories and Limits* (2015), and in particular at 148: "When the perception of public attitudes falls seriously out of line with reality, legislators gain by enacting legislation corresponding to

actual attitudes (and actual future votes), which produces a dramatic revelation—
'wake up call'—factual attitudes."

6 P. Wesley Schultz et al., "The Constructive, Destructive, and Reconstructive Power of Social Norms", *18 Psych. Sci.* 429 (2007).

7 이는 반대자의 입을 틀어막기 위한 방안으로서 〈정치적 올바름〉에 대한 반박이 종종 옳다는 사실을 부정하려는 의도가 아니다.

8 Leonardo Bursztyn et al., Misperceived Social Norms: Female Labor Force Participation in Saudi Arabia (2018), http://www.nber.org/papers/w24736.

9 Timur Kuran, "Sparks and Prairie Fires: A Theory of Unanticipated Political Revolution", *61 Public Choice* 41 (1989).

10 같은 책; Duncan Watts, *Everything Is Obvious* (2011); Susanne Lohmann, "The Dynamics of Social Cascades", *47 World Pol.* 42 (1994). 그러나 숨겨진 기호와 믿음, 혹은 가치를 측정할 수 있다는 점에 주목하자. 예를 들어 익명성을 보장함으로써 가능하다. 사회적 규범의 역할 때문에 익명성이 중요하다는 주장에 대해서는 다음을 참조. Leonardo Bursztyn et al., From Extreme to Mainstream: How Social Norms Unravel (2017), http://www.nber.org/papers/w23415, 전화보다 온라인에서 차별을 더 쉽게 인식한다는 주장에 대해서는 다음을 참조. Timur Kuran and Edward McCaffery, "Expanding Discrimination Research: Beyond Ethnicity and to the Web", *85 Soc. Sci. Q.* 713 (2004). 숨겨진 기호를 파악했다고 해서 변화를 예측할 수 있는 것은 아니다. 그 이유는 앞서 예측할 수 없는 사회적 역동성의 중요성 때문이다. 다음을 참조. Susanne Lohmann, "I Know You Know He or She Knows We Know You Know They Know: Common Knowledge and the Unpredictability of Informational Cascades", in *Political Complexity: Nonlinear Models of Politics* 137 (Diana Richards ed. 2000). 또한 아래 논의도 참조.

11 Anna Collar, *Religious Networks in the Roman Empire: The Spread of New Ideas* (2013).

12 Kuran, 앞의 주 1.

13 Merouan Mekouar, *Protest and Mass Mobilization: Authoritarian Collapse and Political Change* (2016).

14 Duncan Watts, The Non-Inevitability of Donald Trump (and Almost Everything) (2017), https://medium.com/@duncanjwatts/the-non-inevitability-of-donald-trump-and-almost-everything-2a78e764183f.

15 Timur Kuran, "Ethnic Norms and Their Transformation through Reputational

Cascades", *27 J. Legal Stud.* 623 (1998).

16 Volker Ullrich, *Hitler: Ascent, 1889–1939* (2016). A highly controversial account is found in Daniel Jonah Goldhagen, *Hitler's Willing Executioners* (1997); a counterpoint appears in Christopher Browning, *Ordinary Men* (rev. ed. 2017).

17 Martin Mayer, *They Thought They Were Free: The Germans, 1933–45* (1955/2017).

18 같은 책 124면.

19 Edna Ullmann-Margalit, "Considerateness", *60 Iyyun* 205 (2011).

20 Philip O'Leary, *The Prose Literature of the Gaelic Revival, 1881–1921* (2005).

21 Collar, 앞의 주 11.

22 Jon Elster, "Rationality, Emotions, and Social Norms", *98 Synthese 21*, 23 (1994).

23 나는 여기서 집단행동 문제를 해결하는 규범에 대해서는 다루지 않고 있다. 자세한 설명은 다음을 참조. Edna Ullmann-Margalit, *The Emergence of Norms* (1977); 또한 다음을 보라. Edna Ullmann-Margalit, *Normal Rationality* (2017). 그 분석은 이러한 맥락에 적용해 볼 수 있겠지만, 상당한 수정을 거쳐야 할 것이다. 중요한 사실은 그러한 규범이 사람들이 원하는 대로 행동하지 못하도록 제약하는 반면(이탈을 방지함으로써), 동시에 상호 이익이 되는 방향으로 작용하기도 한다는 것이다. 그래서 사람들은 규범 유지에 관심을 기울인다. 따라서 규범이 강요하는 구속을 적어도 이성적인 차원에서 받아들여야 한다.

24 전통적인 설명은 다음에서 확인할 수 있다. Mark Granovetter, "Threshold Models of Collective Behavior", *83 Am. J. Soc.* 1420 (1978); the idea is productively extended in Kuran, 앞의 주 1.

25 다음을 참조. Cass R. Sunstein, "Social Roles and Social Norms", *96 Colum. L. Rev.* 903 (1996); Cristina Bicchieri, *Norms in the Wild* 163 – 207 (2016). 차별하는 사람과 차별받는 사람 모두 규범 선도자로서의 역할을 할 수 있다. 성희롱의 경우에 테일러 스위프트는 2017년에 원치 않는 신체 접촉 행위에 공식적으로 이의를 제기함으로써 규범 선도자 역할을 했다. 다음을 참조. Melena Ryzik, "Taylor Swift Spoke Up. Sexual Assault Survivors Were Listening", *New York Times* (August 15, 2017), https://www.nytimes.com/2017/08/15/arts/music/taylor-swift-sexual-assault.html?_r=0.

26 이에 대해서는 많은 설명이 나와 있다. 그중에서 다음을 참조. Kuran, 앞의 주 1;

D. Garth Taylor, "Pluralistic Ignorance and the Spiral of Silence: A Formal Analysis", *46 Pub. Opinion Q.* 311 (1982). 특히 법과 관련해서 중요한 설명은 다음을 참조. Richard McAdams, *The Expressive Powers of Law* 136 – 162 (2015).

27 같은 책; Sushil Bikhshandani et al., "A Theory of Fads, Fashion, Custom, and Cultural Change as Informational Cascades", *100 J. Polit. Econ.* 992 (1992).

28 여기서 흥미로운 점은 폭포가 흐를 때 사람들은 여기에 참여하는 사람이 타인의 신호에 반응하는 정도를 과소평가한다는 것이다. 이러한 이유로 사람들은 실제 보다 더 많은 정보 콘텐츠를 담고 있는 것은 폭포 효과를 생각한다. 다음을 참조. Erik Eyster & Matthew Rabin, "Naïve Herding in Rich-Information Settings", *2 Am. Econ. J.: Microeconomics* 221 (2010); Eric Eyster et al., An Experiment on Social Mislearning (2015), https://papers.ssrn.com/sol3/papers. cfm?abstract_id=2704746. 규범 선도자는 이러한 실수를 촉발하는 데 큰 관심을 갖고 있다.

29 Amos Tversky & Daniel Kahneman, "Availability: A Heuristic for Judging Frequency and Probability", *5 Cognitive Psychol.* 207 (1973).

30 Timur Kuran & Cass R. Sunstein, "Availability Cascades and Risk Regulation", *51 Stan. L. Rev.* 683 (1999).

31 Gordon Wood, *The Radicalism of the American Revolution* 29 (rev. ed. 1998).

32 같은 책 29 – 30면.

33 같은 책 169면.

34 같은 책.

35 Thomas Paine, "Letter to the Abbe Raynal," in Life and Writings of Thomas Paine, 242 (Daniel Edwin Wheeler ed. 1908). Quoted in Gordon Wood, *The Creation of the American Republic, 1776–1787* 68 (rev. ed. 1998).

36 Lawrence Lessig, "The Regulation of Social Meaning", *62 U. Chi. L. Rev.* 943 (1995). 또한 다음을 보라. Richard H. McAdams, "Cooperation and Conflict: The Economics of Group Status Production and Race Discrimination", *108 Harv. L. Rev.* 1003, 1065 – 1085 (1995).

37 Lessig, 앞의 주 36, at 966.

38 Leonardo Bursztyn et al., From Extreme to Mainstream: How Social Norms Unravel (2017), http://www.nber.org/papers/w23415.

39 같은 책.

40 Helpful discussion can be found in Timur Kuran, "Ethnic Norms and Their Transformation through Reputational Cascades", *27 J. Legal Stu*d. 623 (1998).

41 George Orwell, *Nineteen Eighty-Four* (1949).

2장 집단 극화의 법칙

1 John Turner et al., *Rediscovering the Social Group* 142 (1987).

2 Roger Brown, Social Psychology 222 (2d ed. 1983). These include the United States, Canada, New Zealand, India, Bangladesh, Germany, and France. 예를 들어 다음을 보라. Johannes Zuber et al., "Choice Shift and Group Polarization", *62 J. Personality & Social Psychol.* 50 (1992); Dominic Abrams et al., "Knowing What to Think by Knowing Who You Are", *29 British J. Soc. Psychol. 97*, 112 (1990). 물론 일부 문화는 양극화 현상을 더욱 강력하게, 혹은 더욱 약하게 드러낼 수 있다. 이는 실증적 연구에서 대단히 흥미로운 분야가 될 것이다.

3 D. G. Myers, "Discussion-Induced Attitude Polarization", *28 Hum. Rel.* 699 (1975).

4 Brown, 앞의 주 2, 224면.

5 D. G. Myers & G. D. Bishop, "The Enhancement of Dominant Attitudes in Group Discussion", *20 J. Personality & Soc. Psychol.* 286 (1976).

6 같은 책.

7 J. A. F. Stoner, "A Comparison of Individual and Group Decisions Including Risk", unpublished master's thesis, *Sloan School of Management, Massachusetts Institute of Technology* (1961), available as J. A. F. Stoner, *Risky and Cautious Shifts in Group Decisions: The Influence of Widely Held Values* (2017); J. A. F. Stoner, "Risky and Cautious Shifts in Group Decisions: The Influence of Widely Held Values", *4 J. Experimental Soc. Psychol.* 442 (1968).

8 Brown, 앞의 주 2, at 208 – 210, for an overview.

9 Paul Cromwell et al., "Group Effects on Decision-Making by Burglars", *69 Psychol. Rep.* 579, 586 (1991).

10 Brown, 앞의 주 2, 211면.

11 대부분의 연구는 대니얼 카너먼과 데이비드 쉬케이드와 함께 추진했다. 연구 전체를 확인하고 싶다면 다음을 참조. Cass R. Sunstein et al., *Punitive Damages:*

How Juries Decide (2007).

12 David Schkade et al., "Deliberating About Dollars: The Severity Shifts", *100 Colum. L. Rev.* 1139 (2000).

13 Brown, 앞의 주 2, 210, 225면. 새로운 조합을 생성하기 위한 검토와 시도는 다음을 참조. Turner et al., 앞의 주 1, 142 – 170면.

14 A. I. Teger & D. G. Pruitt, "Components of Group Risk-Taking", *3 J. Experimental Soc. Psychol.* 189 (1967).

15 Robert S. Baron et al., "Social Corroboration and Opinion Extremity, *32 J. Experimental Soc. Psychol.* 537 – 560 (1996); Chip Heath & Richard Gonzales, "Interaction with Others Increases Decision Confidence but Not Decision Quality: Evidence against Information Collection Views of Interactive Decision Making", *61 Org. Behav. & Hum. Decision Processes* 305 – 326 (1997).

16 Hans Brandstatter, "Social Emotions in Discussion Groups", in *Dynamics of Group Decisions* (Hans Brandstatter et al. ed. 1978). Turner et al., 앞의 주 1, 154 – 159면에서는 이 증거를 새로운 조합의 기반으로 사용하고 있다. 그들은 이 조합을 〈집단 극화의 자기 범주화 이론〉이라고 칭한다(같은 책 154면). 이 설명에서 〈설득은 집단 내부에서 공통의 정체성을 창조하는 자기 범주화에 달려 있으며〉, 극화는 〈집단 구성원이 자신의 의견을 집단의 입장에 대한 그들의 인식에 맞추고, 더 극단적인 경우 이미 극화되어 있는 전형적인 반응이 이러한 인식을 결정〉하기 때문에 발생한다(같은 책 156면). 여기서 핵심은 한 집단이 특정한 방향으로 움직일 때, 인식된 〈전형〉이 그 집단이 이동하는 방향에 따라 결정되며, 개인 구성원 역시 그 방향으로 이동한다는 사실이다(같은 책 156면). 터너 등이 언급했듯, 그들의 설명은 〈사회적 비교와 설득력 있는 주장 모형에서 다양한 측면의 중첩〉을 보여 준다. 이러한 중첩 때문에 나는 여기서 따로 논의하지 않았다. 예측에서 가능한 차이와 뒷받침하는 증거를 확인하고자 한다면, 같은 책 158 – 170면 참조. 특히 흥미로운 점은 극단주의자 집단은 극단주의를 향해 상대적으로 더 뚜렷하게 이동할 것이라는 사실이다(같은 책 158면).

17 Turner et al., 앞의 주 1, 153면.

18 Russell Spears, Martin Lee, & Stephen Lee, "De-Individuation and Group Polarization in Computer-Mediated Communication", *29 British J. Soc. Psychol.* 121 (1990); Dominic Abrams et al., "Knowing What to Think by Knowing Who You Are", *29 British J. Soc. Psychol.* 97, 112 (1990); Patricia Wallace, The Psychology of the Internet 73 – 76 (1999).

19 Lee Roy Beach, *The Psychology of Decision Making in Organizations* (1997).

20 H. Burnstein, "Persuasion as Argument Processing", in *Group Decision Making* (H. Brandstetter, J. H. Davis, & G. Stocker-Kreichgauer eds. 1982).

21 Brown, 앞의 주2, 225면.

22 Amiram Vinokur & Eugene Burnstein, "The Effects of Partially Shared Persuasive Arguments on Group-Induced Shifts", *29 J. Personality & Soc. Psychol.* 305 (1974).

23 같은 책.

24 David G. Myers, "Polarizing Effects of Social Interaction", in *Group Decision Making* 125, 137 – 138 (Hermann Barndstatter et al. eds 1982).

25 R. T Riley & T. F. Pettigrew, "Dramatic Events and Attitude Change", *34 J. Personality & Soc. Psychol* 1004, (1976).

26 Myers, 앞의 주24, 135면.

27 Lois Marie Gibbs, *Love Canal: The Story Continues* 26 – 124 (1998).

28 Callahan v. US, 364 US 487, 493 – 494 (1961) ("Concerted action ⋯ decreases the probability that the individuals will depart from their path of criminality"). I am grateful to Dan Kahan for pressing this point.

29 Timur Kuran, "Ethnic Norms and Their Transformation through Reputational Cascades", *27 J. Legal Stud.* 623, 648 (1998).

30 같은 책.

31 Caryn Christensen & Ann S. Abbott, Team Medical Decision Making, in Decision Making in Health Care 267, 273 –276 (Gretchen Chapman & Frank Sonnenberg eds. 2000).

32 같은 책 274면.

33 C. Kirchmeyer and A. Cohen, "Multicultural Groups: Their Performance and Reactions with Constructive Conflict", *17 Group & Org. Mgmt.* 153 (1992).

34 Letter to Madison (January 30, 1798), reprinted in *The Portable Thomas Jefferson* 882 (M. Peterson ed. 1975).

35 Speech to the Electors (November 3, 1774), reprinted in Burke's Politics 116 (R. Hoffman & P. Levack eds. 1949).

36 같은 책.

37 The Federalist No. 10.

38 Heather Gerken, "Second-Order Diversity", *118 Harv. L. Rev.* 1099 (2005).

2부 넛지의 활용과 한계

3장 법의 표현적 기능

1 163 US 537, 544 (1896). 차별 금지법은 〈인종의 상대적 열등성을 반드시 의미하는 것은 아니다〉라고 언급하고 있다.

2 347 US 483 (1954).

3 Bernard Williams, "A Critique of Utilitarianism", in *Utilitarianism: For and Against* 108 – 109 (J. J. C. Smart & Bernard Williams eds. 1973).

4 Herbert A. Simon, *Models of My Life* 281 (1991).

5 Robert C. Ellickson, *Order without Law: How Neighbors Settle Disputes* 167 (1991) ("Members of tight social groups ··· informally encourage each other to engage in cooperative behavior"); Edna Ullmann-Margalit, *The Emergence of Norms* 22 – 60 (1977).

6 Edna Ullmann-Margalit, *Normal Rationality* (2017).

7 Elijah Anderson, *Streetwise: Race, Class, and Change in an Urban Community* (1990).

8 Cass R. Sunstein, "Social Norms and Social Roles", *96 Colum. L. Rev.* 903 (1996).

9 Viviana A. Zelizer, *The Social Meaning of Money* (1994).

10 Joel Waldfogel, "The Deadweight Loss of Christmas", *83 Am. Econ. Rev.* 1328 (1993). Waldfogel's engaging book on the subject is *Scroogenomics* (1998).

11 Margaret J. Radin, "Market-Inalienability", *100 Harv. L. Rev.* 1849, 1871 (1987).

12 Ullmann-Margalit, 앞의 주 5, at 134 – 197 (discussing norms involving partiality and inequality).

13 Steven Kelman, *What Price Incentives? Economists and the Environment* 27 – 28 (1981). 환경 정책을 수행하기 위해 경제적 인센티브에 의존할 때, 사회는 〈오염 물질을 배출하는 행위에 오명을 씌우지 못한다〉라고 주장하고 있다.

4장 넛지: 간단한 지침

1 Louis D. Brandeis, *Other People's Money* 92 (1914).

5장 선택을 강요하기

1 Daniel Kahneman, *Thinking, Fast and Slow* 20 – 21 (2011). 두 〈시스템〉이라는 개념은 몇몇 집단에서 논란이 되고 있으며, 여기서는 이 개념을 받아들여야 한다고 가정하지 않는다.

2 Sarah Conly, *Against Autonomy* (2012); Ryan Bubb & Richard Pildes, "How Behavioral Economics Trims Its Sails and Why", *127 Harv. L. Rev.* 1593, 1659 (2014).

3 Sendhil Mullainathan & Eldar Shafir, *Scarcity: Why Having Too Little Means So Much* 39 – 66 (2013).

4 더 많은 증거가 필요하다면, 다음을 보라. Bjorn Bartling & Urs Fischbacher, "Shifting the Blame: On Delegation and Responsibility", *79 Rev. Econ. Stud.* 67 (2012). 동전 던지기를 책임을 회피하기 위한 방법으로 여기는 사람들의 성향에 관해서는 다음을 참조. Nadja Dwenger, Dorothea Kubler & Georg Weizsacker, Flipping a Coin: Theory and Evidence, unpublished manuscript (2013), https://www.wzb.eu/sites/default/files/%2Bwzb/mp/vam/flipping_2014-01-21.pdf. 다음 주장에 대해 생각해 보자. 〈의사 결정에 필요한 인지적 혹은 감정적 비용이 최적의 선택을 통해 얻을 수 있는 편익보다 더 높을 수 있다. 예를 들어 의사 결정자는 철저한 숙고에 필요한 충분한 시간과 에너지를 확보하지 못한 채 선택 내리기를 주저할 것이다. 혹은 자신은 선택할 자격이 없다고 생각할 수 있다. 아니면 향후 불확실성이 해소되고 난 뒤에 내릴 수 있는 선택에 대한 실망을 예상할 수 있다. 이러한 상황에서 의사 결정의 일부나 전부를 보류하는 선택은 비록 일반적으로 차선의 결과가 나올 가능성을 높이기는 해도 바람직한 것으로 보인다.〉(같은 책 1면).

5 "Pandora Can Predict How You Vote Based on Your Favorite Stations", *Huffington Post*, February 18, 2014, https://www.huffingtonpost.com/2014/02/18/pandorademocrat-republican-_n_4809401.html.

6 예를 들어 다음을 보라. *Paternalism: Theory and Practice* (Christian Coons & Michael Weber eds., 2013); Gerald Dworkin, *The Theory and Practice of Autonomy* (1988).

7 F. A. Hayek, *The Market and Other Orders* 384 – 386 (Bruce Caldwell ed., 2014).

8 John Stuart Mill, *On Liberty,* in On Liberty 5, 76 (Stefan Collini ed., 1859/1989)

(1859).

9 같은 책 76면.

10 George Loewenstein et al., "Warning: You Are About to Be Nudged", *1 Behav. Sci. & Pol'y* 35, 37, 40 (2015).

11 Hendrik Bruns et al., "Can Nudges Be Transparent and Yet Effective?", 16 – 17 (WiSo-HH Working Paper Series, Working Paper No. 33, 2016), https:// papers.ssrn.com/sol3/papers.cfm?abstract_id=2816227; Mary Steffel, Elanor F. Williams, & Ruth Pogacar, "Ethically Deployed Defaults: Transparency and Consumer Protection through Disclosure and Preference Articulation", *53 J. Marketing Res.* 865, 872 (2016).

12 Simona Botti & Christopher Hsee, "Dazed and Confused by Choice", *112 Org. Behav. & Hum. Decision Processes* 161 (2010).

6장 행복

1 Richard Thaler & Cass Sunstein, *Nudge: Improving Decisions about Health, Wealth, and Happiness* 5 (2008); italics in original.

2 Robert Sudgen, "Do People Really Want to Be Nudged toward Healthy Lifestyles?", *64 Int'l Rev. Econ.* 113 (2006).

3 For data from various sources, see Cass R. Sunstein & Lucia A. Reisch, "Trusting Nudges: An International Survey"(forthcoming 2019); Janice Y. Jung & Barbara A. Mellers, "American Attitudes toward Nudges", *11 Judgment and Decision Making* 62 (2016); Cass R. Sunstein, The Ethics of Influence (2016); Lucia A. Reisch & Cass R. Sunstein, "Do Europeans Like Nudges?", *11 Judgment and Decision Making* 310 (2016); Cass R. Sunstein, Lucia A. Reisch, & Julius Rauber, "Behavioral Insights All Over the World? Public Attitudes toward Nudging in a Multi-Country Study", https://papers.ssrn.com/sol3/papers. cfm?abstract_id=2921217.

4 Jung & Mellers, 앞의 주3.

5 Amos Tversky & Richard H. Thaler, "Anomalies: Preference Reversals", *4 Journal of Economic Perspectives* 201, 211 (1990).

6 Jacob Goldin, "Which Way to Nudge? Uncovering Preferences in the Behavioral Age", *125 Yale L. J.* 226 (2015); Jacob Goldin & Nicholas Lawson, "Defaults, Mandates, and Taxes: Policy Design with Active and Passive Decision-Makers",

18 Am. J. L. & Eco. 438 (2016).

7장 넛지의 실패

1 Albert Hirschman, *The Rhetoric of Reaction* (1991).

2 수준 높은 논의를 위해 다음을 참조. Lauren E. Willis, "When Defaults Fail: Slippery Defaults", *80 U. Chi. L. Rev.* 1155 (2012). 여기서 나는 비록 중요한 주제이기는 하나, 〈역효과를 내는〉 넛지의 위험에 대해 지나가듯 언급했다. 예를 들어 다음을 보라. George Loewenstein et al., "The Unintended Consequences of Conflict of Interest Disclosure", *307 JAMA* 669 (2012); Ryan Bubb & Richard Pildes, "How Behavioral Economics Trims Its Sails and Why", *127 Harv. L. Rev.* 1593 (2014); Sunita Sah et al., "Effect of Physician Disclosure of Specialty bias on Patient Trust and Treatment Choice", *PNAS* (2016), http://www.pnas.org/content/early/2016/06/16/1604908113.full.pdf.

3 더 좋은 토론을 위해서 다음을 참조. Gabriel D. Carroll et al., "Optimal Defaults and Active Decisions", *124 Q. J. Econ.* 1639, 1641 – 1643 (2009). For an overview, with citations to the relevant literature, see Cass R. Sunstein, *Choosing Not to Choose* (2015).

4 Eyal Zamir, *Law, Psychology, and Morality: The Role of Loss Aversion* (2014).

5 Elizabeth F. Emens, "Changing Name Changing: Framing Rules and the Future of Marital Names", *74 U. Chi. L. Rev.* 761 (2007).

6 같은 책 786면.

7 Young Eun Huh, Joachim Vosgerau, & Carey K. Morewedge, "Social Defaults: Observed Choices Become Choice Defaults", *41 J. Consumer Res.* 746 (2014).

8 John Beshears et al., "The Limitations of Defaults", unpublished manuscript (September 15, 2010), http://www.nber.org/programs/ag/rrc/NB10-02,%20Beshears,%20Choi,%20Laibson,%20Madrian.pdf.

9 Erin Todd Bronchetti et al., "When a Default Isn't Enough: Defaults and Saving among Low-Income Tax Filers", 28 – 29 (Nat'l Bureau of Econ. Research, Working Paper No. 16887, 2011), http://www.nber.org/papers/w16887. 개인이 앞서 환급받은 부분을 지출하고자 의도했던 저축 채권에 대한 세금 환급 할당에 디폴트 조작이 아무런 영향을 미치지 못했음을 설명한다. 하지만 이 연구에서 〈디폴트〉가 옵트아웃 선택권이 있는 형태에 대한 단순한 설명으로 이뤄졌다는 사실에 주목하자. 같은 책 17 – 18면. 이 경우 〈디폴트〉의 활용과 적극적인 선택 사이의 경계는 상대적으로 희미하다.

10 Zachary Brown et al., "Testing the Effects of Defaults on the Thermostat Settingsof OECD Employees", *39 Energy Econ.* 128 (2013).

11 Aristeidis Theotokis & Emmanouela Manganari, "The Impact of Choice Architecture on Sustainable Consumer Behavior: The Role of Guilt", *131 J. Bus. Ethics* 423 (2014).

12 Rene A. de Wijk et al., "An In-Store Experiment on the Effect of Accessibility on Sales of Wholegrain and White Bread in Supermarkets" (2016), http://journals.plos.org/plosone/article?id=10.1371%2Fjournal.pone.0151915.

13 David J. Just & Brian Wansink, "Smarter Lunchrooms: Using Behavioral Economics to Improve Meal Selection" (2009), http://www.choicesmagazine.org/UserFiles/file/article_87.pdf.

14 Lauren E. Willis, "Why Not Privacy by Default?", *29 Berkeley Tech. L. J.* 62 (2014). 특히 다음에 주목하자. 〈기업은 소비자를 디폴트 상태에 묶어 두기 위해 강력한 캠페인으로 그들이 선호하는 디폴트를 강화하고 있다. 그러나 소비자가 옵트아웃을 선택하도록 하는 똑같이 강력한 캠페인과 더불어 그들의 이익에 상반되는 디폴트 집합에 맞닥뜨리고 있다. 많은 디폴트는 소비자가 충분한 정보를 바탕으로 선택할 수 있도록 기업에게 인센티브를 주기보다, 기업이 소비자를 이용하거나 혹은 소비자들에게 혼란을 일으켜 그들이 디폴트를 고수하거나 옵트아웃을 선택하도록 부추길 여지를 남기고 있다.〉

15 Requirements for Overdraft Services, 45 § C.F.R. 205.17 (2010).

16 Lauren E. Willis, "When Defaults Fail: Slippery Defaults", *80 U. Chi. L. Rev.* 1155, 1174 - 1175 (2012).

17 같은 책 1186 - 1187면.

18 같은 책 1192면.

19 같은 책.

20 같은 책.

21 같은 책 130면.

22 Tatiana Homonoff, "Essays in Behavioral Economics and Public Policy" (September 2013), https://dataspace.princeton.edu/jspui/bitstream/88435/dsp01jw827b79g/1/Homonoff_princeton_0181D_10641.pdf.

23 See Willis, 앞의 주 16, for an excellent discussion.

24 See Punam Anand Keller et al., "Enhanced Active Choice: A New Method to

Motivate Behavior Change", *21 J. Consumer Psychol.* 376, 378 (2011).

25 Ariel Porat & Lior J. Strahilevitz, "Personalizing Default Rules and Disclosure with Big Data", *112 Mich. L. Rev.* 1417 (2014).

26 For a short discussion, full of implications, see Lauren Willis, "The Financial Education Fallacy", *101 Am. Econ. Rev.* 429 (2011).

27 Sharon Brehm & Jack Brehm, *Psychological Reactance: A Theory of Freedom and Control* (1981); Louisa Pavey & Paul Sparks, Reactance, "Autonomy and Paths to Persuasion: Examining Perceptions of Threats to Freedom and Informational Value", *33 Motivation & Emotion* 277 (2009).

28 다음을 참조. Erin Frey & Todd Rogers, "Persistence: How Treatment Effects Persist after Interventions Stop", *1 Pol'y Insights from Behav. & Brain Sci.* 172 (2014), 여기서는 〈지속적인 처리 효과가 나타나는 방식, 즉 심리적 습관을 구축하고, 사람들이 생각하는 내용과 방식을 바꾸고, 미래의 비용을 수정하고, 외적 강화를 활용하는 방식〉을 설명하는 네 가지 〈지속적 방안〉에 대해 살펴보고 있다.

29 Hunt Allcott & Todd Rogers, "The Short-Run and Long-Run Effects of Behavioral Interventions: Experimental Evidence from Energy Conservation", *104 Am. Econ. Rev.* 3003 (2014); Henrik Crongvist et al., "When Nudges Are Forever: Inertia in the Swedish Premium Pension Plan", *108 Am. Econ. Rev.* 153 (2018).

8장 윤리

1 David Foster Wallace, Commencement Address, Kenyon College, Gambier, Ohio, May 21, 2005; for the text of his address, see David Foster Wallace, in His Own Words, September 19, 2008, https://www.1843magazine.com/story/david-foster-wallace-in-his-own-words.

2 Meghan R. Busse et al., "Projection Bias in the Car and Housing Markets" (Nat'l Bureau of Econ. Research, Working Paper No. 18212, 2012), http://www.nber.org/papers/w18212 .

3 Daniel Kahneman, *Thinking, Fast and Slow* (2011).

4 Lauren Willis, "The Financial Education Fallacy", *101 Am. Econ. Rev.* 429 (2011).

5 Friedrich Hayek, "The Market and Other Orders", in The Collected Works of F. A. Hayek 384 (Bruce Caldwell ed., 2013); italics added.

6 Sarah Conly, *Against Autonomy* (2012).

7 Stephen Darwell, "The Value of Autonomy and the Autonomy of the Will", *116 Ethics* 263, 269 (2006).

8 T. M. Wilkinson, "Nudging and Manipulation", *61 Pol. Stud.* 341, 347 (2013).

9 같은 책 351면.

10 Conly, 앞의 주 6.

11 Wilkinson, 앞의 주 8, 345면.

9장 통제

1 "Don't Tell Me What I Can't Do!" Lost Compilation, YouTube (May 4, 2009), https://www.youtube.com/watch?v=JAsp4rn9QnM.

2 Sharon Brehm and Jack L. Brehm, *Psychological Reactance: A Theory of Freedom and Control* (1981).

3 Alexis de Tocqueville, *The Ancien Regime and the French Revolution* 151 (Jon Elster ed., 2007).

4 페더럴리스트 10번을 살펴보자. 〈민주제와 공화제 사이에 두 가지 중대한 차이점이 존재한다. 첫째, 공화제에서는 전체 시민이 뽑은 소수의 집단에 통치 권한을 위임한다. 둘째, 시민의 수가 많을수록 그리고 국가의 영토가 넓을수록 공화제를 확대 적용할 수 있다. 첫 번째 차이점에 따른 결과는 국가의 진정한 이익을 가장 잘 판단할 수 있는 지혜와 애국심과 정의를 사랑하는 마음을 바탕으로 일시적이거나 편파적 이해관계를 위해 국가를 희생시킬 위험이 가장 낮은 선택된 집단을 통해 여론을 수렴함으로써 그 뜻을 강화하고 확대할 수 있다는 것이다. 이러한 체제에서는 공동의 목적을 위해 모인 시민들이 직접 내는 의견보다 시민들의 대표가 대변하는 공적 의견이 공익에 더 많이 기여할 수 있다.〉

5 Oren Bar-Gill and Cass R. Sunstein, "Regulation as Delegation", *7 J. Legal Analysis* 1 (2015).

6 For illuminating discussion, see Edna Ullmann-Margalit & Sidney Morgenbesser, "Picking and Choosing", *44 Soc. Res.* 757 (1977); Edna Ullmann-Margalit, Normal Rationality (Avishai Margalit & Cass R. Sunstein eds. 2017).

7 예를 들어 다음을 보라. Tali Sharot et al., "How Choice Reveals and Shapes Expected Hedonic Outcome", *29 J. Neuroscience*, 3760 (2009), http://doi.org/10.1523/JNEUROSCI.4972-08.2009.

8 Nicola J. Bown et al., "The Lure of Choice", *16 J. Behav. Decision Making* 297

(2003).

9 David Owens et al., "The Control Premium: A Preference for Payoff Autonomy", *6 Am. Econ. J.: Microeconomics* 138 (2014), http://doi.org/10.1257/mic.6.4.138.

10 Suzanne C. Thompson, "Illusions of Control: How We Overestimate Our Personal Influence", *8 Current Directions Psychol. Sci.* 187 (1999), http://doi.org/10.1111/1467-8721.00044.

11 Sebastian Bobadilla-Suarez et al., "The Intrinsic Value of Control: The Propensity to Under-Delegate in the Face of Potential Gains and Losses", *54 J. Risk & Uncertainty* 187(2017). 다음의 몇 문단에서 우리의 공동 연구를 소개하고 있다. 많은 가르침을 준 공저자에게 감사드린다.

12 David Owens, Zachary Grossman, & Ryan Fackler, "The Control Premium: A Preference for Payoff Autonomy", *6 Am. Econ. J.: Microeconomics* 138 (2014), http://doi.org/10.1257/mic.6.4.138 ; Björn Bartling, Ernst Fehr, & Holger Herz, "The Intrinsic Value of Decision Rights", *82 Econometrica* 2005 (2013), http://doi.org/10.3982/ECTA11573.

13 John Stuart Mill, On Liberty, in On Liberty 5, 76 (Stefan Collini ed. 1859/1989).

10장 강제

1 Sarah Conly, Against Autonomy (2012); Ryan Bubb & Richard Pildes, "How Behavioral Economics Trims Its Sails and Why", *127 Harv. L. Rev.* 1593 (2014).

2 나는 정의에 관한 질문을 괄호로 묶어 뒀지만, 선택의 자유는 사회 복지에서 대단히 중요한 요소라는 점에 주목하자. Daniel Benjamin et al., "Beyond Happiness and Satisfaction: Toward Well-Being Indices Based on Stated Preference", *104 Am. Econ. Rev.* 2698 (2014); Björn Bartling et al., "The Intrinsic Value of Decision Rights" (U. of Zurich, Dept. of Econ. Working Paper No. 120, 2013), http://papers.ssrn.com/sol3/papers.cfm?abstract_id=2255992. 기본적인 사안에 대한 의미 있는 논의는 다음을 참조. Matthew Adler, *Well-Being and Fair Distribution: Beyond Cost–Benefit Analysis* (2011).

3 Nat'l High. Traf. Safety Administration, "Final Regulatory Impact Analysis: Corporate Average Fuel Economy for MY 2017 – Y 2025", August 2012, table 13.

4 Xavier Gabaix & David Laibson, "Shrouded Attributes, Consumer Myopia, and Information Suppression in Competitive Markets", *121 Q. J. Econ.* 505, 511 (2006).

5 "Light-Duty Vehicle Greenhouse Gas Emission Standards and Corporate Average Fuel Economy Standards; Final Rule", Part II, 75 Fed. Reg. 25, 324, 25,510 - 25,511 (May 7, 2010), https://www.gpo.gov/fdsys/pkg/FR-2010-05-07/pdf/2010-8159.pdf.

6 Hunt Allcott & Michael Greenstone, Is There an Energy Efficiency Gap?, *26 J. Econ. Persp.* 3 (2012).

11장 기호 역전

1 최초 발견은 1992년이었다. Max Bazerman et al., "Reversals of Preference in Allocation Decisions: Judging an Alternative versus Choosing among Alternatives", *37 Admin. Sci. Q.* 220 (1992). 중요한 검토는 다음을 참조. Christopher Hsee et al., "Preference Reversals between Joint and Several Evaluations of Options", *125 Psychol. Bull.* 576 (1999). 다음의 최근 자료는 유용한 추가적인 복잡성을 다루고 있다. Yin-Hui Cheng et al., "Preference Reversals between Joint and Separate Evaluations with Multiple Alternatives and Context Effects", *120 Psychol. Rep.* 1117 (2017). 여기서 다루지 못한 기호 역전에 관한 자료가 많이 있다. 가령 다음을 참조. Amos Tversky & Richard Thaler, "Preference Reversals", *4 J. Econ. Persp.* 201 (1990); Amos Tversky et al., The Causes of Preference Reversal, *80 Am. Econ. Rev.* 204 (1990). 이러한 역전 현상(〈규모 호환성〉)에 관한 최고의 설명은 비록 여기서 입증할 수는 없지만, 내가 여기서 살펴본 동일한 일반적인 범주에 속한다고 생각한다.

2 Christopher Hsee, "The Evaluability Hypothesis: An Explanation for Preference Reversals between Joint and Separate Evaluations of Alternatives", *67 Organizational Behav. & Hum. Decision Processes* 247, 248 (1996).

3 같은 책; Christopher K. Hsee, "Attribute Evaluability: Its Implications for Joint-Separate Evaluation Reversals and Beyond", in *Choices, Values, and Frames* 543 - 565 (Daniel Kahneman & Amos Tversky eds. 2000). Other explanations are explored in Max H. Bazerman et al., "Explaining How Preferences Change across Joint versus Separation Evaluation", *39 J. Econ. Behav. & Org.* 41 (1999).

4 다음 자료에서 소개하는 〈비교 마찰〉에 관한 중요한 발견과 비교해 보자. Jeffrey R. Kling et al., "Comparison Friction: Experimental Evidence from Medicare Drug Plans", *127 Q. J. Econ.* 199 (2012). 간단하게 말해서 클링과 공저자들은 비교 마찰을 〈상대적인 정보의 가용성과 그 정보에 대한 소비자의 활용 사이의 쐐기〉라고 설명한다. 같은 책 200면. 그들은 정보가 가용할 때조차 사람들은 이를 활용하지 않는다는 점에서 그 쐐기는 그들이 생각하는 것보다 훨씬 더 크다는 사실

을 발견했다. 비교 마찰과 내가 여기서 살펴보는 형태의 기호 역전 사이에는 뚜렷한 관계가 있다. 현실 속 시장이나 정치에서, 사람들이 개별 평가를 통해 쉽게 얻을 수 있는 정보를 얻으려 하지 않는 것은 바로 비교 마찰 때문이다.

5 Shane Frederick et al., "Opportunity Cost Neglect", *36 J. Consumer Res.* 553 (2009).

6 Ted O'Donoghue & Matthew Rabin, "Doing It Now or Later", *89 Am. Econ. Rev.* 103 (1999).

7 Hsee, 앞의 주2, 253면.

8 같은 책.

9 John A. List, "Preferences Reversals of a Different Kind": The "More Is Less" Phenomenon, *92 Am. Econ. Rev.* 1636 (2002).

10 같은 책 1641면.

11 George Loewenstein, *Exotic Preferences: Behavioral Economics and Human Motivation* 261 (2007).

12 방법론적 첨언: 나는 몇몇 대목에서 상상 가능한 집단이 무엇을 할 것인가에 대해 데이터 수집 없이 추측을 제시하고 있다. 다만 충분히 논리적이고 자명해서 데이터가 없다는 사실이 문제가 되지 않기를 바랄 뿐이다. 그래도 추측은 추측일 뿐이며, 데이터가 훨씬 더 나을 것이라는 점을 강조한다.

13 For evidence in this vein, see Cheng et al., 앞의 주1.

14 Christopher Hsee et al., "Magnitude, Time, and Risk Differ Similarly between Joint and Single Evaluations", *40 J. Consumer Res.* 172 (2013).

15 Max H. Bazerman et al., "Explaining How Preferences Change across Joint versus Separate Evaluation", *39 J. Econ. Behav. & Org.* 41 (1999).

16 Mark Kelman, Yuval Rottenstreich, & Amos Tversky, "Context-Dependence in Legal Decision-Making", *25 J. Legal Stud.* 287 (1996).

17 Christopher Hsee & Jiao Zhang, "Distinction Bias: Misprediction and Mischoice Due to Joint Evaluation", *86 J. Personality and Social Psych.* 680 (2004).

18 Daniel Kahneman & Richard Thaler, "Utility Maximization and Experienced Utility", *20 J. Econ. Persp.* 221 (2006); Daniel Kahneman et al., "Back to Bentham? Explorations of Experienced Utility", *112 Q. J. Econ.* 376 (1997).

19 Timothy Wilson & Daniel Gilbert, "Affective Forecasting", *35 Advances Ex-*

perimental Soc. Psychol. 345 (2003), http://homepages.abdn.ac.uk/c.n.macrae/ pages/dept/HomePage/Level_3_Social_Psych_files/Wilson%26Gilbert(2003). pdf.

20 Hsee & Zhang, 앞의 주 17.

21 This suggestion can be found in Max Bazerman et al., "Negotiating With Yourself and Losing: Making Decisions With Competing Internal Preferences", *23 Acad. Mgmt. Rev.* 225, 231 (1998).

22 Max Bazerman et al., "Joint Evaluation as a Real-World Tool for Managing Emotional Assessments of Morality", *3 Emotion Rev.* 290 (2011).

23 Max Bazerman et al., "Explaining How Preferences Changes across Joint versus Separate Evaluation", *39 J. Econ. Behav. & Org.* 41 (1999).

24 나는 이 대목을 같은 책 46면에서 따왔다. 거기서는 휴대전화 대신 VCR을 사용한다.

25 Xavier Gabaix & David Laibson, "Shrouded Attributes, Consumer Myopia, and Information Suppression in Competitive Markets", *121 Q. J. Econ.* 505 (2006).

26 그렇다. 이는 개인의 실수에 기반을 둔 것이다. 나는 예전 11인치 맥북에어에 만족하지만, 그래도 멋진 화면과 키보드가 탑재된 새 맥북을 샀다(그럼에도 맥북에어를 가지고 이 글을 쓰고 있다. 새 맥북은 서랍 어디엔가 있을 것이다).

27 Max Bazerman et al., "Explaining How Preferences Change across Joint versus Separate Evaluation", *39 J. Econ. Behav. & Org.* 41 (1999).

28 Hsee, 앞의 주 2.

29 Iris Bohnet et al., "When Performance Trumps Gender Bias: Joint vs. Separate Evaluation", *62 Mgmt. Sci.* 1225 (2015).

30 같은 책.

31 State Farm Mutual Automobile Insurance Co. v. Campbell, 538 US 408 (2003); TXO Production Corp. v. Alliance Resources, 509 US 443 (1993).

32 Cass R. Sunstein, Daniel Kahneman, Ilana Ritov, & David Schkade, "Predictably Incoherent Judgments", *54 Stan. L. Rev.* 1153 (2002).

33 같은 책.

34 같은 책.

35 Daniel Kahneman et al., "Shared Outrage and Erratic Awards: The Psychology

of Punitive Damages", *16 J. Risk & Uncertainty* 49 (1998).

36 Daniel Kahneman & Cass R. Sunstein, "Cognitive Psychology of Moral Intuitions", in Neurobiology of Human Values: Research and Perspectives in Neurosciences 91 (Jean-Pierre Changeux et al. eds. 2005).

37 Kahneman et al., 앞의 주 35.

38 David Schkade et al., "Do People Want Optimal Deterrence?", *29 J. Legal Stud.* 237 (2000).

39 Netta Barak-Corren et al., "If You're Going to Do Wrong, At Least Do It Right: Considering Two Moral Dilemmas At the Same Time Promotes Moral Consistency", *64 Mgmt. Sci.* 1528 (2017).

40 Cass R. Sunstein, "How Do We Know What's Moral?", N.Y. Rev. Books (Apr. 24, 2014).

41 J. A. Hausman, Contingent Valuation: A Critical Assessment (2012); Handbook on Contingent Valuation (Anna Albertini & James Kahn eds. 2009).

42 예를 들어 다음을 보라. Peter A. Diamond, "Contingent Valuation: Is Some Number Better Than No Number?", *8 J. Econ. Persp.* 45 (1994).

43 Daniel Kahneman, Ilana Ritov, & David Schkade, "Economic Preferences or Attitude Expressions? An Analysis of Dollar Responses to Public Issues", *19 J. Risk & Uncertainty* 220 (1999).

44 같은 책.

45 같은 책.

46 Janice Y. Jung & Barbara A. Mellers, "American Attitudes toward Nudges", *11 Judgment & Decision Making* 62 (2016).

47 같은 책; Cass R. Sunstein, *The Ethics of Influence* (2016).

48 Jung & Mellers, 앞의 주 46.

49 Shai Davidai & Eldar Shafir, "Are Nudges Getting A Fair Shot? Joint Versus Separate Evaluations", *3 Behav. Pub. Pol'y* (forthcoming 2018).

50 같은 책.

3부 새로운 시도

12장 투명성

1 Amartya Sen, *Poverty and Famines* (1981).

2 Amartya Sen, *Development as Freedom* (1999).

3 Transparency and Open Government, *74 Fed. Reg.* 4685 (January 29, 2009).

4 2016년의 설명은 다음을 보라. Corey Zarek, "Agencies Continue to Deliver on Day-One Commitment to Open Government", White House Blog (July 14, 2016), https://www.whitehouse.gov/blog/2016/07/14/agencies-continue-deliver-day-one-commitment-open-government.

5 Louis D. Brandeis, *Other People's Money* 92 (1914).

6 For evidence, see Archon Fung et al., *Full Disclosure* (2008).

7 Archon Fung & Dana O'Rourke, "Reinventing Environmental Regulation from the Grassroots Up: Explaining and Expanding the Success of the Toxics Release Inventory", *25 Envtl. Mgmt.* 115 (2000).

8 Partha Deb & Carmen Vargas, "Who Benefits from Calorie Labeling? An Analysis of Its Effects on Body Mass" (Nat'l Bureau of Econ. Research, Working Paper No. 21992, 2016), http://www.nber.org/papers/w21992.

9 Fung et al., 앞의 주 6.

10 Senator Elizabeth Warren, Speech at Administrative Conference of the United States: Regulatory Capture Forum (March 3, 2016), https://www.warren.senate.gov/files/documents/2016-3-3_Warren_ACUS_Speech.pdf.

11 Samantha Power, *"A Problem from Hell": America and the Age of Genocide* (2002). By the way, I like this book a lot, and I have learned a great deal from its author.

12 Max Farrand, *The Records of the Constitutional Convention of 1787, vol. 3,* 367 (1911).

13 United States v. Nixon, 418 US 683 (1974).

14 44 USC §§ 2201 – 2207 (2012).

13장 예방조치

1 The literature is vast. See, for general discussion, *The Precautionary Principle*

in the 20th Century: Late Lessons from Early Warnings (Poul Harremoes et al. eds. 2002); Arie Trouwborst, *Evolution and Status of the Precautionary Principle in International Law* (2002); *Interpreting the Precautionary Principle* (Tim O'Riordan & James Cameron eds., 2002); *Precaution, Environmental Science and Preventive Public Policy* (Joel Tickner ed., 2002); *Protecting Public Health and the Environment: Implementing the Precautionary Principle* (Carolyn Raffensberger & Joel Tickner eds. 1999).

2 Benny Joseph, *Environmental Studies* 254 (2005).

3 Final Declaration of the First European "Seas At Risk" Conference, Annex 1, Copenhagen, 1994.

4 Alan McHughen, *Pandora's Picnic Basket* (2000).

5 Ling Zhong, "Note, Nuclear Energy: China's Approach toward Addressing Global Warming", *12 Geo. Int'l Envtl. L. Rev.* 493 (2000). 물론 화력 발전과 원자력 발전에 대한 국가 의존도를 줄이고, 태양열 발전과 같은 환경 친화적인 대안으로 이동해야 한다는 주장은 합리적이다. 이와 관련해 일반적인 논의는 다음을 참조. *Renewable Energy: Power for a Sustainable Future* (Godfrey Boyle ed., 1996); Allan Collinson, Renewable Energy (1991); Dan E. Arvizu, "Advanced Energy Technology and Climate Change Policy Implications", *2 Fla. Coastal L. J.* 435 (2001). 그러나 이러한 대안 역시 현실 가능성이나 비용과 관련된 고유한 문제를 안고 있다.

6 Testimony of Vice Admiral Charles W. Moore, Deputy Chief of Naval Operations for Readiness and Logistics, before the House Resources Committee, Subcommittee on Fisheries Conservation, Wildlife and Oceans, June 13, 2002.

7 Paul Rozin & Carol Nemeroff, "Sympathetic Magical Thinking: The Contagion and Similarity 'Heuristics,'" in *Heuristics and Biases: The Psychology of Intuitive Judgment* (Thomas Gilovich, Dale Griffin, & Daniel Kahneman eds. 2002).

8 같은 책.

9 Paul Slovic, *The Perception of Risk* 291 (2000).

10 James P. Collman, *Naturally Dangerous* (2001).

11 Daniel B. Botkin, "Adjusting Law to Nature's Discordant Harmonies", *7 Duke Envtl. L. & Pol'y F.* 25, 27 (1996).

12 같은 책, 33면.

13 Collman, 앞의 주 10.

14 같은 책, 31면.

15 Richard H. Thaler, "The Psychology of Choice and The Assumptions of Economics", in *Quasi-rational Economics* 137, 143 (1991) (arguing that "losses loom larger than gains"); Daniel Kahneman, Jack L. Knetsch, & Richard H. Thaler, "Experimental Tests of the Endowment Effect and the Coase Theorem", *98 J. Pol. Econ.* 1325, 1328 (1990); Colin Camerer, "Individual Decision Making", in *The Handbook of Experimental Economics* 587, 665 – 670 (John H. Kagel & Alvin E. Roth eds. 1995).

16 Slovic, 앞의 주 9, 140 – 143면.

17 Amos Tversky & Daniel Kahneman, *Judgment under Uncertainty: Heuristics and Biases*, 같은 책, 3, 11 – 14면.

18 같은 책, 11면.

19 같은 책.

20 같은 책.

21 Slovic, 앞의 주 9, 40면.

22 For an especially good discussion of this point, see Daniel Steel, *Philosophy and the Precautionary Principle: Science, Evidence, and Environmental Policy* (2014).

23 Frank H. Knight, Risk, *Uncertainty, and Profit* 19 – 20 (1921/1985) (distingui–shing measurable uncertainties, or "risk' proper," from unknowable uncertainties, called uncertainty); Paul Davidson, "Is Probability Theory Relevant for Uncertainty? A Post Keynesian Perspective", *5 J. Econ. Persp.* 129, 129 – 131 (1991) (describing the difference between true uncertainty and risk); Cass R. Sunstein, "Irreversible and Catastrophic", *91 Cornell L. Rev.* 841, 848 (2006) (noting that for risk, "probabilities can be assigned to various outcomes," while for uncertainty, "no such probabilities can be assigned"). For a technical treatment of the possible rationality of maximin, see generally Kenneth J. Arrow & Leonid Hurwicz, "An Optimality Criterion for Decision–Making under Ignorance", in *Uncertainty and Expectations in Economics: Essays in Honor of G.L.S. Shackle* 1 (C. F. Carter & J. L. Ford eds., 1972). 비기술적인 서평은 다음을 보라. Jon Elster, *Explaining Technical Change* app. 1 at 185 – 207 (1983).

24 나심 니콜라스 탈렙 등은 특별한 논의에서 재앙에 따른 높은 비용의 낮은 가능성

과 관련된 〈파멸〉 문제를 언급하고 있다. Nassim Nicholas Taleb et al., The Precautionary Principle (with Application to the Genetic Modification of Organisms) 10 (Extreme Risk Initiative—NYU Sch. of Eng'g Working Paper Series, 2014), http://www.fooledbyrandomness.com/pp2.pdf. 유전자 조작 식품은 〈상호 의존적인 다양한 요소를 동시에 조작함으로써〉 전체 식품 시스템을 완전히 뒤집을 만한 잠재력을 갖고 있다고 주장한다.

25 Cass R. Sunstein, *Worst-Case Scenarios* (2009); Cass R. Sunstein, "Irreparability as Irreversibility", *2018 Supreme Court Review 93*.

26 Aaron Wildavsky, But Is It True? (1995), 433.

14장 도덕적 휴리스틱

1 Amos Tversky & Daniel Kahneman, "Judgment under Uncertainty: Heuristics and Biases", *185 Science* 1124 (1974).

2 Jonathan Baron, "Nonconsequentialist Decisions", *17 Behav. & Brain Sci.* 1 (1994); Jonathan Baron, Judgment Misguided: Intuition and Error in *Public Decision Making* (1998); David Messick, "Equality as a Decision Heuristic", in *Psychological Perspectives* on Justice (B. Mellers & J. Baron eds. 1993).

3 Jonathan Baron, "Nonconsequentialist Decisions", *17 Behav. & Brain Sci.* 1 (1994).

4 John Rawls, *A Theory of Justice* (1971); Norman Daniels, *Justice and Justification: Reflective Equilibrium in Theory and Practice* (1996).

5 Daniel Kahneman & Amos Tversky, "Choices, Values, and Frames", *39 Am. Psychol.* 341 (1984).

6 Daniel Kahneman & Shane Frederick, "Representativeness Revisited: Attribute Substitution in Intuitive Judgment", in *Heuristics and Biases: The Psychology of Intuitive Judgment* 49, 62 (Thomas Gilovich, Dale Griffin, & Daniel Kahneman eds. 2002); Barbara Mellers, Ralph Hertwig, & Daniel Kahneman, "Do Frequency Representations Eliminate Conjunction Effects?", *12 Psychol. Sci.* 469 (2001).

7 Stephen J. Gould, *Bully for Brontosaurus: Reflections in Natural History* 469 (1991).

8 Kahneman & Frederick, 앞의 주 6, 63면.

9 D. G. Myers, Intuition: Its Powers and Perils (2002).

10 Paul Slovic et al., "The Affect Heuristic", in *Heuristics and Biases: The Psychology of Intuitive Judgment* 397 (Thomas Gilovich, Dale Griffin, & Daniel Kahneman eds. 2002).

11 Kahneman & Frederick, 앞의 주 6.

12 Joshua D. Greene & Jonathan Haidt, "How (and Where) Does Moral Judgment Work?", *6 Trends in Cognitive Sci.* 517 (2002); Jonathan Haidt & Matthew Hersh, "Sexual Morality: The Cultures and Emotions of Conservatives and Liberals", *31 J. Applied Soc. Psychol.* 191 (2002). Compare David A. Pizarro & Paul Bloom, "The Intelligence of the Moral Intuitions: Comment on Haidt", *110 Psychol. Rev.* 193 (2001).

13 Jonathan Haidt et al., "Moral Dumbfounding: When Intuition Finds No Reason", unpublished manuscript, University of Virginia (2004).

14 Jeremy Bentham, *An Introduction to the Principles of Morals and Legislation* 12 (J. H. Burns & H. L. A. Hart eds. 1970).

15 John Stuart Mill, *Utilitarianism* 28–29 (1861/1971); Henry Sigdwick, *The Methods of Ethics* 199–216 (1874); R. M. Hare, *Moral Thinking: Its Levels, Method and Point* (1981); J. J. C. Smart, "An Outline of a System of Utilitarian Ethics", in *Utilitarianism: For and Against* (J. J. C. Smart & B. Williams eds. 1973).

16 다음을 참조. Mill, 앞의 주 15, 29면. 보편적인 견해로 볼 때, 윤리학의 주요 과제는 적절한 일반적인 이론을 확인하고, 이를 활용해 직관이 실수를 범할 때 바로잡는 것이다. B. Hooker, *Ideal Code, Real World: A Rule-Consequentialist Theory of Morality* (2000). 일상적인 도덕을 실질적인 사안, 즉 효용을 높이는 방법에 대한 일련의 휴리스틱으로 봐야 한다는 과감한 주장에 대해 생각해 보자. 다음을 참조. J. Baron, *Judgment Misguided: Intuition and Error in Public Decision Making* (1998), https://www.sas.upenn.edu/~baron/vbook.htm. 법률 분야의 다양한 사례와 더불어 일반적인 동일한 영향은 다음을 참조. L. Kaplow & S. Shavell, Fairness versus Welfare (2002).

17 Amartya Sen, "Fertility and Coercion", *63 U. Chi. L. Rev.* 1035, 1038 (1996).

18 Frans de Waal, *Good Natured: The Origins of Right and Wrong in Humans and Other Animals* (1996); Elliot Sober & David Sloan Wilson, *Unto Others: The Evolution and Psychology of Unselfish Behavior* (1999); Leonard D. Katz, *Evolutionary Origins of Morality: Cross-Disciplinary Perspectives* (2000).

19 Ethics and Evolution: The MIT Encyclopedia of the Cognitive Sciences (R. A. Wilson & F. C. Weil eds. 2001).

20 Cass R. Sunstein, *Why Societies Need Dissent* (2003).

21 Brad Hooker, *Ideal Code, Real World: A Rule-Consequentialist Theory of Morality* (2000).

22 Gerd Gigerenzer et al., *Simple Heuristics that Make Us Smart* (1999).

23 Daniel Kahneman & Amos Tversky, "Choices, Values, and Frames", *39 Am. Psychol.* 341 (1984).

24 Amos Tversky & Daniel Kahneman, "Loss Aversion in Riskless Choice: A Reference-Dependent Model", *106 Q. J. Econ.* 1039 (1991).

25 Daniel Kahneman, Jack L. Knetsch, & Richard H. Thaler, "Fairness as a Constraint on Profit-Seeking: Entitlements in the Market", *76 Am. Econ. Rev.* 728 (1986).

26 Craig R. McKenzie, "Framing Effects in Inference Tasks—and Why They Are Normatively Defensible", *32 Memory & Cognition* 874 (2004).

27 또한 손실 회피는 현실 세상에서 대단히 뚜렷하게 나타난다는 점에 주목하자. Colin Camerer, "Prospect Theory in the Wild: Evidence from the Field", in *Choices, Values and Frames* (Daniel Kahneman & Amos Tversky eds. 2000); Shlomo Benartzi & Richard H. Thaler, "Myopic Loss Aversion and the Equity Premium Puzzle", in *Choices, Values and Frames* (Daniel Kahneman & Amos Tversky eds. 2000). 또한 화자의 실마리에 따른 전적인 혹은 전반적인 결과인지 는 제시되지 않았다. 신호가 존재할 때, 신호의 특성이 프레이밍 효과의 존재에 대한 화자의 인식에 달려 있다는 사실에 주목하자. 그러한 인식이 없을 때, 실마 리는 아무런 의미가 없다.

28 Shane Frederick, "Measuring Intergenerational Time Preference: Are Future Lives Valued Less?", *26 J. Risk & Uncertainty* 39 (2003).

29 Richard Revesz, "Environmental Regulation, Cost-Benefit Analysis, and the Discounting of Human Lives", *99 Colum. L. Rev.* 941 (1999); Edward R. Morrison, "Comment, Judicial Review of Discount Rates Used in Regulatory Cost-Benefit Analysis", *64 U. Chi. L. Rev.* 1333 (1998).

30 Maureen L. Cropper et al., "Preferences for Life-Saving Programs: How the Public Discounts Time and Age", *8 J. Risk & Uncertainty* 243 (1994).

31 Shane Frederick, "Measuring Intergenerational Time Preference: Are Future

Lives Valued Less?", *26 J. Risk & Uncertainty* 39 (2003).

32 비슷한 결과는 다음을 참조. Jonathan Baron, "Can We Use Human Judgments to Determine the Discount Rate?", *20 Risk Analysis* 861 (2000). 여기서도 프레임은 화자의 의도에 대해 말해 주고 있으며, 그 주제는 이 시나리오에서 확실성의 정도에 민감할 수 있다(예를 들어 미래의 죽음이 실제로 일어나지 않을 수 있다고 생각하면서). 물론 이것은 완전한 설명이 아니라는 강한 의심이 든다. 다음을 참조. Shane Frederick, "Measuring Intergenerational Time Preference: Are Future Lives Valued Less?", *26 J. Risk & Uncertainty* 39 (2003). 나는 이를 부정하려는 것이 아니라, 다만 프레임에 대한 직관의 수용성을 언급하고자 하는 것이다. 회의적인 입장은 다음을 참조. Frances Kamm, "Moral Intuitions, Cognitive Psychology, and the Harming-versus-Not-Aiding Distinction", *108 Ethics* 463 (1998).

33 Cass R. Sunstein, "Lives, Life-Years, and Willingness to Pay", *104 Colum. L. Rev.* 205 (2004).

34 W. Kip Viscusi, "Corporate Risk Analysis: A Reckless Act?", *52 Stan. L. Rev.* 547, 558 (2000).

35 id; Phillip E. Tetlock et al., "The Psychology of the Unthinkable: Taboo Trade-Offs, Forbidden Base Rates, and Heretical Counterfactuals", *78 J. Personality & Soc. Psychol.* 853 (2000).

36 Viscusi, 앞의 주 34.

37 Phillip E. Tetlock et al., "The Psychology of the Unthinkable: Taboo Trade-Offs, Forbidden Base Rates, and Heretical Counterfactuals", *78 J. Personality & Soc. Psychol.* 853 – 870 (2000).

38 I am grateful to Jonathan Haidt for this suggestion.

39 Frank Ackerman & Lisa Heinzerling, *Priceless: On Knowing the Price of Everything and the Value of Nothing* (2004).

40 Cass R. Sunstein, *Risk and Reason: Safety, Law, and the Environment* (2002).

41 Michael Sandel, "It's Immoral to Buy the Right to Pollute", *New York Times* (December 15, 1997); 또한 다음을 보라. Steven Kelman, *What Price Incentives? Economists and the Environment* (1981).

42 Jonathan J. Koehler & Andrew D. Gershoff, "Betrayal Aversion: When Agents of Protection Become Agents of Harm", *90 Org. Behav. & Hum. Decision Processes* 244 (2003).

43 같은 책.

44 같은 책 244면.

45 같은 책.

46 Ilana Ritov & Jonathan Baron, "Reluctance to Vaccinate: Omission Bias and Ambiguity", *3 J. Behav. Decision Making* 263 (1990).

47 John Darley et al., "Incapacitation and Just Deserts as Motives for Punishment", *24 L. & Hum. Behav.* 659 (2000); Kevin M. Carlsmith et al., "Why Do We Punish? Deterrence and Just Deserts as Motives for Punishment", *83 J. of Personality & Soc. Psychol.* 284 (2000).

48 Daniel Kahneman, David Schkade, & Cass R. Sunstein, "Shared Outrage and Erratic Awards: The Psychology of Punitive Damages", *16 J. of Risk & Uncertainty* 49 (1998); Cass R. Sunstein et al., *Punitive Damages: How Juries Decide* (2002).

49 Kahneman & Frederick, 앞의 주 6, 63면.

50 Ilana Ritov & Jonathan Baron, "Reluctance to Vaccinate: Omission Bias and Ambiguity", *3 J. Behav. Decision Making* 263 (1990).

51 Jonathan Baron, *Morality and Rational Choice* 108, 123 (1993).

52 같은 책.

53 Jonathan Baron & Ilana Ritov, "Intuitions about Penalties and Compensation in the Context of Tort Law", *7 J. Risk & Uncertainty* 17 (1993).

54 Mitchell A. Polinsky & Steven S. Shavell, "Punitive Damages: An Economic Analysis", *111 Harv. L. Rev.* 869 (1998).

55 Cass R. Sunstein, David Schkade, & Daniel Kahneman, "Do People Want Optimal Deterrence?", *29 J. Legal Stud.* 237, 248 – 249 (2000).

56 L. Kass, "The Wisdom of Repugnance", in *The Ethics of Human Cloning* 17 – 19 (L. Kass & J. Q. Wilson eds. 1998).

57 같은 책.

58 P. Rozin, "Technological Stigma: Some Perspectives from the Study of Contagion", in *Risk, Media, and Stigma: Understanding Public Challenges to Modern Science and Technology* 31, 38 (J. Flynn, P. Slovic, & H. Kunreuther eds. 2001).

59 같은 책.

60 같은 책.

61 A. McHughen, *Pandora's Picnic Basket* (2000).

62 E. Schlosser, *Fast Food Nation: The Dark Side of the All-American Meal* (2002).

63 J. Haidt & M. Hersh, "Sexual Morality: The Cultures and Emotions of Conservatives and Liberals", *31 J. Applied Soc. Psychol.* 191 – 221.

64 Haidt et al., 앞의 주 13.

65 Washington v. Glucksberg 1997, 724 – 725.

66 J. Baron & I. Ritov, "Intuitions about Penalties and Compensation in the Context of Tort Law", *7 J. Risk & Uncertainty* 17 – 33.

67 B. Williams, "A Critique of Utilitarianism", in *Utilitarianism: For and Against* (J. J. C. Smart & B. Williams eds. 1973).

68 J. J. Thomson, "The Trolley Problem, in Rights", *Restitution and Risk: Essays in Moral Theory* 31 (J. J. Thomson & W. Parent eds. 1986).

69 F. Kamm, *Morality, Mortality, Vol. 1: Death and Whom to Save from It* 8 (1993); R. Sorenson, Thought Experiments (1992).

70 B. Hooker, *Ideal Code, Real World: A Rule-Consequentialist Theory of Morality* (2000); J. Raz, "The Relevance of Coherence", in *Ethics in the Public Domain* 277 – 326 (J. Raz ed. 1994).

71 J. Rawls, *A Theory of Justice* (1971).

15장 권리

1 Frances Kamm, *Intricate Ethics* (2006); Bernard Williams, "A Critique of Utilitarianism", in *Utilitarianism: For and Against* (J. C. Smart and Bernard Williams eds. 1973).

2 주요 윤리 이론들 사이에서 차이점을 살펴보고, 그 이론들이 수렴한다고 주장하는 중요한 시도는 다음을 참조. Derek Parfit, On What Matters, vol. 1 (2013). 나는 전통적인 방식으로 결과주의와 의무론에 전적으로 반대한다.

3 C. R. Sunstein, D. Schkade, & D. Kahneman, "Do People Want Optimal Deterrence?", *29 J. Legal Stud.* 237 – 253.

4 그러나 중요한 발견은 단지 의무론적 판단이 이뤄지는 영역 중 아주 작은 부분에만 해당하며, 일부 증거는 그러한 판단이 자동적인 과정과 뚜렷하게 연결되어 있다는 주장을 뒷받침하지 못한다는 점에 주목하자. Andrea Manfrinati et al., "Moral Dilemmas and Moral Principles: When Emotion and Cognition Unite", *27 Cognition & Emotion* 1276 (2013). 또한 학습과 문화가 분명하게 중요하며, 의무론과 자동적인 과정, 문화 사이의 관계에 대해 많은 이야기를 들려줄 문화 간 증거를 아직 충분히 확보하지 못했다는 사실에 주의하자.

5 Henry Sidgwick, *The Methods of Ethics* 425 – 426 (1981).

6 Joshua D. Greene, "Reply to Mikhail and Timmons", in *Moral Psychology: The Neuroscience of Morality: Emotion, Brain Disorders, and Development 3* (Walter-Sinnott-Armstrong ed. 2007).

7 Judith Jarvis Thomson, "The Trolley Problem", in *Rights, Restitution and Risk: Essays in Moral Theory* (J. J. Thomson & W. Parent eds. 1986).

8 Joshua D. Greene, Brian R. Somerville, Leigh E. Nystrom, John M. Darley, & Jonathan D. Cohen, "An fMRI Investigation of Emotional Engagement in Moral Judgment", *293 Science* 2105, 2106 (2001). Greene et al.의 논문에서 사용된 방법론에 대해, 특히 인과관계를 추론하는 과정의 어려움에 대해 많은 의문이 제기되었다. SelimBerker, "The Normative Insignificance of Neuroscience", *37 Phil. & Public Affairs* 293, 305 – 313 (2009). 나는 여기서 이러한 질문을 함께 다뤘다.

9 Joshua D. Greene, "The Cognitive Neuroscience of Moral Judgment", in *The Cognitive Neurosciences* (M. S. Gazzaniga ed., 4th ed., 2009).

10 Fiery Cushman, Dylan Murray, Shauna Gordon-McKeon, Sophie Wharton, & Joshua D. Greene, "Judgment before Principle: Engagement of the Frontoparietal Control Network", *7 Soc. Cognitive & Affective Neuroscience* 888 (2011).

11 같은 책 893면.

12 같은 책 894면.

13 같은 책 893면.

14 Michael L. Koenigs, Liane Young, Ralph Adolphs, Daniel Tranel, Fiery Cushman, Marc Hauser, & Antonio Damasio, "Damage to the Prefrontal Cortex Increases Utilitarian Moral Judgments", *446 Nature* 908, 909 (2007).

15 같은 책 909 – 910면.

16 Joshua D. Greene, "Why Are VMPFC Patients More Utilitarian? A Dual-

Process Theory of Moral Judgment Explains", *11 Trends in Cognitive Sci.* 322 (2007).

17 Mario Mendez, Eric Anderson, & Jill S. Shapira, "An Investigation of Moral Judgment in Frontotemporal Dementia", *18 Cognitive & Behav. Neurology* 193 (2005).

18 같은 책. 그들의 fMRI 연구는 상관관계만을 보여 줄 뿐 원인과 결과를 구분하지 못한다는 점에 주의하자. 의사 결정 Y를 내릴 때 영역 X가 활성화되었다고 해서, X가 Y의 원인이라고 말할 수는 없다. Y가 X의 원인일 수 있으며, 제3의 요인이 두 가지 모두의 원인일 수도 있다. 가령 의무론적 판단을 내리는 행위가 편도체와 VMPC가 처리하는 감정적 반응의 원인이 될 수 있다. 반면 장애 연구는 원인과 결과를 구분할 수 있다(이 점을 명확히 해준 것에 대해 탈리 샤롯에게 감사드린다).

19 Elinor Amit & Joshua D. Greene, "You See, The Ends Don't Justify the Means: Visual Imagery and Moral Judgment", *23 Psychol. Sci.* 861, 862 (2012).

20 같은 책 866면.

21 Joshua D. Greene, Sylvia A. Morelli, Kelly Lowenberg, Leigh E. Nystrom, & Jonathan D. Cohen, "Cognitive Load Selectively Interferes with Utilitarian Moral Judgment", *107 Cognition* 1144, 1151 (2008).

22 증거와는 반대로, 의무론적 사고가 실제로 결과주의 사고보다 더 오래 걸리고, 〈인지적·감정적 과정이 의무론적·결과주의적 도덕 판단 모두에 관여한다〉는 사실을 다음 자료에서 확인할 수 있다. Andrea Manfrinati et al., "Moral Dilemmas and Moral Principles", *27 Cognition & Emotion* 1276 (2013).

23 Joseph M Paxton, Leo Ungar, & Joshua D. Greene, "Reflection and Reasoning in Moral Judgment", *36 Cognitive Science* 163, 171 – 172 (2012).

24 같은 책 166면.

25 Joshua D. Greene, "The Secret Joke of Kant's Soul", in *3 Moral Psychology: The Neuroscience of Morality: Emotion, Brain Disorders, and Development* 36 (W. Sinnott-Armstrong ed. 2007); italics in original.

26 Joshua D. Greene, "From Neural "Is" to Moral "Ought": What Are the Moral Implications of Neuroscientific Moral Psychology?", *4 Nature Reviews Neuroscience* 847 – 850, 847 (2003); for critical evaluation, see R. Dean, "Does Neuroscience Undermine Deontological Theory?", *3 Neuroethics* 43 – 60 (2010). An especially valuable overview, from which I have learned a great deal, is Joshua D. Greene, "Beyond Point-and-Shoot Morality: Why Cognitive

(Neuro)Science Matters for Morality", *124 Ethics* 695 (2014).

27 N. Paharia, K. S. Kassamb, J. D. Greene, and M. H. Bazerman, "Dirty Work, Clean Hands: The Moral Psychology of Indirect Agency", *109 Organizational Behav. & Hum. Decision Processes* 134 – 141, 140 (2009); S. Berker, "The Normative Insignificance of Neuroscience", *37 Phil. & Pub.* Aff. 293 – 329, 327 – 329 (2009).

28 Cass R. Sunstein, David Schkade, & Daniel Kahneman, "Do People Want Optimal Deterrence?", *29 J. Legal Stud.* 237, 248 – 249 (2000).

16장 당파주의

1 Shanto Iyengar, Guarav Sood, & Yphtach Lelkes, "Affect, Not Ideology: A Social Identity Perspective on Polarization", *76 Pub. Opinion Q.* 405 (2012), http://pcl.stanford.edu/research/2012/iyengar-poq-affect-not-ideology.pdf.

2 같은 책.

3 같은 책.

4 예를 들어 다음을 보라. Anthony Greenwald, Debbie E. McGhee, & Jordan L. K. Schwartz, "Measuring Individual Differences in Implicit Cognition: The Implicit Association Test", *74 J. Personality & Soc. Psychol.* 1464 (1998); N. Sriram & Anthony G. Greenwald, "The Brief Implicit Association Test", 56 Experimental Psychol. 283 (2009) ("In eleven years since its introduction, the Implicit Association Test … has been used in several hundred studies to provide measures of association strengths.").

5 예를 들어 다음을 보라. Greenwald, McGhee, & Schwartz, 앞의 주 4, at 1474; Scott A. Ottaway, Davis C. Hayden, & Mark A. Oakes, "Implicit Attitudes and Racism: Effects of Word Familiarity and Frequency on the Implicit Association Test", *19 Soc. Cognition 97*, 130 (2001); Shanto Iyengar & Sean J. Westwood, "Fear and Loathing across Party Lines: New Evidence on Group Polarization", *59 Am. J. Polit. Sci.* 690 (2015).

6 Iyengar & Westwood, 앞의 주 5.

7 Iyengar, Sood, & Lelkes, 앞의 주 1, 416면(1964년부터 2008년까지 인종 편향성에서 지속적인 감소를 보여 주고 있다).

8 같은 책 415 – 418면.

9 같은 책.

10 같은 책.

11 Paul Taylor et al., "The Rise of Intermarriage, Pew Social & Demographic Trends 7" (February 16, 2012), http://www.pewsocialtrends.org/files/2012/02/SDT-Intermarriage-II.pdf.

12 같은 책 36면.

13 Frank Newport, "In U.S., 87% Approve of Black-White Marriage, vs. 4% in 1958", Gallup (July 25, 2013), http://www.gallup.com/poll/163697/approve-marriage-blacks-whites.aspx.

14 Iyengar & Westwood, 앞의 주 5.

15 같은 책 15-16면.

16 같은 책 16-17면.

17 같은 책 18면.

18 Geoffrey D. Munro, Terell P. Lasane, & Scott P. Leary, "Political Partisan Prejudice: Selective Distortion and Weighting of Evaluative Categories in College Admissions Applications", *40 J. Applied Soc. Psych.* 2434, 2440 (2010).

19 같은 책 2444-2445면.

20 Iyengar & Westwood, 앞의 주 5.

21 Yphtach Lelkes & Sean J. Westwood, "The Nature and Limits of Partisan Prejudice" (Working Paper, 2014).

22 같은 책 9면.

23 같은 책 10면.

24 같은 책 11면.

25 같은 책 14면.

26 Lilliana Mason, ""I Disrespectfully Agree": The Differential Effects of Partisan Sorting on Social and Issue Polarization", *59 Am. J. Pol. Sci.* 128 (2015); Adrian Furnham, "Factors Relating to the Allocation of Medical Resources", *11 J. Soc. Behav. & Personality* 615, 620 (1996).

27 Iyengar, Sood, & Lelkes, 앞의 주 1, 422-423면; Mason, 앞의 주 26.

28 Iyengar, Sood, & Lelkes, 앞의 주 1, 425-427면. 선거가 있는 해에 접전 주에서

거주하는 것은 당파적 감정의 강도와 크게 연관이 있으며, 특히 선거 캠페인 동안 접전 주에서 당파적 감정의 수위가 매우 높아진다고 말한다. Guarav Sood, Shanto Iyengar, & Kyle Dropp, "Coming to Dislike Your Opponents: The Polarizing Impact of Political Campaigns" (Working Paper, April 2013). 선거 캠페인 동안에 당파주의자들은 상대 정당에 대한 부정적인 견해를 형성하고, 가장 강력하게 관련된 특성은 TV 정치 광고, 특히 부정적인 광고 노출이라는 사실에 대해 말한다.

29 Yphtach Lelkes, Shanto Iyengar, & Gaurav Sood, "The Hostile Audience: Selective Exposure to Partisan Sources and Affective Polarization" (Working Paper, 2013). 정치에 관심이 많은 당파주의자의 경우에 방송에 대한 접근은 방송이 당파적 내용을 전하는 기간에 더욱 뚜렷한 당파적 감정과 관련 있다고 말한다. 더 나아가 『MSNBC』와 『폭스뉴스』 중 자신이 지지하는 정당에 우호적인 뉴스 원천을 선택하기 위한 당파주의자의 선호는 〈당파적 적의, 야당 엘리트에 비해 여당 엘리트에 미치는 더 큰 영향, 당파주의자들 간의 더욱 먼 사회적 거리, 공격적인 캠페인 표현에 대한 선호를 예측하기에 충분하다〉라고 설명한다.

30 Brendan Nyhan & Jason Reifler, "When Corrections Fail: The Persistence of Political Misperceptions", *32 Pol. Behav.* 303, 312 (2010).

31 같은 책 312 – 313면.

32 같은 책 314면.

33 같은 책 314 – 315면.

34 같은 책 320면. 이러한 발견의 중요한 요건은 다음에서 확인할 수 있다. Thomas Wood & Ethan Porter, "The Elusive Backfire Effect: Mass Attitudes' Steadfast Factual Adherence" (2018), Political Behavior (forthcoming), available at https://papers.ssrn.com/sol3/papers.cfm?abstract_id=2819073. 우드와 포터는 다양한 분야에서 수정은 그것이 기존의 정치적 확신에 도전할 때조차 역효과를 내지 않는다는 사실을 보여 준다. 그들의 발견은 수정이 역효과를 내는 현상에 대한 경계 조건을 이해해야 한다는 점을 말해 준다. 물론 기존 믿음에 대한 강한 의지는 수정의 작동을 더욱 힘들게 만들 것이다(그리고 잠재적으로 역효과를 일으킬 것이다). 또한 출처에 대한 불신도 관련 있다.

35 Brendan Nyhan, Jason Reifler, & Peter A. Ubel, "The Hazards of Correcting Myths about Health Care Reform", *51 Med. Care* 127, 127 (2013).

36 같은 책 129 – 130면.

37 같은 책.

38 같은 책.

39 Nyhan & Reifler, 앞의 주 30, 321면.

40 같은 책 321 – 322면.

41 Geoffrey Cohen, "Party over Policy", *85 J. Persp. Soc. Psychol.* 808 (2003).

42 같은 책.

43 The Federalist No. 10 (James Madison).

44 Pub. L. 101 – 510, 104 Stat. 1485 (1990).

45 The Budget Control Act of 2011, Pub. L. 112 – 125, S. 365, 125 Stat. 240 (2011).

46 같은 책.

찾아보기

옮긴이 박세연 고려대학교 철학과를 졸업하고 글로벌 IT기업에서 10년간 마케터와 브랜드 매니저로 일했다. 현재 전문번역가로 활동하면서 번역가 모임인 〈번역인〉 공동 대표를 맡고 있다. 옮긴 책으로는 『죽음이란 무엇인가』, 『플루토크라트』, 『이카루스 이야기』, 『디퍼런트』, 『더 나은 세상』, 『OKR』, 『어떻게 민주주의는 무너지는가』, 『실리콘밸리의 팀장들』, 『슈퍼 펌프드』, 『행동경제학』 외 다수 있다.

변화는 어떻게 촉발되는가
미투 운동부터 정책 설계까지, 세상을 바꾸는 힘에 관하여

발행일 2021년 4월 15일 초판 1쇄

지은이 캐스 R. 선스타인
옮긴이 박세연
발행인 홍예빈·홍유진
발행처 주식회사 열린책들

경기도 파주시 문발로 253 파주출판도시
전화 031-955-4000 팩스 031-955-4004
www.openbooks.co.kr